北京高校高精尖学科“文化遗产与文化传播”建设项目资助

非物质文化遗产学术精粹

社会实践、仪式、节庆活动卷

王尧◎编

中国社会科学出版社

图书在版编目（CIP）数据

非物质文化遗产学术精粹．社会实践、仪式、节庆活动卷／王尧编．—北京：中国社会科学出版社，2022. 3

ISBN 978－7－5203－9127－6

Ⅰ.①非… Ⅱ.①王… Ⅲ.①非物质文化遗产—保护—研究—中国 Ⅳ.①G122

中国版本图书馆 CIP 数据核字(2021)第 186731 号

出 版 人　赵剑英
责任编辑　张　林
特约编辑　周维富
责任校对　赵雪姣
责任印制　戴　宽

出　　版　中国社会科学出版社
社　　址　北京鼓楼西大街甲 158 号
邮　　编　100720
网　　址　http://www. csspw. cn
发 行 部　010－84083685
门 市 部　010－84029450
经　　销　新华书店及其他书店

印刷装订　北京君升印刷有限公司
版　　次　2022 年 3 月第 1 版
印　　次　2022 年 3 月第 1 次印刷

开　　本　710×1000　1/16
印　　张　20. 5
字　　数　339 千字
定　　价　118. 00 元

总　序

20世纪中期以来，面对迅猛发展的现代化和全球化浪潮的冲击，许多国家纷纷采取措施保护自己的传统文化，同时对出台国际化保护政策的呼声也越来越强烈。21世纪初，为适应世界各国对其多元的文化遗产作为历史丰富性与人类文明多样性的见证而日益高涨的保护需求，联合国教科文组织于2003年正式颁布了《保护非物质文化遗产公约》（以下简称《公约》）。该《公约》在国际法中牢固确立了对于非物质文化遗产的保护理念，至今已得到超过90%的教科文组织成员国的批准，接近于全面批约。这项全球性的文化保护工程促使人们日益普遍地认识到：文化遗产不仅仅是物质的，还包括世代传承的丰富的非物质传统，它们是社区特性和社会凝聚力的重要载体，也应该得到保护和促进。

“非物质文化遗产”（以下简称非遗），根据《公约》（2003）的界定，是指被各社区、群体，有时是个人，视为其文化遗产组成部分的各种社会实践、观念表述、表现形式、知识、技能以及相关的工具、实物、手工艺品和文化场所。这种非物质文化遗产世代相传，在各社区和群体适应周围环境以及与自然和历史的互动中，被不断地再创造，为这些社区和群体提供认同感和持续感，从而增强对文化多样性和人类创造力的尊重。[①] 在《公约》的体系中，“非物质文化遗产”包括以下五类：1. 口头传统和表现形式，包括作为非物质文化遗产媒介的语言；2. 表演艺术；

---

① 联合国教科文组织：《保护非物质文化遗产公约·基本文件》（2018年版），法国巴黎，2018年，中文版，第5页，https：//ich. unesco. org，查阅日期：2021年4月6日。

3. 社会实践、仪式、节庆活动；4. 有关自然界和宇宙的知识和实践；5. 传统手工艺。[①]

中国于2004年成为联合国教科文组织《保护非物质文化遗产公约》的缔约国，目前已迅速成为世界上拥有非遗项目最多的国家——截至2020年12月，中国被列入联合国教科文组织非物质文化遗产名录（名册）的项目共计42项[②]，拥有国家级非物质文化遗产代表性项目1372大项、3145子项[③]，另有数目繁多的省、市、县级非遗项目。中国非遗是中华民族世代相传的集体智慧和生活经验的结晶，是中华文明绵延赓续的重要载体和表现形式，是维护民族认同、维系国人文化认知、助力国家文化建设的根本力量。近年来，中国政府充分意识到非物质文化遗产的保护意义和教育功能，已多次强调非物质文化遗产的重要性，《关于实施中华优秀传统文化传承发展工程的意见》《关于加强和改进中外人文交流工作的若干意见》等文件中，均将非物质文化遗产的保护、发展纳入国家文化发展的战略中；刚刚通过的《中华人民共和国国民经济和社会发展第十四个五年规划和2035年远景目标纲要》也多处涉及非物质文化遗产的保护和发展，更明确提出要“深入实施中华优秀传统文化传承发展工程，强化重要文化和自然遗产、非物质文化遗产系统性保护，推动中华优秀传统文化创造性转化、创新性发展”，明确规定要“健全非物质文化遗产保护传承体系，加强各民族优秀传统手工艺保护和传承”（第三十四章第三节）。

中国的非物质文化遗产保护工作迄今已开展近二十年，相关研究成

---

① 联合国教科文组织：《保护非物质文化遗产公约·基本文件》（2018年版），法国巴黎，2018年，中文版，第5页，https：//ich. unesco. org，查阅日期：2021年4月6日。

② 《中国入选联合国教科文组织非物质文化遗产名录（名册）项目》，未注明发布日期，“中国非物质文化遗产网·中国非物质文化遗产数字博物馆”，http：//www. ihchina. cn/chinadirectory. html#target1，查阅日期：2021年3月23日。

③ 《国家级非物质文化遗产代表性项目名录》，未注明发布日期，“中国非物质文化遗产网·中国非物质文化遗产数字博物馆”，http：//www. ihchina. cn/project. html#target1，查阅日期：2021年3月23日。统计名录包括了四个批次。另，中国文化和旅游部近期对外公示了第五批国家级非物质文化遗产代表性项目名录推荐项目共337项。见中国文化和旅游部非物质文化遗产司：《文化和旅游部关于第五批非物质文化遗产代表性项目名录推荐项目名单的公示》，发布日期：2020年12月18日，http：//zwgk. mct. gov. cn/zfxxgkml/wysy/202012/t20201221_920077. html，查阅日期：2021年3月23日。

果十分丰硕。但是，尽管国内已有一些关注非遗研究和保护实践的论文选集①，总体而言，对相关成果的系统梳理和总结尚十分缺乏，致使其分散在各类学术刊物中，未能得到集中的展示，不利于对中国在非遗领域探索20年所取得的学术成就的总体把握。

有鉴于此，北京师范大学非物质文化遗产研究与发展中心和文学院民间文学研究所编辑出版了这套“非物质文化遗产学术精粹”丛书。该丛书一共7册，以《公约》的分类为基础，首次较为全面地梳理、总结并展示了中国学界在非遗理论与保护实践、口头传统、表演艺术、有关自然界和宇宙的知识和实践、传统手工艺以及社会仪式和节庆等方面的主要研究成果。所有论文均经过精心遴选，集中代表了20年来各领域的代表性成就。其中，“理论卷”着重探讨了非遗的概念与历史，以及社区、商业利用、性别平等等非遗发展中的重要横向问题，以及非遗语境下的学科思考、对中国实践的总结与反思等。其他卷，如“口头传统卷”“表演艺术卷”“社会实践、仪式与节庆活动卷”“有关自然界和宇宙的知识和实践卷”“传统手工艺卷”，则分别收录了该领域较高水平的研究文章。此外，丛书中也包括了2018年在北京师范大学召开的“‘一带一路’国家的非物质文化遗产保护与乡村振兴”国际学术研讨会的论文集。该次会议上，来自日本、韩国、美国、比利时、希腊、塞尔维亚、波兰、保加利亚、伊朗、越南和印度等10多个国家的非遗专家们，与中国学者一道，共同探讨非遗保护与乡村振兴实践中的规律，分享各国的有益经验，同时反思其中存在的问题。此次纳入丛书结集出版，不仅展现了国际相关领域的前沿探索成果，也对当前国际国内广泛开展的乡村振兴建设具有积极的启示和借鉴作用。

非遗的内容十分广泛，研究非遗的学科也很多。因此，本套丛书所收论文不仅涉及民俗学、人类学、民族学、考古系、艺术学、体育学等人文社会学科，还包括了数学、天文历法研究、医学等理工类学科的探索。各册中既有历时性的审视，又有共时性的对照；既有宏观的理论分析，也有具体的案例研究，以及在操作层面上的建言献策；既从多方面展现了中国自开展非遗保护工作以来所取得的成就，也揭示出其中交织

① 例如陶立璠、樱井龙彦主编：《非物质文化遗产学论集》，学苑出版社2006年版。

的复杂张力以及学界对其的深刻反思。在很大程度上，该丛书是“中国非遗研究20年”的一次成果检视。

本套丛书的出版得到北京高校高精尖学科“文化遗产与文化传播”建设项目的资助。该项目于2019年5月获批立项，由北师大文学院牵头，联合历史学院、艺术与传媒学院等共同建设，目的是依托北师大深厚的人文学科基础，统合校内外相关研究和教学力量，建设一个以中国优秀传统文化为基础、以非遗和区域文化为主体、以文旅融合及文化传播为特色的优势学科和新兴前沿交叉学科。同年12月，作为该项目的重要成果，北师大非物质文化遗产研究与发展中心成立，在继承和发挥北师大以往的民俗学学科优势的基础上，为强化非遗研究、人才培养和产教融合，搭建了一个新的国际化的交流合作平台。

2021年对中国非遗工程而言具有特殊的意义：2021年是中国昆曲入选联合国教科文组织《人类口传和非物质文化遗产代表作名录》20周年，也是《中华人民共和国非物质文化遗产法》颁布10周年。值此之际，将中国学人的研究成果加以梳理、总结和集中展现，无疑有助于我们更好地认识非遗的本质与规律，增进本土非遗理论的建设，促进非遗保护与发展的实践，并更有效地为国际社会贡献中国经验和视角。

是为序。

杨利慧

2021年5月9日

作者基本信息

（以文集中出现先后为序）

萧放：北京师范大学社会学院教授
施爱东：中国社会科学院文学研究所研究员
刘晓峰：清华大学历史系教授
毛巧晖：中国社会科学院民族文学研究所研究员
张多：云南大学文学院副教授

高丙中：北京师范大学人文和社会科学高等研究院教授
周星：日本神奈川大学国际日本学部教授
张泽洪：四川大学道教与宗教文化研究所教授
秦选涵：贵州省社会科学院民族研究所助理研究员
李华伟：中国社会科学院世界宗教研究所副研究员

陈志勤：上海大学社会学院副教授
王加华：山东大学儒学高等研究院教授
张玉：山东省立第三医院
王霄冰：中山大学中文系、中国非物质文化遗产研究中心教授
谢中元：佛山科学技术学院人文与教育学院副研究员
岳永逸：中国人民大学社会与人口学院教授
蔡加琪：日本筑波大学人文社会科学研究群人文学学位博士前期

万建中：北京师范大学文学院教授
杨利慧：北京师范大学文学院教授

李向振：武汉大学社会学院副教授
张士闪：山东大学儒学高等研究院教授
安德明：中国社会科学院文学研究所研究员

目　录

节日习俗

民间信仰

集会仪典

社会实践

节日习俗

传统节日：一宗重大的民族文化遗产*

萧　放**

摘　要：传统节日是一宗重大的民族文化遗产，它承载着丰厚的历史文化内涵，是民众精神信仰、审美情趣、伦理关系与消费习惯的集中展示日。我们应该充分认识它的文化价值与意义，并主动积极地进行传承与建设。首先，节日是民俗文化的主干内容之一，联合国教科文组织《保护非物质文化遗产公约》将节日庆典纳入保护范围，节日属于非物质文化遗产。其次，传统节日有三大传统：反映节日物质生活层面的传统；反映节日社会生活层面的传统；体现节日精神生活方面的传统。最后，节日是传承民族文化的有效方式，是提高民族自信心的重要途径，是发展民族新文化的基础与凭借，是造就和谐社会的文化动力。因此对民族传统节日的调查研究并予以保护是当前急迫的工作任务。

关键词：传统节日；非物质文化遗产；民族文化

在全球化、现代化的浪潮中，中国正自觉或不自觉地进入世界格局之中，中国社会正经历着重大的历史变迁，民族文化传统经受着前所未有的洗礼与考验，作为民族文化重要载体的传统节日，它的命运也受到越来越多人的关注。本文认为传统节日是一宗重大的民族文化遗产①，传

---

* 原文刊于《北京师范大学学报》（社会科学版）2005 年第 5 期。

** 萧放，北京师范大学社会学院教授。

① 钟敬文先生在 1950 年就撰写了《口头文学：一宗重大的民族文化财产》论文（《钟敬文民间文学论集》上册，上海文艺出版社 1982 年版，第 1—20 页），提出了民族文化遗产保护问题，本文就是受到钟师文章启发而作，谨以此文表达对先师去世三周年的纪念。

统节日不是一般假日，它是民族文化情感的凝聚与价值观念的体现。我们应该充分认识它的文化价值与意义，并主动进行传承与建设。

本文从以下三方面进行论述：

一 非物质文化遗产与传统节日

非物质文化遗产是指特定空间、群体传承的知识、信仰、情感、艺术、技术及其外部表现形式。传统节日作为民族文化的时间传承与表现方式是非物质文化遗产的重要内容。

非物质文化遗产是近年来的热门词语。非物质文化遗产保护是21世纪以来联合国机构工作的重点之一，它是世界遗产保护工作的重要扩展。世界上一些国家很早就开始了非物质文化遗产的保护工作，如日本1950年就颁布了《文化财保护法》，其中就有“无形文化财”（包括演剧、音乐、工艺技术等）、民俗文化财（包括有关衣食住行、生产、信仰、年中节庆等风俗习惯、民俗艺能的无形民俗文化遗产和表现上述习惯与艺能的衣服、器具、房屋等物件的有形民俗文化遗产）等内容。受到日本对无形文化遗产的保护和实践影响，韩国在1961年颁布了无形文化财的保护法，以后逐渐得到菲律宾、泰国、美国和法国的响应。法国在文化遗产保护方面成就突出。1972年联合国教科文组织通过了保护世界文化遗产与自然遗产的《世界遗产公约》。在讨论世界自然与文化遗产名录的过程中，人们对无形文化遗产也给予了相应的关注。1989年在巴黎召开的联合国教科文组织第25届大会上，通过了《保护民间创作的建议案》，这里的民间创作也可表述为传统的民间文化。①

1998年联合国教科文组织执委会在第155次会议上通过了《人类口头和非物质遗产代表作宣言实施规则》，号召各国政府、非政府组织和地方社区采取行动对那些被认为是民间集体的保管和记忆的口头及非物质遗产进行鉴别、保护和利用。对于人类口头和非物质遗产

① 参见杜晓帆《文化多样性与人类口头及无形文化遗产的保护和传承》，2003年7月乌鲁木齐“非物质文化遗产保护传承与开发利用”学术研讨会会议论文。

有一个定义，并明确指出它出自《保护民间创作建议案》，定义如下："指来自某一文化社区的全部创作，这些创作以传统为依据、由某一群体或一些个体所表达并被认为是符合社区期望的作为其文化和社会特性的表达形式，准则和价值通过模仿或其他方式口头相传。它的形式包括：语言、口头文学、音乐、舞蹈、游戏、竞技、神话、礼仪、风俗习惯、手工艺、建筑及其他艺术。"在这一定义中强调特定文化空间，强调这一空间内自发传承的生活知识、艺能与技能，以及社区共享的文化传统。

2001 年 5 月 18 日联合国教科文组织公布了首批人类口头和非物质遗产代表作，保护世界非物质遗产工作进入实质性阶段。同年 11 月发布了《世界文化多样性宣言》，从文化多样性的角度，重视文化生态的保护，"重申应把文化视为某个社区或某个社会群体特有的精神与物质、智力与情感方面不同特点之总和，除了文学艺术外，文化还包括生活方式、共处的方式、价值观的体系，传说和信仰"。"确认相互信仰、理解的氛围下尊重文化的多样性、宽容、对话及合作是国际和平的最佳保障之一。希望在承认文化多样性，认识到人类是一个统一整体和发展文化间交流的基础上开展更广泛的团结互助，认为尽管受到新的信息技术和传播技术迅速发展积极推动的全球化进程对文化多样性是一种挑战，但也为各种文化和文明之间进行新的对话创造了条件。"

2003 年 10 月联合国教科文组织第 32 届大会通过了《保护非物质文化遗产公约》（Convention for the Safeguarding of the Intangible Cultural Heritage）（简称《公约》），对非物质文化遗产重新定义，这一定义与 1998 年的定义相比在非物质文化遗产的界定上更为明确："指被各社区、群体，有时是个人，视为其文化遗产组成部分的各种社会实践、观念表述、表现形式、知识、技能以及相关的工具、实物、手工艺品和文化场所。这种非物质文化遗产世代相传，在各社区和群体适应周围环境以及与自然和历史的互动中，被不断地再创造，为这些社区和群体提供认同感和持续感，从而增强对文化多样性和人类创造力的尊重。”[①]《公约》还就非物质遗产涉及的范围作了具体的界定，非物质文化遗产有以下五个方面的内容：（1）口头传统，包括作为非物质文化遗产媒介的语言；（2）表演艺术；（3）社会实践、仪式、节庆活动；（4）有关自然界和宇宙的知识和实践；（5）传统手工艺。进而确定非物质文化遗产的“保护”是指采取措施，确保非物质文化遗产的传承的生命力量。对于非物质文化遗产的保存，重视文化空间（cultural spaces）整体，重视文化遗产的生命力量，这是《公约》所强调的。在非物质文化遗产保护公约中，节日庆典得到前所未有的重视，以前的宣言、条例中都没有明确节日在非物质遗产中的位置。当然，在首批19项世界非物质遗产名录中有一项节目内容（玻利维亚：奥鲁罗狂欢节）。2004年8月十届全国人大常委会第十一次会议批准了联合国教科文组织《保护非物质文化遗产公约》，标志着中国在保护非物质文化遗产的进程中迈出了重要一步。

非物质文化遗产是以人为主体，依靠语言、行为等方式进行传递的无形的文化遗产，虽然有时候要表达无形的文化需要有特定的物质形态呈现，如表演艺术离不开乐器、舞台，工匠离不开工具、材料，但其文化的核心是思想、情感、技艺与设计等非物质因素。这些非物质文化因素既源于人的个性，又是民族群体文化特色的体现，同时，它也构成了文化多样性的基础。由于非物质文化依托于人，人又受制于生存的历史社会条件，外部社会条件的变化对非物质文化遗产的传承有着重要的影响。随着现代社会进程的加快，经济全球化的加剧，大量形成于传统社会的非物质文化遗产面临着灭顶之灾。联合国教科文组织之所以由重视文化遗产推进到重视非物质文化遗产，就是已经看到经济全球化对世界文化多样性破坏的现实。联合国教科文组织《世界文化多样性宣言》

---

① 联合国教科文组织官方网站刊发《公约》关于非物质文化遗产的英文原文为：The “intangible cultural heritage” means the practices, representations, expressions, knowledge, skills-as well as the instruments, objects, artefacts and cultural spaces associated therewith-that communities, groups and, in some cases, individuals recognize as part of their cultural heritage. This intangible cultural heritage, transmitted from generation to generation, is constantly recreated by communities and groups in response to their environment, their interaction with nature and their history, and provides them with a sense of identity and continuity, thus promoting respect for cultural diversity and human creativity。

（2001 年 11 月 2 日第二十次全体会议根据 IV 委员会的报告通过决议）指出："人类的共同遗产文化在不同的时代和不同的地方具有各种不同的表现形式。这种多样性的具体表现是构成人类各群体和各社会的特性所具有的独特性的多样化。文化多样性是交流、革新和创作的源泉，对人类来讲就像生物多样性对维持生物平衡那样必不可少。从这个意义上讲，文化的多样性是人类的共同遗产，应当从当代人和子孙后代利益予以承认和确定。"民族传统节日文化，正是文化多样性的重要体现。

中国传统节日是民俗文化的主干内容之一，传统节日的形成是一个长期的历史文化模塑过程，它承载着丰厚的历史文化内涵，是民众精神信仰、审美情趣、伦理关系与消费习惯的集中展示与传承的文化空间，传统节日在非物质文化遗产中占有至关重要的位置。

传统节日是人们在长期的历史社会生活中逐渐形成的划分日常生活时间段的特定人文符记。但这种时间段落的划分，又不仅仅是由人们的主观的时间观念，或者如胡赛尔所说的由"内在时间意识"来决定。它是自然时间（季节时间）过程与人文时间意识的有机结合。岁时节日是人们认识、处理自然时间过程与人事活动协调的时机。岁时节日随着历史社会的阶段变化，不断地调整着自己的文化主题，在早期社会它主要表现为人对自然的时间顺应，以及对神灵的祭祀，这时人们对自然的认识是戴着神秘的眼镜的，是神化了的自然。所以人们是在顺应神灵意志的形式下顺应自然，所谓循时而动，遵循的就是神秘的天时，是自然性与宗教性的时间表达，在后来随着人们主体意识的增强，社会力量的强大，人们更强调国家与社会在人们生活中的影响与地位，岁时节日中的自然时间性质日渐淡漠，季节性祭献的时间仪式也逐渐世俗化为家庭或社会的聚会庆祝活动，岁时节日主要成为社会性与政治性的时间表达。

岁时节日的这种演变从人本的角度看，无疑是巨大的历史进步，是文化演进与社会生活调整的积极结果。但换一个方向思考，从自然时序的角度，考虑人们的社会生活安排，同样符合人的本性。只要我们脱去神秘的信仰意识，将天时回归到自然季节流转的本质属性上，我们就会从早期社会的时间意识上升华出适应真正人性需要的现代时间观念，从而建立一套新的时间生活体系，以服务当代人们生活的需要。在有着强大文化传统的中国，这种新的节日生活体系的建立，当然离不开传统节日民俗，它只能是在传统节日生活基础上的继承与发展。

作为非物质文化遗产的传统节日，它要在文化遗产学上确立自己的位置，首先，必须阐明其文化内涵；其次，要说明它在当代社会的文化功能与意义。只有明确了这两大方面，我们才能将对传统节日是一宗重大文化遗产的评估，真正落到实处。

二 民族节日传统内涵论析

从上述“非物质文化遗产”的定义看，它强调了两大方面：一是特定空间的传统形式的文化活动，二是特定群体传承的文化传统。传统节日的文化内涵正符合这一概念规定。我们结合传统节日民俗活动，重点探讨中国节日传统。

传统是既有的文化模式的传袭。传统二字，从语义上看，是动态的抽象，传者，延续，统者，头绪，人们将复杂的事物理出一种头绪，也就是说抽象出一种能够概括与说明具体事物的认知模式。更明确地说它是指在历史过程中形成的一种特定的精神信仰与价值观念，以及行事的习惯模式。传统是在文化发展中由社会集体记忆的“既有的解决各种人类问题的文化途径”[①]。中国是一个悠久的文明古国，在长期的农业社会生活形成的精神文化传统是天人合一、人与自然的和谐，有人说“和合”是中国的文化传统。这里就不仅是天人的和谐，还有一个人事的和谐，“礼之用，和为贵，先王之道斯为美”[②]。我们用这种思想来解决各种文化问题，在传统社会被证明是有效的。节日传统正是在这样一个文化大传统中形成的小传统，是从传统节日文化中凝练出来的精神要素，节日传统具有超越地域、阶层、时代的意义。节日传统具体来说有如下几个层面：

（一）节日物质生活层面的传统。如衣食住行的生活消费传统，其中节日饮食传统尤其鲜明。几乎每一个传统节日都有特定的节日食品，甚至人们直接用食品名称，称呼节日。正月初一，北方饺子，南方年糕。

---

① ［美］希尔斯：《论传统》，傅铿、吕乐译序，上海人民出版社1991年版。

② 杨伯峻：《论语译注》，学而篇第一，中华书局1980年版，第8页。

饺子与年糕既是节日美食，又都饱含民俗寓意，饺子谐音“交子”象征着新年旧年在午夜子时的交替。年糕是南方年节祭祖与馈赠的节日食品，年糕谐音“年高”。我们的节日就是一路“吃”过来，正月十五的元宵，二月二的龙鳞饼，三月三的荠菜煮鸡蛋，寒食清明的清明团子，四月浴佛节的缘豆，五月端午节的粽子，七月七的巧果，八月中秋的月饼，九月重阳的重阳糕，腊月八日的腊八粥，年三十的团年饭。人们在节日中注重饮食生活，这固然是在物质匮乏的时代，人们对物质生活的周期性的满足与享受，同时我们必须看到，它是中国人处理天人关系与社会关系的一种特殊表达方式，节日食品在传统社会它首先是献给神灵（包括祖先）的祭品，其次是家庭共享的节日美食。以饮食亲宗族兄弟是自古以来的礼仪，《礼记·礼运》曾经说过：“夫礼之初，始诸饮食。”节日食品在节日不仅是物质产品，同时也是文化创造物，如端午粽子、中秋月饼等，每一节日食品都负载着深厚的民俗情感，围绕着节日食品形成了丰富的民俗传说，节日食品不单是节日美味，更多的是一种心情的表达。节日食品的献祭、馈送与集体分享，构成了中国节日物质生活的重要传统。

（二）节日社会生活层面的传统。节日生活既是家庭的，又是社会的。从中国的传统节日看，大多是以家庭为主的内聚性节日。传统节日活动注重家庭成员间的团聚与交流，将节日看成培育家庭意识与强化家族人伦的民俗时间。中国节日生活传统中人伦传统是其中的核心传统。如在三大传统节日春节、端午、中秋之中，以家人团聚为主题的就有春节与中秋，即使是以驱疫、祈求平安为主题的端午，民间也通过节俗活动强调它的伦理内涵，如出嫁女儿回娘家，未婚女婿给岳父母上大礼等。节日人伦传统浸润在中国节日民俗生活之中，在节日活动中随处可见。传统中国是一个伦理社会文化张扬的社会，伦理文化浸透到社会各个角落，而传统节日自始至终充满着这种伦理情怀。

（三）节日精神生活方面的传统。节日是文化的节点，是民众精神生活的集中体现，是人们沟通、调节天人关系、人际关系，以及安抚、表达人们内在情感的时机。我们从岁时信仰、节日传说、节日娱乐中可以提炼出节日民俗的精神传统。我们从传统节日民俗中可以经常看到与神灵对话的仪式，人们往往在自然时序的转接点与重要的农事季节时间上与神灵沟通。伴随着节日民俗仪式与祭祀活动的是人们的系列民俗解释，“与节庆历史同时并行的是节庆诠释的历史”①，这种解释既有对过去历史的片断的、变形的，或象征性的记忆，也有从民众理解的角度对新习俗产生的说明。虽然其中纷繁复杂，甚至相互抵牾矛盾，但都是民众心路的历程，是他们的精神痕迹，更是其情感聚焦的所在。节日传说构成了民众精神生活历史的重要组成部分。节日娱乐与节日游艺同样是民众精神生活的重要表达方式，民众通过节日化装的巡游，节日锣鼓的敲打，节日竞技的展演，抒发内心的情感、期望，显示自己的生活地位，加强村落社区成员之间的情感依赖与精神联系，从而促进民俗共同体的内聚意识，保证民俗共同体的内部和谐。中国传统节日习俗中的这种精神传统具有重要的现实意义。

上述三方面节日传统文化内涵在当代的节日文化建设中仍然具有重要的启示意义。

三 传统节日文化遗产与当代社会

在经济全球化的时代，要想保证世界文化丰富性与多样性，就必须强调保持不同民族、不同地域的文化个性，文化生态的保护与自然生态保护同等重要。对于当代中国来说，民族传统节日是亟待抢救保护的文化遗产。遗产不是历史的陈迹，遗产是一笔可贵的精神财富。民族传统节日是在长期的民族历史发展过程中逐渐形成的，它是民族文化传统传承的重要载体，是凝聚社会群体的重要力量。民族节日是文化对话交流理解欣赏的桥梁，它是调整社会内部关系的最佳方式之一，同时节日展示个人才艺的、表彰伦理道德、弘扬民族精神的时机。传统节日因其特有的历史文化内涵，它在当代社会有着特定的文化功用。

（一）传统节日是传承民族文化的有效方式

传统节日是民族时间认知的重要标志，它起源于民族成员对年度时

---

① ［德］皮柏：《节庆、休闲与文化》，黄藿译，生活·读书·新知三联书店1991年版，第38页。

间的感受与时间经验，不同地域、不同民族的人有着不尽相同的时间认知方式。雷夫金说："时间带着口音发言，每个文化都有一套独特的时间纹路。了解一个民族，就是在了解居民看待时间的价值。"中国的传统节日是民族文化集中体现，它不仅体现了民众内在的时间意识，以及这种意识所体现的文化观念，同时也是民族文化传统周期性复现的重要时机，民族文化通过节日进行着有效的家庭与社会传承。

首先，节日是传承民族文化的重要载体。民族文化在当代社会更多的时候是隐藏在后台，或者说它是作为一种文化底色。在经济全球化的时代，人们的日常生活日益趋同，人们对外来的文化也采取越来越宽容的态度。对于希望继续保持民族文化本色的国人来说，周期性出现的民族传统节日异常重要。人们利用节日定期进行传统的表演与传统的教育，使传统在民众生活中得到延续与加强。传统有时隐藏在生活的背后、隐藏在人们的思想深处，人们要选择具体特殊的时间将它呈现出来，人们通过各种节俗活动，在耳濡目染中自觉理解、接受传统，从而实现传统的传递与继承。

其次，节日保守与强化着民族文化传统的记忆。民族文化传统记忆需要有持续的反复加强，民俗节日的周期性出现，不断地为人们提供脱离日常世俗时空，回归神圣的历史时空的现实条件。人们在节日状态中，通过各种节日仪式与传说的讲述，直接面对自己的祖先，反复重温传统，体味传统，使传统始终具有鲜活的生命，给民族文化的传人以生动的文化力量。

（二）传统节日是提高民族自信心的重要途径

民族自信心是维护民族尊严与文化本位的精神基础，一个民族如果缺乏自信，就会在精神迷茫中失去自己的民族位置。特别在当今全球化的浪潮中，在经济一体化的挤压下，面对强势文化的巨大压力，民族自信心显得更为重要，保持高度的民族自信是自立于世界民族之林的重要保证。民族自信不是空洞的浮夸与盲目的自大，民族自信需要强大的实力作为支撑，它是建立在强大的经济基础之上，同时也是建立在深厚的文化基础之上。

我们对于经济基础在提升民族自信心方面的重要性认识容易理解和

认同，对于培植民族文化根本、牢固民族自信心方面，缺乏充分的认识。固然一个民族在经济上的贫弱会影响到民族形象与尊严，让它缺乏自信。可是假如一个民族失去它的文化根基，它可能就不是缺乏自信，而是失去自己的民族精魂，心甘情愿地成为他人文化的附庸。相反，如果我们坚守自己文化传统，保持“威武不能屈，贫贱不能移”的浩然之气，那么我们的民族就有着光明的未来与复兴的希望。

近代以来中国所走过的历程正说明这一点。今天中国的经济成就举世瞩目，中国正日益上升成为经济大国，但是我们民族立身的传统文化正逐渐稀薄减少，不少年轻人对于依附西方强势经济进入中国的生活方式兴趣浓厚，对于来自欧美的西洋节日，也觉得时尚有趣，而倍加追捧。人们对于外来文化的新鲜与好奇无可厚非，在文化多元化的时代，人们有不同的文化消费需要也可以理解。重要的是，我们不能因此而丢掉维系中华民族血脉的文化传统，我们可以“美人之美”，但切忌“东施效颦”。

历史悠久、文化灿烂的中华，在经济社会全面转型中，正在大量、迅速地流失着自己的文化资源，而这些非物质文化遗产正是建立我们文化自信的重要的精神基础。可是目前有相当一部分人，对自己的文化缺乏自信，对民族文化的深厚内涵缺乏真正的认识。

有鉴于此，我们应该尽量利用各种机会展示传统文化的魅力，增强民族的自信。传统节日，是民族文化的心结。人们通过节日饮食、节日仪式、节日信仰与传说、节日艺术等集中展示民族文化的精华。我们在民族节日活动中，纪念自己的先人，触摸我们民族的魂灵，回归文化根本。传统节日在当代社会的价值与意义，就在于我们不断地给自己创造回归传统的机会。我们通过回归传统来辨识、确认自己的文化身份，树立我们的民族自信。

（三）传统节日是发展民族新文化的基础与凭借

传统节日在当代社会不仅是传承传统文化的重要载体，同时它也为民族文化传统的创新与发展提供了基础与凭借。“民间文化不仅仅是物质的和精神的宝贵财富，它同时还是建设先进文化，将之推向前进的坚实的基础和重要的助力。”[①] 传统节日就属于这样的民间文化。我们可以进一步从以下两方面理解：

一是传统节日在历史发展中有着适应社会需要的更新变化的文化创造力。民族文化传统依赖家庭与社会传承，其中节日是重要的时间载体。对于传统的认识与理解各时代都有不同的侧重，人们在传承传统时，不断地通过习俗解说赋予传统以新的解释。这种新解释往往构成新的传统内涵。我们一向强调中华文化传统的精神核心是和谐，这种和谐就经历了不断更新发展的过程。在古代偏重于人与上天，人与家族的和谐。人们多以祈求祭献的方式取得与神秘上天的沟通，通过祭祀祖先、家族聚会的方式维护家族的联系。随着节日习俗的演进，我们常常看到民众依托节日进行的文化创造。人们在节日活动中不断地将天神俗化成人格神，继而创造出人与具有高尚情操的历史人物的情感联系，如端午节本来是驱邪避疫祈求平安的节日，但在六朝时期历史时势的因缘，人们将它与爱国诗人屈原联系，将龙舟竞渡与节日食粽的习俗都解释为追悼屈原，从而将一个普通的民俗节日上升为一个具有重大的伦理意义的重要节日。还有七夕本来是立秋时节的星神祭祀，人们逐渐不满足遥远上天的故事，将其变化为充满人间情趣牛郎会织女、庭院穿针乞巧的习俗。在节日发展过程中，逐渐将传统的家族关系扩大转化为人与社区民众之间的情感联系，如元宵与市井娱乐等。由中国节日文化演进的历史看，传统节日不仅保守着文化传统，同时也不断更新发展着民族文化。

二是任何民族新文化的创新离不开既有的历史文化基础。钟敬文先生曾经说过：“真实的建造，大都是要有已经存在的事物作凭借或借鉴的。它的选择、消化，进而综合、创造。新的东西主要从旧的东西蜕化出来。”[②] 在当代社会，传统节日同样构成民族新文化创新发展的文化基础，新的具有民族特色的节日文化的形成应该从中国节日文化传统中汲取营养。人们逐渐重新认识到，集中于节日习俗中的调节人与自然及人

---

① 刘魁立：《同历史对话，以利于开创未来》，冯骥才主编《守望民间》，西苑出版社 2002 年版，第 22 页。

② 钟敬文：《口头文学：一宗重大的民族文化财产》，《钟敬文民间文学论集》上册，上海文艺出版社 1982 年版，第 1 页。

伦关系的方式是现代社会所需要的文化之道。重新强化人与自然，人与社会的和谐是人类可持续发展的当务之急。在现代化的快节奏生活中，人们重新发现传统中的人性意义，亲近自然、亲近身边的人正成为现代休闲生活的关注的中心内容。当代西方的思想家之所以对中国先秦儒家、道家思想发生浓厚兴趣，就在于人们对传统的重新体认。节日正是生发强调这一传统的最佳时机。同时社会可持续发展概念近年来被纳入联合国教科文组织世界遗产工作范围，如何让传统的文化遗产在现代社会发挥实际的效用，为人类的健康进步提供知识与智慧也是遗产保护工作者所致力的方向。[①]

（四）传统节日是造就和谐社会的文化动力

和谐社会的建立，除了保证公平、公正等社会正义，化解社会矛盾，以及政令畅通，上下同心以外，精神文化建设也十分必要，精神思想与文化心理的和谐是社会和谐的根本保证。在当代中国要调动民众的精神力量，就不能忽视我们几千年形成的文化传统，特别是民俗文化传统，“民俗文化不再只是传统意义上的下层文化和地方知识，而是全社会的公民素质、民族意识、价值哲学、政府公共管理政策、多元文化选择和大学教育的构成元素，是先进的人文文化”[②]。而民族节日文化传统是民众最直接感知、最易于产生文化能量的文化传统，它是构建当代和谐社会的重要精神动力。

和谐社会是中国人民追求的现实目标，和谐社会的建设依赖广大人民群众的共同努力，最重要的是通过有效手段，消除不和谐因素，营造和谐的氛围。传统节日伴随着中华民族走过了千年历史，经过不断地陶练，传统节俗中累积了丰厚的民族文化内涵。中国的春节、端午、中秋等传统大节超越了汉民族，超越了地区，超越了社会阶层，成为覆盖全国的节日，甚至影响到东亚地区。传统节日习俗适应了中国社会广大阶层物质、精神、伦理与审美的共同需要，它在营造和谐社会的氛围上有

---

① ［法］杜明纳克：《联合国教科文组织遗产保护工作与中国——北京》，《文史知识》2004 年第 1 期，第 7 页。

② 董晓萍：《民俗文化遗产保护三阶段论要》，《文史知识》2004 年第 1 期。

特殊的作用。传统节日在和谐社会建设作用上主要有以下三点:

首先,传统节日适应人们定期精神调整的需要,通过祭祀娱乐的节俗进行精神调剂与休闲,以积蓄未来生产生活的心理能量。中国的传统节日一般在季节的转换时节,这一时节人们会因身体不适,造成一定的精神困扰,人们通过节日的庆祝娱乐调整情绪,鼓舞精神,我们在传统节日活动中常见锣鼓喧天、爆竹齐鸣、彩旗翻飞,所有这些物像都是为了发泄与平衡人们内在的情绪,正如《孔子家语·观乡射》所说:"百日之劳,一日之乐。"节日不是空洞的说教,它以实际的习俗活动,以"润物细无声"的方式,浸染人们的心灵,短暂的节日狂欢是为了长期的心灵安宁,"乐则安,安则久"①,社会成员的"血气和平"是社会和谐的真正基础。

其次,传统节日能有效协调家庭关系与社会关系。中国传统文化重视人情伦理,重视家庭,重视邻里交往。在传统节日中几乎每一个节日都有回归家庭的主题,家庭内部关系的和谐在节日习俗中得到特别强调,节日给家庭成员提供了周期性的聚集机会,家庭是社会组织的细胞,家庭的和谐与稳定给社会和谐稳定提供了坚实的基础。② 传统社会有"忠臣必出于孝义之家"的说法,在现代社会,守法公民同样得力于良好的家庭关系。同时传统节日注意调节乡村邻里与城市社区关系,节日除了家族内聚的一面外,也有扩大社会交往的特性。我们看春节的社火表演、清明的郊游、端午的龙舟竞渡、中秋节物的馈送、重阳的登高等,都给人们创造了交往的机会。家庭伦理关系与社会伦理关系通过传统节日得到周期强化,这是建设和谐社会的重要保证。

最后,传统节日以其独有传统魅力,为协调社会经济发展提供了机会。传统节日为社会消费提供了重大商机。传统节日因其负载的特殊文化内涵,它较一般公众假日更能激起人们的消费欲望。西方社会的圣诞节消费,中国春节的消费都是传统节日推动经济消费市场的典型。传统社会的庙市,当今的城乡庙会,一般都依附于传统节日,传统节日期间人们因为节日物质享受与社会交往的需要,有着超常的消费需求。传统

---

① 孙希旦:《礼记集解》卷三十八,乐记第十九之二,中华书局 1989 年版,第 1029 页。

② 萧放:《岁时——传统中国民众的时间生活》,中华书局 2002 年版,第 96—101 页。

节日为活跃城乡经济，扩大商品市场提供了文化动力。

传统节日是一宗重大的民族文化遗产，它是民族成员情感、知识、智慧、伦理规范的凝聚。它不仅是我们创造民族新文化的凭借与基础，同时也构成了时代生活的一部分。虽然从文化整体上看，传统文化已经成为过去，但其中优秀的文化精华部分，融入了我们的生活，成为镶嵌在我们新时代衣衫上的熠熠生辉的珍宝。传统节日就是这样的文化瑰宝，它的文化价值与文化魅力不仅奠定了它在世界人类非物质文化遗产中的历史地位，同样也影响着民族文化的未来。

从“保卫端午”到“保卫春节”：追踪与戏说*

施爱东**

摘　要：“非物质文化遗产”概念的浮出，是以肯定“文化多样性”的合理存在为前提的，这是人类思想文化发展的一大进步。但是，这一观念在中国的推行，始终步履维艰。滑稽的是，“非物质文化遗产”概念在中国的推广，居然是借助于非理性的“新闻事件”与“保护运动”而得以初步实现的。也就是说，一种“进步”观念的宣传，却戏剧性地依赖了“落后”观念的造势。这无疑是一出啼笑皆非的文化闹剧。如果我们不能正确认识这一“悖论”及其背后的文化意义，我们可能将在更多的舞台上闹出更多的笑话。

关键词：非物质文化遗产保护；端午保卫战；新闻职业道德；愤青；民俗学家

中国人喜欢热闹，喜欢搞运动，喜欢喊口号，所以，中国人的生活总是丰富多彩。成天看芸芸众生不断上演着各种各样的喜剧闹剧，只要你用了“戏说”的眼光，就能从中看出许许多多的快乐。

今天说一段关于“保卫端午”的故事，这故事虽然全程发生在中国境内，但它是打着“国家”与“国家”之间、“文化掠夺”与“文化保卫”的伟大旗帜来进行的。这场“保卫战”的激烈程度可以这样来描述：它不仅大大激发了愤青们的“爱国热情”，而且拉动了新闻“内需”，增

---

* 原文刊于《民族艺术》2006年第2期。

** 施爱东，中国社会科学院文学研究所研究员。

加了各级报纸的发行量以及网站的点击率，增加了媒体记者们的季度奖金。还有，它为我们这些喜欢看戏的观众上演了一场“文化圣战”的精彩闹剧。

不过，大家听故事之前，我得先交代一下：今天要讲的内容，大部分是花边新闻，小部分是个人见闻。以下故事只是叙述一些个人记忆（非物质），当时并未录音录像（物质）。所以，它们全是“非物质文化”，也即民间叙事，具有口头性、变异性、传奇性、虚拟性的特点，未必是历史真实。

一　谁在关心民间文化？

自从盘古开天地，三皇五帝到如今。话说1918年的初春，有两个北京大学的教授，一个叫刘半农，另一个叫沈尹默，两人在北河沿闲走着，谈些关于精神文明建设的事项，刘半农突然提出，民间歌谣中也有很好的文章，我们为什么不征集一下呢？沈尹默说：“你这个意见很好。你去拟个办法，我们请蔡先生用北大的名义征集就是了。”第二天，刘半农将章程拟好，蔡元培看过之后，随即批交文牍处印刷5000份，分寄到各省教育厅以及各中小学校。

中国民间文化的研究事业，从此开场了。

但是，从刘半农到顾颉刚，再到钟敬文，再到遍布天下的钟门弟子和钟门再传弟子，这些穷秀才前赴后继，薪火相传，折腾了整整将近一个世纪，也没能把民间文化整成一门让人觉得有用的学问。

民间文化？不就是那些乡村的、粗鄙的、落后的、迷信的、愚昧的东西吗？这些“乌七八糟”的东西能够有助于社会主义精神文明建设吗？不革掉你的小命就不错了，你还想翻身当“文化”呀？

各位看官先别急。时间到了21世纪，突然传出消息说，联合国教科文组织设立了一个叫作“人类口头和非物质遗产代表作名录”的光荣称号，专门用以肯定（我们理解为“表彰”）那些最值得传承与保护的文化表现形式，以及与之相关的文化空间，等等，并且从2000年开始，正式实施“人类口头和非物质遗产代表作”的遴选与认证工作。

中国人素来是很重视荣誉证书的。这个证书当然要争取。但我们得先弄明白人家是如何定义这个“人类口头和非物质遗产代表作”的。

这个定义在联合国教科文组织那里被前后修改过好几次，其复杂过程暂且不提，主要与该组织在1989年公布的《保护传统文化和民俗建议案》（Recommendation on the Safeguarding of Traditional Culture and Folklore）有密切关联。

我们且看最近的一次，即2003年10月17日联合国教科文组织第32届大会通过的《保护非物质文化遗产公约》（Convention for the Safeguarding of the Intangible Cultural Heritage）中，是这样定义的：

1. 口头传统和表现形式，包括作为非物质文化遗产媒介的语言；
2. 表演艺术；
3. 社会实践、仪式、节庆活动；
4. 有关自然界和宇宙的知识和实践；
5. 传统手工艺。

这不就是我们这里多得无人问津的那个什么“民间文化”吗？原来这也是国际社会精神文明建设的一部分呀？怎么不早说？早知道有许多东西就可以不扔掉了。

还是洋人厉害，他们就是会玩新花样，同样是那个东西，被他们重新定义一下，马上有了非同凡响的文化内涵。前面再加上个“人类”两字，你敢反对吗？如果你反对这一活动，你就是“反人类”。

选择申报项目的时候，你才真正意识到中国民间文化传统的博大深厚。具体报谁呢？怎么个报法呢？那些过程我们不能乱猜，但肯定不是“海选”。我们可以设想，随便从中国的哪个门旮旯里弄个什么去申报一下，我们的东西肯定都能中奖。直到联合国教科文组织于2001年5月宣布了首批19个“人类口头和非物质遗产代表作”，我们这些普通老百姓才从报屁股上知道，中国的“昆曲”位列其中。

昆曲的价值有多大？我们不知道。我们认的是“洋证书”。正如你有没有什么真才实学，我们不知道，我们只看你有没有国家正式文凭。

范进中举，光宗耀祖。昆曲自从有了“洋文凭”，身价百倍，惹无数民间文化竞折腰。后来的申报工作，竞争的力度就大多了，因为大家都想报。2003 年 11 月 7 日，中国古琴艺术被列入第二批 28 项“人类口头和非物质遗产代表作名录”。

中国的民间文化研究工作者马上意识到，这是一次千载难逢的复兴民间文化的大好时机，中国民间文艺家协会率先在全国各大媒体大声呼吁，加强对民间文化的保护和研究，这一方面作为中国民间文艺家协会主席的冯骥才先生着力尤著。大冯是很有号召力的，很快，其他各种官方的、民间的机构与组织都参与进来，汇入了 21 世纪的民族民间文化保护浪潮之中。

但是，很长时间以来，这股浪潮依然只是拍打在专家的层面，并没有能够惊动碌碌营营的普通老百姓，看起来热闹的东西，都还停留在专家的“口水”阶段。直到“端午事件”的爆发。

二 新闻是怎样炼成的?

世界潮流，浩浩荡荡，最终把中央政府也卷进来了。2004 年 4 月中旬，原文化部在美丽的云南大理、丽江举行了为期 4 天的中国民族民间文化保护工程试点工作交流会，许多媒体都派记者参加了，也发了许多有价值的报道。但是，普通民众一如既往地对这些会议报道不感兴趣。

记者们也只能等待和观望。“有价值”（这个“价值”主要是指记者的稿费和奖金）的新闻总是在不经意中出现的。聪明的记者要善于捕风捉影，小题大做。

据说会上有不少代表提议，“中国应重视自己的传统节日，所有的传统节日应有相应的假期，将其列入国家法定假日。不少代表说，现在一些年轻人热衷于过洋节，比如情人节和圣诞节。有的人不知道圣诞节的具体内容是什么，但照样跟着别人过。情人节这一天，大街上的玫瑰花几乎全卖光了，并且价格不菲。然而，中国自己一些具有丰富文化内涵的传统节日却受到了冷落，这是令人遗憾的事情”①。但是这些提议当时并没有得到详细报道。

倒是在会议闭幕式上，文化部原副部长周和平总结性地讲了几句话，

① 刘玉琴：《不要冷落了自己的传统节日》，《人民日报》2004 年 5 月 6 日。

大意是说:"如今,有些年轻人热衷于过洋节,比如情人节和圣诞节——尤其是情人节,然而,中国自己一些具有丰富文化内涵的传统节日却受到了冷落。"① 记者们分头对这几句话报道了一下。

这段话本身并没有传达什么新信息,只不过由一个政府高官讲了几句别人也讲过无数次的老话。其新闻价值只在于它是出自文化部原副部长之口。这些报道没有激起任何波澜。

可是,过了半个来月,《人民日报》一个叫刘玉琴的记者,很敏锐地对这段话进行了一些跟踪报道,从周和平关于节日保护的话题中挖出了一些新的材料,以《不要冷落了自己的传统节日》为题,报道是以这么一段话来为开头的:

> 近日东北一位大学教授给文化部副部长周和平发来一份急件,说据可靠消息:亚洲某国准备向联合国教科文组织申报"端午节"为本国的文化遗产,目前已将其列入国家遗产名录,很快将向联合国申报"人类口头遗产和非物质遗产代表作"。②

就是这么短短一句话,却像原子弹一样炸开了。尤其是广大网民,纷纷对此提出怀疑。居然有人拿中国的端午节去申报自己的文化遗产?谁敢这么大胆和下作?这个"亚洲某国"到底是哪个国家?东北的大学教授又是谁?这个教授又是怎么知道的?"可靠消息"的可靠度有多高?

对于广大媒体来说,成天就怕读者没胃口。既然读者对这道菜有兴趣,那还不赶紧备料炒作?各大媒体纷纷出动,搜寻消息的来源。

三 谁动了我们的粽子?

新闻爆炸的最初几天,许多媒体还有点摸不着头脑。但是读者这么关心的事,你也不能不报道,怎么办呢?这些媒体就只好用转载、改写

---

① 李建敏:《文化部官员提醒国人不要冷落自己的传统节日》,人民网,http://www.people.com.cn,2004年4月17日。

② 刘玉琴:《不要冷落了自己的传统节日》,《人民日报》2004年5月6日。

的方式，重复着《不要冷落了自己的传统节日》中的故事，许多报道一眼就能看出只是把过去非物质文化遗产保护的旧闻拿来与“端午节”新闻进行拼炒。尽管是冷饭，也只能这样先端给读者们吃着。

很快就有人指出，其实《光明日报》早在当年4月14日发表的一篇文章就隐隐透露，“某国”是指韩国。而且，早在1967年，韩国江陵市的“端午祭”就被批准为该国第13号“重要无形文化遗产”予以保护，目前韩国的文化部门正在为“江陵端午祭”申报“人类口头和非物质遗产代表作”进行积极准备。

消息一经“证实”，举国哗然。我家的东西要被别人拿去注册？这还了得？声势浩大的愤青们几乎在一夜之间就被迅速发动起来了。

有人要打架了？媒体迅速把自己变成一个军火供应商，异常积极地为愤怒的网民划出了战斗平台。于是，愤青们在各大网站热点新闻的跟帖中拉起主战场，从丰富多彩的现代汉语中搜出各种各样的贬义词，把那些最难听的语言和最有杀伤力的口水炮弹射向了韩国人、自己人、政府、专家，能想得出来的“民族罪人”都被拉出来鞭挞了一通。他们从不同的角度，用不同的词语，表达同一种情绪：愤怒！

媒体热闹了。就像棺材铺的老板生怕瘟疫得到控制一样，一些媒体记者唯恐天下不乱，他们在这场口水战中起到了有力的推波助澜的作用。媒体是宣传队，媒体是播种机，媒体是打气筒。

有一个记者用了这样一些煽动性的话语作为文章开篇：

> 您过了多半辈子的端午节，可能就要成为别国的“文化遗产”了。
>
> 日前，东北亚某国欲向联合国申报“端午节”为本国的文化遗产一事一经披露，立即在海内外引起轩然大波。
>
> 国内各界纷纷表示：我国保持了两千多年的文化习俗被别国抢先去申报世界文化遗产，这是我们民族感情所不能接受的。[①]

---

① 何спе：《某国欲申报端午节为文化遗产，专家称可能成功》，《华商晨报》2004年5月8日。

接着，该记者声称某特殊身份的教授“在听闻此事后，万分愤慨地表示，一旦外国将端午节申报世界遗产成功，那么就将成为国耻，有着两千多年历史的中国端午节，竟要成为他国的世界文化遗产，这是中华民族在感情上所不能够接受的”。

类似的报道我们不必一一列举，网上有些愤青的言论甚至让人难以启齿去复述。中国人这种“出乎意料”的愤激态度让韩国人非常吃惊。据说在韩国民间，也有强烈的情绪反弹（当然，这是一年之后才听说的）。双方的愤青大概都很激动，大有酿成外交事件的趋势。

至于这一风波有没有真正惊动到官方的外交脸面，我们这些普通老百姓也没有什么确切途径可以了解。但当年5月11日《中新网》的一条消息让人看到了中国政府的忧虑，该消息称，原文化部的一位官员在某公开场合发表意见：

> 该官员表示，开始时报道就有失公允，诸多媒体的炒作更使事实与报道出现相当大的差异。由于“端午节”事件不但关乎中国民众的民族情结，更关系到中国与他国的外交关系，所以媒体的轮番炒作给文化部实际解决问题造成了相当大的麻烦。这名官员说，希望媒体不要再炒作“端午节”事件，使问题复杂化，更希望公众给文化部时间，文化部一定会解决问题，保护好中国传统文化。①

四　到底谁在说假话？

这位官员还有意驳斥了刘玉琴《不要冷落了自己的传统节日》一文中所提到的其他几处信息。其用意很明显，暗示大家，那是一条假新闻。

对于有些媒体来说，能把水搅得越浑越好。如果真相一下就弄清楚了，谁还追着你的报纸读呀？就是要真真假假，才能把读者的胃口都给吊起来，今天来点真的，明天来点假的，或者如人妖JJ玩一玩犹抱琵琶半遮面，故意掩一点露一点，穿着比基尼在你面前晃来晃去。

① 《文化部官员现身说法，“端午节”之争报道疑失实》，中新网，http://www.chinanews.com.cn，2004年5月11日。

“东北一位大学教授”也很快被媒体找着了，他就是钟敬文先生的大弟子，辽宁大学知名教授乌丙安先生，时任中国民俗学会名誉理事长。

有意思的是，有些记者在文章中这样介绍乌先生：“中国民族民间文化保护工程专家委员会委员、辽宁某大学教授冰庵（化名）。”我当时不太明白，把别人的身份都具体到这个份儿上了，还在遮掩什么？如果真想保护乌先生的隐私，为什么又要用“冰庵”（暗指“丙安”）这样的化名，这不摆明了是脱了那块布来出那种气吗？

有一些报纸为了显示自己的独家之处，还含沙射影地踩着《人民日报》向广大读者示好，把自己打扮成唯一能“详尽披露事件来龙去脉”的样子。有一篇被反复转载的报道是这样写的：

> 5月6日，国内一家权威报纸的一则有关亚洲某国将端午节列入该国国家遗产名录并将申报“人类口头遗产和非物质遗产代表作”的消息，引起了大大小小网站、报纸竞相转载，而各大网站的数千名网民对此也热评如潮。但众多网民在对端午节被外人欲抢先申报表示遗憾的同时，也对这则消息因一些地方“语焉不详”产生疑问。①

接下来告诉大家，“昨日（5月8日）下午，记者几经周折，终于找到现任辽宁大学民俗研究中心主任、民俗学教授乌丙安。记者将电话打到乌教授家里，乌教授坦承是其本人向文化部副部长周和平反映了此事。随后，76岁高龄的乌教授接受了记者的独家专访”。

> 乌教授首先告诉记者，此前的报道有些出入。他说，其实，前不久他只是收到了亚洲某国的一封邀请函，让他在某月某日到该国参观他们的端午节活动并在研讨会上发言，研讨会的主题就是宣扬该国在保护端午节上的先进之处。
>
> “邀请函里根本就没有提及要申请‘端午节’为该国文化遗产之事。”乌教授表示，他只是在与该国的学者电话聊天时听他们说“以

---

① 谢孝国、江微：《“抢报端午节”细说从头》，《羊城晚报》2004年5月9日。

我们现在过端午节的规模和气派，申报文化遗产完全没问题”略知一二。乌教授说，该国暂时并没有正式声明要申报，他之所以给文化部发急件，是出于一种未雨绸缪的心理。“我国文化遗产被他国成功申报的并不少，像端午节这样的传统节日如果又被别人抢先注册了我们就真的说不过去了！”①

这则“详尽披露事件来龙去脉”的报道与《人民日报》“据可靠消息”的报道显然有很大出入。也许其中一条是假新闻，也许两条都是假新闻。总不成两条都是真新闻吧？除非当事人自己在前后两次事件中至少说了一次假话，而两家或其中一家报纸上了当事人的当。

五　数谁口号喊得响？

三人成虎！媒体一轰炸，立马感觉韩国人已经兵临城下了。

传说中国的端午节是为纪念伟大的爱国主义诗人屈原而设的（当然，这只是民间传说，并不是历史真实），屈原是投汨罗江而死的，而且投的是湖南岳阳境内这一段。在岳阳的历史记忆中，这是他们很辉煌的一页，因为在这里逼死过一位千古伟人。

过去每年端午，汨罗江都赛龙舟，据说像过年一样热闹。甚至说当地还流传有“宁荒一年田，不输五月船”的说法。老一辈岳阳人对“端午节”的在意是毋庸置疑的。

媒体的“端午事件”把个岳阳炒得热气腾腾，市政府当然不能坐视不理。市领导更要面对民意的压力，当记者把话筒凑到你嘴边的时候，你怎么也得表个态。据报道，2004 年 5 月 9 日上午，岳阳市政府就以官方名义召集宣传、文化、文物等部门主要负责人，就“保卫端午节”召开专门座谈会。

会后决定，“论证和申报端午节的工作已正式列入岳阳市政府工作日程”。

过了两天，上海《新闻晨报》一个记者大老远跑到岳阳，一位副市

① 谢孝国、江微：《“抢报端午节”细说从头》，《羊城晚报》2004 年 5 月 9 日。

长向他详细介绍了岳阳方面的工作进度：

> 现在不止我一人在忙碌，整个岳阳市都已经“全民总动员”。我们市文化局的文物管理处正加紧收集和论证相关资料，5月9日我们市政府出面组织了一次学者座谈会，5月11日我们在南湖广场举行了“保卫端午”的万人签名活动。①

后来他们又开了多少次会，我们不清楚，喊过多少口号，我们数不清，反正是各方各面都表态了：重视！通过媒体的宣传和签名活动的如期开展，估计“保卫端午节”这一核心理念是深入人心了。

热度可能持续了好长时间，到了2004年9月，天气还没开始转“凉”。据长沙《东方新报》9月6日的一则报道：

> “我们要坚决保护好属于我们的节日!”昨日上午，了解完本报关于“保卫端午节”的系列报道后，岳阳市委副书记郭光文显得异常激动，拍案而起……
>
> 郭光文在阅读完本报关于湖南保护端午节的系列报道后，拿笔当即在报道上写下“端午节是我们的节日，我们要坚决保护它”。并立即电话指示文化、宣传部门及汨罗市的主要负责人，要求他们高度重视端午节的保护，应加强民族民间文化的教育和保护工作，发挥各级应有的作用，全市要大规模地行动起来形成一股合力，保护好属于我们自己的端午节，属于中华民族的节日。“这是岳阳人民的大事，是湖南的事，是中华民族的事。”郭光文说。②

不知道这段话是据实而录呢，还是夹带了记者的“光辉想象”。在我看来，这段描写也是一种“非物质文化”，异常生动。不信？你按记者的文字复原这样一个场面：一位气宇轩昂的市委领导，慨然拍案之后，马上当着记者（我不敢肯定是女记者，更不敢肯定是漂亮女记者）的面，

---

① 顾嘉健：《岳阳端午“申遗”全民总动员》，《新闻晨报》2004年5月13日。

② 呼霓：《启动申报程序 湖南保卫端午节迈出关键一步》，《东方新报》2004年9月6日。

昂首挺胸，左手叉腰，右手果断地拿起电话，立即“电话指示”各个政府部门，要大规模地行动起来，掀起一个保卫端午新高潮！

那个运筹帷幄，那个英雄气概，真是比电影还电影。

六 我们在愤怒，韩国人在干什么？

韩国方面发给乌丙安教授的邀请函中，确实没有提到要将“江陵端午祭”申报为世界非物质文化遗产代表作的意思。韩国方面做得比较谨慎，邀请函是以“亚细亚民俗学会”这样一个民间学术团体的名义发出来的，同时受到邀请的还有好几位中国民俗学家。

乌先生之所以得知韩国方面在绸缪将“江陵端午祭”申报世界非物质文化遗产，据说是一位刚从韩国回来的中国社会科学院青年学者告诉他的，也许是乌先生害怕连累这名青年学者，也许乌先生还有别的线报，他对媒体声称是从自己与韩国学者的闲聊中揣测出来的。

乌先生上书周和平的目的，大概只是想提醒政府重视一下自己的传统节日和民间文化（近几年，乌先生与中国民俗学会的其他几位主要负责人一直在做这种努力），所以把话说得重了些。周和平大概也只是急于表达一下现任政府对民间文化的重视程度，所以把消息报得快了些。记者大概也只是急着抓一篇独家报道，所以把话说得急了些、含糊了些。但谁也没有料到一则小小的“豆腐块”，居然会激起民众如此强烈的反响。这就是所谓的“蝴蝶效应”，一只小小的蝴蝶轻轻地扇动一下翅膀，可能引起另一时刻的一场风暴，至于哪一只蝴蝶的哪一次扇动能够达到这一效果，我们事先一无所知。

风暴来了。乌先生明显感觉到了压力。相信这种压力一样压在了周和平与刘玉琴的心上。我们今天回过头去看，乌先生提供的信息是真的，周和平的讲话是真的，刘玉琴的报道也是真的。但是，为什么事后刘玉琴不再追踪报道，周和平不再发表意见，而乌丙安又一再否认自己知道韩国方面的计划呢？

因为压力太大。事件被媒体炒成这样，网民如此激动，少数理性的声音完全被网民的口水给浇灭了。民族情绪一旦被挑动起来，只要打着“爱国”的旗帜，任何不理性的声音都具有了合法的意味。事态还会如何发展？谁也无法确认。一旦真的酿成外交事件，谁来负这起责任？

反正，愤怒的网民只管愤怒，他们是不用承担任何责任的。罚不责众！当个普通老百姓的好处就只在这——你可以乱说话，而不必负什么责任。

网民吵来吵去，翻来覆去就是这么一些内容（此处只摘一些苛责自己人的内容，不摘那些可能引起外事争端的内容）：

> 我只知道端午有2500年的历史，它是秦将白起攻破楚国郢都，屈原悲愤难挨，自沉汨罗江，以身殉了自己的政治理想。

> 这是新文化运动的伟大“胜利”。我们的文化、民族传统，已经被胡适、鲁迅这些畜生彻底毁灭了。

> 为什么总是中国?? 为什么这样的事在中国会一而再再而三地发生?? 为什么韩国一定要以“端午祭”命名?? 中国人还要沉默吗? 我们还要无所谓吗??

中国政府做了什么，我不知道。但韩国政府从未因为中国媒体的“愤怒”而稍稍放缓“申遗”的脚步，相反，许多迹象显示，他们正用更多的努力向世界展现自己的文化，他们要用自己的工作给中国人上一堂生动的民间文化保护课。

七　谁在引领世界新潮流?

这两年中日关系有点陷入低谷，媒体上提到有关日本的事情，多是负面新闻，这个时候，中国人最听不得关于日本人的好话。但是如果我们告诉公众说，非物质文化遗产保护“运动”的推动，与日本学者的大力提倡密切相关，甚至“无形文化”（我们故意把它译为“非物质文化”，就是不用“无形文化”，虽然定义的内容基本上是一致的）这个概念，最早也是来自日本的《文化财保护法》，大家听了可能不痛快。算了，我们还是回到“江陵端午祭”，说说韩国的事。

与乌丙安一起受到邀请的民俗学者，还有中国民俗学会的另外三名副理事长陶立璠、叶春生、贺学君，以及其他几位学者。陶先生是这次活动的中方联络人。他们到了韩国之后，受到了韩国方面礼貌而热情的接待，江陵市市长出面，向他们介绍了端午祭的历史和现状。接着是五天的学术研讨和观光访问。

在韩国考察的中国学者，个个感触良多。叶春生此前在接受《羊城晚报》记者的采访时，曾经认为，韩国将“端午祭”申报为人类非物质文化遗产代表作，成功的可能性不是太大：

> 中山大学民俗研究中心主任叶春生教授接受记者采访时称，有关某国要将端午节申请为本国文化遗产，这在文化圈内已是公开的秘密，我们根本没必要大惊小怪。“申请是它们的权利，但批不批准是联合国的权利。”叶教授认为，某国要联合国批准必须在申报中体现其过端午节的原创性和单一性，但端午节发源于中国，中国以端午节来纪念屈原，有它特定的意义，而且在屈原出生以前，据闻一多先生考证中国就有划龙舟的习俗，并把端午节这一天定为龙的节日。世界和平理事会在1953年定下了世界四大文化名人，其中之一就是屈原，我们有这么多的历史积淀，端午节在我国有这么多的意义，其他国家是抢不去的。①

看过了韩国的“江陵端午祭”，回国之后，叶先生的想法发生了很大转变，他写了一篇《端午节庆的国际语境》，高度赞赏了韩国政府与民众对人类文化遗产的保护行动，发出了“可喜可叹”的感慨：

> 一则消息的误导，把端午节庆炒得沸沸扬扬。可喜的是同胞们的爱国爱乡之情，一夜间就被调动起来了，民族凝聚力之强盛，可见一斑；可叹的是，我辈之孤陋寡闻，此端午非彼端午也，文化的交流与资源的共享乃正常现象；可鉴的是，政府对传统文化的保护与张扬，力度不同，效果大不一样。此事若能令我们警醒，胡闹一

① 谢孝国、江微：《“抢报端午节”细说从头》，《羊城晚报》2004年5月9日。

阵，也不枉然。①

私下里，叶先生更是多次断言，韩国的申报工作“一定能成功”。与他赴韩考察之前判若两人。

八 “江陵端午祭”到底是怎么回事？

能拍案而起，大概都是因为激动，而理性的话语总是出现在激动过后。贺学君教授从韩国回来之后，沉默了一段时间，终于也写了一篇万言长文《韩国非物质文化遗产保护的启示——以江陵端午祭为例》，详细地追述了“江陵端午祭”的历史、流变、现状，以及韩国学者、江陵市政府为此而付出的长期而艰苦的努力。

江陵端午祭不是一天两天的节日庆典，而是一项时节性的漫长的民俗活动。其日程安排也很复杂。如从“迎神祭”算起，应该是连续五个昼夜（农历五月初三至初七）；如从“山神祭”起到“送神祭”止，则长达20余天（四月十五至五月初七）；如果从“酿神酒”开始，那就一月有余（四月初五至五月初七）。祭礼极其繁复，活动之多，难以胜数。

江陵端午祭萌生于何时，目前没有确切文字资料可证，但已知早在新罗时代就有了“端午节”。这一天，上自皇室，下至平民百姓，举国欢庆。为了祭祀山神、祈求丰收和安康，他们除了要举行各种大规模的巫术祭礼之外，还要举办假面舞剧、投壶、摔跤、荡秋千、长跪比赛、跆拳道比赛等多种多样的大型民间游艺活动。

江陵曾是古国的首都，当时有“舞天”的宗教庆典活动，端午是五月祈求丰收的播种庆典，十月是秋收的感恩节。江陵的端午祭除汇集国内所举行的各种传统习俗，还有属于自己的独特内容，是一种全民庆典活动。

当我们还在忙着“破四旧”“移风易俗”的时候，韩国的非物质文化遗产保护工作就已经开始了。

1960年，韩国中央大学的任东权教授（韩国民俗学会前会长）在江

① 叶春生：《端午节庆的国际语境》，《民间文化论坛》2005年第3期。

陵的考察中发现，江陵端午祭规模宏大、特色鲜明，具有浓郁的地域特色，于是撰写了详细的调查报告，向韩国文化观光部申请确认其为"重要无形文化遗产"。但是，由于评委们对民俗文化的性质和重要性缺乏了解，并没有给出答复，于是任东权找评委们一个一个谈，反复游说。

这一漫长的游说持续了好几年，直到1967年，江陵端午祭才正式获得通过，被列为韩国第13号"重要无形文化遗产"。从此以后，江陵端午祭更加得以兴旺，并呈现出发展的势头，现在，端午祭已经成了江陵市旅游文化的最大亮点，每年吸引数百万名韩内外游客前往参与祭典活动。

贺学君总结她在韩国的几点感受为：

1. 江陵端午祭是韩国自己的民俗节庆活动。

2. 江陵端午祭是在历史发展中按民众的需求不断演变着的民俗活动。

3. 政府的有效管理，是传统文化得以保护与传承的制度保障。

4. 民众的自主参与是民俗事项"活着"的主体保障，也是其根本标志。

5. 民俗学者在文化遗产保护传承中起着不可替代的作用。

6. 区别"保存"与"保护"，积极开拓"保护"空间，是传承和创新的关键。"保存"以"存"为目标，"保护"以"养"为目标。而正确认识这一点，首先需要找准它的"根"，江陵端午祭的"根"，乃是贯注着该地区民众共同信仰的那些基本的祭祀礼仪。

7. "我们无法强求子孙无条件地接受传统价值和生活，但应该让他们体验过去，并给予（甘心）继承的机会。"①

九 学者怎么说?

看完了媒体、"愤青"与地方官员们的表演，我们再来看看学者们是如何看待"端午保卫战"的。

这下该轮到中国民俗学会理事长刘魁立教授出场了。这几年，刘魁

① 贺学君：《韩国非物质文化遗产保护的启示——以江陵端午祭为例》，《民间文化论坛》2006年第2期。

立与冯骥才一道，一直在积极地推动着中国非物质文化遗产的保护。与其他文化人不大一样的是，刘魁立主要是一位理论家，而不是游刃有余的社会活动家。“端午保卫战”打了一年多，刘魁立始终三缄其口，但私底下，他一直在关注和思考着。

刘魁立提出的问题是：“端午节”与“端午祭”，是“一回事”还是“两回事”，这很重要吗？就算韩国的端午祭与我们的端午节是同一回事，他们有资格申报人类非物质文化遗产代表作吗？

刘魁立给出的答案是：即便江陵端午祭与中国端午节是同一回事，他们也有资格单独申报，只要江陵端午祭本身是具有保护价值的人类非物质文化遗产。

早在“端午保卫战”之前，国内的各地方势力就已经为了诸如“梁祝故里”“董永故里”“牛郎织女传说起源地”“某某之乡”之类的所谓“文化名片”打得头破血流。刘魁立曾经在几次会议中对一这现象发表过意见：

> 非物质文化遗产尤其是口头文化遗产，具有“广泛性”和“共享性”的特点。作为一个多民族国家，我国的情况就更是如此。我们要特别关注中国多民族的历史和现状对口头和非物质文化遗产的影响。许多口头和非物质文化遗产不是特定民族、特定地区、特定群体独创或独享的文化……无论是出于什么样的考虑，文化保护的过程都不应成为文化垄断的过程……不能把民族团结和人类交流的凝合剂变成影响团结交流的障碍。①

保护非物质文化遗产，其目的就是使人类多样性文化更好地生存和发展。如果保护变成争夺、变成垄断、变成影响社会和谐的障碍，那么，就与人类社会的主流意识形态背道而驰了。

而我们所谓的“端午保卫战”，只不过是把国内文化资源争夺的恶劣习气扩散到了国际社会，把内讧扩张成了外讧。

---

① 刘魁立：《非物质文化遗产及其保护的整体性原则》，《广西师范学院学报》（哲学社会科学版）2004 年第4 期。

显然，闹剧的上演不仅不能为中国争得光彩，相反，恐怕得给中国的国际形象抹点黑。黑到什么程度？那得看闹到什么程度。

刘魁立在《关于非物质文化遗产保护的若干理论反思》一文中进一步指出：

> 文化遗产具有鲜明的共享性特点，可以被不同的社会群体甚至是不同的民族或国家所享用。正因为有了这种共享性特点，它才使我们的非物质文化遗产保护具有了重大意义，具有了世界意义。只有世界各国的优秀民族文化得到了充分的健康的发展，只有世界各国的政府和广大民众都对自己的优秀的文化传统加以认真的保护，才有人类文化多样性发展的前提和基础。①

其实，韩国江陵端午祭的申报并不影响我们继续过好自己的端午节，正如中国“少林武功”的申报并不影响印度的佛教徒继续他们的任何一项宗教事务。可是，许多愤青（包括许多教授级的“老愤青”）并不这么看，他们把韩国的申报行为引为中国的“国耻”，打着“爱国”的旗帜，借机发泄他们长期积压的各种不满情绪。

这种心态确实有点怪。一方面，他们很在乎国际社会的这个荣誉证书；另一方面，他们对于这张荣誉证书的意义和用途却一无所知。

真是“无知者无畏”呀。一群鲁莽而可爱的“爱国者”。

十 谁和谁在合作干什么？

当今社会，所谓的热点新闻，能持续两三个星期就算了不得了。许多愤青也就图个热闹，发泄发泄。愤怒总是一时的，总不能天天活在愤怒中。媒体也忌讳在一个话题上停留太长时间——读者会产生审美疲劳的。

端午话题好不容易从众声喧哗中安静下来。

---

① 刘魁立：《关于非物质文化遗产保护的若干理论反思》，《民间文化论坛》2004 年第 4 期。

时间来到2005年的端午前夕，突然又生出一档子事来。对于猎奇的记者们来说，那真是柳暗花明，处处逢村。

> “韩国将申报‘端午节’作为本国非物质世界文化遗产”的消息曾在去年引起轩然大波。昨天下午，记者获悉：在农历五月初五端午节（本月11日）这天，中韩两国的民俗专家、学者将在北京举行研讨会，希望两国可以联合申报端午节为世界非物质文化遗产。
>
> 作为此次研讨会的与会民俗专家之一，北京市民俗专业委员会副主任高巍于昨天接受了晨报记者的专访。高巍向晨报记者透露：“韩国民俗专家早在去年就表示了‘联合申遗’的意向。”①

北京民俗学界的几位老先生，一下全傻眼了。不是大家都已经不提这茬儿了吗？怎么突然又跑出个联合“申遗”来了？大家不约而同地拿起电话机，互相询问：到底怎么回事？

“亚细亚民俗学会”韩国方面会长张正龙很快就知道了这件事，据说非常震惊，大概是有点不解或不满吧。张正龙专门委托该会秘书长打来电话，向“中国民俗学会”及“亚细亚民俗学会”中国方面负责人询问是怎么回事。

谁也不知道是怎么回事，大家且静观其变吧。反正记者的话大都信不得。

自从去韩国看过之后，专家们心知肚明，中国端午节与韩国端午祭虽然名称相近，但当下内涵完全不同（追究历史上是不是曾经相同、有没有源流关系是没有意义的），根本不具备合作基础。

按照联合国教科文组织的程序规定，非物质文化遗产的申报工作应该由会员国政府职能部门来执行。这下怎么突然变成民间行为了？既然是民间行为吧，怎么中国民间文艺家协会、中国民俗学会都对此一无所知呢？

另一则报道似乎说得更详细点：

---

① 徐惠芬：《中韩拟联手端午节“申遗”》，《新闻晨报》2005年6月7日。

北京民俗专家向记者透露，端午节那天，北京民俗界的十几位专家学者将和韩国的民俗专家在北京召开研讨会。韩国的民俗学者将全面地介绍韩国“端午祭”的所有活动，并希望借助中国2000年的端午节历史底蕴，联合申报世界非物质文化遗产。中国专家表示，这个提议非常好，两国联合申报世界文化遗产已有很多成功的先例。中国也可以借鉴韩国经验，逐步恢复一些端午节的老传统，不要让端午节成为“粽子节”。①

哦，原来只是个十几人的峰会，难怪大部分民俗学家都没有得到消息。当然，人数多少与会议的重要程度之间没有什么必然的联系，毛泽东会见尼克松，不也就是两个人的事吗？但世界从此不一样了。

那么，这个研讨会又是什么级别的民俗学峰会呢？韩国方面来多少人呢？他们又是受谁的委托呢？

你看那记者描绘的，“韩国学者”俨然“小国”外交使节，一年前就开始提议了，今天才“有幸”得到中国方面的答复。而中国“民俗专家”（严格地说，应该是“北京市民俗学工作者”）的口气也颇有“大国学者”的领袖风范：你们的提议很好嘛，我们可以研究研究嘛，考虑一下嘛。

小道消息，据后来的一位民俗学同仁透露，本次“大会”共有一名“韩国学者”参加，姓名不详。不是没有姓名，而是线人记不住，因为过去从未听说过这名“学者”，疑似北京某高校的韩国留学生。

十一　刘魁立为什么被声讨？

2005 年 11 月 24 日，对于岳阳市政府来说，无疑是这一年中最黑暗的日子之一。据联合国教科文组织官方网站当地时间下午 1 点 20 分发布的消息，由 18 名专家组成的联合国教科文组织国际评审委员会 21 日至 24 日在巴黎联合国教科文组织总部召开评审会议，韩国江陵端午祭

① 张然：《中韩将讨论两国联合申报端午为世界遗产》，《北京娱乐信报》2005 年 6 月 5 日。

（Gangneung Danoje Festival，Republic of Korea）入选第三批“人类口头和非物质遗产代表作”。

这次给中国愤青上课的恐怕不只是韩国人了，来自世界各地的 18 名专家共同给我们上了生动的一课，其中还包括 1 名我们自己的专家。（国际评审团由来自巴西、挪威、约旦、摩洛哥、法国、格鲁吉亚、墨西哥、日本、斐济、马里、俄罗斯联邦、牙买加、坦桑尼亚、埃及、捷克、贝宁、葡萄牙、中国的 18 名专家组成。我国的音乐家和音乐学学者张振涛研究员成为 2005 年国际评审团新任命的 8 名专家之一，这也是中国学者首次进入该项目的国际评审团。）

国内媒体“首先”报道这一消息的是《北京晚报》的《端午节成韩国无形遗产》（2005 年 11 月 25 日），但这条新闻是间接“转译”自韩国联合通讯的当天报道。结果连记者本人也没闹清楚这项重大文化遗产的准确名称，误将“人类口头和非物质遗产代表作”译成了“人类传说及无形遗产著作”。

我大学时考试作弊，偷看同桌的卷子，那家伙写错答案，错把第一题答到第二题上，结果第二天老师就来找我们，因为我也把第一题答到第二题上了。如果你也有这样的实践经验，你就能一眼看出所有媒体都在抄袭《北京晚报》，因为各大媒体全都一窝蜂地把“人类口头和非物质遗产代表作”写成了“人类传说及无形遗产著作”。不明真相的“愤青”看了，也许以为联合国在“人类口头和非物质遗产代表作”之外又发明了一个什么新的光荣称号呢。

尽管所谓的“端午之战”只是中国媒体和“愤青”共谋的一场“假想的战争”，但是，各大媒体炒作的焦点还是集中在“中韩端午节‘申遗’之争以韩国的胜利而告终”。就差没把联合国教科文组织的国际评审团描述成足球场上的“黑哨”。

天下不乱，何以新闻？结果出来之后，“搜狐网”专门做过一个网络问卷调查（调查结果截至 2006 年 3 月）。

题目 1：你认为中国的“端午节”和韩国的“端午祭”是一回事吗？

答“是”52.94%；答“不是”29.41%；答“说不清”17.65%。

题目2：调查题目：你如何看待“端午申遗”之争韩国胜出？

答“太痛心了，完全不可接受”59.46%；答“人类共同的文化遗产，没必要斤斤计较”29.73%；答“无所谓”10.81%。[①]

媒体照例要“做”这个新闻，照例要请专家来说说话。如果专家识时务，就应该顺着“民心”大势，做一番“痛心疾首”的表演，可有些专家确实“不识时务”。

新京报：怎么看待韩国江陵端午祭“申遗”成功？

刘魁立：我想这不是坏事。从整个人类角度来看，文化是多样性发展的，每一个民族都要对世界文化发展作出自己的贡献。这应该受到赞赏，是人类文化互相交流的情况之一。

新京报：这件事发生以后，有国人感觉到自己的文化遗产、文化创作被别人“占有”了，似乎流露出不自信心态。

刘魁立：我们也应看到，文化遗产的共享对我们而言是一种荣耀。我们的文化产品被别人因袭、模仿甚至再创造，体现了我们对人类文化的贡献……

比如说韩国，首先他们承认这一岁时庆典起源当然是来自中国的传统文化，就是端午的时间框架的选择。在这个时候，我们心里默默地感觉到，我们所创造的文化，对于我们中国人认识事物、认识自然、认识人事很有意义。韩国接受了这些并作为自己文化符号体系中的一部分，难道我们觉得我们丢了什么东西吗？我们并没有丢呀。

……

反过来说，我们自己的文化遗产，也有一些是借鉴外来民族的，比如说，佛教，以及藏传佛教，都是我们借鉴过来以后又作出自己民族的重要贡献，并不是说因袭过来，就没有自己新的创造。

这已经是我们自己的了，现在再不能说是外来宗教。这个道理

---

① 搜狐旅游视点：《端午申遗之争的文化反思》，搜狐网—搜狐旅游，http：//travel. sohu. com，2006年4月1日。

是一样的。所以我说，文化从一个民族传到另一个民族，从一个历史环境转到另一个历史环境，从一个群体传到另一个群体，变异是必然的。

……马上要过圣诞节了，圣诞老人在我们的很多商店门口“站岗”，但并没有因为这个，芬兰人或者美国人就会表达他们的不满。所以我们需要更加宏阔的、更加长远的来看待这个问题。①

端午风波闹了快两年，窃以为这番说法是所有言论中最具反省精神、最有理性的。但就是刘魁立的这一句“不是坏事”，又捅愤青马蜂窝了。

有个叫《爱国者同盟网论坛》的 BBS 上，“愤青”们对刘魁立实施了一番愤怒的声讨：

1. 同一天不会有两个端午节，源头本在中国，现在正宗的却在韩国，我们的端午节有其历史的、民族的、爱国的意义，现在成为世界的了，却没有这一意义，对中国怎能说不是坏事，看来专家的脑子真的进水了。

2. 自己民族文化遗产被别人抢了，居然还厚脸皮说是好事!! 国人的耻辱啊!! 这跟被别人往脸上打了一巴掌，还说：其实是好事，正好促进面部血液循环。

3. 如果现在日本打进来，汉奸会比以前更多得多。

4. 中国企业将来做的粽子，都不能叫作端午节食品了，否则要向韩国拿许可证。这里隐藏着巨大商机。悲哀！赶快申请春节吧，否则中国连年都过不了!!

5. 我恨哪!!!!!!!!!!!!!! 现在的专家还有几个是替国人说话的!!!!!!!!!!!!②

---

① 陈宝成、苏婧：《韩国端午祭成功申遗的文化传承之思》，《新京报》2005 年 12 月 4 日。引用有删节。

② 佚名网友：《中韩端午节申遗之争韩国获胜，中国专家称非坏事》，爱国者同盟网论坛——上海网友区，http：//bbs. 54man. org，2005 年 2 月 8 日。

以上只是摘了几句相对比较“文明”的愤语，还有更多难听的脏话，为了不引起国际争端和弄脏了我的键盘，这里就不摘了。

不知道是哪个好事者把这个网站告诉了刘魁立先生。刘先生很紧张地跑到该“论坛”看了半天。一个理智的老人，像小学生第一次受到老师批评一样，反复地躬身自问：难道我有什么错吗？

如果不是刘先生错了，那是谁错了？爱国有错吗？

爱国没错。但是，许多丑陋和无知，正以“爱国”的名义对真理行凶。

十二　喊哑了“端午”，接着我们喊什么？

与韩国江陵端午祭同时入选第三批“人类口头和非物质遗产代表作”的，还有我国“新疆维吾尔族木卡姆艺术”（The Art of Chinese Xinjiang Uyghur Muqam，China）和“蒙古人的传统民间长调”（Urtiin Duu-Mongolian traditional folk Long Song，Mongolia and China，系蒙古国和中国联合申报项目，不占名额）。

但是，我们有几个人关心过自己的木卡姆和蒙古长调呢？当天夜里只有新华网给予了不痛不痒的一点报道，其他大型媒体甚至都有不同程度的延迟反应。其后，绝大多数的网民也都对此不置一评。我们自己碗里有什么，我们不清楚，也不关心。我们只会盯着别人的碗。别人吃上了肉，我们心里就是不痛快。

对于我这种只会看热闹的人来说，觉得最不过瘾的，是岳阳市政府居然没有再来点精彩片段，比如，某位市领导来个引咎辞职什么的，然后，老百姓沿街送上两把万民伞什么的，把古老的传统文化重新演绎一下。

不过，只要你抱定了看戏的态度去体味社会人生，处处都能看出戏来。

接下来上演的这一出戏，叫作“保卫春节”。

先是在 2005 年 12 月 31 日，“中华人民共和国文化部网”公示了“第一批国家非物质文化遗产名录推荐项目名单”（501 项）。点开“名单”，赫然出现“春节”“二十四节气”这样的条目。

保护春节？春节也要保护？这话听起来就像一个女人“莫须有”的唠叨：孩子，出门时一定要记得用脚走路啊！春寒时节一定要记得穿点衣服啊！蹲完马桶千万别把裤子落在洗手间了！

好吧，就算春节确实需要保护，那又如何保护呢？总不成由国家机器发布命令，每家过年必须吃十斤腊肉、包二十斤饺子、放五串鞭炮、游一次花灯、磕三个响头、作一百个揖、收发五十人次红包吧？

几个民间文化工作者坐在一起聊了半天，谁也弄不明白这春节该如何保护。正如一位名叫“戈兰”的网友所说：

> 二十四节气由文化部出面保护？
> 就算保护，也应该由农业部来保护。
> 但二十四节气需要保护吗？
> 如果节气成为一种早已过时的时间制度，再保护它也会死。
> 但如果二十四节气依然是一种行之有效的农时制度，则只要中国仍然有农民，农民依然要种地，则无须别人保护，它也会继续下去。①

但并不是大家都如戈兰这么想，所谓人心隔肚皮，谁知道谁想干什么。这不，果然就有些识时务的俊杰之士，在春节佳节即将来临之时，呼应文化部的号召，响亮地喊出了“保卫春节”的口号，掷地有声地抛出了一份《保卫春节宣言》：

> 我们的春节会丢失吗？
> 我们会过年吗？
> 我们到哪里过年？
> 我们还会磕头、作揖吗？
> 过年是美好的记忆。
> 家庭旅馆化现象越来越严重，人们找不到家去过年；建设民俗社区，恢复传统礼仪是和谐社会的最有效、最直接的文化保障。

---

① 《民间文化青年论坛》网站，“龙门阵”。

我们不能在春运期间降低票价，甚至为学生和民工减免票价吗？

保卫春节，就是保护国家民族文化安全，具有重要的战略意义。

在全国乃至全球范围内争取更多的人保卫春节，将其纳入申报世界口头和非物质遗产，应该是我们当代人的文化使命！①

多么响亮，多么激昂。看官注意比较，文化部的“非物质文化遗产名录推荐项目”还是显得过于谨慎了些，他们的思想水平还只停留在“推荐”层面，这哪有“保卫”来得威武、雄壮、有气势？加上一个后缀——“宣言”，就更加具有了不同凡响的文字威力，比如《共产党宣言》。

不过，既然上升到了“宣言”的高度，文字表述似乎可以更准确些。比如，可以把“世界口头和非物质遗产”这一模棱两可的词汇置换为“人类口头和非物质遗产”这一具有重大理论意义的专业术语，以便让联合国教科文组织的人认得出来，这是在说他们所倡导的事。

另外，这个“为学生和民工减免票价”的呼吁听起来有点怪，倒不是计较“免票价”一说在语法上有什么怪异，而是整个句子让人读出了“我请客，你买单”的意思。

春运期间把票价涨成那个样，火车站况且人山人海，售票窗口况且挤破脑袋，车厢门上况且还吊着几个乘客死活不肯下来。若是降低票价，鼓动起所有离乡的人都得赶在年前回到老家，那多出来的好几倍人，你是准备把他们都摞到车顶上踩实了运回家呢，还是做成压缩饼干运回家？

这种“宣言”除了让“黄牛党”的生意更加火爆，让春运事故更加频繁，就只剩了一条好处——让我们的《宣言》作者得到更多的掌声。

据河南大学校园网上一条消息：

2005 年 12 月 13 日晚 7 点，河南大学黄河文明与可持续发展研究中心三楼会议室，座无虚席，掌声阵阵。黄河文明与可持续发展研究中心副主任高有鹏教授给全校师生作了题为《保卫春节》的学

① 高有鹏：《保卫春节宣言》，《河南大学学报》2006 年 3 月 1 日。

术报告会。①

这个报告会所引起的轰动绝不只是校园内的那点掌声，高教授的《宣言》迅速被各大网站转载，许多报纸也力图把这一话题进一步做大。对于追逐热点的媒体新闻来说，伊拉克战争打完了，芙蓉姐姐看腻了，韩剧的套路也被大家摸熟了，来点“人文关怀”是很有必要的。据河南《大河报》报道：

> 中央电视台10套非常有名的文化栏目《百家讲坛》也将镜头对准了高有鹏教授，在其春节特别节目《过年》中高教授将讲述“春节”。这个专题将于1月28日中午12点45分播出。这场争论也引起了国际关注，宣言公布后不久，法国国际广播电台经多方打听得到了高教授的联系方式，通过越洋电话对他进行了专访，访谈内容将于正月初七向全球100多个国家和地区广播，题目是“春节：中国对于世界的意义”。②

其实，春节对于中国人来说，好似冬日里的阳光——保卫也是这么多，不保卫也是这么多。并不因为你高喊“保卫阳光”，太阳就会多发一分光给你，也不因为你不喊“保卫阳光”，太阳就熄灭了他的光芒。大家该干吗还干吗。

十三　怎样做一个大国公民?

当我们高喊着种种“保卫”口号的时候，我们大约是基于这样一种心态——

---

① 记者：《站内新闻》，河南大学黄河文明与可持续发展研究中心网站，http://yrcsd.henu.edu.cn，2005年12月15日。

② 佚名：《河南大学教授的“保卫春节宣言”引起多方关注 民俗学家高有鹏央视开讲“春节”》，《大河报》2006年1月24日。

1. 我们家祖上的东西是最好的。

2. 我才不玩你家的芭比娃娃。

3. 你也不许学我玩陀螺。

4. 陀螺是我的传家宝，是我的生命，我一定要年年玩，月月玩，天天玩，而且我永远也玩不腻。我宁愿不上课，我也要在家玩陀螺。

是啊，陀螺如何继续玩，确实是个问题。故事讲到这里，你别再追问结果了，不会有结果的。社会现象不是数学题，没有对错标准，所以也就没有标准答案。

故事似乎该结束了，因为接下来的事情还没发生呢。我无法预测下一出闹剧将由谁、在哪里、以什么形式来开场，但我知道，所有的由“口号”与“口水”演出的闹剧，最后都将不了了之，没有任何积极的成果——“竹篮打水”。

一般故事讲完了，故事人都要微言大义一下。本来我也想在故事结尾的时候，画几条蛇足。但是，某一天在网上闲逛，突然看到时任外交学院院长吴建民的一篇稿子，题为《中国摒弃弱国心态还有长路要走》——他居然使用了“弱国心态”这么“恶毒”的词汇。

什么是“弱国心态”？据吴建民说，第一是喜欢夸大自己的成就和优点；第二是不喜欢提及自己的缺点和不足；第三是很介意别人的表扬和批评，不能冷静进行反思。吴建民还说，“弱国心态”本质是缺乏信心。

看了吴建民的文章，我愣了半天说不出话来——我想说的，大都被他说掉了。无奈“眼前有景道不得，崔颢题诗在上头”。

既然吴建民把我想说的话都说掉了，那么，得罪人的事也就顺手推给他算了。愤青们的砖头尽管朝他扔去——他目标大，容易扔得准；我目标太小，把我打肿了，会造成与“愤青”本意相反的效果。

吴建民的文章很好读，本来想全文照录，又怕版权官司。想了半天，还是掐头去尾剪贴一番，这叫“引用”，据说是一种“正常”的学术行为。

弱国心态对正在发展的中国危害很大。它的危害可以用“害己害人”四个字来概括。

“害己”，首先是这种心态会增加中国在前进道路上的阻力和困难。

中国走的是一条和平发展的道路，这条道路与历史上大国崛起的道路全然不同。世界对于历史上那些大国崛起带来的腥风血雨依然记忆犹新，有些人担心中国会重蹈历史上大国崛起的覆辙。

弱国心态会使我们骄傲自大、故步自封，使我们失去朋友，增加中国发展过程中的艰难险阻。弱国心态使得我们不能全面看待自己，容易浅尝辄止，鼠目寸光。

“害人”，弱国心态容易伤害别人，不能平等待人，不必要地激化矛盾。

弱国心态说到底是缺乏自信心，不能全面、客观地看待自己、看待世界，是中国过去屈辱的历史所造成的。

要摒弃弱国心态，我们还有相当长的一段路要走，而且，要克服它也并非是一件容易的事情。为此，就需要实事求是地认识自己，认识世界，认识弱国心态的危害，鼓起勇气去克服前进道路上的困难，这样才能逐步摒弃弱国心态。①

吴建民多狠呀，他居然说中国是“弱国”，还说我们的民族同胞“鼠目寸光”。

据说在2006年3月初世界知识出版社举办的一次“世界知识系列讲座”上，吴建民、龙永图与沈国放三个人一唱二和，大长了别人志气，灭自家威风，殊为“可恶”。

首先，吴建民自曝家丑提出了“弱国心态”的概念。

其次，沈国放居然说，强硬并不一定意味着爱国。他说必须懂得哪些原则应该坚持，哪些应该灵活，哪些应该妥协。龙永图附和说：在谈判中姿态强硬最容易，而妥协意味着要准备很多方案，就很困难了（“投降派”居然比“战士”还难当，你听这话说的）。

接着龙永图提出一个问题：“在经济全球化时代，怎样做一个大国

---

① 吴建民：《中国摒弃弱国心态还有长路要走》，《中国青年报》2006年3月21日。引用有删节。

公民？”

不过，在回答龙永图的问题之前，我们可以先问一下，什么叫“大国公民”？

接着我们还可以继续向上追问，什么是“大国”？

转个弯再问一下，龙永图已经自认中国是“大国”了吗？

但吴建民明明说我们是“弱国”呀。

或者说，吴氏加龙氏的命题之和为“我们其实已经是大国了，但我们的心态还在弱国，所以，我们应该抛弃弱国心态，趁早进入大国境界”。如果真是这种意思，那就更加阿Q了，这与吴氏文章中所着重强调的“韬光养晦”不又背道而驰了吗？

如果我们本来就还是“弱国”，我们的问题就应该这样来提：

“作为一个社会主义初级阶段的发展中国家，我们应该怎样做一个‘弱国公民’？”

绕得我自己都糊涂了。还是大家一起来想想怎么问怎么答吧。

至于“保卫”这个“保卫”那个的事，还是让“城管”和“保安”们去干比较合适，要是他们干不了，还有“警察叔叔”呢。

端午节与东亚地域文化整合

——以端午节列入人类非物质文化遗产代表作名录为中心*

刘晓峰**

摘　要：本文是对“中韩端午申遗之争”的学术反思。全文从端午节的起源年代问题入手，首先回溯了韩国江陵端午祭与中国端午节先后申遗的过程。作者认为，尽管“中韩端午申遗之争”在中国激发了政府及民众对于传统节日文化的重视和保护的热情，具有积极意义；但围绕端午节的国籍之争，明显存在着以现代民族国家的主权观念简单替代地域文化历史边界的错误倾向。其次，在回顾端午节起源的基础上，分别考察了端午节对于古代东亚地区的日本、韩国、琉球和越南等地区的影响与传播情况，并指出这一影响与传播，是发生在以中国文明为核心的东亚文化圈内部的一种文化现象，是古代东亚地区文化共享性的积极结果。作者认为，在全球化与区域整合成为重要课题的今天，不应当再用民族国家意识对地域共同的非物质文化遗产进行强制划分。相反，我们应放眼未来，立足于地域文化共享的立场，把端午节这类非物质文化遗产看成地域共同文化财富，看作促进东亚区域认同、合作与文化发展的历史资源加以继承。

关键词：端午节；东亚；申遗；中国文明

---

* 原文刊于《华中师范大学学报》（人文社会科学版）2011 年第 3 期。

** 刘晓峰，清华大学历史系教授。

一 引人注目的端午节申遗

2009年，联合国教科文组织保护非物质文化遗产政府间委员会第四次会议在阿布扎比审议并批准了列入《人类非物质文化遗产代表作名录》的76个项目。中国共有22个项目被列入该名录中，这是中国入选联合国人类非物质文化遗产代表作名录最多的一年。22项新选入项目中，端午节赫然在内。由原文化部非遗司提供的新闻通稿介绍端午节说："端午节是中国的传统节日，节期在农历五月初五。迄今已有2500余年历史。由驱毒避邪的节令习俗衍生出各地丰富多彩的祭祀、游艺、保健等民间活动，主要有祭祀屈原、纪念伍子胥、插艾蒿、挂菖蒲、喝雄黄酒、吃粽子、龙舟竞渡、除五毒等。各种活动因地而略有不同，湖北省秭归县的'屈原故里端午习俗'、黄石市的'西塞神舟会'、湖南省汨罗市的'汨罗江畔端午习俗'、江苏省苏州市的'苏州端午习俗'和浙江等全国广大地区均各具特色。端午节是蕴含独特民族精神和丰富文化内涵的传统节日，对中国民俗生活有重大影响。"①

站在一个研究者的专业立场看，端午节第一个被中国政府申请为人类非物质文化遗产代表作，是很不正常的事情。所谓"百节岁为先"，在中国传统岁时节日中，影响最大而且地位最高的节日理应首推春节。如果要把中国传统岁时节日纳入人类非物质文化遗产代表作的申请序列中，第一个被排入的节日应当是春节而不是端午。并且很多专家早在2006年、2007年就针对春节申遗提出一系列呼吁。② 所以，从很多层面上看，都应当是春节最先进入申请为人类非物质文化遗产代表作的行列。舍春节而申端午，实在是不平常的，是引人注目的特殊行为。

然而，如果我们把目光从单纯的专业角度转向社会，回顾一下2005年11月韩国"江陵端午祭"被联合国教科文组织正式列入"人类口头和

---

① 中新网，http://www.chinanews.com.cn/cul/news/2009/10－13/1908450.shtml，2009年10月13日。按：这段关于端午节的文字表述，当时作为官方标准说法为主流传媒及国内各大网站普遍采用。

② 参见王力《专家呼吁——尽快启动春节申遗》，《人民日报》2007年2月9日第11版。

非物质遗产代表作”引发中国网民的“端午保卫战”，不是中国第一节的春节而是端午节第一个被中国政府申请成为人类口头和非物质遗产代表作又非常容易理解。它不过是那场“端午保卫战”的延续和一个象征性的结果。2005 年 11 月韩国“江陵端午祭”申遗成功这一事件的巨大影响，对中国是一个系列的启动过程，持续的影响与反馈的过程。这包括 2004 年 4 月文化部原副部长周和平讲话，《人民日报》记者刘玉琴同年 5 月关于韩国申报端午节为本国的文化遗产的报道，5 月岳阳市政府在南湖广场举行了“保卫端午”的万人签名活动 ，以及 2005 年 11 月韩国“江陵端午祭”申遗成功。这一过程给中国政府和人民一次很好的教育。于是出现了 2006 年至 2007 年有关春节申遗的系列呼吁，于是有了把中国的端午节优先放入申遗行列的行动和结果。正因为如此，端午节申遗才成为我们这里加以注目和讨论的题目。

二　端午节起源问题的学术扭曲

上述关于端午成功申遗的新闻通稿，介绍端午节还有一个引人注目的细节，就是把端午节的产生年代确定于 2500 年前。

我们知道，在端午节起源问题上，一直存在多种不同的说法。这种直接把端午节的起源时间主观给定的做法，站在学术立场上看，同样是非常有问题的。在当代中国，有关端午节的起源，最流行的说法当然是屈原传说。早期把屈原与端午联在一起较完整的文字材料，是东晋刘义庆的《世说新语》：

> 周时，楚屈原以忠被谗，见疏于怀王，遂投汨罗以死。后人吊之，因以五色丝系角条，于节日投江祭之。

《艺文类聚》卷四引用南北朝时吴均《续齐谐记》中的相关记载更为全面：

> 屈原五月五日投汨罗而死，楚人哀之。每至此日，以竹筒贮米，投水祭之。汉建武中，长沙区回白日忽见一人，自称三闾大夫。谓

曰："君当见祭，甚善。但常所遗苦蛟龙所窃，今若有惠，可以楝树叶塞其上，以五采丝缚之。此二物蛟龙所惮也。"回依其言。世人作粽，并带五色丝及楝叶，皆汨罗之遗风也。

在梁宗懔《荆楚岁时记》中，五月五日竞渡源于屈原投汨罗之说已经成了普遍的说法：

是日（五月五日）竞渡。按：五月五日竞渡，俗谓屈原投汨罗日，人伤其死，故并命舟楫以拯之。至今竞渡，是其遗俗。

我曾在《端午》（生活·读书·新知三联书店2010年版）一书中讨论过，屈原传说自身把端午的一些重要节俗——龙舟竞渡、食粽、系五色丝等都非常自然地综合为一体。并且屈原本人以忠见谤，以信见疑，赋《离骚》而见志，投汨罗以殁身，所谓其志可哀，其情可悯。因此一旦屈原传说附会于端午节后，便迅速流传成了有关端午起源影响最大的传说。到了现代屈原的"狐死首丘"式的爱国，更与民族国家时代的意识形态相适应而获得巨大的生命力。

但是，端午起源于纪念屈原的说法，文献上最早不过东汉时代，并且事实上早在梁朝宗懔写作《荆楚岁时记》的时代，就已经记载有端午起源于曹娥、起源于伍子胥、起源于越王勾践的传说，所以后来的学者们如现代人闻一多先生提出端午为吴越民族祭祀龙图腾说、今人陈久今先生提出古代越人新年说等新的说法。所有这些说法，至今并没有哪一种权威到可以一享独尊的地位，很遗憾正是端午起源研究的现状。

然而今天我们居然得到了一个非常准确的年代刻度——端午节起源于2500年前。我推测这一说法，大概是参考了史载伍子胥死于公元前484年的记载。既然伍子胥死于公元前484年，死后在当地形成传说再需要一两年，那就正好是2500年前了。端午节起源于2500年前这一说法，数字上的来源最大可能就在于此。问题是关于吴地五月五日祭祀子胥的习俗，相关记载出现得很晚。隋杜公瞻为《荆楚岁时记》作注，于"是日竞渡"下注明："邯郸淳《曹娥碑》云：'五月五日，时迎伍君，逆涛而上，为水所淹'。斯又东吴之俗，事在子胥，不关屈平也。《越地传》

云起于越王勾践。不可详矣。”这段话中提到的邯郸淳是三国时代人。宗懔《荆楚岁时记》杜注所引他的《曹娥碑》原文，收于《丛书集成初编》《古文苑》卷十九，所记更为详尽：

> 孝女曹娥者，上虞曹盱之女也。……盱能抚节按歌，婆娑乐神。以汉安二年五月时迎五（伍）君（宋章樵注云：伍子胥为涛神），逆涛而上，为水所淹，不得其尸。时娥年十四，号慕思盱，哀吟泽畔，旬有七日，遂自投江死。经五日，抱父尸出。

据此我们可知的不过是古代东汉时吴地区迎伍君的仪式在五月。《艺文类聚》引东晋虞预《会稽典录》记载曹娥事，直书“五月五日”，是以子胥事属端午做法，在梁宗懔著《荆楚岁时记》以前已经有存在。但将伍子胥事附会于端午节，在东汉以前无文献可考。仅仅依据这一传说直接就把伍子胥的殁年当成端午节起源的年份，显然是有欠妥当的。更何况伍子胥传说有着非常大的地域局限——在有关端午节产生的多种看法中，这一传说基本只限于吴地，影响非常有限。

2500 年前，是公元前 490 年前后，那正是孔子困于陈蔡的年头，是我们所熟悉的《论语》中所记载的时代。有关那个时代的文化，我们可以借助很多文献资料和考古资料来了解。然而至少在《论语》以及《论语》同时代的文献以及出土文物中，我们还找不到有关端午节的记载。单从文字角度讲，端午节的“端”，是“正”的意思。据说称“正”为“端”与古代讲究避讳有关。大名鼎鼎的秦始皇姓“嬴”名“政”，“政”与“正”同音，“正”也在避讳范围之内，所以正月就被改称为“端月”，《史记》的年表中的正月写作“端月”，就是受到秦制的影响。“端”还有开始的意思。《左传》中有“履端”之语，《正义》解释为“四始”，也就是年之始，月之始，日之始，时之始。这里的“端”就是“始”。秦汉有称正日为“端日”的，“端日”就是初一。公元 238 年秦始皇才亲政，避秦始皇的名讳不会早过这一时间段。所以至少端午节这个名字早不过 2250 年前。

其实如果要在有关端午节的各种起源论中，找到一个可能最古老而又可信的年代，应当是端午起源于夏至的说法。因为盛夏五月最重要的节日是夏至，历史上端午节吸纳得最多的一个重要节俗就是夏至的节俗。对于农耕社会，太阳的变化是非常重要的，因此从一开始便成为先民观测的对象。中国古人很早便认识到冬夏二至，并且把夏至作为上古祭祀的重要时期编入祭祀系统中。《周礼》中已经和冬至祭祀天神相对，有“以夏日至致地示（祇）物魅”的记载。《史记》记载汉代的祭祀活动说：“夏日至，祭地祇。皆用乐舞，而神乃可得而礼也。”后世的历朝历代，夏至祭祀地祇的传统一直都有传承。夏至的很多节俗——比如食粽、赠扇、系长命缕等，后来都成了端午节俗的有机组成部分。

从时间上说，中国古人认识到夏至的存在是非常早的。《尚书·尧典》记载了著名的四仲中星：日中星鸟，以殷仲春；日永星火，以正仲夏；宵中星虚，以殷仲秋；日短星昴，以正仲冬。对这段记载学者们的讨论非常多，竺可桢从实测的角度考证出这是殷末周初之天象。① 中国科学院国家天文台赵永恒、李勇两位学者也认为：“四仲中星……是用来确定二分二至的，只不过是用昏中星来表示的。例如，冬至日在虚宿，黄昏时太阳在西方地平线，即黄昏时虚宿在西方，此时春分点在南方，而春分日在昴宿，故仲冬昴宿‘昏中’。”赵永恒、李勇两位学者还根据四仲中星里虚宿和昴宿的位置确认，这段记载所表述的年代范围为公元前2494年至公元前2176年。② 《左传·昭公十七年》所载上古神话传说对上述时间断限构成支持。《左传·昭公十七年》有关少皞（昊）氏记载云：“我高祖少皞挚之立也，凤鸟适至，故纪于鸟，为鸟师而鸟名：凤鸟氏，历正 也；玄鸟氏，司分者也；伯赵氏，司至者也。”这段文字反映了古人认识到夏至后，更逐步总结出夏至与物候的关联，说明那时人们不仅掌握了春分、夏至、秋分、冬至四个节气，而且掌握了玄鸟春分来、秋分去，伯赵夏至鸣、冬至止的物候关系。因此，如果我们把有关中国古代有关夏至的认识以及相关的文化传承看成端午节的起源，则端午节的起源可以远溯殷周之际甚至更早。

那么，为什么这些有关端午形成期更早的知识，没有进入有关端午

---

① 竺可桢：《论以岁差定〈尚书·尧典〉四仲中星之年代》，参见徐旭生《中国古史的传说时代》，文物出版社1985年版，第279—290页。

② 赵永恒、李勇：《二十八宿的形成与演变》，《中国科技史杂志》2009年第1期。

申遗叙述文字中呢？这个问题反过来就是：2500年前这个数字，对于端午申遗具备怎样特殊的意义？这就要涉及韩国的江陵端午祭的起源问题。中国社会科学院贺学君研究员曾应邀考察韩国江陵端午祭，她就韩国江陵端午祭的历史渊源介绍说：

> 韩国的端午，时间上与中国农历的五月初五相同，他们也称之为“重午、重五、端阳、五月节”，传统称为“上日”（注：有的解释为吃的艾子糕形同车轮是圆形的；有的说因用山牛蒡制造糕点，按语义它们意味着“高、上、神”，所以五月五即是“神的节日，万众同乐的节日”）。“端午”从字义上解释为“初午”，属五月第一个“马日”。五月本是一个阳数（也称为奇数），初五即是两个阳数相遇，他们与我们一样有着重视奇数日相遇的习俗，因此定为一大节庆日。此节萌生于何时，目前没有文字资料可证，但已知早在新罗时代即有了“端午节”。这一天，上自皇室，下至平民百姓，举国欢庆。①

而在韩国学者自己的叙述里，韩国的端午则被上溯至2000多年前。韩国学者张筹根认为，韩国的端午祭祀展开时，正好与插秧结束后的这一“祭鬼神群聚歌舞”的习俗在一个节期。所以韩国的端午节俗可以说有漫长积累的历史。

成为韩国学者上述主张的文献依据的，是《三国志·魏书·东夷传》记载韩俗：

> 其俗……居处作草屋土室，形如冢，其户在上，举家共在中，无长幼和男女之别。其葬有椁无棺，不知乘牛马，牛马尽於送死。以璎珠为财宝，或以缀衣为饰，或以县颈垂耳，不以金银锦绣为珍……常以五月下种讫，祭鬼神，群聚歌舞，饮酒昼夜无休。其舞，数十人俱起相随，踏地低昂，手足相应，节奏有似铎舞。十月农功

---

① 贺学君：《韩国非物质文化遗产保护的启示——以江陵端午祭为例》，《民间文化论坛》2006年第2期。

毕，亦复如之。

据张筹根先生的研究，今天韩国的端午节期仍旧与插秧播种结束期一致。从时间上说，这种重合在农耕社会是具有非常重要的意义的。所以，张筹根先生的观点非常值得重视。这里的“群聚歌舞”和后来的端午节是否真有直接联系，是另外一个问题。但既然韩国的端午祭年代可能上溯2000多年前，我们端午节的产生年代，被确定到2500年前就可以理解了。这仍旧是学术被扭曲的一种反映。

三　端午节的文化边界

端午节自有自己的文化边界。它是中国古代节日体系中最重要的传统节日之一。尚秉和先生在《历代社会风俗事物考》中指出，在清朝，端午节是一年之中最重要的三个节日之一，和中秋、岁首并称三节。在当代中国人的节日生活中，端午节是中国人生活中广泛流行的、最被老百姓熟悉的节日之一，地位非常重要。但同时端午也是对中国周边地区有很大影响的节日。它对于中国周边国家很早就产生了巨大的影响。

在日本，端午节是日本的男儿节，端午前半个月左右，日本各地都会看到许多家庭挂出的一面面鲤鱼旗。日本天平胜宝五年正月四日，日本博士中臣丸连张弓等就中国古代节日的起源向孝谦天皇提出了一份勘奏。关于五月五日的起源，这份勘奏解释道：

> 昔楚屈原为惠王以被放湘南，遂无所返徵，则亥时而怀沙入汨罗之水而没已。其灵化而为鬼神，为天下做旱涝疫气之灾。或梦想诲曰，为天下作不祥之灾者，皆我灵气所成。欲消灾者，五月五日于罗水祭我灵者，即消灾矣。则风俗此日连楝叶之玉并茎，黏裹而投罗水之中祭之。依此而天下无灾。①

---

① 惟宗公方：《本朝月令》，日本群书类从本1931年版，第273页。

在韩国，中国端午习俗的影响非常大。因为本文与韩国江陵端午祭有密切关系，故此这里略作展开。《东国岁时记》记载李朝端午习俗，摘引如下：

> 1. 颁艾虎于阁臣。用小杆缠束彩花。蔽蔽如蓼穗。《岁时杂记》："端午，以艾为虎形，或剪彩为小虎。粘艾叶以戴之。"国制仿此也。
>
> 2. 工曹造进端午扇。颁于宫掖宰执，侍从。扇之绝大者，竹幅白矢。满五十、四十，名曰白贴。着漆者，名曰漆贴。得此者，多画金刚一万两千峰，或为倡巫所把。近俗，喜写折枝、桃花、芙蓉、蝴蝶、银鲫、鹭鸶……
>
> 3. 观象监，朱砂搨天中赤符，进于大内。贴门楣以除弗祥。卿士家亦贴之。其文曰："五月五日天中之节，上得天禄，下得地福。蚩尤之神，铜头铁额，赤口赤舌。四百四病，一时消灭。急急如律令。"
>
> 按汉制，有桃印以止恶气。《抱朴子》作赤灵符，皆端午旧制。而今之符制，盖出于此。

第1条"颁艾虎于阁臣"的习俗，艾虎的形制"用小杆缠束彩花。蔽蔽如蓼穗"。而这一节俗直接参考了中国《岁时杂记》："端午，以艾为虎形，或剪彩为小虎。粘艾叶以戴之"的做法，所以最后交代说"国制仿此也"。第3条用天中节符，"五月五日天中之节，上得天禄，下得地福。蚩尤之神，铜头铁额，赤口赤舌。四百四病，一时消灭。急急如律令"。直接就是道教的符咒，文末同样交代这是参考了"汉制"。第2条进扇一事，没有直接交代中国的源头，但我们知道，此亦中原习俗，《宋书》卷41载宋废帝刘煜元徽五年端午，皇太后赐帝玉柄毛扇，刘煜嫌扇毛不华丽，欲以酖酒毒杀太后。又唐太宗曾尊旧俗赠扇与长孙无忌、杨师道。史载唐太宗为飞白书，作鸾凤蝶龙等字笔势警绝，谓司徒长孙无忌吏部尚书杨师道曰："五月旧俗，必用服玩相贺，今朕各赐君飞白扇二，庶动清风，以增美德。"有唐端午前二日，长安东市成为扇市。宋明以后送扇成为节礼。端午起于屈原的传说也传入韩国，屈原的精神曾给韩国士人极大感动。朝鲜李朝学者金迈淳在《洌阳岁时记》端午条中记载说：

（朝鲜）国人称端午日，水濑日。谓投饭水濑，享屈三闾也。地之相去万有余里，世之相后千有余年，谣俗不改，精爽如在，何令人感慕至此也。

在琉球，端午节和上巳节一样受重视，《琉球国旧记》记载，是日：

王出御南殿，众官朝贺，其礼如上巳之礼。大台所官，献粽（俗称萁饼），并御佳例盆，且圆觉寺僧，亦献菖蒲叶也。世俗家家作粽饴粕，并菖蒲叶，荐之于先祖而吃焉。①

《琉球国旧记》“爬龙舟”条记载龙舟文化影响琉球云：

昔有长滨大夫……姓名未传，奉命入闽赴京已。效南京龙舟而回来。即五月造舟，竟渡那霸津，以祝太平也。由是每年五月三日，乘龙舟者，必著白帷子，以泛于西海云尔。往昔有久米村、那霸、若人、垣花、泉崎、上泊、下泊等，爬龙舟数只。今有那霸、久米村、泊村三只也。②

琉球古代的文化，很多直接来源于福建。这里的“爬龙舟”习俗也非常有岭南特色。

在越南，端午非常受重视。越南人在这一天采药、驱虫、饮雄黄酒。朱云影《中国文化对日韩越的影响》一书中指出：“越南自秦汉以降，为中国郡县有一千年之久。在这悠长的期间，中越相处无异一家，越人耳濡目染，自然不知不觉染上华风。”③ 在这样大的文化背景下，中国节俗

① 《琉球国旧记》，伊波普猷、东恩那宽淳编《琉球史料丛书》第三卷，东京：名取书店1941年版，第66页。

② 《琉球国旧记》，伊波普猷、东恩那宽淳编《琉球史料丛书》第三卷，东京：名取书店1941年版，第94页。

③ 朱云影：《中国文化对日韩越的影响》，广西师范大学出版社2007年版，第422页。

因此也自然影响及于越南。《大越史记·全书本纪》卷五《陈纪》记载："天应正平五年（1237）夏五月，端午节，吊屈原及古贤人如介子推者，每年是月皆举行之。"

可见在东亚地区，源于中国的端午节文化习俗，可以说影响深远。这种深远影响，实际上不仅仅体现在一项项具体节俗上，更重要的是体现在端午节的文化精神上。从中国古代时间体系中来考察五月在这一体系中的最突出的特征，首先是五月的时间内含着一个阴阳转换的时点。这一时点简而言之可以分成三部分来理解。它既是纯阳的时点所在，又是少阴的时点所在，同时还是由阳向阴转化的时点之所在。其次，与阴阳转化相关，五月的时间特征，在于它内在的矛盾性。五月是一个充满内在矛盾的月份。自然界在五月阴阳发生根本变化。从不同的方向理解这一变化，可以产生方向截然不同的节俗。比如，和三月上巳单一地强调临水禊祓和九月九日单一地强调爬山登高不同，五月既可以登高远眺、攀登高山，也可以去水榭楼台。再比如，为了保护阴气的安定和成就，五月的时间可能强调要"静"。古人认为入夏宜静。宋吴自牧《梦粱录》卷三"僧寺结制"记载："四月十五日结制，谓之'结夏'。盖天下寺院僧尼设祭供佛，自此僧人安居禅教律寺院，不敢起单云游。"这是入夏取"静"的表现。但为了促进阴阳交合化生万物，它可能又强调"动"，强调"斗"与"争"。我们在后代的端午节俗中，可以清楚地看到这种内在矛盾性在端午节俗中的展开。从利用这一阴阳变化有利的部分这一角度出发，产生了一系列民俗，从规避这一阴阳变化不利的角度出发，也产生了一系列的民俗。五月就是这样一个充满矛盾对立体的特殊月份。

在中国古代时间体系中，五月就是这样一个阴阳发生重要转化的月份。中国古人讲究"天地交合，化生万物"。所以五月的阴阳转化当然进入他们的视野。五月发生的阴阳转化进行得是否顺利，直接关乎秋天的收成，关乎人丁的兴亡和人的运数的起伏。按照古人的"天人感应"的思维方式，自然界的阴阳变化和人的行动是有着密切联系的。为了促进阴阳充分交合，在五月形成了一系列以"争"和"斗"的民俗，这一类民俗的特点，是以"斗"和"争"为手段，主旨则在于如何促进阴阳交合。古代中国以农业社会为主体，农作物一年的丰歉，是众所关注的大问题，因为它直接关系民众的生命和生活质量。因为"天地交合"进行得是否充分，直接与能否更多更好地“化生万物”相关，所以五月的“争”与“斗”这一系列的民俗，经常又与占卜丰歉联系到一起。这也是“五月五日晴，主丰稔”“端午晴干，农父喜欢”之类的农谚出现的背景和原因。

放到这一文化框架中，韩国的江陵端午祭的形成背景以及文化内涵，都完全可以做出新的解读。江陵端午祭于1967年被韩国政府确认为“文化财13号文化遗产”，受到法定保护。韩国对“端午祭”的定位十分明确：是一项民俗“庆典活动”。它始于岁时风俗的“端午节”，如今发展成为“尝试新文化、探索新生活方式”的现代庆典活动。它的内涵：“包蕴的是民众巨大的希望、平凡的生活哲理、隐藏在人心背面的欲望。”“庆典活动”的内容：由祭仪、演戏、游艺（游戏）等几部分构成。集中体现“一年的文化成果”，在传统的祭礼中“赋予现代文化因素”。但仍强调“祭仪是庆典活动最终目的所在”，“庆典活动的意义取决于祭仪”。① 而在今天韩国端午祭中的祭祀部分，包含多少古老年代的“祭鬼神”的因素，却很难做出判断。因为今天韩国很多地方的端午祭，包括申报了人类非物质文化遗产代表作的江陵端午祭，都和中国的端午节一样，吸纳了五月其他节日的节俗，特别是江陵端午祭更直接与五月的城隍祭相重合。在江陵端午祭的整个仪式过程中，城隍爷和城隍奶奶无疑是仪式相关诸神的核心，两者在仪式中的会合意味着阴阳的交合，也蕴含着“阴阳交合而化生万物”的祈愿，这与稻种后祈求丰收当然是一致的。而我们想强调的是，五月祭祀城隍的活动，并不是源出朝鲜半岛的，而是在北中国广泛流行的民间祭祀活动。看来在韩国端午祭中，究竟哪些祭祀要素是纯粹韩国式的，今后还有认真细致加以分析讨论的余地。

然而审视今天的韩国江陵端午祭的材料，更多的是强调韩半岛的“民众信仰和农时活动”，强调“以韩民族自己的方式，结合韩国民众的需要和审美观，创造了丰富多彩的内容和形式”，它的祭仪，无论是“儒教祭仪”还是“巫祭”，都保持了“原生状态”，在这些语言陈述的背后，我们仍旧能够看到韩国江陵端午祭的申遗，同样有着与民族国家观

---

① 参见江陵市长2004年5月1日发行的《江陵的无形文物》一书，第18页，转引自贺学君《韩国非物质文化遗产保护的启示——以江陵端午祭为例》，《民间文化论坛》2006年第2期。

念相联系的复杂内在逻辑，和为这一内在逻辑左右的学术扭曲的存在。

四 地域文化框架与非物质文化遗产

笔者认为，联合国教科文组织保护非物质文化遗产政府间委员会推出的非物质文化遗产认定制度对于保护非物质文化遗产具有重要意义。从近几年中国的发展情况就可以证明这一点。我们看到，申请非遗和建立非遗保护体系，成为中国近年来保护自己传统文化的重要的制度性手段。认识到“软实力”“文化力”的重要性，中国已经在非物质文化遗产保护方面投入大量人力物力。尽管这一过程中包含许多工作缺欠，但大的方向无疑是正确的，成果也是巨大的。

但是，在这一认定制度的具体展开过程中，实际上存在着非物质文化遗产的主权划分问题，存在着民族国家框架下的非物质文化遗产分割纠纷。发生在中韩之间的端午之争，直接引发了中国民众的“厌韩”情绪，而其在韩国的反拨则导致韩国部分民众对于中国的抗议活动。站在文化研究的立场，我们会看到双方的逻辑都是完全成立的。一方说，这件发明最早是我的，我已经在2500年前发明了它。而另一方说，这件发明我已经拥有了2000年，并且在最初发明之上加上了许多新的因素。更何况你没有办法证明2500年前我就不曾拥有过。这一切不仅仅是逻辑问题。在东北亚，除了众多的节日为列国所共有之外，在中日韩之间还存在着围绕医学、饮食、文化等种种方面。更重要的是类似的事情并不仅仅发生在中韩之间，它已经发生在了东南亚。

问题正在于，在现代民族国家框架下，非物质文化遗产认定制度直接会与非物质文化遗产的主权划分问题相联系。这一问题处理不好，将会对地域文化发展产生负面的割裂性影响。站在世界文化史发展的高度看，在近代以前的世界，曾存在着以希罗文明为根本的欧洲文明圈、以伊斯兰文化为中心的伊斯兰文明圈、以佛教为中心的南亚文明圈等具有相当规模的不同的文明圈。以中国为中心，形成了包括朝鲜半岛和日本在内的东亚地域文明也是其中之一。这些不同的文明圈，在涵盖范围上远远大于今天的国家边界，内部有许多长期共享的非物质文化遗产。如何突破民族国家这一国际政治框架，正确运用好联合国的非物质文化遗产制度，把这一制度的力量转化为地域统合的促进因素，是世界上很多国家和地区都要认真思考和面对的课题。

落实到东亚地区，我们可以看到，历史上中国古代文化作为这一地域文明的文化核心，对于周边的民族和社会发展曾具有强大的影响力。这份影响在漫长的历史中已经演化为一种事实上的文化共享。作为一名中国学者，从学术角度来讨论最初的发明与创造，当然具有学术意义。同时，有必要认识的另一个事实是，这份共享同时也是一种重要的文化资源。以端午节为例，在世界上真正和我们共同拥有端午文化的民族和国家，毕竟是很少数。把目光放大放远，我们会看到拥有共同的非物质文化遗产实际上是文化亲缘性的结果。伴随国际形势的发展，面对以欧共体、北美自由经济贸易圈等为代表的世界格局大整合，21 世纪的东亚，实际上面临着如何提高地域认同、增进文化共识并寻求建设新的合作关系这样的重大问题。在此意义上，超越民族国家框架，思考东亚地区区域合作的文化基础，是一个理论问题同时也是一个现实问题。立足于东亚发展的历史中，我们必须清醒地意识到，我们不能仅仅依靠现代民族国家的主权概念来思考非物质文化遗产的文化产权问题，并依此划定非物质文化遗产的文化边境。我们应当做的，是从人类文化史发展的角度，本着促进地域文化发展与融合的原则，对于这一领域的问题，做出更有意义的综合判断。

文化展示与时间表述：基于湖南资兴瑶族“盘王节”遗产化的思考[*]

毛巧晖[**]

摘　要：湖南资兴瑶族的“还盘王愿”在遗产化过程中，其作为“文化”展示给“他者”，同时亦进入社会“公共”领域，统一的活动流程改变了仪式的“时间”存在。在“文化展示”中，口头叙事因文化情境的需要被“选择性”传承，仪式的“内部性”与“边界性”渐趋隐蔽，“公共性”与“地域性”逐步凸显；不同社会、不同文化群时间表述与时间观不同，当“还盘王愿”仪式被纳入现代时间观，其仪式的时序、文化空间被标准化，在标准化的时间秩序中，仪式与叙事的关联以及信仰因素会被隔断或遮蔽。遗产化的“盘王节”具有较强的公众展演性，但其神圣性渐趋消解，仪式时间亦被规范为“现代时间”表述，这直接影响了仪式的传播与传承，同时也与非物质文化遗产保护的初衷，即保护文化多样性不一致。

关键词：非物质文化遗产；盘王节；文化展示；时间观；盘瓠神话

20世纪二三十年代，瑶族生存状况及相关风俗引起研究者的大量关注，《中央研究院历史语言研究所集刊》《旅行天地》《时代之美》《人类

---

* 原文刊于《民间文化论坛》2018年第3期。本文为“中国社会科学院登峰战略民族文学研究所重点学科·中国神话学”阶段性成果；国家社会科学基金重大项目“中国少数民族神话数据库建设”（项目编号：17ZDA161）阶段性成果。

** 毛巧晖，中国社会科学院民族文学研究所研究员。

学集刊》《西南边疆》《民俗》《地理杂志》《说话》等杂志均有刊载[①]，研究者希冀通过“撰写民族志，以便将西南民族纳入国家话语体系”[②]。同时，随着现代民俗学的兴起，“各地的风俗习惯……歌谣、传说、故事……”被视为“人民大众精神活动的结晶……一个民族的活的文化遗产”[③]。《八桂西陲徭人的春节》《连县徭民生活》《调查：连阳徭民风俗及排徭地方概况》《谈八排徭的“死”仪》《徭山十日》等，提到瑶族生活中的“节序”，“徭俗沿用阴历，知年不知闰，遇闰年则曰十三月”，并详述了瑶族的“元旦”“三月初三（开春节）”“清明节”“四月初八（牛王诞节）”“六月初六（赛土神节）”“七月初七（七月香节）”“八月初二（早禾节）”“十月十六（要歌堂节）”“立春”等[④]，其中“十月十六（要歌堂节）”就是当下所述的“盘王节”。

二

盘王节是“瑶族人民纪念始祖盘王的传统节日”，过去民众一般称为“做盘王”“跳盘王”“祭盘王”“还盘王愿”等，相关记载从晋代已有，“用糁杂鱼肉，扣槽而号，以祭槃瓠”[⑤]。各地举办时间不一，其“历来在每年的秋收后到春节前的农闲季节进行”[⑥]。举办形式亦不同，广东连阳“排中定例为三年或五年一次”；广东连山“一人一生必定要还愿一次……一般是三天三夜，也有长至五天五夜，七天七夜的。‘还愿’以家为单位，但亲戚邻居都参加”；湖南新宁县“祭盘王要跳长鼓舞”；湖南宁远县瑶族“十月十六还盘王愿。杀猪供盘王。……请道公唱神，要还

---

① 相关资料张泽洪在《近现代中国西南少数民族宗教研究述论》（《宗教学研究》2001 年第 2 期）中亦有提到。

② 王璐：《传统服饰与现代性观念——民国时期民族志中的西南少数民族女性表述》，《民族文学研究》2017 年第 2 期。

③ 郑伯奇：《民俗——活的文化遗产》，《新文艺》（山西）1947 年第 1 期。

④ 《调查：连阳徭民风俗及徭排地方概况》，《广东省政府公报》1932 年第 205 期。

⑤ （晋）干宝：《新辑搜神记》卷二四，中华书局 2007 年版，第 294 页。

⑥ 参见奉恒高、何建强编著《瑶族盘王祭祀大典——瑶族盘王节祭祀礼仪研究》“前言”，民族出版社 2010 年版，第 2 页。

三天三夜的愿”；广西灌阳“每年还一次盘古愿……不准汉人入愿堂观看”①。这一仪式活动被统一冠以“盘王节”是从1984年开始。

1984年8月17日至20日，全国瑶族干部代表座谈会在南宁举行。参加座谈会的有来自中央民族学院、中国社会科学院民族研究所、中南民族学院以及广西、湖南、广东、云南、贵州等单位和省区的瑶族代表28人，座谈会就民族节日的意义以及选定“盘王节”缘由达成共识。他们商定每年的农历十月十六日为瑶族统一的节日——“盘王节”，与会人员一致认为：“民族节日是民族文化的组成部分……对民族的发展进步有着积极作用，通过节日活动，可以发展民族文化……加强与其他民族间的相互了解，振奋民族自豪感”，而“盘王节”民族特点突出，“比较集中地反映了瑶族的历史传统”，而且“‘盘王节’所反映的瑶族历史传统和心理感情，具有广泛的代表性”②。1985年农历十月十六日，全国各地的瑶族代表、民间艺人聚集广西南宁，首次一起共度民族节日。其后这一节日活动从“湘粤桂南岭地区三省区十县市瑶族盘王节”“南岭瑶族盘王节”发展为“中国瑶族盘王节”，举办时间改为两年一次。③“盘王节”成为瑶族的节日符号，2006年“瑶族盘王节”列入第一批国家级非物质文化遗产名录。④ 非物质文化遗产（简称“非遗”）改变了以往对民间文化资源的传统认知，亦改变了其传统样态。“遗产保护意识的产生有一个先决条件，即‘地方性的生产’（《 production de la localité 》, Appadurai 1996）及其模式与机制的转变；同时还造成了一个代价，即在周围一切或几乎一切遗产都消失的时候，感到惊恐的人们才去寻找坐标（repères）和里程碑（bornes），以维系他们陷入剧变中的命运。正是在这种情况下才出现了遗产的生产，不论是遗址、文物、实践或理念；这种遗产的生

---

① 张辑：《解放前各地过“盘王节”简况》，广西民族学院民族研究所、民族语言文学研究所编：《瑶族“盘王节”资料汇编》，内部资料，1984年，第21—22页。

② 《全国瑶族干部代表商定瑶族节日及瑶族研究会座谈会纪要》，广西民族学院民族研究所、民族语言文学研究所编：《瑶族“盘王节”资料汇编》，内部资料，1984年，第35—38页。

③ 详见谭红春《关于少数民族非物质文化遗产保护实践的反思——以中国瑶族盘王节为例》，《广西民族研究》2009年第2期。

④ 《国务院关于公布第一批国家级非物质文化遗产名录的通知》（国发〔2006〕18号），非物质文化遗产网，http：//www. ihchina. cn/3/10323. html，2006年12月10日/2018年1月28日。

产能够恰如其分地被视为一种‘传统的发明’。”①

“地方性生产”是遗产化的先决条件，而在遗产化进程中，民俗仪式发生了变化，很多被视为“传统的发明”，即在非遗化后，民俗仪式在多重话语表述中进行重构。② 本文以湖南资兴茶坪瑶族“还盘王愿”为个案进行阐述。

二

湖南资兴市碑记乡茶坪瑶族③，“迄至宋代景定元年时遣派于湖南郴州各县几百里之山地刀耕火种为生”④。茶坪瑶族村与郴州市苏仙区月峰乡赵家湾的《赵氏族谱》记载，其先辈从南京七宝洞会稽山迁至江西吉安府鹅颈丘，自先祖赵家根起，到元末明初，辗转汝城九龙江、桂东、酃县（今湖南炎陵县）、资兴、郴县（今郴州）等地。他们每年十月十六日盘王生日举行“还盘王愿”仪式，感恩先祖盘王护佑。还盘王愿是“勉瑶向盘王先祖许下的千古子孙愿”，汉人称为“调王”，瑶人自称“奏档”或“缴律”。有关这一仪式的起源，当地民众讲述道：

> 我们瑶族最开始啊，不是生活在茶坪，都在会稽山。在会稽山久了，不懂得生产、技术不行，干旱、失火活不下去了，就砍树造了船离开。在海上风浪大啊，好久好久都看不到岸，心里急啊！我们就求盘王。因为走的时候没走正门，没告诉盘王，没得到保佑。

---

① ［摩洛哥］艾哈迈德·斯昆愓：《非物质文化遗产及其遗产化反思》，马千里译，巴莫曲布嫫校，《民族文学研究》2017 年第 4 期。

② 参见岳永逸、蔡加琪《庙会的非遗化、学界书写与中国民俗学：龙牌会研究三十年》，《民族文学研究》2017 年第 6 期。

③ 笔者于 2017 年 12 月 1 日至 5 日到湖南资兴唐洞街道茶坪瑶族村调查，当地于 12 月 3 日至 5 日举办了“丁酉年资兴瑶族‘盘王节·还盘王愿’”祭祀活动。因此笔者在论文题目中用了湖南资兴瑶族，而没有限定于茶坪即源于此。茶坪村 2010 年以前处于碑记乡茶坪岭，因资源开采，此地生存条件逐渐恶化，2010 年整体搬迁到唐洞街道田心社区，碑记乡并入唐洞街道。此外，其他有关资兴盘王节的活动资料主要参考相关文献与其他学者的调查。

④ 乾隆六十年修《盘式族谱·序》，参见赵砚球《湖南勉瑶来源考》，刘满衡编著《塔山瑶寨》，海天出版社 2005 年版，第 189 页。

就说知道错了，请盘王保佑我们顺利上岸，以后我们十二姓子孙，就是盘、沈、包、黄、李、邓、周、赵、胡、唐、雷、冯十二姓，每生一个儿子就献一头圆猪给您老人家还愿。说完之后，海浪果然变小了，没过多久就上了岸。①

这一叙事关涉“未告知盘王离开会稽山—渡海—未得盘王护佑—遇难题—许愿—得盘王护佑—平安上岸”，其中的核心情节是“迁徙—渡海—许愿”，它与方志、民间相关文献记载亦吻合，《八排风土记》中记述：“十月谓之高堂会，每排三年或五年一次行之。届期至庙，宰猪奉神，延道士口诵道经。”② 资兴市团结瑶族乡瑶民珍藏《过山根图》载：其先祖原居南京八宝洞会稽山，隋唐年间，瑶人捕鱼失火，十二姓瑶人砍倒门前相思树，造成十二只船，载着十二姓瑶人背井离乡，漂海求生。漂泊三月没靠岸，生死存亡之际，瑶人兄弟跪在船头船尾，向盘王先祖祈祷“保佑我们渡海上岸吧，以后我们每生一个儿子都向你老人家奉献一头全猪”。言毕，“盘王差遣五旗兵马”，抚息波涛，轻风吹送。③ 茶坪瑶族还盘王愿时，师公在“奏档”还愿的“马头意者”“圆箕愿”“大排良愿”和“歌堂宝书良愿”等仪式环节中，都以《横连大席打令口诀》讲历史，道根源，“当初以来，洪水发过，十二姓瑶人子孙原住南京七宝洞会稽山”。师公在请四庙王的同时，都会请“本祖先扬州庙”，吟颂“香烟奏到扬州大殿本祖家先坟墓里头”。又唱《家先歌》“昆仑山上安灶鬼，扬州大殿请家先，当初共锅吃过饭，死入扬州受佛香”。《开坛请圣》仪式中吟经文，“弟子茅山去学法，步入太上老君门”④。最初的

① 赵前卫讲述，焦学振采录；采录时间：2017 年 1 月 11 日；采录地点：湖南省资兴市茶坪瑶族村赵前卫家。转引自焦学振《公众信仰与民众生活——茶坪瑶族村“还盘王愿”仪式研究》，“中国神话学”课题组编：《盘瓠神话文论集》，学苑出版社 2017 年版，第 186 页。赵前卫，男，赵循阳（湖南资兴瑶族著名教育家）之孙，1941 年生，退休教师。

② 张辑：《史籍中有关盘王节的记载》，广西民族学院民族研究所、民族语言文学研究所编：《瑶族“盘王节”资料汇编》，内部资料，1984 年，第 20 页。

③ 湖南省文化厅编：《湖南省非物质文化遗产名录》第三册，湖南人民出版社 2009 年版，第 1407 页。

④ 参见赵砚球《湖南勉瑶来源考》，刘满衡编著《塔山瑶寨》，海天出版社 2005 年版，第 190 页。另，这与调查中师公赵光舜自己整理的盘瓠祭祀仪式程序与唱词相同。

“还盘王愿”以家为单位，“拜王一般在冬季农闲期间，以一家为主，约请客人聚集一起，并请‘师爷’四人跳王。”①

“还盘王愿”的叙事与仪式扭结关联②，是瑶族家族或族群内部的“历史叙述”，早期碑记乡还盘王愿禁止汉人观看和说汉话，后允许汉人观看但禁汉语，违禁者给予相应惩处。从表述上而言，这是通过仪式对“自我/他者”的区隔。任何文化都需要通过“他者”来建构“自我”，同时“每个时代、每个社会都在创造它的‘他者’”③，而且有关族群历史与族群身份的强调，也是“人们在不同场景下生活的一种策略和方式。”④但从20世纪80年代开始，“还盘王愿”仪式逐步成为公众活动。1986年茶坪瑶族举族在盘王庙进行了七天七夜的“奏档”还愿仪式，1995年举办了“茶坪瑶人定居200周年暨传统还盘王愿祭奠”，在当下茶坪老人的回忆中它们成为重要的“事件”。2006年资兴“还盘王愿”被列入湖南省第一批非物质文化遗产名录。“非遗保护在我国已经迅速发展成多方力量共同参与的盛大的社会文化运动。如果说在开始之初，活动的主要参与者是来自学术界的力量，那么现在，政府部门、文化机构、企业以及传承主体等多种不同的力量也都在发挥重要作用。”⑤ 纳入非遗项目后，政府开始参与还盘王愿的举办。“还盘王愿”仪式开始加入各种新的文化表述，如“甲午年盘王节及非物质文化遗产展演活动”“丙申年资兴瑶族‘还盘王愿’祭祀礼仪暨非物质文化展演活动”“丁酉年‘盘王节·还盘王愿’祭祀礼仪活动”等，2016年资兴市筹办“瑶族盘王节（还盘王愿）”申报第五批国家级非遗名录。地方政府申请非遗项目，希

---

① 参见张辑《解放前各地过“盘王节”简况》，广西民族学院民族研究所、民族语言文学研究所编：《瑶族“盘王节”资料汇编》，内部资料，1984年，第22页。2009年，湖南蓝山县汇源瑶族乡湘蓝村的“还盘王愿”依然是由冯姓家族举办的以家庭为主的“还家愿”仪式。资料来源于赵书峰《瑶族盘王祭祀仪式及其音乐的比较研究》，他比较了湖南蓝山与资兴的盘王祭祀仪式的主办方、民众参与、仪式程序及仪式音乐的异同。参见赵书峰《踏歌而行——书峰音乐学论文集》，团结出版社2013年版，第189—213页。

② 行文中不区分狭义的神话、民间故事、传说，而统一用口传叙事。下文皆同。

③ 赵万智：《制造“他者”：法国国际广播电台报道中的中国形象》，《东南传播》2010年第8期。

④ 杨圣敏：《民族和宗教差异并非冲突的根本原因（代序）》，［德］李峻石《何故为敌：族群与宗教冲突论纲》，吴秀杰译，社会科学文献出版社2017年版，第3页。

⑤ 安德明：《非物质文化遗产保护的中国实践与经验》，《民间文化论坛》2017年第4期。

望它可转化为地域景观及其文化记忆，借此转换为地域文化资本，因此他们重视其“可参观性”①，他们按照美学规律将其“展示”给“观众”（文化他者）。在文化展示中，“还盘王愿”的叙事与“原生性环境受外界影响较小”地域显著不同。② 在茶坪从政府到民众的话语表述中，“盘王节”渐趋取代“还盘王愿”仪式，这一变化，其背后是权力话语的更替。在资兴关于盘王节的追述，与当地瑶族教育家赵循阳息息相关。1951 年赵循阳向党中央写信，阐述资兴“还盘王愿”特殊仪式与缘起为“还阴粮，即朝贺，名曰‘调王’”③。在其后人赵前卫的转述中，强调了“后演变成‘盘王节’”。在笔者访谈中，赵前卫提到在其祖父倡议下，茶坪 1957 年举办了“盘王节”，比全国瑶族盘王节要早。④ 这一“盘王节”起源的“地方性知识”被当地民众广泛认可。“盘王节”应是前文所提及的 1984 年之后出现的“话语”，但在资兴它与 20 世纪 50 年代瑶族教育家赵循阳的倡议予以“历史”勾连。社会实践、仪式及节庆是非遗的重要部分，而且这类文化遗产“还与社区的世界观和对自身历史和记忆的感知息息相关”。⑤ 在纳入非遗的“还盘王愿”（更多用“盘王节”的表述）仪式活动中，他们突出这一仪式的公共话语叙事脉络，强调“1951 年”“1986 年”“1995 年”事件，赵循阳倡议“还盘王愿”仪式被建构为茶坪“盘王节”缘起的“地方性知识”；“盘王节”“非遗”成为民众与官方对“还盘王愿”仪式的共同表述，并且在代际传承中，渐趋成为“显性话语”，而与核心情节“迁徙—渡海—许愿”等相关的“族内”叙事在传承中逐步成为“隐性话语”。这也是社会记忆因文化情境的需要而

---

① ［英］贝拉·迪克斯：《被展示的文化：当代“可参观性”的生产》，冯悦译，北京大学出版社 2012 年版，第 126 页。

② 2009 年湖南蓝山汇源瑶族所举办的“还盘王愿”仪式，由当地湖蓝村冯姓家族举办，其仪式中不用汉语，参与者对本民族文化热情度高。参见赵书峰《踏歌而行——书峰音乐学论文集》，团结出版社 2013 年版，第 206—207 页。

③ 焦学振：《公众信仰与民众生活——茶坪瑶族村“还盘王愿”仪式研究》，“中国神话学”课题组编：《盘瓠神话文论集》，学苑出版社 2017 年版，第 194 页。

④ 赵前卫讲述，毛巧晖采录；采录时间：2017 年 12 月 2 日；采录地点：湖南省资兴市唐洞街道茶坪瑶族村盼望大殿。

⑤ 参见 UNESCO. Kit of the Convention for the Safeguarding of the Intangible Cultural Heritage: Intangible Cultural Heritage Domains, 2011, p. 9。此翻译来自巴莫曲布嫫研究员在“‘壮族三月三’与民族文化强区建设学术研讨会”的主题发言。

“选择性”传承。另外，“一个现存（或‘活态’）的神话，总是和某种仪式相关联，它不仅激励了宗教行为，而且为它提供了充分的证据。我们理解神话思维的最好机会，是研究神话依然是‘活生生’（living thing）的文化，在这种文化里，神话构成了宗教生活的关键性基础。换句话说，神话根本不是意指某种‘虚构’之物，而是被看作揭示了‘尤为真实’的东西”①。叙事的变化，会引起其所关涉的仪式之变化，在茶坪仪式缘起时的家族性祭祀也逐渐被族群性祭祀所取代。这些转换使得“还盘王愿”作为瑶族仪式的“内部性”与“边界性”渐趋隐蔽，而突出了其“公共性”与“地域性”。

三

非遗改变了民俗节庆的传统样态，近年来研究者关注迅速发展的新型民俗节庆，他们用“传统的发明”“嵌入理论”“脱域与回归”等视野予以观照。② 无论以哪种理论视角切入，其都是针对当下非遗语境中“仪式”的急剧变化。传统的民俗仪式进入“公共领域”，仪式的秩序随之亦发生改变，尤其是仪式中的时间秩序，它逐步转换为统一的“时间表述”，即“活动日程表”。

资兴“还盘王愿”仪式纳入非遗保护名录后，它不仅仅是“民族民间文化”转换为“非物质文化遗产”的话语表述的转换。成为非遗后，“还盘王愿”不再是由某些家族或村民自发活动，而成为由村、镇政府策划、组织的“民俗节庆”。茶坪瑶族村和盘王殿被授予“郴州市非物质文化遗产传承基地”与“湖南省非物质文化遗产保护传承基地”，他们的“还盘王愿”仪式成为以村为单位的节庆活动。政府参与及组织的优越性

---

① ［美］伊利亚德：《宇宙创生神话和“神圣的历史”》，［美］阿兰·邓迪斯：《西方神话学读本》，朝戈金等译，广西师范大学出版社 2006 年版，第 171 页。

② 相关研究甚多，“传统的发明”主要是借鉴［美］霍布斯鲍姆《传统的发明》（顾杭、彭冠群译，译林出版社 2004 年版）；“嵌入理论”主要有马威《嵌入理论视野下的民俗节庆变迁——以浙江省景宁畲族自治县“中国畲乡三月三”为例》，《西南民族大学学报》（人文社会科学版）2010 年第 2 期；“脱域与回归”主要参见成海《传统民俗节庆的脱域与回归——以云南新平花腰傣花街节为例》，《旅游研究》2011 年第 3 期。

就是各种活动规范统一，传统的习俗纳入了新的社会秩序范畴，仪式举行的时间程序、仪式过程以及参与人员亦纳入现代秩序。对于时间，不同社会、不同文化群有不同的表述与不同的观念。时间观念不同，对时间的感觉与态度也不同。正如《走进他者的世界》一书中所说，在田野调查中，经常会遇到被访谈人不按时出现，或者问他某地有多远的时候，对方的回答是“半天”或者“一顿饭的时辰”。[①] 在传统农业社会，“人们在用时、计时、守时等习惯上也比较随意和模糊。例如在钟表普及之前中国人常用的时间词汇有‘掌灯时分’‘日出三竿’‘一顿饭工夫’‘不见不散’”。[②] 很多仪式的时间程序更为模糊，开始的时间经常表述为“鸡叫头遍”“午饭后”等。而现代社会，重视时间的准确性，时间精确到秒，守时与否成为“进步/落后”“现代/传统”的区划标准；“时间编织了人们的生活网络”[③]，随着民俗仪式被纳入公共领域，其时间表述亦被标准化。“丁酉年资兴瑶族‘盘王节·还盘王愿’祭祀流程”规范了“还盘王愿”的仪式，祭祀流程的时间表如下：

12 月 3 日（农历十月十六）

（1）上午 8：00—11：00　到老盘王庙接盘王仪式

（2）上午 11：00—12：30　新盘王殿举行祭祀典礼

（3）下午 15：00—18：30

①开坛接聖（圣）[④]，立神安位；②差兵差将；③三天门外招兵招将、招五谷；④收兵回坛；⑤立神归位；⑥踢兵归位；⑦祭兵尝将

（4）晚上 20：00—23：00 时篝火晚会（围坛）

①瑶族长鼓舞；②瑶族龙狮；③瑶族武术；④瑶族师公舞；⑤瑶歌；⑥四男四女拜聖（圣）

12 月 4 日（农历十月十七）

（1）9：00—18：00

①办众圣席；②还圆箕愿；③杀猪；④挂莲花朵

---

① 麻国庆：《走进他者的世界》，学苑出版社 2001 年版，第 4—8 页。

② 汪天文、王仕民：《文化差异与时间观念的冲突》，《学术研究》2008 年第 7 期。

③ 曾剑平：《时间观和民族文化》，《南昌大学学报》（人文社会科学版）2001 年第 7 期。

④ 日程表为原表誊录，其原文有几处用繁体字，笔者在后用括号标明对应的简体字。

（2）晚上20：00—21：00

①奏殿；②龙補（补）小席；③请踏歌；④修愁解意；⑤扫家使者；⑥補（补）台下案；⑦连州后生；⑧勾磨愿；⑨横连大席

12月5日（农历十月十八）上午9：00—12：00

（1）起马当路；

（2）送聖（圣）回官（送圣上老盘王庙）

“时间观念不仅仅是人们日常生活当中的重要内容，同时也是现实政治权威建构的重要方面，近代时间观念的变革还具有追求现代性的重要特色”[①]，时间观念的变化折射了社会变迁的历程，如晚清新旧纪年之争反映了当时思想巨变以及社会变迁。在“盘王节·还盘王愿”祭祀中，对于日期的时间表述用了公历/农历，这兼顾了日程工作时间表述与传统季节更替、农事历中节点事件之时间标记[②]，但从表述中依然可以看到公历是仪式时间主标准，农历只是附记，这恰体现了权威话语对于“还盘王愿”仪式的建构。祭祀流程表由师公赵光舜排列[③]，但在仪式举行中，所列内容难以按照前后顺序进行，比如12月3日下午第7项祭兵尝将就在12月4日上午第一项完成，且12月4日上午只进行了“办众圣席、杀猪”，12：10—18：00进行了“还圆箕愿、请歌踏、连州后生、扫家使者、请王婆圣帝、挂莲花朵（含奏殿）”，从实际完成的仪式来看，比日程表丰富，在仪式举行中，师公与参与者根据情境完成各个环节，并且有些仪式的表演性很强，“连州后生”就是仪式演剧，表演者与参与者即兴表演，其持续时间不固定。“还圆箕愿”“横连大席”在祭祀流程安排中于12月4日上午、晚上分别举行，这割裂了两者的联系，如前文提及的，“圆箕愿”“大排良愿”“马头意者”等都以《横连大席打令口诀》讲述瑶人历史。将它们分割于时间表中，其相关的仪式叙事即被区隔或碎片化。传统的“还盘王愿”没有12月3日的“到老盘王庙接盘王仪式”与5日的“送圣回宫”这两个环节，瑶族传统的刀耕火种以及迁徙

---

① 朱文哲：《近代中国时间观念研究述评》，《燕山大学学报》（哲学社会科学版）2011年第1期。

② 参见UNESCO. Kit of the Convention for the Safeguarding of the Intangible Cultural Heritage: Intangible Cultural Heritage Domains, 2011, p. 9。

③ 2017年12月3日笔者访谈师公赵光舜所得。

方式使他们形成了一种观念，即盘王跟随族群流动，新盘王殿落成并举行了请盘王仪式之后，盘王便住在了新殿之中了。[①] 目前的祭祀流程安排中增加这两个环节，除为了保护老庙之外，也更利于仪式的公众展演。[②]

在祭祀流程的“时间展示”中，权威话语重视仪式的“可参观性”和“展演性”。另外对于这一祭祀流程，当地官方要留存资料，全程摄像，为了能摄制全面，师公的位置以及祭祀法器、参与民众的分布，殿内、殿外仪式的开展有了一定的规划性，即从文化空间[③]的布局上亦加以规范，其涵括了空间和时间秩序的标准化。仪式与神话具有协约关系，仪式是神话的展演。[④]“还盘王愿”仪式的展演，糅杂、交融了《盘王大歌》《家先歌》，盘瓠神话、“渡海”叙事等，尤其是有关当地瑶族迁徙的历史表述，如果仪式被“现代时间观”切割纳入祭祀流程，则与仪式相关的叙事无法完整呈现；并且作为“行为模式”的仪式比作为“观念模式”的神话更易产生变化。[⑤]

仪式的规范、标准化，叙事人为区隔、碎片化等，消解了仪式的神圣性，引发“还盘王愿”从行为到观念的改变，这会直接影响其今后的传播与传承。“非物质文化遗产的动态性和活态性应始终受到尊重。本真性和排外性不应构成保护非物质文化遗产的问题和障碍”[⑥]，但在遗产化中，如何将传统的民俗时间与现代社会秩序更好地契合，是否可进一步

---

① 访谈人：毛巧晖；被访谈人：赵光舜（男，师公，瑶族，资兴唐洞街道人。做师公之前，他曾是中学英语教师）；访谈时间：2017 年 12 月 4 日；访谈地点：湖南资兴唐洞街道盘王殿。

② 当地盘王节仪式的组织者解释中，提到了老盘王殿重建于同治六年（1867），属于文物，具有文化遗产意义，送圣回宫有利于老盘王庙保护。

③ “文化空间是一种作为开展民族民间的传统文化的各种表现形式的场所而言的，它同时兼备空间性和时间性。”《国务院办公厅关于加强我国非物质文化遗产保护工作的意见》，国办发〔2005〕18 号，中华人民共和国中央人民政府网，http：//www. gov. cn/zwgk/2005 - 08/15/content_ 21681. htm，2005 年 8 月 15 日/2017 年 12 月 15 日。

④ 此观点为博厄斯（Franz Boas）所述，参见彭兆荣《人类学仪式的理论与实践》，民族出版社 2007 年版，第 39 页。

⑤ 按照克拉克洪（Florence Kluckhohn）所言，神话和仪式都受到文化传统和外界环境的影响，“在同一个背景和环境变数中，作为‘行为模式’的仪式比作为‘观念模式’的神话更易产生变化”。参见彭兆荣《人类学仪式的理论与实践》，民族出版社 2007 年版，第 45 页。

⑥ 巴莫曲布嫫、张玲译：《联合国教科文组织：〈保护非物质文化遗产伦理原则〉》，《民族文学研究》2016 年第 3 期。

增强现代民俗节庆的包容性，在现代化转换中适当吸纳传统的“时间观念和时间感觉”，使民俗仪式在纳入现代秩序的同时，其信仰核心在今后的传承中得以存续，并保存其时间文化的多样性。这也与非物质文化遗产保护之初衷一致，即“改变资本主义体系的中心地位、重建全球社会的政治工具”①。

① 张青仁：《社会动员、民族志方法及全球社会的重建——墨西哥非物质文化遗产保护的经验与启示》，《民族文学研究》2018 年第 3 期。

一个仪式的两次节庆

——哈尼族“阿倮欧滨”祭祀的节庆再造*

张　多**

摘　要：云南省绿春县哈尼族的“阿倮欧滨”是一个由春季祭祀寨神林仪式发展而来的地方性祭祀节日。由13个村落联合祭祀的“阿倮欧滨”神树林已经成为一个区域性的公共圣地，并且祭祀非常隐秘，罕有人能接近神树林。为了发展旅游，绿春哈尼人在每年冬季“十月年”的新年节庆活动中加入了象征性公开祭祀“阿倮欧滨”的仪式。伴随着“红河哈尼梯田文化景观”列入世界遗产以及“祭寨神林”列入国家级非物质文化遗产，“阿倮欧滨”成为遗产旅游活动的重要吸引物。由此，每年“隐秘的”和“公开的”阿倮欧滨并行不悖，这成为哈尼人社区在遗产化运动中的应对之道，也是探讨遗产社区创新发展的典型事件。

关键词：哈尼族；阿倮欧滨；节庆再造；文化遗产；社区

2015年11月下旬，笔者回到哀牢山做田野调查。30日这天绿春县要举行“十月年”的盛大节庆活动。早在10月我就从手机社交软件上收到绿春方面发布的节庆公告，看得出这次“十月年”的媒体宣传明显比往年做得细致。

---

* 原文刊于《节日研究》2019年第1期。本文为第64批中国博士后基金项目“遗产化进程中西南民族活态神话存续力研究”阶段性成果。

** 张多，云南大学文学院副教授。

在昆明长水国际机场的航站楼，“寸土寸金”的到达出口走廊被“中国·绿春哈尼十月年长街古宴文化旅游节”的巨幅广告占据。红河哈尼梯田文化景观于2013年被列入联合国教育、科学、文化组织（简称UNESCO）世界遗产名录。绿春正是遗产地核心区。绿春的巨幅旅游广告延伸到10小时车程之外的昆明机场，可见这个高山上的小县城正借助“遗产化”（heritagization）① 契机快速对接山外的现代化市场。当然，哈尼梯田的特殊性还在于，其拥有世界遗产、全球农业遗产、非遗、湿地公园、文物保护单位等若干遗产化身份。

对遗产地来说，发展遗产旅游是世界上通常的做法，哈尼梯田也不例外。绿春县早在2004年就把“哈尼十月年长街宴”作为一个地方节庆举办，但影响力主要局限于红河州内部。在2013年“申遗”成功后，绿春县的“十月年”被红河州作为遗产旅游节庆重点打造，于是就出现了昆明国际机场的大规模广告。而“阿倮欧滨”祭祀正是隐身于这个盛大节庆背后的核心吸引物之一。

一 田野发现：十月年节庆中的“阿倮欧滨”祭祀

阿倮欧滨（Aqloelbyul）② 是位于绿春县与元阳县交界处东仰山头的一片水源林。这里森林茂密，泉眼遍布，是整个东仰山一带数十个村落、数条河流的重要水源地。东仰山一带由大寨村分出了12个子寨。这13个村落每年都要联合祭祀阿倮欧滨的神树林，形成一个祭祀圈。祭祀圈即以主神为经、以宗教活动为纬建立在地域组织上的模式。③ 在祭祀圈的基础上，阿倮欧滨逐渐发展成盛大的地域性节日。因此，“阿倮欧滨”一词除了指代地名，也指对神树林的祭祀活动及其组织。

要理解阿倮欧滨需先理解哈尼族的传统节日体系。哈尼族在一年的

---

① 有关哈尼梯田遗产化的情形以及“遗产化”概念，参见张多《遗产化与神话重述——红河哈尼梯田遗产地的神话重述》，《民俗研究》2017年第6期。

② 哈尼语汉译词汇的括号内原文均为哈尼文，拼音方案以1994年中国政府批准的“哈尼文方案”为准。这套拼音方案的标准音，正是绿春县大寨村的哈尼语语音。

③ 施振民：《祭祀圈与社会组织——彰化平原聚落发展模式的探讨》，《“中央研究院”民族学研究所集刊》1973年第36期。

周期里有数十项祭祀，其中三个祭祀发展成为全民性的三大节日，即新年十月年（Zalteilteil）、春祭昂玛突（Hhaqmatul）、夏节苦扎扎（Kuqzalzal）。其中，昂玛突节是围绕着祭祀神树、寨神林进行的节日，一般以村落为单位。昂玛突节日中有村民在寨神林中享用圣宴的传统，由此发展出在村落道路上的露天宴席，通常被称为“长街宴”。2011 年，哈尼族“祭寨神林”（昂玛突）被列入第三批国家级非物质文化遗产名录。阿倮欧滨实质上就是区域性的大型昂玛突。传统的祭祀阿倮欧滨的日期正是在春季“昂玛突”节期间，一般在 13 个村落祭祀完各自的寨神林之后举行。

在今天哀牢山哈尼族社会，村落和宗族的寨神林、神树很常见，几乎每个自然村都有，因为选定神树是建寨的必要条件。在古代哀牢山社会中，也会有若干同源村落[①]联合祭祀母寨神林的“昂玛突”，但是今天这种跨村落的总神林已经非常罕见。目前哀牢山区保留的地域性大型总神林以“阿倮欧滨”最为典型。阿倮欧滨得以存续的社会文化基础，主要是哈尼族社会中超越村落单位的血缘亲族观念，这种观念以父子连名谱牒为纽带，建立起地域性的“村落—亲族”社会结构。[②] 我这次调查中的最大疑问是，“十月年”是在冬季，原本要在春季举行的“阿倮欧滨”现在为什么会提前到“十月年”举行。

2015 年 11 月 30 日我抵达绿春县大兴镇参加中国·绿春哈尼十月年长街古宴文化旅游节。2015 年“十月年”宣传阵势比往年大。整个节庆的核心仪式有三个部分：巡游、祭神树、长街宴。此外还有各种游艺、商贸、观光、歌舞活动。这天早晨，县城主街道已经摆满了下午长街宴的竹篾桌子。我数了一下编号，今年长街宴摆出了 3700 多桌，超过往年。长街宴每桌客人 3—4 名，主人 1 名，主人负责敬酒劝菜。通常每户村民负责两桌宴席，每两桌另有后勤服务人员 1—2 名。

按照绿春县官方的公告，旅游节的重头戏是“礼俗祭祀活动及文艺

---

① 哀牢山哈尼族的村落常因为人口增加、土地紧张，而导致“分寨”，那些从同一个母寨分出搬迁到别处的村落之关系，以及母寨与分寨的关系即为“同源村落”。

② 有关绿春哈尼族村落社会结构的研究，参见白永芳《哈尼族服饰文化中的历史记忆——以云南省绿春县“窝拖布玛”为例》，云南人民出版社 2013 年版，第 25—54 页。

表演活动”，具体内容为：“大咪谷（龙头）坐牛车带领阿倮欧滨所属哈尼村寨咪谷及26支（大兴镇18支文艺队，8支乡文艺队）民族歌舞文艺队沿街游行至神树祭祀。”[①] 咪谷（Milguq）是哈尼族村落公共祭祀的祭司。这里的大咪谷是大寨村的A咪谷[②]，事实上，他不仅是大寨的大咪谷，也是整个13个村落祭阿倮欧滨的总祭司。因为大寨是母寨，他家为世袭咪谷家族，因此享有极高地位。可见，原本在春季举行的祭祀神树仪式已经成为冬季十月年旅游节的核心仪式，并且这种变化是得到了世袭总祭司认可的。

30日上午9点，巡游队伍从县城西边的大寨村出发，大咪谷A咪谷端坐在黄牛牵引的花车上。后面跟随各村的大小咪谷和摩批。[③] 有一名摩批歌手专门跟随队伍行进唱哈巴。哈巴（Habaq）是哈尼族重大仪式上吟唱的口头传统，主要包含创世神话、宗教祭词等。祭司方阵后面是祭品方队和各村的文艺队。长达数百米的巡游队伍，一边跳着扇子舞、同尼尼、罗作舞、棕扇舞、打跳等舞蹈一边行进。因为绿春县尚有傣族、瑶族、苗族、彝族等民族，文艺方阵中也安排了这些民族的舞蹈方队。队伍一直行进到县城东边的民族风情广场，然后才开始祭阿倮欧滨。广场边一棵绿化树木被临时作为神树的替代。

祭祀的基本程序与“昂玛突”类似，但省掉了生祭的环节，只有熟祭。因为各项流程衔接紧凑，没有时间当场杀猪，因此杀猪分圣肉的环节另找时间开展。[④] 在近万名哈尼族民众、各地游客的注目下，大咪谷带领一众咪谷对神树叩首祭拜。祭台上还有一名司仪，用扩音话筒照着文稿宣布各项流程。祭台下四周已经围满了各种镜头，包括各类新闻媒体、游客以及我这样的“专家学者”。整个祭祀仪式的氛围与21世纪中国各地兴起的公祭人文始祖的仪式非常相类，都带有半官方、半民间，司仪主导，嘉宾参与，游客围观，附带节庆活动的特点。

---

① 引自张多在绿春县田野调查所获得的当地宣传资料，2015年11月30日。

② 为遵循民俗学田野伦理，此处采用化名。

③ 摩批和咪谷是哈尼族社会中重要的两种祭司，摩批主要司掌与家族和血缘亲族有关的仪式，并掌握父子连名谱牒。咪谷主要司掌村落公共性仪式。

④ 分圣肉原本是公开的仪式，这里没有当即举行该仪式，一则因为整体活动流程时间很紧张，二则考虑到现场人数太多，分圣肉和圣骨极易引发哄抢事故。

除了“十月年”旅游节上的神树祭祀外，每年春季也要再举行一次传统的阿倮欧滨，即在原本的泉眼神树林的祭祀。之前笔者也一直以为“十月年”旅游节上植入的阿倮欧滨是一种展示性的文化表演。笔者比较认同英国文化遗产学者贝拉·迪克斯（Bella Dicks）对这种现象的概括，即文化展示中“可参观性”（visitability）的生产。[①] 阿倮欧滨在原本的民俗语境中是不公开的，而自“十月年”旅游节上加入文化展示，就能让游客和民众可以体验、参观这种独特风俗。

但是这次调查让我感到问题没有这么简单。如果“十月年”旅游节上的阿倮欧滨仅仅是文化展示，那为何大咪谷依然全程参与、主持祭祀？因为在哈尼族信仰文化中，咪谷在仪式上是天神、祖先的代言人，具有非常的神圣性。大咪谷对待“十月年”的阿倮欧滨非常严肃，可“十月年”的祭祀同样是神圣的、合法的。为了解答这个问题，我访问了大咪谷A咪谷以及绿春县政府部门，试图理解这种节庆现象背后的动因。

二 “隐秘的祭祀”与“公开的祭祀”

阿倮欧滨的神林是一片神圣之地，除了祭司，任何人不得入内。这在绿春县当地是一条灵验的禁忌，民众绝不愿冒着触犯禁忌的风险去满足好奇心。也正因为如此，极少有人目睹过春季在寨神林中祭祀阿倮欧滨的现场。因此阿倮欧滨也被学者称为“隐秘的祭祀”。[②] 根据咪谷对自己父子连名谱牒测算，阿倮欧滨祭祀有700多年历史，大寨白家一直担任大咪谷。[③]

原本的“隐秘的祭祀”在春季（农历正月第二轮属牛日）各村举行“昂玛突”之后进行，由大寨村的大咪谷带领各村咪谷联合施行各项准备活动。“阿倮欧滨”的影响力不仅仅在绿春县，周边的元阳县、红河县、江城县、金平县等的哈尼族民众都会赶来参加祭祀，甚至有老挝、越南、

① ［英］贝拉·迪克斯：《被展示的文化——当代“可参观性”的生产》，冯悦译，北京大学出版社2012年版，第1—2页。

② 秦臻：《隐秘的祭祀——一个哈尼族个案的分析》，《民族艺术》2004年第5期。

③ 访谈对象：A咪谷；访谈人：张多；时间：2015年11月30日；地点：绿春县大寨村咪谷家。

缅甸的族胞前来。民众只能参加巡游以及其他庆祝活动，都不能进入阿倮欧滨神树林的范围。越是如此，祭祀的神秘性越强，反而加强了祭祀的灵验性质。祭祀后，按照“昂玛突”的节庆习俗，要宰杀一头猪，分享圣肉“扎赫”（Zalheel）。祭祀的猪骨则被分成成千的小碎片，能分到一片猪骨，对民众来说是莫大的福气。这种猪骨在当地被称为“龙骨”，从笔者对村民的访问来看，绿春当地哈尼族民众对“龙骨”护身的灵验性有普遍且特别的信仰。

根据秦臻和白永芳的田野调查①，阿倮欧滨神林内的祭祀仪式主要是祭神树和简收女神。祭祀现场需保持安静，咪谷在神树前搭祭坛，一共三层。底层象征田地里的农作物，中层象征人类，顶层象征牲畜和财富。祭坛献祭的对象是女神简收，在宰杀黑公猪献祭时还必须念诵“简收”的名号。

简收（Jeiseq）是绿春、元阳一带哈尼族口头传统中非常重要的民间传说人物。在口头传统的记忆中，简收是哈尼族迁徙历史上一位文化英雄，因逃婚而得到“反叛传统”的评价。简收的民间传说与哈尼族创世神话中遮天大树的叙事粘连，形成了著名的口头演唱文本“索直俄都玛佐”（Soqzyuq Hovqtuv Massaol）。民间歌手的演唱主要叙述了简收四处流浪，一天来到阿倮欧滨泉边，因饮水就把拐杖插在地上，拐杖迅速成长成一棵遮天大树，日月无光，人间遭遇灾难。后来人们在神明启示下砍倒遮天树，通过数树枝树叶发明了历法。今天阿倮欧滨神林就被认为是简收发现泉眼的地方。白永芳认为民间祭祀神树圣泉，形成简收女神叙事，除了强化 13 个村寨亲缘关系之外，隐匿着保护水源的根本诉求。②

简收的叙事在绿春、元阳一带非常流行，民众对她的功过是非有不同评价，简收其人的历史与事迹也非常神秘。但是民众普遍信仰简收女

---

① 这两位学者的调查非常重要，秦臻是极个别系统访谈过已故前任大咪谷白阿发的学者之一，白永芳是极个别被特许进入阿倮欧滨神林的学者之一。两位的调查成果参见秦臻《隐秘的祭祀——一个哈尼族个案的分析》，《民族艺术研究》2004 年第 5 期；白永芳《哈尼族服饰文化中的历史记忆——以云南省绿春县“窝拖布玛”为例》，云南人民出版社 2013 年版，第 48—61 页。

② 白永芳：《哈尼族服饰文化中的历史记忆——以云南省绿春县“窝拖布玛”为例》，云南人民出版社 2013 年版，第 58—60 页。

神的力量，认为她对阿倮欧滨水源、神树具有超自然力量，进而可以影响稻谷、牲畜、人丁的生长。在搜集整理的史诗文本《都玛简收》中，简收成为“天神奥玛的女儿”和“地神咪玛的姑娘”。[①] 简收的拐杖成长为遮天大树，给人间带来灾难。因此神树的力量也成为民间信仰中的灵验之力。口头传统是民族文化中古典知识的总汇。可见，简收的民间口头传统是阿倮欧滨祭祀被民众信仰的内在原因。简收和遮天大树的叙事进一步强化了“隐秘的祭祀”的灵验性和神圣性。

2003年前后，绿春县筹划开展旅游业。而阿倮欧滨的民族宗教文化是当地独有的文化资源。但是阿倮欧滨在民众心目中具有极强的神圣性，加上它不公开的隐秘性，使得利用这个资源非常困难。但绿春政府、大咪谷和当地民众经过充分协商后，想出了一个办法。也即在“十月年”利用县城只有一条主道路的地形优势摆长街宴，在长街宴中加入一个阿倮欧滨祭祀的表演。表演主要凸出民众巡游的环节，使游客可以参与其中。于是，2004年11月22日绿春县举办了首届“哈尼十月年旅游节”。这年长街宴摆出了2041桌，吸引了大批外地游客。从此之后，旅游节主要突显长街宴的特色，而“阿倮欧滨”则作为“公开的祭祀”，成为一个内含哈尼族神秘宗教文化的旅游吸引物。

唐雪琼团队对哈尼族长街宴的文化适应有过深入研究，他们认为长街宴在主动适应现代旅游的过程中，“基于哈尼族长街宴文化和当地阿倮欧滨文化的‘地方性’想象而重构的新节日——‘绿春哈尼族长街古宴’成为当地的旅游品牌”[②]。唐雪琼团队也发现绿春过去的“十月年”不摆长街宴，长街宴是被嫁接到“十月年”的。而由于他们2007—2009年调查的时候，“阿倮欧滨”的公开祭祀尚未形成显著的节庆程序，因而他们未能论及“十月年”节庆中新移植的“阿倮欧滨”祭祀。

在2011年“祭寨神林”成为国家级非物质文化遗产，特别是2013年“红河哈尼梯田文化景观”成为世界遗产之后，旅游节越来越重视对

---

① 白们普等演唱，卢保和、龙元昌等搜集整理翻译：《都玛简收——哈尼族神话古歌》，云南民族出版社2004年版，第133、135页。

② 唐雪琼、钱俊希、陈岚雪：《旅游影响下少数民族节日的文化适应与重构——基于哈尼族长街宴演变的分析》，《地理研究》2011年第5期。

“阿倮欧滨”文化的宣扬。不仅长街宴的规模越摆越大，祭祀神树的重要性也越来越凸显。2015 年笔者调查时，绿春县专门在县城东部的民族风情广场选了一棵绿化带中的大榕树，作为阿倮欧滨神树的替身。巡游队伍从西边的大寨一路行进到东边民族风情广场，就在广场上公开祭祀这棵替身神树。

绿春县从此有了两次“阿倮欧滨”祭祀，一次是每年农历正月的阿倮欧滨，另一次是每年公历 11 月的“中国·绿春哈尼十月年长街古宴文化旅游节”。“隐秘”与“公开”的两次祭祀并行不悖，那么旅游节上这一次祭祀具有哈尼族内部文化的合法性吗?

三　节庆再造：一个仪式的两次节庆

虽然“公开的祭祀”是被移植到“十月年”的，但是“十月年”旅游节的“阿倮欧滨”同样具有内部文化合法性。30 日的祭祀选择了民族风情广场上的一棵大榕树替代神树，接受咪谷团队的祭拜。早在半个月前，大寨村的大咪谷 A 咪谷就开始精心筹划“十月年”的“阿倮欧滨”祭祀，他和政府工作人员、各个村的咪谷频繁沟通各项事宜。29 日，A 咪谷非常担忧巡游用的大黄牛会因为肥胖而走不动。这件事惊动了县领导，专门派人前往大寨商议大黄牛的事。最终 A 咪谷认为这头牛既然被选为每年“阿倮欧滨”巡游的专用牛，它就具有神圣性，因此不能换。

30 日上午的巡游，黄牛拉着花车带领巡游队伍一直来到终点，就是广场上那棵替身的神树。神树前已经搭建好了祭坛。祭坛其实就是一个钢架舞台，非常宽，台上几张供桌一字排开，上面有香炉、各色祭品。这时候，一名记者为了抢机位，跑到祭坛后面神树下占位。这名记者显然没搞清楚祭祀的核心就是那棵树，就只顾着拍祭祀团队的正脸。祭坛上的司仪看见后很生气，用扩音器对他喊话，让他离开神树：“请你离开那点，听见没有？这是我们哈尼人的神树，等下要祭拜，你受得住就在着！”① 司仪这番话透露出，这一次祭祀神树并非文化表演，而是一次同

① 张多田野现场的记录。时间：2015 年 11 月 30 日；地点：绿春县大兴镇民族风情园广场。

样具有神圣性的祭祀。后来笔者对现场民众的随机询问，以及对 A 咪谷的访谈，也证实了这一点。

随后 A 咪谷带领八名咪谷，念诵祭词，向神树跪拜，献上祭品。并带领广场上近万名民众、游客一齐向神树跪拜。场面非常肃穆。祭祀结束后，咪谷团队就在祭坛下面摆开十桌圣宴，象征性享用圣餐。这和所有昂玛突的核心仪式程序一致，也和“隐秘的”“阿倮欧滨”仪式一致。在圣宴现场，民众争相涌到咪谷桌子前，希望得到咪谷的祝福。咪谷就把桌子上的各色坚果分散给民众。民众但凡得到几粒坚果都非常兴奋，尤其是哈尼族民众更相信这是神明所赐。在“十月年”旅游节举办“阿倮欧滨”之前，民众从来不可能如此深度地参与“阿倮欧滨”。

综合这些观察，我认为“公开的祭祀”与“隐秘的祭祀”具有同等的仪式效力，具有合法性与神圣性。基于此，可以说绿春县通过 10 余年的节庆实践，已经把“阿倮欧滨”再造成为“一个仪式的两次节庆”。这种节庆实践是一种文化调适（culture adaptation）的努力，这一点，在唐雪琼等人的论述中也有相似结论。[①]

人类面对社会环境的变迁，总会利用现有的文化资源进行适应性的改变。绿春阿倮欧滨的案例，显示出在面对遗产化的文化变迁时，核心性的节庆充当着文化整合的先锋角色。在现代化社会语境中，文化调适大致有三种表现：结构分化（structural differentiation）、整合机制（integrative mechanism）与传统（tradition）。[②] 整合机制对抗分化的力量，而传统同时在对抗分化与整合力量。通常，面对旅游业，民族主义情绪容易激发固守传统的观念，强调一成不变。但是绿春通过“公开的阿倮欧滨”的再造，完成了神树林文化对新兴旅游节庆的整合。一个仪式的两次节庆，化解了传统礼仪隐秘性与现代节庆公共性的矛盾。高丙中对现代中国新年“元旦”“春节”的两个庆典的研究，[③] 也属于通过节庆再造

---

① 唐雪琼、钱俊希、陈岚雪：《旅游影响下少数民族节日的文化适应与重构——基于哈尼族长街宴演变的分析》，《地理研究》2011 年第 5 期。

② ［美］威廉·A. 哈维：《文化人类学》，瞿铁鹏、张钰译，上海社会科学院出版社 2006 年版，第 476 页。

③ 高丙中：《作为一个过渡礼仪的两个庆典——对元旦与春节关系的表述》，《中国人民大学学报》2007 年第 1 期。

实现文化调适的案例。元旦和春节是针对历法改变进行岁时制度的整合，而“阿倮欧滨”则是针对一项重要的祭祀仪式做出调整。这两个案例都表明节庆再造是当代社会文化调适的重要手段。

祭寨神林作为一项国家级非物质文化遗产项目，代表着“民族文化”对国家文化的适应，即现代国家文化政治对地方群体民俗文化的整合。大咪谷在节庆再造的过程中充当了重要的角色。2003 年，绿春县打算在“十月年”旅游节当中加入“阿倮欧滨”表演时，首先征求了当时大咪谷白阿发的意见。白阿发是一位睿智的社区精神领袖，他权衡再三，认为一年举行两次“阿倮欧滨”并无不妥。既可以有效保护“隐秘的”“阿倮欧滨”，又可以在新的社会条件下发扬民族文化。在后来的实践中，绿春县官方在如何筹划“阿倮欧滨”方面，始终尊重大咪谷以及各村咪谷的意见。而咪谷实际上也代表着各个村落民众的民意。“公开的”“阿倮欧滨”之所以在十多次实践中，越来越得到民众认可，一个重要原因就是社区参与、社区赋权、社区获益。

2003 年第 32 届 UNESCO 大会上通过了《保护非物质文化遗产公约》（简称《公约》）。[①] 根据《公约》2006 年汉语订正本的界定，“非物质文化遗产”指被各社区、群体，有时是个人，视为其文化遗产组成部分的各种社会实践、观念表述、表现形式、知识、技能以及相关的工具、实物、手工艺品和文化场所。[②] 在这个定义中，“社区”（communities）是一个十分重要的关键词，巴莫曲布嫫指出：“将非物质文化遗产的价值认定赋权给相关社区和群体，正是许多民俗学者和人类学家在这份国际法律文书的订立过程中苦心谋求的‘保护之道’。可以毫不夸张地说，‘丢掉’社区就等于丢掉了《公约》立足的基石。”[③]

除了“祭寨神林”列入国家级非物质文化遗产项目之外，绿春县申

---

① 汉语是联合国六种官方工作语言之一，汉语文本具有与英语、法语、阿拉伯语、西班牙语、俄语文本同等的法律地位。理解 UNESCO 文化遗产相关档的概念时，汉语词汇具有原始意义。因此本文未引证英文、法文文本。

② UNESCO：《保护非物质文化遗产公约》，巴黎，2003 年，第 2 页。（修订版文档编号为：MISC/2003/CLT/CH/14 REV. 1）

③ 巴莫曲布嫫：《从语词层面理解非物质文化遗产——基于〈公约〉“两个中文本”的分析》，《民族艺术》2015 年第 6 期。

报的口头史诗《都玛简收》也被列入了云南省非物质文化遗产项目。绿春县围绕着祭寨神林和《都玛简收》开展了系列旅游、舞台表演活动，让一个地方性祭祀节日被纳入大的市场经济网络，促使其向公共文化转变。

2015 年 1 月 22 日，绿春县出台了《云南省非物质文化遗产名录叙事史诗〈都玛简收〉保护工作实施方案》，其“非遗”保护措施中包括：“每年举办中国·绿春哈尼族‘十月年’长街古宴活动期间，把叙事史诗《都玛简收》演唱活动纳入县级法定民族节日，加大对哈尼族叙事史诗《都玛简收》的保护，宣传力度，提升绿春民族文化品位。”[①] 这份文档中明确提及举办旅游节是一种文化遗产保护措施，而《都玛简收》背后实际上隐含着“阿倮欧滨”祭祀，由此，这个原先作为单纯旅游观光项目的“公开的祭祀”被纳入“遗产化”的话语框架中，具备了多重的意义。2011 年起，绿春县开始在县城东边建造“阿倮欧滨”原始宗教文化圣地旅游景点，规划中包括一个圣水池和若干文化雕刻，后来又计划建立一个“阿倮欧滨”文化传承中心。

绿春哈尼族社区创造性地发挥了“地方传统”的文化塑造力，再造了“哈尼十月年长街古宴旅游节”这样一个基于传统的新兴节庆。这生动诠释了“遗产是一种在当下求助于过去的文化生产的新方式”[②]。“非遗公约”的前言部分明确提及：“承认各社区，尤其是原住民、各群体，有时是个人，在非物质文化遗产的生产、保护、延续和再创造方面发挥着重要作用，从而为丰富文化多样性和人类的创造性做出贡献。”[③] “再创造”这个关键词表明，“文化遗产”保护并不是要做标本，而是要赋予文化遗产第二次生命。

---

① 绿春县非物质文化遗产保护中心：《云南省非物质文化遗产名录叙事史诗〈都玛简收〉保护工作实施方案》，2015 年 1 月 22 日，绿春县文化体育局。

② Barbara Kirshenblatt-Gimblett , *Destination Culture*: *Tourism*, *Museums*, *and Heritage*, Berkeley, Los Angeles and London: University of California Press, 1998, pp. 149 – 150.

③ UNESCO：《保护非物质文化遗产公约》，第 1 页。

四 讨论：遗产化进程中“社区”的文化选择

在霍布斯鲍姆（Eric Hobsbawm）等人主导的有关“传统发明”（the invention of tradition）的讨论中，将那些表面上看起来或者声称是古老的“传统”看作被发明出来的，其起源的时间往往相当晚近。[①]“传统发明”较好地揭示了当代文化生产中传统化的倾向，但是，在田野研究的现场，“传统”并非一副单一的面孔，而呈现出文化实践的多样性。民俗学家瑞吉娜·本迪克斯（Regina Bendix）认为：

> 传统在现实中是清晰的，其参与者做出界定时并不需要像学者们察觉到的那样，担心一个节庆或艺术片段是“本真”或者“伪造”的问题。他们会达成自己想要达成的表现形式。“传统的发明”不是反常的事情，反而是一种法则。[②]

“公开的祭祀”在绿春哈尼人的文化实践中，并不是那种伪造的民俗（fake lore），[③] 它并不像学者描述的那样，是一种“二手的”民俗。绿春哈尼人通过社区参与，赋予了新兴节庆中“阿倮欧滨”与“隐秘的”“阿倮欧滨”同等的文化意义。事实上，绿春的这种实践，一直伴随着哀牢山区哈尼族社会遗产化的进程。“红河哈尼梯田”从1993年就开始向UNESCO“申遗”。1993—2017年，绿春县、元阳县这一带山区，已经获得了数十种从国际组织到地方政府的遗产化身份。尽管深度遗产化给这里带来了剧烈的文化变迁，但是哈尼人也从中实现了自身的发展诉求。

“一个仪式的两次节庆”对绿春县来说不仅意味着公共文化的发展，更意味着这里的社区充分运用了遗产化的运作机制。他们并不排斥现代商业、消费对“传统”的介入。正如周星所言：“现代社会的民俗文化未

---

① ［英］E. 霍布斯鲍姆、T. 兰格，《传统的发明》，顾杭、庞冠群译，译林出版社2004年版，第1页。

② Regina Bendix. “Tourism and Culture Displays: Inventing Traditions for Whom?”, *Journal of American Folklore*, 1989 (102).

③ Richard Mercer Dorson: “Folklore and Fake Lore”, *American Mercury*, 1950 (70).

必就一定是和商业文明及消费主义水火不容，恰恰相反，民俗文化要在现代社会的日常生活中生根存活，反倒是借助商业消费的路径才较有生机与活力。”[①] 面对遗产化的情形，哈尼人自有应对之道。对于这个具有上千年迁徙历史的群体而言，“应变”是其社会常态。文化遗产化的追求并不是固守传统，而是在遗产框架下合理发展既有文化实践。观察哈尼族在遗产化进程中的应变实践，有助于观察遗产化与社区的互动。

当遗产旅游进入哀牢山区时，社区表现出积极的参与诉求。“阿倮欧滨”祭祀的传统终究要面对现代化的社会转型，揭示“传统发明”并不是为了否定“发明”。当人们强调各种民俗传统时，总会不断地在当前的话语、行为与过去的话语、行为之间创造关联，以获得文化代言的合法性。[②] 文化传统有时候并没有想象中那么脆弱。UNESCO 大会在定义文化多样性（cultural diversity）时特别强调，文化多样性不仅体现在文化遗产表现形式的丰富，也体现在借助各种方式和技术进行艺术创造、生产、传播、销售和消费的多样性。[③] 从“隐秘的祭祀”到“公开的祭祀”，当代遗产化话语中的文化多样性观念在幕后悄然发挥着作用。

一个仪式的两次节庆，并不是绿春人的独创，但它是当代遗产化话语对这一社区二十多年持续影响的结果。这种来自国际政府间文化合作的话语，通过各级政府层层渗透到社区中。社区面对这种新的语境，充分将自身的文化诉求体现在遗产的评选、认定、保护和发展中。绿春的个案表明，在当代遗产化的语境中，地方通过节庆再造的实践，找到了参与遗产化进程的可行路径。这对当代全球各地的文化遗产保护实践，都有积极的启示意义。

---

① 周星：《民俗主义、学科反思与民俗学的实践性》，《民俗研究》2016 年第 3 期。

② 康丽：《传统与传统化实践——对中国当代民间文学研究的思考》，《民族文学研究》2010 年第 4 期。

③ UNESCO：《保护和促进文化表现形式多样性公约》，第 4 页。

民间信仰

作为非物质文化遗产研究课题的民间信仰[*]

高丙中[**]

摘　要：本文主张把民间信仰作为非物质文化遗产保护工作的一个核心问题来认真对待。文章通过回顾多学科关于民间信仰的研究，指出这些著述既是我们今后研究的出发点，也是我们要反思的对象。文章提倡以新的观念开展能够回应这个时代的知识需求的调查研究，让民间信仰在公共知识中“名副其实”，不再简单地被污名化；并在人民当下的现实生活中“归其本位”，不再被恶意利用。

关键词：民间信仰；非物质文化遗产；公民社会；公共文化

“民间信仰”作为与制度性宗教相对的范畴，是指民众在日常生活中所持奉的信仰及其仪式表现。民间信仰是所有以中国的社会和民众为对象（或资料来源）的学科或者分支学科的基本范畴，百年来尤为民俗学、人类学、民族学、社会学、宗教学、社会史、政治学所重视。过去主流的学术和政治是从逆向来看待民间信仰与中国社会的关系，把民间信仰视为应该从中国社会清除的对象。当前，非物质文化遗产的概念给我们一个正向审视民间信仰与中国社会的关系的视角。① 我们相信，这个视角能够产生有益的知识，对于我们解决非物质文化遗产保护的诸多问题至

---

* 原文刊于《江西社会科学》2007 年第 3 期。本文为教育部课题“非物质文化遗产与文化生态建设”（06JZD0006）的初期成果。

** 高丙中，北京师范大学人文和社会科学高等研究院教授。

① 刘锡诚：《非物质文化遗产的文化性质问题》，《西北民族研究》2005 年第 1 期。

关重要。

一 过去的研究积累

诚如葛兆光所言，学者要把握中国民间信仰的真实图景是困难的。[①]关于民间信仰的学术成果，我们不能仅从一个单纯的范畴进入，而要从一个知识谱系的宽度来把握。围绕“民间信仰”，从制度发展水平来看，相关研究的范围包括系统化、组织化的“民间宗教”，也包括弥散性的民俗活动；从学者立场来看，相关研究的对象包括偏向贬损的“迷信”，也包括偏向正面对待的“民间文化”，后者现在又转化出价值肯定的“非物质文化遗产”概念。在英文学术文献中，“民间信仰”的相关研究主要从folk 和 popular（其次是 primitive）与 belief 和 religion 的多种组合所界定的范畴进入。关于民间信仰的研究还涉及多学科的问题，因为现代社会科学的诸多学科都是以大众为研究对象的，自然都要重视民间信仰。因此，本领域涉及非常广泛的学术文献。

我们看到，“民间信仰”在英美人类学、民俗学学术期刊中出现是在1892 年[②]，在日本成为学术概念是在 1897 年。绝非偶然的是，中国学者大致在 100 年前开始用“迷信”指民间信仰，在 20 世纪 20 年代开始使用“民间的信仰”“民众信仰”“民间宗教”等术语，而“民间信仰”在20 世纪 30 年代开始成为稳定的术语。[③] 在现代学术语言初创时，民间信仰一开始就是从“迷信”概念被界定的。从利玛窦、艾儒略到德·葛鲁特，西方传教士和来华学者历来关注中国本土的民间信仰，但是中国学界是从 1920 年前后民俗学在中国兴起之后才成为专门的学术探究对象的。北京大学的《歌谣》周刊、中山大学的《民俗》周刊是发表此类文章的

① 葛兆光：《认识中国民间信仰的真实图景》，《寻根》1996 年第 5 期。

② Pinches, T. G., “Upon the Types of the Early Inhabitants of Mesopotamia”, *The Journal of the Anthropological Institute of Great Britain and Ireland*, Vol. 21, 1892, pp. 86 – 99. Hoke, N. C., “Folk-Custom and Folk-Belief in North Carolina”, *Journal of American Folklore*, Vol. 5, No. 17, 1892, pp. 113 – 120.

③ 陶思炎、铃木岩弓：《中日民间信仰研究的历史回顾》，《民间文学论坛》1997 年第 5 期。

主要刊物，顾颉刚、江绍原是此类研究者中最重要的代表，他们的标志性成果分别是北京妙峰山的民间信仰活动的调查报告①和有关迷信（范围等于民间信仰）的国外理论的申说、对各种具体的迷信的分析②。20 世纪 50 年代到 70 年代，民间信仰是文化革命的对象，因而成为政治批判的对象，却不是学术研究的对象。自 20 世纪 80 年代以来，民间信仰在全国各地复兴起来，越来越引起学界的关注，于是重新成为调查研究的对象，并很快在学界把探索引向历史的纵深。

国内最大量、最集中地研究民间信仰的学科当然是民俗学。查阅这些年的民俗研究论著和几十期的《民间文学论坛》（北京）、《民间文艺季刊》（上海）、《民俗研究》（山东）、《民俗曲艺》（台北），我们发现，无论是从业者的实地调查，还是文献研究，大多会涉及民间信仰。其中，从总体上描述中国民间信仰的著作：一是乌丙安、陶立播、张紫晨等分别出版的民俗学概论③，二是金泽、宋兆麟、乌丙安、高丙中等人的专著④。此外也有一些文章对民间信仰加以分类总揽⑤。而专门性的调查研究大致可以分为：1. 神灵系列，如杨利慧的女娲研究，邢莉的观音研究，顾希佳的蚕祖研究，吕微的财神研究，李乔、赵世瑜等的行业神研究，叶春生和蒋明智等的龙母信仰研究⑥；2. 庙会系列，如高有鹏对各地庙会的综述性研究，刘其印、刘铁梁、高丙中等对河北一个龙牌会的调查研

---

① 顾颉刚编著：《妙峰山》，国立中山大学语言历史学研究所，民国 17 年（1928）（2000 年重印）。

② 江绍原：《中国礼俗迷信》（王文宝据江绍原 1930 年的讲义整理），渤海湾出版公司 1989 年版。

③ 乌丙安：《中国民俗学》，辽宁大学出版社 1985 年版；陶立璠：《民俗学概论》，中央民族学院出版社 1987 年版；张紫晨：《中国民俗与民俗学》，浙江人民出版社 1985 年版。

④ 金泽：《中国民间信仰》，浙江教育出版社 1989 年版；宋兆麟：《巫与民间信仰》，中国华侨出版公司 1990 年版；乌丙安：《中国民间信仰》，上海人民出版社 1996 年版；高丙中：《民间风俗志》，上海人民出版社 1998 年版。

⑤ 董晓萍：《民间信仰与巫术论纲》，《民俗研究》1995 年第 2 期。

⑥ 杨利慧：《女娲的神话与信仰》，中国社会科学出版社 1997 年版；邢莉：《观音信仰》，学苑出版社 1994 年版；顾希佳：《东南蚕桑文化》，中国民间文艺出版社 1991 年版；吕微：《隐喻世界的来访者 中国民间财神信仰》，学苑出版社 2000 年版；李乔：《中国行业神崇拜》，中国华侨出版公司 1990 年版；赵世瑜、邓庆平：《鲁班会：清至民国初年北京的祭祀组织与行业组织》，《清史研究》2001 年第 1 期；叶春生、蒋明智：《悦城龙母文化》，黑龙江人民出版社 2003 年版。

究，中日民俗学者多年对北京妙峰山庙会的调查①；3. “原始”信仰系列，如何星亮的自然崇拜的研究，孟慧英、富育光、色音、郭淑云对萨满的调查研究，庹修明、萧兵等人对傩文化的历史和现存状态的考察②；4. 禁忌系列，如任骋、万建中③；5. 节日庆典系列，如萧放对传统节日民俗中的信仰因素的清理，高丙中以端午为例对节日民俗复兴时原有的信仰因素被抽象的分析④；6. 仪式系列，如郭于华的丧葬仪式研究和她组织的一批中青年学者完成的民间仪式与当代社会的研究，安德明的求雨仪式研究。他们的仪式研究发挥了民俗学长于民俗事项描述的特性，也借鉴了西方人类学家对中国民间仪式进行个案调查研究的方法⑤；7. 民间文化复兴系列，如刘晓春的经验研究⑥以及大多数关于当代庙会的个案调查与论述。民俗学界在最近一些年出现了人类学化的倾向，特别重视以长期实地调查为基础的经验研究，此种趋势突出反映在一系列博士学位论文之中，如吴效群对妙峰山信仰活动的研究，岳永逸对河北赵县梨区庙会的研究。民俗学的著述全面地描绘了中国民间信仰的“地图”，并能够把民间信仰放在与民间文学、民间艺术（年画、剪纸、戏剧）的有机

---

① 高有鹏：《沉重的祭典—— 中原古庙会文化分析》，河南大学出版社 2000 年版；刘锡诚主编：《妙峰山·世纪之交的中国民俗流变》，中国城市出版社 1996 年版；吴效群：《妙峰山：北京民间社会的历史变迁》，人民出版社 2006 年版；樱井龙彦、贺学君编：《关于妙峰山庙会的民众信仰组织（香会）及其活动的基础研究》，资料本，2006 年。

② 何星亮：《中国自然神与自然崇拜》，生活·读书·新知三联书店上海分店 1992 年版；孟慧英：《尘封的偶像—— 萨满教观念研究》，北京出版社 2000 年版；富育光、孟慧英：《满族萨满教研究》，北京大学出版社 1991 年版；色音：《萨满教考略》，博士论文，北京师范大学，1992 年；郭淑云：《原始活态文化：萨满教透视》，上海人民出版社 2001 年版；庹修明、顾朴光、潘朝霖编：《傩戏论文选》，贵州民族出版社 1987 年版；萧兵：《傩蜡之风》，江苏人民出版社 1992 年版。

③ 任骋：《中国民间禁忌》，作家出版社 1991 年版；万建中：《禁忌与中国文化》，人民出版社 2001 年版。

④ 萧放：《传统中国民众的时间生活》，中华书局 2002 年版；高丙中：《端午节的源流与意义》，《民间文化研究》2004 年第 3 期。

⑤ 郭于华：《死的困扰与生的执著——中国民间丧葬仪礼与传统生死观》，中国人民大学出版社 1992 年版；郭于华主编：《仪式与社会变迁》，社会科学文献出版社 2000 年版；安德明：《天人之际的非常对话——甘肃天水地区的农事禳灾研究》，中国社会科学出版社 2003 年版；Waston，eds.，*Death Ritual in Late Imperial and Modern China*，University of California Press，1988。

⑥ 刘晓春：《一个人的民间视野》，湖北人民出版社 2005 年版。

联系之中来研究，由此奠定了内涵充实的“民间文化”概念。①

人类学、社会学和民族学关于民间信仰的论著以扎实的田野作业和自觉的理论关怀见长。这主要是因为它们承接着西方学者关于中国的人类学研究的理论方法。

西方人类学者对于中国民间信仰的研究是从民间宗教（popular religion）的范畴进入的，学者们对于民间宗教的定义大致分为三类。第一种观点延续了中国传统文化中精英文化与民间文化分层的看法，认为“民间宗教”指的是下层民众的宗教。② 第二种观点认为，民间宗教代表大众所享有的实践与信仰，具有更高层次的社会整合的功能③；大众在此是一个普遍的概念，涵盖所有的社会阶层。第三种观点强调文化所包含的差异与抗争，将民间宗教放在社会冲突的框架中理解。④ 这些观点从不同的角度阐释了民间宗教的内涵以及民间宗教在社会文化体系中的地位。关于民间宗教（民间信仰）所包含的内容，杨庆堃的研究指出，中国宗教有两种存在模式：第一种是制度性宗教，第二种是弥散性宗教，亦即民间宗教。他认为在中国传统社会，弥散性宗教无处不在并反映了人们关于社会构成的基本观念。因此，关于民间宗教的研究实际上就是从作为整体的社会生活中去把握民间宗教的存在形态，借此来理解人们如何看

---

① 吴效群：《北京的香会组织与妙峰山碧霞元君信仰》，博士论文，北京师范大学，1998年；岳永逸：《庙会的生产：当代河北赵县梨区庙会的田野考察》，博士学位论文，北京师范大学，2004年；姜彬主编：《吴越民间信仰民俗》，上海文艺出版社1992年版；钟敬文：《话说民间文化》，人民日报出版社1990年版；高丙中：《民间文化和民间社会的兴起》，载《居住在文化空间里》，中山大学出版社1999年版，第28—35页。

② Chan, Wing Tist, *Religious Trends in Modern China*, New York: Columbia University Press, 1953.

③ Cohen, Alvin P, “Chinese Religion: Popular Religion”, *In The Encyclopedia of Religion*, eds., by Mircea Eliade, New York: Macmillan, 13 vols., 1987, pp. 289 – 296. Dean, Kenneth, *Taoist Ritual and Popular Cults of Southeast China*, Princeton: Princeton University Press, 1993.

④ Bell, Catherine, “Religion and Chinese Culture: Toward an Assessment of ‘Popular Religion’”, *History of Religion*, Vol. 29, No. 1, 1989, pp. 35 – 57. Gates, Hill, and Robert P. Weller, “Hegemony and Chinese Folk Ideologies: An Introduction”, *Modern China*, Vol. 13, No. 1, 1987, pp. 3 – 16. Sangren, P. S., “Great Tradition and Little Traditions Reconsidered: The Question of Cultural Integration in China”, *Journal of Chinese Studies*, Vol. 1, No. 1, 1984, pp. 1 – 24.

待人与人、人与自然和人与社会的关系。[①]

从以上路径出发，人类学对民间宗教的具体研究涉及社会生活的许多方面。1. 对中国家庭或宗族的宗教实践的研究，较为强调民间宗教的社会团结功能。[②] 这种研究被国内学界所认同，衍生出大量关于祖先崇拜、宗族祭祀的论著。[③] 2. Joseph Needham 对民间信仰中体现出来的宇宙观进行了分析，他认为中国社会关于组织构造的哲学可以从五行与阴阳观念中得到最好的解释。[④] 3. 还有不少学者对通过仪式（rites of passage）进行了研究，包括对出生仪式（Topley 1974）、婚礼（Freedman 1970）、葬礼（Watson 1988）和节日（Teiser 1988）、朝圣（Naquin and Yu 1992）的研究。[⑤]

西方人类学关于中国民间信仰最具代表性的研究是象征人类学的著述。1974 年出版的由 Arthur Wolf 主编的《中国社会的宗教与仪式》具有承前启后的学术地位。它上承德·葛鲁特[⑥]和杨庆堃[⑦]把中国宗教作为一个整体来看待的方法论，除了 Robert Smith 在“跋”中表达的不同意见，

① Yang, C. K.（杨庆堃）, *Religion in Chinese Society*, Berkeley and Los Angeles: University of California Press, 1961.

② Ahern, Emily M., *The Cult of the Dead in a Chinese Village*, Stanford: Stanford University Press, 1973. Baker, Hugh D. R., *Chinese Family and Kinship*, London: The Macmillan Press, Ltd, 1979. Hsu, Francis L. K., *Under the Ancestors' Shadow: Kinship, Personality, and Social Mobility in China*, New York: Columbia University Press, 1948. Yang, C. K.（杨庆堃）, *Religion in Chinese Society*, Berkeley and Los Angeles: University of California Press, 1961.

③ 常建华：《明清时期祠庙祭祖问题辨析》，《第二届明清史国际学术讨论会论文集》，天津人民出版社 1993 年版。

④ Needham, Joseph, ed., *History of Scientific Thought*, Science and Civilisation in China, Vol. 2, Cambridge: Cambridge University Press, 1956.

⑤ Topley, Marjorie, "Cosmic Antagonisms: A Mother-Child Syndrome", *Religion and Ritual in Chinese Society*, Stanford: Stanford University Press, 1974, pp. 233 – 250. Freedman, Maurice, eds., *Family and Kinship in Chinese Society*, Stanford: Stanford University Press, 1970. Watson, eds., *Death Ritual in Late Imperial and Modern China*, University of California Press, 1988. Teiser, Stephen F., *The Ghost Festival in Medieval China*, Princeton: Princeton University Press, 1988. Naquin, Susan, and Chun-Fang Yu, eds., *Pilgrims and Sacred Sites in China*, Berkeley: University of California Press, 1992.

⑥ Groot, Jan J. M. De., *The Religious System of China: Its Ancient Forms, Evolution, History and Present Aspect, Manners, Customs and Social Institutions Connected Therewith*, Leiden: E. J. Brill. 1892 – 1910.

⑦ Yang, C. K.（杨庆堃）, *Religion in Chinese Society*, Berkeley and Los Angeles: University of California Press, 1961.

作者们大都承认在中国宗教中有一个“民间宗教”（popular religion）存在，并可以通过对社会生活（中国香港、中国台湾地区）的实地调查（人类学的田野作业）而把握它，其理论特色就是象征人类学的。Wolf 本人就认为，民间信仰中的鬼、祖先、神分别是对外人、族人和官员的象征，于是将神灵世界与社会群体联系起来。其后，Steven Sangren（1987），Stephan Feuchtwang（1992）等人用民族志体裁进一步揭示具有“中国性”的民间宗教如何在“个别的”社区存在：或者是通过对认知结构的实践①（Sangren），或者是通过社区人士对王朝仪式的操演②（Feuchtwang）。它们仍然在象征人类学的框架内，但是已经引入了布迪厄连接文化与个人的实践理论。③ 从这个时期开始，对于民间信仰的研究比较注意利用主流的社会理论。1987 年，美国的《近代中国》杂志出版了由 Hill Gates 等人主持的以“Hegemony and Chinese Folk Ideologies”为题的专辑，把民间信仰又视为“民间意识形态”，从文化霸权、抵抗等新的文化研究的范畴来审视信仰和仪式中民间与官方的关系。

中国的人类学者关于民间信仰的民族志研究也大都能与当下国际社会理论接轨，如景军在对西北一个村落仪式的研究中对象征资本、集体记忆理论的发挥④，其他学者的个案研究对国家与社会关系的理论的采用⑤。

民族学者对于中国各个民族的宗教信仰都有比较系统的调查，积累了大量的资料。较早有俄国民族学家史禄国对通古斯诸族和满族的萨满教的介绍。中国民族学者在 20 世纪 20 年代开始在对南方民族的调查中注

---

① Sangren, P. S., *History and magical power in a Chinese community*, Stanford, Calif.: Stanford University Press, 1987.

② Feuchtwang, S., *The imperial metaphor: popular religion in China*, London: Routledge, 1992.

③ Bourdieu, Pierre, *Outline of a Theory of Practice*, tr. Richard Nice, Cambridge, 1977.

④ Jing, Jun, *The temple of memories: history, power, and morality in a Chinese village*, Stanford University Press, 1996. 景军：《知识、组织与象征资本：中国北方两座孔庙之实地考察》，《社会学研究》1998 年第 1 期。

⑤ 王铭铭：《社区的历程—— 溪村汉人家族的个案研究》，天津人民出版社 1997 年版；郭于华主编：《仪式与社会变迁》，社会科学文献出版社 2000 年版；高丙中：《民间的仪式与国家的在场》，《北京大学学报》2001 年第 1 期。

意到民族的宗教信仰生活，由《民俗》（先周刊后季刊）、《国立中山大学语言历史学研究所周刊》（如1928年的“西南民族研究专号”“瑶山调查专号”）发表了一系列关于少数民族的婚俗、起源神话、宗教信仰（如梁钊韬《粤北乳源瑶人的宗教信仰》）的文章。到抗战时期学者们大量迁入西南，他们调查少数民族的宗教信仰更加便利。20世纪50年代是对中国各民族的社会历史文化进行全面调查的高峰，众多关于民间信仰的调查报告列入文集（国家民委五套丛书）出版，成为后来的学者写研究文章的基本资料，中央民族学院出版社从20世纪80年代后期开始出版的各民族民俗志（都有关于民间信仰的专章）主要就取材于这些报告。20世纪80年代开始，各民族的宗教信仰有“民族文化”这个正面价值概念的保护伞，比汉族的民间信仰有更宽松的恢复空间，因而较早就重新成为民众的日常生活的组成部分。学者们又可以对现实进行调查研究。大致说来，他们的成果具有比较强的资料性，少数著述注重学理性的探讨①。就思想路径来看，民族民间信仰被纳入两种不同的话题：作为民族传统（非物质文化遗产）需要加以保护，作为生活方式的组成部分需要加以重构。②

史学界的许多前辈参与中国现代民俗学的开创性事业，涉足民间信仰的调查与研究，顾颉刚对于泉州土地神、天后的论述是其代表。在当代的有关研究中产生跨学科的重要影响的代表作首先是芝加哥大学历史学者杜赞奇1988年出版（1994年中文版）的《文化、权力与国家》，接着是耶鲁大学历史学者韩森1990年出版（1999年中文版）的《变迁之神：南宋时期的民间信仰》。杜赞奇以冷水沟为例，证明庙会（组织）和关帝信仰如何为乡村社会权力结构提供文化网络，并且分析了这个网络从帝国时期向民国的转变③。他能够在论述国家建设（state-making）的宏大叙事中纳入通常不会进入这类议题的一个乡村的民间信仰，是受到了Sangren和Feuchtwang关于中国台湾地区的民间信仰的个案研究的启发

---

① 色音：《萨满教与南方民族民间宗教比较研究》，《云南社会科学》2000年第3期。

② 谭明华：《民族与发展》，中央民族学院出版社1993年版；高丙中：《现代化与民族生活方式的变迁》，天津人民出版社1997年版。

③ ［美］杜赞奇（Duara，Prasenjit）：《文化、权力与国家：1900—1942年的华北农村》，王福明译，江苏人民出版社1996年版。

(1994：114)。他的创新还应该部分归于对福柯的权力理论和葛兰西的文化理论的吸收。韩森通过南宋民间宗教审视国家政治与社会的关系的变化，并特别着墨论述区域性神祇的兴起及其社会经济原因[①]。他们的文本和早前 James Watson 关于天后信仰在历史上的演变的文章（1985）、台湾中研院的许嘉明（1975）、施振民（1975）、林美容（1987）关于祭祀圈和地域社会的个案研究一起成为国内的社会史和历史人类学的专家研究地方神崇拜的范例[②]，如陈春声等对于樟林三山国王的研究（1994）、郑振满和陈春声主编的《民间信仰与社会空间》（2003）之中的一些个案研究[③]。这类个案研究虽然散布到全国各地（有地方神灵崇拜传统的地方几乎都有了考据其历史流变和地域传播的文章），但是在“客家人”和“闽台”这两个范畴下聚积了其中最大量、最专业的论著，前者如劳格文主编的“客家传统社会丛书”中对各地客家人庙会和宗族的多册著述，后者以郑振满、陈春声、石奕龙[④]、王振中[⑤]、林美容等人的论著为代表。他们经过努力，利用本来有限的地方史料、文书，梳理出一个地方神信仰发生、演变（因为灵验、从皇朝获得了正统性）的轨迹，从而发现这个地方的核心组织和组织机制，或者赋予这个地方一个一以贯之的叙述线索，或者得出一个历史时期的民间信仰的特点。这类研究都在有意无意地回答一个问题：特定的神的信仰如何使一个地方在时间、空间上成为“这一个”地方。不过，除了少数人，国内社会史学者的这些研究相比之下不如人类学的相关研究更具有对社会理论（social theory）的自觉

---

① ［美］韩森：《变迁之神：南宋时期的民间信仰》，包伟民译，浙江人民出版社 1999 年版。

② Watson, James, “Standardizing the Gods: The Promotion of T' ien Hou Along the South China Coast, 960 - 1960”, in *Popular Culture in Late Imperial China*, eds. by David Johnson, Berkeley: University of California Press. 1985. 许嘉明：《彰化平原福佬客的地域组织》，《“中央研究院”民族学研究所集刊》1975 年第 36 期，第 165—190 页；施振民：《祭祀圈与社会组织》，《“中央研究院”民族学研究所集刊》1975 年第 36 期，第 191—208 页；林美容：《由祭祀圈来看草屯镇的地方组织》，《“中央研究院”民族学研究所集刊》1987 年秋季，第 53—111 页。

③ 陈春声、陈文惠：《社神崇拜与社区地域关系——樟林三山国王的研究》，载《中国历史社会发展探奥》，辽宁人民出版社 1994 年版；郑振满、陈春声主编：《民间信仰与社会空间》，福建人民出版社 2003 年版。

④ 石奕龙：《从孤魂野鬼到神灵的转化》，《民俗研究》2000 年第 4 期。

⑤ 王振中：《历史自然灾害与民间信仰》，《复旦学报》1996 年第 2 期。

关怀。这些少数人中，较早的有赵世瑜关于中国庙会的分析对巴赫金的民间节日狂欢理论的借助[①]，而最近陈进国出版的围绕风水在一个地方的实践的巨著，结合人类学的理论和方法，把乡土信仰与社会的历史研究在学术上的可能性发挥到了极致。[②]

另一个重要的方向是从宗教学和宗教发展史的方面开展对民间信仰与制度宗教的关系、民间宗教教派的教义和组织流变的探讨。最有代表性的有马西沙、韩秉方对民间宗教各教派的源流、教义、组织详加论述的鸿篇巨制（1992），李世瑜（1990）、濮文起（1991）、欧大年（1993）、路遥（2000）对民间秘密宗教（教门）长期的资料收集与研究。[③] 他们的论著为学界勾勒了被历史湮没的民间（秘密）宗教的面貌，通过对教派文献的分析更好把握从弥散在民俗之中的信仰不容易概括的民间思想，并且能够展现一个组织起来的民间社会。对于中国本土的宗教观念的发生和断代史的研究（詹鄞鑫1992，张荣明2001；韩森1990，贾二强2002）也是值得注意的基本文献。[④]

还有必要一提的是，新文化运动以来对于民间信仰的政治和意识形态的批判从来没有停止过。根据当时的政治需要，每年都有一些现实针对性很强的文章，通过把民间信仰的某种表现界定为迷信而加以批判，为政府执法部门拆庙、制裁信仰活动的组织者提供学术的依据。这种批判在不同的时期发挥的作用不同，有的适当，有的过头。我们比较一下其他地方对待“迷信”概念的使用情况，会得到一点启发。日本在20世纪60年代、中国台湾地区在20世纪70年代经济社会发展起来，民

---

① 赵世瑜：《中国传统庙会的狂欢精神》，《中国社会科学》1996年第1期。

② 陈进国：《信仰、仪式与乡土社会：风水的历史人类学探索》，中国社会科学出版社2005年版。

③ 马西沙、韩秉方：《中国民间宗教史》，上海人民出版社1992年版；李世瑜：《现代华北秘密宗教》，上海文艺出版社1990年版；濮文起：《中国民间秘密宗教》，浙江人民出版社1991年版；欧大年：《中国民间宗教教派研究》，刘心勇等译，上海古籍出版社1993年版；路遥：《山东民间秘密教门》，当代中国出版社2000年版。

④ 詹鄞鑫：《神灵与祭祀：中国传统宗教综论》，江苏古籍出版社1992年版；张荣明：《中国的国教：从上古到东汉》，中国社会科学出版社2001年版；［美］韩森：《变迁之神：南宋时期的民间信仰》，包伟民译，浙江人民出版社1999年版；贾二强：《唐宋民间信仰》，福建人民出版社2002年版。

众得到知识界的更大尊重，“迷信”概念在学界的使用明显减少，学者们转而把民间信仰作为发展经济、推动社会进步的积极因素的思路来研究（李亦园 1985，1992）。我们今天也面临类似的情况，日本、中国台湾地区的学术观念呼应时代变化的历程值得我们今天深思。在中国大陆做人类学研究的海外学者比较早地从积极的角度表述中国的民间信仰、民间文化（Siu 1989）。我们也已经有学者用心良苦地主张拿“俗信”来限制“迷信”的过度使用①，我们也开始尝试从一个民间寺庙同时具有博物馆身份的例子看民众与学者、地方政府的合作，观察民间信仰作为社会的公共文化资源的可能性和条件。② 这种思路在今天仍然需要进一步拓展。

学科路径也许有差别，但是关于民间信仰的学术表述已经形成一些共同的基础。在理论方面，“民间信仰”已经是一个学术范畴，已经是一个多学科有共识的研究对象。从定义来说，民间信仰是与制度性的宗教相对的信仰，是与成文教义相对的生活中的信仰，是与精英意识形态相对的普通人的信仰。但是，关于民间信仰的经验研究（历史的、现实的）很多，分门别类的事实描述很细，理论概括明显不够。并且理论的运用也颇显陈旧，与当前的社会理论不能及时地衔接。还有一个关键的缺陷，对民间信仰的研究却缺乏把“民”作为社会主体来看待的思想方法和立场。

非物质文化遗产的概念带来了我们不再把普通民众当作思想观念有重大缺陷的认识对象的机会。“非物质文化遗产”的范围就是英文的 Folklore 所包含的内容，也就是我们所熟知的“民俗”或“民间文化”的内容，民间信仰是其中的核心内容。与“民俗”或者“民间文化”相比，“非物质文化遗产”所指的对象并没有多少新意，但是，它所伴随的话语却是全新的。民间文化所伴随的话语对于其对象和其固有的实践者来说一直都是不利的。民间文化在现代文明主宰下的社会里是边缘的、弱势的。“民间”之“民”的典型意义是指充分现代化之外的人，其中农民最具有代表性。民间文化，尤其是其中的民间信仰，被表述为与大城市、

① 陶思炎：《迷信、俗信与移风易俗》，《民俗研究》1999 年第 3 期。

② 高丙中：《一座博物馆—庙宇建筑的民族志》，《社会学研究》2006 年第 1 期。

现代化文明、国家等范畴是格格不入的。非物质文化遗产所裹挟其中的话语在性质上有很大的不同。它抽象掉了“民”“民间”这种归属性的成分，从而假定：不管其内容在历史上或者现实中是依托于谁的，它们在被认定为文化遗产的时候就被注定是属于全体的。“非物质文化遗产”本身就标明特定对象具有无可置疑的、不可替代的价值①。

二 新的观念与新的定位

我们今天在非物质文化遗产的话语里进一步研究民间信仰，就应该以广义的社会理论（social theory）为依据梳理中国民间信仰的历史演变，调查民间信仰的当前状态，反思关于“民间信仰”的表述与现代学术和政治的关系，探讨把它转变为建构民族国家内部正面的社会关系的文化资源的可能性和方式。研究民间信仰，在经验的层次，是调查、描述、理解民众在日常生活中的仪式活动及其相关的组织和观念；在理论的层次，是要换一个角度认识中国近现代以来的社会史、思想史、政治史和学术史；在实践的层次，是要厘清民间信仰与国家的文化认同和公民社会建设的密切关系。

“民间信仰”是我们理解中国民众的一个必要的范畴，因而是中国的整个现代学术的关键词之一。民间信仰在最一般的意义上是指制度性宗教之外的信仰，集中体现在普通民众的身体力行之中。作为社会大多数的民众从近代以来越来越成为强大而又难以把握的社会力量，因而受到政界和知识界越来越多的重视，国家关于民众的知识需求也急剧增加，一些社会科学学科才趁势发展起来。按照福柯的知识考古学，研究民众以便国家控制这股不雅驯的力量，是社会科学的若干门类在近现代发生、发展的凭借和使命。而研究民众的信仰自然又是其要务和难题。中国也恰是在传统社会向现代社会急剧转变的时期从西方引入现代意义上的社会科学的，民众（流民、劳工、平民、国民）既承载着这个时代的问题，也是这个时代的动力。关注他们，表述他们，改造他们的“落后”思想，

① 高丙中：《迈向学科概念的“非物质文化遗产”》，《交流与协作》，西苑出版社 2003 年版。

激发他们的“革命”潜力，都要认真做好“民间信仰”这篇文章。尽管民间信仰在社会主义革命运动中逐渐沉寂下来，不能公开张扬，但是近三十年来，民间信仰复兴，再次成为民众日常生活的一个重要部分和他们精神世界的基本方面。民间信仰今天仍然是认识我们共和国的基本群众和民族精神的基本层面的必修的课业。

民间信仰是我们认识中国的社会团结（social solidality）的发生机制的一个核心范畴。中国社会存在着多种制度性的宗教，但是中国社会并没有按照宗教的分类集结成各自分立的群体。中国传统社会没有中东和欧洲那样的“异教徒”观念，许多人没有明确的宗教归属，有宗教认同的人也能够在日常活动和社会礼仪中包容他人，他们出了寺庙仍然能够与其他人打成一片。这些现象的背后都有民间信仰的作用。各种民间信仰是使人与人、群体与群体之间的紧密联系成为可能的一种重要因素。民间信仰弥散在民俗之中，是日常生活的一部分，是全体成员在文化上的最大公约数。从结构上看，中国的社区、地方、国家得以形成、维系的机制也可以从民间信仰的客观存在来分析。民间信仰发生在一个具体的小地方，各地有明显的差异，但是在比较抽象的文化层次上，却保持着某种价值和结构上的一致性。杜赞奇在谈关公信仰在多地点传播的事实时已经很明确地论述过这种看法。①

民间信仰是我们探究中国历史的连续性和民族国家认同的一个有效的范畴。中国历史上不断发生王朝更迭、人口迁徙，但是中国历史始终能够保持多方面的历史连续性，其中既有书面经典的作用，也有民间信仰代代沿袭的作用。就像民众作为政治的基础，民间的神圣符号和观念一直都作为活着的传承贯穿在这个庞大国家的悠久历史进程之中。要更好地理解我们的历史，就必须认真研究国家历来的民间信仰。民间信仰不仅是一个古代史的范畴，还是一个当代史的范畴，是有时间纵深的现实存在。在当前中国的国家认同进行重新调整的局面中，民间信仰中具有广泛群众基础的文化符号成为连接现实与古代乃至上古的中介。在“文化大革命”之后的中国各地的乡村，民间信仰的象征和实物载体被赋

---

① ［美］杜赞奇（Duara, Prasenjit）：《文化、权力与国家：1900—1942 年的华北农村》，王福明译，江苏人民出版社 1996 年版。

予或重新赋予了历史感和某种中国特性（“中华性”），又一次在现代背景下的巨大社会变革中代表了中国普通人的生活文化的历史连续性，并重新成为中国的国家认同的文化标志。

关于民间信仰的知识和话语对中国今天建立公民社会和公民身份具有重要的意义。我们今天的知识生产要有“公民身份”的自觉意识，尤其要引进公民身份的文化维度，即把尊重他人的价值观、尊重其他群体的文化特性作为共同体成员之间的一种文化修养和道德规范。公民之间在知识上的差别和思想信仰、人生观上的不同应区别对待，对前者要通过学校教育来缩小，对后者要理解，并且创造有益的观念促进人与人之间对于不同价值观的宽容和尊重。在这个意义上，民间信仰是公民可以选择的一种文化资源。怎样对待他人的宗教信仰（当然应该包括民间信仰），是公民社会的发育水平的一个重要指标。

要建立文化的公民身份意识，“民间信仰”又是一个急需进行学术反思的范畴。在近一个世纪以前，中国知识界为了国家的“救亡图存”而借助西学的学术权威把民众改造为“新民”，主要以民间信仰为例把中国的民众在文化和价值上界定为愚昧落后的。其中的技巧是把民间信仰说成迷信。这些知识在当时有利于迫使民众改变文化结构，接受新文化，在总体上推动中国从传统向现代的转型。但是它也造成了贬低民众的一些标签，如“迷信”“愚民”。这些标签为国家和知识界在文化事务上任意处置民众，在政治上不信任民众提供了正当性。在这些标签的重压下，民众不容易在必要时理直气壮地表达自己，主张自己即使是正当的权利，行使自己本来拥有的权利。我们十分有必要反思关于“民间信仰”的学术所承载的正反面意义，反省通过贬低、压制而维护文化和政治秩序的知识生产机制，创造公民之间通过交流、沟通而达致相互理解、相互适应的公民社会机制。

三　观点和诉求

中国要使自己的非物质文化遗产能够作为整体立得住，就必须先学会从正面看待所谓的民间信仰。这就需要我们对一些基本的观念加以清楚的陈述。中国的“民间信仰”是中国人的核心价值（元价值）在生活实践中的仪式及其表现，从文明早期的天道观、阴阳观、神灵观和巫的观念往后代代相传，经过吸收儒、道、释和其他哲学、宗教的符号和观念，在唐宋时期演化为非常繁盛的内容，历明清而登峰造极。民间信仰经过近现代的科学、教育和政治的洗礼、冲击，在当前又复兴出其基本的或者证明有生命力的内容。从国家仪式，到平民百姓在人生仪式、全国和地方性的节庆、面临重大事件或灾异事件的反应，都见证着我们习惯称为“民间信仰”的表现。实事求是地面对中国人的生活日程，我们看到，“民间信仰”是大众的（popular）的信念和仪式，具有广泛的群众基础；它并不像一些研究所认为的那样专属于没有现代文化的乡民（folk）。我们到边缘地方的农民之中观察民间信仰，并不说明它是农民所专属，而是出于一种调查研究上的便利和效率的考虑而已，因为农民更可能以比较直接的方式表现民间信仰。

我们从民间信仰认识中国社会，不是从明确陈述教义的宗教学的角度，而是从作为中国人的生活世界的常识、作为我们的社会心理和社会意识的基础或基本内容的大众信仰的角度。因此，我们关于民间信仰的关怀和讨论必然是在一个很广泛的层面，也就是我们的民族和文化的共同的（common）、基本的（basic）层面上展开。又因为其关键部分源于我们文明的早期，民间信仰或者以之为支撑的文化符号被认为是我们固有的、具有本真性（authenticity）的，因而是中国作为一个政治共同体在文化上的一种认同基础。

在传统时代，民间信仰基本上是适应当时的人民、社会和国家以积极、正面的方式建立相互关系和整体关系的（当然也不乏阵痛性的短期冲突）。在近现代，我们的民族遭受了外部冲击所造成的民族灾难，我们在民族自我意识的低潮时期曾经对我们的文化极度失望，悲愤欲绝地予以糟践。如今，全体中国人民经过不折不挠地奋斗，我们的民族，包括我们的文化的若干基本方面都幸存下来了，我们的国家也逐渐兴旺起来了，现在是我们思考如何善待我们的基本文化的问题的时机了。在这个大背景下，我们学界应该诉求一个目标，也就是让民间信仰在公共知识中“名副其实”，在人民当下的现实生活中“归其本位”。

我们所谓的“名副其实”是要让民间信仰不再被随意地贴上迷信标签。近代以来，民间信仰被学者用“迷信”污名化，成为精英阶层、政治权力通过建立贬低民众的话语而驯化民众、领导民众的功利性知识。自然发展状态下的信仰是以神圣之心、敬畏之心为基础的仪式体系，善意和正面的社会功能是其常态；迷信是变异到有害状态的民间信仰，是信仰中一个极端的状态。我们今天已经过了需要这项污名化技术所生产的知识的时代了。我们要通过充分的反思、充分的经验研究来提供一种公共知识，在社会中形成通识：迷信是迷信，民间信仰是民间信仰；迷信和民间信仰之间是一种可能的联系，不是一种必然的联系；知识界和政府可以有所作为的是努力减少民间信仰转化为迷信的可能性，而非以一个“迷信”标签贬损一切民间信仰。

我们所谓的“归其本位”是要让民间信仰不被恶意利用。我们毕竟生活在一个具有丰富的科学技术可资利用的时代。信仰是民众生活的组成部分，科学技术也是民众生活的组成部分。为了大多数人有更大的机会过一种幸福的当下生活，应该有民间信仰一席之地的方面，就应该将其归于民间信仰；应该归于科学技术的方面，学界和政府有道义为民众提供应有的科学技术的硬件和软件。民间信仰不能越俎代庖，否则就真成迷信了，甚至成为黑道、邪教的帮凶了。这是我们要认真对待的。我们希望，今天在非物质文化遗产概念感召下的相关研究有助于在我们的共同体之中让（民间）信仰和科学技术各就各位，让民间信仰更好地成为积极的公共意识的组成部分。

民间信仰与文化遗产*

周　星**

摘　要：民间信仰是宗教学、文化人类学和民俗学共同关心的重要学术课题，本文在详细归纳了民间信仰之基本特点的基础上，指出由于无神论意识形态等诸多因素的影响，民间信仰在当代中国一直面临着"合法性"问题的困扰。民间信仰获得合法性的路径，除了"民俗化""宗教化"之外，近年来又在非物质文化遗产保护运动中出现了"文化遗产化"的新动向。通过对一些经典性研究个案的分析，本文探讨了民间信仰"文化遗产化"的相关理论及其在实践中所存在的问题。

关键词：民间信仰；文化遗产；文化遗产化；合法性

"民间信仰"是宗教学、文化人类学和民俗学均热衷于探讨的重要学术课题。长期以来，对民间信仰的调查与研究积累了大量的学术成果，但由于它们被分割在上述不同的学问领域，因此，梳理民间信仰研究的学术史并非易事。有关民间信仰的研究，通常集中在概念界说及范畴的划定、民间信仰的分类及其在所属社会文化体系中的地位和影响、民间信仰与其他宗教尤其是与所谓"世界宗教"（或制度化宗教）的关系、民

---

* 原文刊于《文化遗产》2013 年第 2 期。本文为教育部人文社会科学重点研究基地重大项目"非物质文化遗产与民间信仰"（批准号：12JJD780007，主持人：王霄冰）的成果之一，提交中山大学中国非物质文化遗产研究中心于 2012 年 12 月 14—16 日在广州举办的"中国非物质文化遗产法制建设学术研讨会"时，曾得到刘魁立、毛小雨、高小康、王霄冰、刘晓春、宋俊华诸教授的指教和点评。

** 周星，日本神奈川大学国际日本学部教授。

间信仰在现代化进程中的命运、涉及民间信仰的宗教政策和文化政策等[①]。最近几年，中国学术界以民俗学为主，更是把讨论进一步延伸到了“民间信仰的文化遗产化”这一新的方向。笔者不揣浅陋，拟在前学讨论的基础上，就民间信仰的遗产化问题再做一些探讨。

一 什么是“民间信仰”？

民间信仰又称“民俗宗教”，它和“民间宗教”“民族宗教”“大众宗教”等用语既有关联，又有所不同，非常容易混淆[②]。众所周知，“宗教”的定义几乎和“文化”定义一样特别令人困扰[③]，这是因为宗教信仰现象既是世界各民族皆有的文化共项，但它们又有着无限复杂的多样性，很难予以简单归纳。早期的文化人类学曾将民间信仰视为“原始宗教”或其“残留”，至少在欧美学术界，以往经常是在宗教学之外将它和“宗教”相区分予以讨论的。“民间信仰”这一用语，可能是由日人姊崎正治于1897年在《哲学杂志》发表的“中奥的民间信仰”一文中最先使用的。为避免陷入意义不大的概念之争，此处对本文所谓民间信仰的特征特做出如下描述性归纳：

1. 民间信仰通常不受国家“管理”，也不被国家“承认”。因此，民间信仰往往面临其存在之“合法性”或“正当性”的困扰。在中国，民间信仰一般是指普通民众在其日常生活中秉持或信守的各种神灵观念、信仰仪式及相关习俗，故不同于被国家认定为具有合法性，亦即具有法

---

① 关于中国近期的民间信仰研究，可参见陈进国《民俗学抑或人类学？——中国大陆民间信仰研究的学术取向》，金泽、陈进国主编《宗教人类学》（第一辑），民族出版社2009年版，第367—393页；张珣：《台湾地区民间信仰研究的现况与展望》，金泽、陈进国主编《宗教人类学》（第二辑），社会科学文献出版社2010年版，第287—312页。

② 笔者倾向于用“民俗宗教”一词取代“民间信仰”，但为尊重本课题负责人的立场，本文仍使用“民间信仰”这一用语。参见周星《祖先崇拜与民俗宗教》，金泽、陈进国主编《宗教人类学》（第一辑），民族出版社2009年版，第246—254页。“民间信仰”的概念史若涉及其西文译语如Popular Religions，Folk Religion等，则会发生更多的模糊、暧昧、混淆和误读之处。参见［德］柯若朴（Philip Clart）《中国宗教研究中“民间宗教”的概念：回顾与展望》，谢惠英译，《辅仁大学第四届汉学国际研讨会“中国宗教研究：现况与展望”论文集》，辅仁大学出版社2007年版，第161—237页。

③ 桜井徳太郎：『民間信仰』，塙書房1966年版，第10頁。

定之信仰自由的那些制度化（或建制化）宗教。换言之，民间信仰指那些不能为当代中国现有既定的制度化宗教之“刚性化”或“模块化”[①]宗教分类所穷尽的所有信仰事象，也包括汲取某些制度化宗教的“碎片”形成的混合宗教形态。长期以来，民间信仰不被认为可等同或比肩于宗教，在“宗教与迷信”的二分法中成为被宗教贬斥的对象。但中国民间信仰和本土的制度化宗教——道教之间的界限非常暧昧，在很多场景下难以清晰划分，往往处于互动的关系之中。[②] 在特定情形下，可将民间信仰或民俗宗教理解为正统或制度化宗教在民间的变体或杂糅形态，反之，也可将道教这样的正统或制度化宗教理解为民间信仰或民俗宗教的体系化与制度化形态。[③]

2. 民间信仰通常没有被组织体系化，或其组织化的程度不高。民间信仰没有或基本上没有明确、清晰的教理、教义、教则以及经典体系，也没有或基本上没有特定的创始者、教祖或先知，没有或基本上没有教会或教团组织以及教派。在多数情形下，民间信仰也没有或缺乏专职、脱产的神职人员，通常也不组织进行以传播教义为明确目的的传教活动。但在某些民间信仰或民俗宗教中，往往也有一些被称为“仪式专家”的人，甚至还会有一些游离于制度化宗教之外、不受其组织制度约束的宗教人士（包括部分以此为职业者）[④]，诸如萨满、神婆、神汉、风水先生、烧香师傅[⑤]、香头、童子、道士、乩童、法师、斋公、斋妈，等等。除在某些场合下，民间信仰可能也会具有举行仪式或崇信活动的“文化空间”（如庙会和庙市），总体来说，它缺乏高度神圣性的宗教圣地。民间信仰

---

① 陈进国：《传统复兴与信仰自觉——中国民间信仰的新世纪观察》，金泽、邱永辉主编：《中国宗教报告（2010）》，社会科学文献出版社 2010 年版。

② 刘晓明：《岭南民间信仰与道教的互动——以岭南巫啸、符法为中心》，《民俗学刊》（第一辑），澳门出版社 2001 年版。

③ 梁景之：《清代民间宗教与乡土社会》，社会科学文献出版社 2004 年版，第 327 页。

④ 梁景之：《清代民间宗教与乡土社会》，社会科学文献出版社 2004 年版，第 327—346 页。

⑤ 刘正爱：《祭祀与民间信仰的传承——辽宁宽甸“烧香”》，金泽、陈进国主编《宗教人类学》（第一辑），民族出版社 2009 年版，第 170—195 页。

的这种非或弱组织化特点，曾被杨庆堃描述为“弥散性”宗教。[①] 就此而论，其与“民间教派”（教门）有所不同。

3. 民间信仰通常是以基层的地域社会或信众所属的社区、族群为依托的，它往往是在地域共同体的基础之上和范围之内，经由历史性传承而来的信仰现象。例如，各地以宗族祠堂为核心的祖先祭祀，就属于典型的地域性民间信仰，而且是典型的所谓“无信仰者的信仰”[②]。民间信仰是地域性社群的普通民众普遍共享的信仰，一般不需要经由个人申请的加入或皈依程序，这一特点和人为创立并致力于超地域传教活动的各类“秘密宗教”（会道门）、“新兴宗教”有较大的不同。滋生出和支撑着民间信仰的主体是地域社会里人们的共同体，这与那些将信仰视为个人救赎的途径，以个体信徒为关注重点的各种人为宗教有很大不同。和世界宗教的超时空特征相比较，民间信仰通常具有明显的地域性特征。[③] 像河北安国的药王信仰和广东悦城的龙母信仰，大都属于此类属性。[④] 在中国，尽管某些民间信仰的神灵也可能会超越地域社会而成为更大范围的信仰，如各地对妈祖和碧霞元君的信仰等，但它们通常都或多或少地曾经获得了朝廷或国家的特别支持。[⑤] 总之，民间信仰更多的是构成地域社会民众之宗教生活体系的基础部分，它经常表现为巫术的、精灵崇拜、自然崇拜以及祖先崇拜等形式，同时也涉及名目繁多的神祇信仰与鬼灵信仰。

4. 民间信仰经常是作为普通民众平凡的日常生活的一部分而展开的信仰活动或现象，其与各种生活习俗密切相关，或纠缠一起，或弥散其

① 杨庆堃：《中国社会中的宗教——宗教的现代社会功能与其历史因素之研究》，范丽珠等译，上海人民出版社 2007 年版，第 12 章。

② 李亦园：《个人宗教性变迁的检讨——中国人宗教信仰研究若干假说的提出》，李亦园：《宗教与神话论集》，立绪文化事业有限公司 1998 年版，第 125—167 页。

③ 桜井徳太郎：『民間信仰』，塙書房 1966 年版，第 124—125 頁。

④ 徐天基：《地方神祇的发明：药王邳彤与安国药市》，《民俗研究》2011 年第 3 期；蒋明智：《悦城龙母信仰略说》，《民俗学刊》（第一辑），澳门出版社 2001 年版。

⑤ ［美］詹姆斯·沃森：《神的标准化：在中国南方沿海地区对崇拜天后的鼓励（960—1960）》，［美］韦思谛主编《中国大众宗教》，陈仲丹译，凤凰出版传媒集团、江苏人民出版社 2006 年版，第 57—92 页；［美］彭慕兰：《泰山女神信仰中的权力、性别与多元文化》，［美］韦思谛主编《中国大众宗教》，陈仲丹译，凤凰出版传媒集团、江苏人民出版社 2006 年版，第 115—142 页。

中，经常被包括在弥散性的民俗活动之内[1]。因此，民间信仰有很强的生活气息，为几乎所有中国人程度不等地信奉着[2]。在汉语文献中，“民间信仰”这一用语往往正是对涉及人们的衣食住行、生产生业（例如，伴随着稻作生产周期的农耕礼仪[3]）、生老病死、年节岁时等民俗生活之信仰性的习惯、惯例、仪式、巫术或俗信的总称。民间信仰包括由既定社群中人们的人生观、生死观、灵魂观、命运观、幸福观等观念所催生或促成的崇拜与信仰，以及以此为动机、为目的进行的仪式、祭典、葬仪、祈祷、祝福、供奉、数术、占卜等行为。

在和民间信仰相纠葛的诸多概念中，“俗信”一词通常是指在既定社群中广泛流布、由历史传承而来的对于自然、社会等事物的态度、理解、判断或其依据、方法与内容等，这一概念没有贬义；而“迷信”一词，通常是指那些存在着明显谬误、错觉和空想，并被认为是荒诞的俗信，通常这一概念具有贬义。民俗学几乎是唯一认真对待和试图去理解“俗信”的学科[4]，很多在其他领域看来是“迷信”的事象，在民俗学看来不过是“俗信”而已。对于“迷信”的定义，因为经常受到民族国家意识形态、无神论意识形态或某些制度化宗教意识形态的左右，故对其的使用应特别谨慎。有些学者将民间信仰视为民众的知识形态之一，认为在很多涉及生活信念和行为规范的俗信中，内含着丰富的“民俗知识”。这些知识既有以经验积累形成的智慧，又有各种误会、误解和想象的成分，更有民众对生活的期许和希冀，例如，涉及谐音的彩头俗信和吉祥民俗等。研究民间信仰中的俗信，并不是要从科学立场出发去判断真伪或正误，而是要说明不同社群或时代的人们何以会有这些知识，何以会有如此思考或判断的逻辑，并由此了解民众的心性和文化的奥秘。

5. 民间信仰在民众中自发产生，是在长期的历史尤其是地域社会、

① 高丙中：《作为非物质文化遗产研究课题的民间信仰》，《江西社会科学》2007 年第 3 期。

② ［美］韦思谛主编：《中国大众宗教》，陈仲丹译，凤凰出版传媒集团、江苏人民出版社 2006 年版，“序言”。

③ 王建章：《湖南稻作中的祭祀与巫术活动》，任兆胜、李云峰主编《稻作与祭仪——第二届中日民俗文化国际学术研讨会论文集》，云南人民出版社 2003 年版，第 365—370 页。

④ 板橋作美：『俗信の論理』，東京堂 1998 年版，第 6—7 頁。

社群的发展过程中逐渐形成的，故有学者称其具有“原生性”①。但与此同时，民间信仰在传承过程中，也总是处于时而缓慢、时而剧烈、永不停歇的变迁之中。换言之，民间信仰的生产和再生产都不外乎是一种“文化建构”，它不是一蹴而就，也不能被“固定化”地去理解，其复杂性与其建构性有密切的关系②。尤其在近现代民族国家的成立及国民文化的建设中，民间信仰面临着非常复杂的境遇。有时候它被认为是现代科学的对立面，尤其是那些被指称为迷信的部分，有时候被批判为现代化的阻力；另外，尤其在建构所谓“国教”或民族宗教时，又会把民间信仰作为重要的资源，甚或将民间信仰视为所谓“民族精神”的源泉或文化纯粹性的体现。

二 获得“合法性”的路径

在中国，民间信仰有着非常漫长和复杂的历史，历史上曾经有过很多次由朝廷或地方官僚发起的旨在打击民间信仰的举措。一方面是普罗百姓的笃信和遍地开花甚或泛滥的“淫祀”，另一方面是由标榜“敬鬼神而远之”的儒教精英占据意识形态主导地位，其对民间信仰往往不很宽容，故通过“辨风正俗”“移风易俗”等方式，整顿、抑制乃至摧毁民间“淫祀”的动作屡见不鲜。当然，历史上也不乏将民间信仰纳入朝廷“正祀”的努力，通过对民间诸神的“加封”增强对民间信仰的柔性管控，或试图通过朝廷认可的“正祀”教化民间信仰。但当民间信仰有可能发展成为更加具有组织动员力的人为宗教时，它就有可能被定义为“邪教”，引起朝廷的戒备和压迫。

在全球规模的现代化进程中，同时也是在世界宗教的日渐普及中，各国的民间信仰程度不等地遭到了轻视、贬损和打压，从而普遍地遭遇到合法性危机。尤其在中国这样的后发型近代化国家，民间信仰更是容易被科学主义话语表述为“落后”“封建”“迷信”，认为其阻碍民族国

① 萧放：《当民间信仰成为一种文化遗产》，《中国文化报》2010年12月21日。

② 金泽：《民间信仰·文化再生产·社会化控制方略》，金泽、陈进国主编《宗教人类学》（第一辑），民族出版社2009年版，第347—357页。

家的现代化进程。早在“清末新政”时，朝廷就有在维系“祀典”正信的同时，把没有纳入祀典的民间祠庙或予以清除，或改为学堂的举措。将民间信仰和学校教育相对立的逻辑从此一直延续下来，直至21世纪初，仍有记者质疑为何乡民热衷于建庙而不关心学校危房。近代以来，民间信仰逐渐沦为许多新生力量的对立面。在以“科学”“理性”“进步”为信仰的人们看来，民间信仰充斥着反科学的、不可理喻的观念和荒诞可笑的行为；在那些逐渐获得“国教”（如日本的国家神道），或以某种形式获得合法性的诸多制度化或标准性宗教看来，民间信仰是不入流的、低俗的和妨碍人们的精神信仰的，过激的宗教人士还会斥民间信仰为“邪教”，必欲除之而后快。与此同时，由民族国家的学校教育系统所传达的教养和知识体系，也逐渐使民间信仰或其所属的传统知识体系日趋边缘化。在中国，从1919年五四运动以来，知识界形成了文化革命的基本认知①，以陈独秀的“偶像破坏论”为代表，各地精英大都鼓动和参与了激进的反宗教、反偶像崇拜的运动，甚至把整个传统文化都目为社会进步的阻力，其中民间信仰更是成为文化和社会革命的对象。

民国政府曾大力推进移风易俗（例如，20世纪10—30年代的废除旧历运动、风俗改革运动②、新生活运动等），并相继制定了限制神祠泛滥，废除或取缔卜筮、巫觋、堪舆（风水）、巫医等诸多法规，对民间信仰及部分道教信仰强力管制甚或取缔，进而促成了反对民间信仰的知识精英传统。③ 当时的《神祠存废标准》（1928），要求在“科学昌明时代”对宗教和迷信做出区分，那些制度化宗教和涉及孔子等先哲的信仰得以保留，而自然崇拜（土地、龙王等）和仙道杂神（狐仙、瘟神、二郎、财神等）之类“淫祠”则一概废除。这实际是沿袭了古代的“正典”“淫祀”和“邪教”的分类。1949年以后的新中国更是日趋激进，在秉持无

---

① 周星：《非物质文化遗产与中国的文化政策》，周晓红、谢曙光主编《中国研究》2009年秋季卷，总第10期，社会科学文献出版社2011年版。

② 潘淑华：《“建构”政权，“解构”迷信？——1929年至1930年广州市风俗改革委员会的个案研究》，郑振满、陈春声主编《民间信仰与社会空间》，福建人民出版社2003年版，第108—122页。

③ ［美］杜赞奇：《从民族国家拯救历史》，王宪明等译，江苏人民出版社2009年版，第109页。

神论意识形态的执政党指导下，以“文化大革命”期间激烈的“破四旧、立四新”为顶点，民间信仰不仅被视为“迷信”“落后”，甚至是“反动”的意识形态，遭受的打击尤为剧烈。民间信仰几乎被摧残殆尽，使其逐渐走向了衰落，虽然也有一部分，诸如祖先祭祀等仪式在家庭内部以秘密举行的方式得以延续。改革开放之后，各地那些曾经处于非法或地下状态的民间信仰活动出现了不同程度的复兴，虽然往往只是片断的复兴，但亦表明民众的信仰需求仍在。接踵而来的市场经济大潮带来了国民生活方式的巨变，导致民间信仰的社会环境和文化空间也有了极大改变。

在当今中国，虽然民众的宗教信仰自由获得宪法保障，社会生活的民主化也使很多民间信仰事象得到默许，虽然民间信仰作为社会精神资源的重要性一定程度上正在得到重新认知，但不容否认，无神论意识形态依然强势存在，国家宗教政策在应对民间信仰时依然摇摆不定，中国社会的知识精英和政治精英，依然倾向于以简单的“精华/糟粕”“先进/落后”“有利/有害”“高/低”“正/邪”等二分法对民间信仰作出价值判断，从而轻则使民间文化尤其是民间信仰的重要性被轻视、贬低，使其被排斥在主流话语之外，被边缘化，重则依然像以前的革命年代一样，将其视为人类理性和国家主流意识形态的对立面。官方主导的文化理论把文化简单区分为“先进文化”和“落后文化”的逻辑，使得涉及民间信仰的诸多问题仍有不少禁忌与禁区，很多人对此依然心有余悸。据报道，进入 21 世纪不久，仅浙江省“反对封建迷信”，动用公权力强势拆除的民间宫庙就达 1 万多座[①]，这说明民间信仰或民俗宗教虽然已是事实上的存在，其在民众生活的精神世界也切实发挥着重要的作用，但它同时困扰于合法性问题亦是不争的事实。当前中国社会文化的重要动态之一，正是民间信仰或民俗宗教积极争取合法性的各种实践。正如“民间信仰”“民俗宗教”作为复合性用语所内在地具有两方面的含义一样，合法性追求大体上也主要体现为以下几个基本的侧面：

一是“民俗化”的路径，亦即按照对“民间”“民俗”“生活文化”

---

① 陈进国：《传统复兴与信仰自觉——中国民间信仰的新世纪观察》，金泽、邱永辉主编《中国宗教报告（2010）》，社会科学文献出版社 2010 年版。

“生活方式”的描述，将民间信仰或民俗宗教解说成传统的民间文化或各地域社会“民俗”的重要组成部分。20 世纪 80—90 年代，中国学术界和知识界颇为关注民间信仰的概念及相关问题，学者们有意无意地为在意识形态支配下被目为“迷信”的民众信仰行为去敏感化。这一倾向突出强调民间信仰作为民间文化之形式或其组成部分的意义，淡化、无视甚或否定民间信仰的宗教属性或侧面。相对而言，被突出的主要是那些和民众的日常生活密切相关联的信仰现象，认为民间信仰与民俗文化难以分割，是你中有我，我中有你的关系。确实，在老百姓的日常生活中，有以各种形态存在的俗神及信仰，诸如一年四季的农耕仪式和岁时节祭，腊月拜送灶君，大年初一祭祖，清明上坟，端午时祭祀屈原，七夕祭拜“石爷”（牛郎）、“石婆”（织女）①，八月十五拜月，中元节慰藉亡灵，家里中堂贴“天地君亲师”的神灵牌位，店铺里供奉关公，结婚时讨个口彩，盖房修墓讲究风水，求子拜一下娘娘，求财去拜财神，生病去药王殿求药，演出皮影戏时或许也要讲究一点规矩和禁忌，等等。此外，各行各业也几乎都有各自的行业神或始祖神（诸如木匠供奉鲁班、郎中供奉药王之类）。所有这些均是普罗民众建构民间道德规范，建构其人生意义，追求平安、祥和、幸福的基本形式。假如把所有涉及民间信仰与崇拜的事象全都否定了，那中国传统文化确实就有可能被架空。

将民间信仰视为民俗文化的认知，在中国台湾地区是比中国大陆先行几步。20 世纪 60 年代以降，伴随着台湾社会的发展，当局和知识精英对民间信仰的认识，逐渐地从“神权迷信”到“民俗活动”，再到“文化资产”和“文化瑰宝”，实现了若干次转变，与此相应的政策，也逐渐从“查禁”“革除”到“改善”“改进”，再到“辅导”和“发扬”，发生了巨变。这反映出台湾社会重视本土文化的姿态，同时也意味着社会生活的民主化趋势在文化领域也取得了重大的进展。眼下，中国大陆正在发生的转变，和中国台湾地区已经发生过的变革有不少相通、相似之处，民间信仰也是从负面的“封建迷信”逐渐变成了传统的民间文化或民俗，下文即将提到的“文化遗产化”，实际也是在这个发展脉络上延伸

---

① 赵丽彦:《石婆庙庙会调查及庙会对当地社区功能的分析》,《节日研究》(第一辑)，山东大学出版社 2010 年版。

而来的。

二是“宗教化”的路径，亦即着眼于民间信仰事象的宗教侧面，借助国家对宗教信仰之合法性边界的定义，以多种方式将其包括在已经被国家承认具有合法性、民众可自由信仰的制度化宗教之中。例如，将民间俗神塑在道教的道观或佛教寺庙里，或把乡间小祠的杂神信仰冠以“菩萨”之名，或将其列入道教诸神的系谱之内等。尤其当民间信仰面临指责时，它就会向合法宗教靠拢，试图成为其内部或底层的一部分，通过这种“戴帽子”的形式暂且栖身。这样，就会出现两种可能性：一种是民间信仰被制度化宗教所同化，但反过来也可能由于民间信仰的影响而使制度化宗教出现诸如在地化、世俗化等倾向，甚至因此形成诸如“佛教民俗”“道教民俗”之类的范畴与事象；另一种可能性便是民间信仰躲在制度化宗教的帽子下，实际运行却依然故我，仍是民众日常生活中的逻辑支配着那些信仰行为或事象。鉴于中国政府的宗教政策涉及民间信仰时不乏暧昧[①]，所以，此种“戴帽子”现象就成了乡民信众规避风险，寻求心安理得之感的常见选择。这种现象其实在民国时期就曾经出现过，只要村民为其庙宇冠以符合官方要求的正统祭祀符号（例如，孔子庙、关帝庙），他们就可以继续过去的宗教行为和信仰。[②] 那么，如何才能在当下的中国形成较为从容、宽厚的社会环境，使民间信仰以其原本的形貌得以温存并能获得基本尊重与认可呢？近来有诸多研究强调民间信仰的“良善性”，揭示其在调节社会生活诸多方面的功用，强调其在凝聚社区民众的和谐与认同，丰富民众精神生活，以及满足民众信仰需求等方面的积极性价值。的确，正如北京东岳庙所建构的诸神济济一堂的城市信仰空间，即便不是所有北京市民，但对相当多数的北京市民来说，它都是人们多种期许、渴望、困扰、意愿、疑惑及焦虑得以自由表述或释放，并能得到某种程度的舒缓和救济的空间，只要其在国家法律

① 2009 年中国第一部有关民间信仰的地方性行政法规——《湖南省民间信仰活动场所登记管理办法》正式出台，它确认了民间信仰的“宗教”属性和“民俗性”定位，并在立法层面上为民间信仰进行了“正名”。

② 潘淑华：《“建构”政权，“解构”迷信？——1929 年至 1930 年广州市风俗改革委员会的个案研究》，郑振满、陈春声主编《民间信仰与社会空间》，福建人民出版社 2003 年版，第 108—122 页。

和社会的公序良俗下运行，只要不对他人的信仰或日常生活构成强制和干扰，作为城市神圣空间的存在，它自然不应受到外部力量的干涉。宪法赋予了国民信仰自由，这是民众的合法权利，也是天赋人权的一部分，而无论它是属于对制度化宗教的皈依，还是对民间杂神的信仰，抑或是对民间俗信的尊崇。

除了“戴帽子”的方式，还有一种主张是采用“民俗宗教”概念取代“民间信仰”概念，把民间信仰再定义为民俗宗教，是要将其纳入国家认可的宗教分类，使民俗宗教获得与既定制度化宗教完全对等的合法性。由于诸多原因，有些已经获得合法性的制度化宗教，常会贬斥民间信仰为歪门邪道。在同一社区里，信仰制度化宗教的居民和在其生活里保持诸如祖先崇拜之类民间信仰的居民，往往不能够获得平等对待，这显然会影响人们彼此间的良性互动。[①] 因此，笔者建议用民俗宗教来涵盖不能为制度化宗教所涵盖，以及尚被国家宗教政策所依据的宗教分类排除在外的民间信仰。民俗宗教的特点，就是和日常生活融汇一起，是被编织进日常生活节奏和空间中的信仰行为。[②] 假如能够在宗教政策中，将民间信仰视为和其他制度化宗教具有同等价值和重要性的民俗宗教，并赋予其合法性的宗教地位，普通民众日常生活中的信仰或崇拜行为就不会再受歧视，这将有助于社会和谐的建构和社会生活民主化的进一步拓展。[③] 在中国，具有合法性的道教并不能够涵盖或囊括民间信仰千差万别的情形，因此，通过道教与合法化的民俗宗教，当然还有儒教和早已实现在地化的佛教（汉传佛教、藏传佛教）和伊斯兰教，就可以和基督教、天主教等外来宗教一起，形成多样而又不失协调的宗教文化生态，如此既可满足人民多样的精神和信仰需求，又可规避外来宗教一枝独大或制度化宗教吞灭民间信仰的局面。

三是“文化遗产化”，化解民间信仰的地位和意义暧昧依旧的问题，除了走宗教化的合法性之路，近年来又多了一个文化遗产化的路径。其

---

① 陈晓毅：《“主”、“祖”之间——青岩基督教和汉族民俗宗教的互动》，金泽、陈进国主编《宗教人类学》（第一辑），民族出版社 2009 年版，第 196—215 页。

② ［日］渡边欣雄：《汉族的民俗宗教——社会人类学的研究》，周星译，天津人民出版社 1998 年版，第 3、18 页。

③ 周星：《“民俗宗教”与国家的宗教政策》，《开放时代》2006 年第 4 期。

实，在非物质文化遗产保护运动兴起之前，涉及民间信仰的部分祠堂、庙宇，曾有通过确认其“文物”价值，进而将其公布为各级“文物保护单位”，从而使民间信仰间接地获得合法性的情形。[①] 进入21世纪以来，在中国兴起的非物质文化遗产保护运动中，各地将不同形态的民间信仰“筛选”“包装”或“改写”为非物质文化遗产，将其列入各级政府的保护名录，部分民间信仰也的确借此“曲线”获得了合法性。把民间信仰纳入非物质文化遗产范畴，当前已成为各级政府和涉及民间信仰的各方面当事人的某种“共识”和“共同作业”。随着《非物质文化遗产法》的颁布和实施，从事这些以非物质文化遗产为头衔、为名目的民间信仰活动，自然也就不会再受外界干涉。

三 “文化遗产化”的理论、实践及问题

民间信仰的文化遗产化之所以成为可能的原因之一，在于相关国际法条款提供了明确的依据。2003年联合国教科文组织通过并于2006年正式生效的《保护非物质文化遗产公约》，在“非物质文化遗产”的定义中明确涵盖了“社会实践、仪式、节庆活动”“有关自然界和宇宙的知识和实践”和“文化空间”等。2005年12月由国务院颁布的《关于加强文化遗产保护的通知》，把“礼仪与节庆”“有关自然界和宇宙的民间传统知识和实践”列入了非物质文化遗产范畴，但2011年颁布的《非物质文化遗产法》却仅对“传统礼仪、节庆”有所提及，反映出对“信仰”类予以淡化的态度。由于构成非物质文化遗产的节日民俗、民间艺术、人生礼俗、民间知识等的生产与传承往往以民间信仰为依托，因此，保护非物质文化遗产需正确处理好民间信仰的相关问题。[②] 大部分学者均倾向于认为，“有关自然界和宇宙的知识和实践”，也就意味着确认了民间信仰作为非物质文化遗产的属性，它应该包括民间信仰，甚至还有“巫术”

---

① 朱爱东：《当代民间庙宇的形态及其合法性——冼太庙的多形态考察》，王建新、刘昭瑞编《地域社会与信仰习俗——立足田野的人类学研究》，中山大学出版社2007年版，第354—366页。

② 向柏松：《民间信仰与非物质文化遗产保护》，《中南民族大学学报》2006年第5期。

"风水"等神秘文化；各地民间庙会作为展现民众精神世界的文化空间，也理应被涵盖在内。由于民间信仰总是和地方社区或族群的节日体系、传统知识、民族民俗艺术和民间文学等诸多非物质文化遗产的核心部分相关联，因此，如果排除民间信仰，社会生活就会显得空洞化和躯壳化。[①] 有的学者指出，通过将那些具有传统性、伦理性与濒危性的民间信仰纳入非物质文化遗产，将有助于民间信仰的重建，并发挥其在当代社会促进建设共有精神家园的功用。[②] 这里的"传承性"来自非物质文化这一概念的要求，但也意味着现实生活中一些新兴的民间信仰现象不能被视为文化遗产；所谓"伦理性"，意味着对庞杂多样的民间信仰有所筛选，对那些被认为具有良善和正面价值的才予以保护，但也意味着对民间信仰采取了"精华/糟粕""积极/消极"的二元论价值判断。可见民间信仰的文化遗产化固然是合法性的便捷路径之一，但其中涉及的诸多问题需进一步探讨。

经由各级地方政府文化主管部门的努力，当然还有活跃在各地的学者、文人及各种类型知识精英的介入，同时也多少是在以往的宗教行政管理、文化政策的延长线上，大规模的非物质文化遗产保护运动已经把很多涉及宗教、涉及民间信仰的事象或项目囊括在内，形成了"宗教类非物质文化遗产"的重要范畴。目前已被列入国家级非物质文化遗产保护名录的项目，诸如济公传说[③]、观音传说、禅宗祖师传说、布袋和尚传说、宝卷（河西宝卷和靖江宝卷）等，津门法鼓（挂甲寺庆音法鼓、杨家庄永音法鼓等）、五台山佛教音乐、千山寺庙音乐、天宁寺梵呗唱诵、拉卜楞寺佛殿音乐、青海藏族唱经调、北武当庙寺庙音乐等，目连戏（徽州目连戏、辰河目连戏、南乐目连戏）、日喀则扎什伦布寺羌姆、塔尔寺酥油花、热贡艺术、藏香制作技艺、贝叶经制作技艺、藏族唐卡（勉唐画派、钦泽画派等）等。应该说，宪法和《民族区域自治法》对宗

---

① 冯智明：《人类学整体论视野下的民间信仰非物质文化遗产化——以广西红瑶为个案》，《中央民族大学学报》（哲学社会科学版）2011 年第 5 期。

② 萧放：《当民间信仰成为一种文化遗产》，《中国文化报》2010 年 12 月 21 日。

③ 关于"济公传说"成为国家级非物质文化遗产，参见纪华传《转型时期天台县的济公文化与信仰活动》，金泽、陈进国主编《宗教人类学》（第一辑），民族出版社 2009 年版，第 26—39 页。

教信仰自由的保护，再加上《文物保护法》对宗教文物和宗教场所（祠堂、宫庙）的保护，以及《非物质文化遗产法》对列入各级名录的相关项目的保护，宗教类文化遗产获得了多重的合法性。多重的保护固然很好，但如何彼此协调却成为一个新的课题[①]。

在目前业已相继公布的3批共计1219项国家级非物质文化遗产名录（含扩展项目）中，其实很难统计究竟有多少项目属于民间信仰或与民间信仰有关，因为不少项目往往既是民俗，又是艺术，同时又是民间信仰的活动。它们中有很多确实是以节日习俗、民间文学、传统美术、传统音乐[②]、传统舞蹈、传统技艺、传统戏剧等名目获得青睐的。第一批名录已列入“祭典”“庙会”“泰山石敢当习俗”（据说最初申报的名义是“石敢当信仰”）等，第二批在“民间信俗”[③]中列入“关公信俗”“汤和信俗”“保生大帝信俗”“陈靖姑信俗”等以及“青海湖祭海”“抬阁”“祭祖习俗”之类，到第三批则进一步把“中元节”（潮人盂兰胜会）、“祭寨神林”也列入其中，应该说每一批都有扩展，都有进步。在和第三批名录同时公布的“国家级非物质文化遗产扩展项目名录”的“民俗”分类下，对“祭典”“庙会”“民间信俗”（包括闽台送王船、清水祖师、悦城龙母诞、长洲太平清醮等）、“祭祖习俗”做了进一步扩充。民间信仰的文化遗产化进程，并非只在国家级层面展开，其在很多地方也颇为普遍。据报道，在福建省于2012年3月公布的第四批省级非物质文化遗产保护名录中，将“齐天大圣信俗（顺昌）”“关岳信俗（泉州）”“广泽尊王信俗（南安）”“福德信俗（厦门仙岳山）”“大使公信俗（厦门灌口）”“延平郡王信俗”“定光佛信俗（沙县）”“惠利夫人信俗（明溪）”“田公元帅信俗（福州、龙岩）”“德化窑坊公信俗”10项民间信仰，以“信俗”之名列入其中。这不仅说明了信俗范畴的重要性，也寓示着基于民间信仰的地方性特点，其在地

① 周超：《中国文化遗产保护法制体系的形成与问题——以〈非物质文化遗产法〉为中心》，《青海社会科学》2012年第4期。

② 以“民间音乐”名义被列为非物质文化遗产的民间信仰，如辽宁宽甸“烧香”祭祀活动中的“单鼓音乐”。参见刘正爱《祭祀与民间信仰的传承——辽宁宽甸“烧香”》，金泽、陈进国主编《宗教人类学》（第一辑），民族出版社2009年版，第170—195页。

③ “信俗”一词，应该是对信仰民俗的“简称”，应注意它和“俗信”概念的不同。

方政府的保护名录中更容易得到关照。

上述以各种名义对民间信仰的非物质文化遗产化式的保护，在具体实践过程中，已经和正在显现的一些问题却不容忽视。例如，因为要实现对于民间信仰的合法化“登录”而事实上展开的使之“净化”（去除或弱化所谓“迷信”部分）、“艺术化”（突出其艺术表现形式或与民间信仰相黏结的“艺术”部分①）、“序列化”（将民间信仰也分为国家级、地方级）、“固定化”（一旦列入名录，就需接受必要的管理和规范）以及“应用化”（在文化产业的思路下，对其开发和利用）等人为的操作，显然，这些都是会给民间信仰带来诸多新的变迁的力量，从而使其不再名副其实。对上述做法，目前是赞否两论，但亟须深入探讨是学界共识。

这些问题若究其根源，或许是因为“非物质文化遗产”概念和“民间信仰”概念各自的逻辑不同，其内部机制也不尽相同的缘故。正如樱井教授指出的那样，文化遗产是颇具“现代性”的概念，它是由既定国家或联合国教科文组织等公共机构组织认定、参与管理和规范的；民间信仰则基本上是指从历史上传承而来并渗透于民众日常生活当中的信仰传统，在很多国家的既定时代背景或具体场景下，它未必是一个可被国家容纳或认可的概念。两者之间在某种意义上具有对峙性，由此看来，民间信仰的文化遗产化其实是一个较难处理的问题②。由于非物质文化遗产概念的内涵及其背后理念的限制，那些被纳入其中的民间信仰，势必是经过了筛选或必要的变通。虽然对民间信仰的合法化努力而言，确实是多了一条选项，但同时，民间信仰本身也因此付出一定代价。并不是所有的民间信仰都可成为非物质文化遗产，往往也不是某项民间信仰的整体，而只是其艺术的部分或作为文化空间的部分成为非物质文化遗产。如此既容易产生新的不平等，也容易导致民间信仰的支离破碎化。由于

---

① 此种使民间信仰“艺术化”的机制并非始于当前的非物质文化遗产保护运动，早在20世纪50年代就已经出现了类似的实践，以杨家庄永音法鼓为例，除了“文化大革命”期间，它一直是各级文艺会展或文艺会演的保留节目。不过，永音法鼓会每年定期举行的固定活动，则是当地的药王庙会（农历七月十五日）和土地神庙会（农历四月二十八日）。参见赵彦民《现代都市里的花会组织与其活动——以天津市杨家庄永音法鼓会为例》，《民俗研究》2011年第3期。

② ［日］樱井龙彦、陈爱国：《应如何思考民间信仰与文化遗产的关系》，陈爱国译，《文化遗产》2010年第2期。

国家等意识形态对文化遗产范畴的深度渗透，被纳入其中的民间信仰或民俗宗教的表述自然就会被扭曲或碎片化。

徐赣丽教授对广西田阳敢壮山“布洛陀文化遗址”进行的深入、详尽的个案研究，解析了民间信仰在地方精英学者和地方政府等各方面人士的努力下，如何被逐渐地“置换”成为（以地方政府为代表的）国家承认的“人文始祖信仰”及“民族文化遗产”的过程，进而分析了布洛陀文化遗址建构过程中各方力量背后的动机。正如她指出的那样，民间信仰与国家“正祀”之间具有以多种方式实现转换的可能性①，其中文化遗产化不过是最新的一种方式而已。徐教授在她的另一项合作研究中，通过对桂北宝赠村侗族“祭萨”仪式，先后经过展演、阐释和整合，最终被建构成为具有多种价值的非物质文化遗产之全过程的揭示，指出得以实现文化遗产化之后的“祭萨”形态，确实与现实生活中原本的“祭萨”信仰活动存在着较大距离。她认为，文化遗产化已经成为民间信仰在新时期的变迁路径之一，而当前在全国各地均已出现的将民间文化建构成为文化遗产的趋向，反映了地方社会利用现存的具备民族和地方特色的民间文化资源以谋求发展的努力。② 绝大部分此类尝试，往往就是“观光化”或“节庆化”的运作，尽管鲜有成功的范例，但地方各路精英仍乐此不疲。因此，文化遗产化同时就是民间信仰的“文化资本化”。文化遗产化的实践可以使原来一些有可能被视为“落后”“愚昧”以及被边缘化的民间信仰，得以升格到文化遗产的地位，甚至作为民族精神文化的象征符号。民间信仰通过文化遗产化不仅可以规避风险，获得合法性，还由于申报机制采取“属地主义”原则，从而导致各个地方自治体热衷于“发现”“发掘”和建构其独特的文化“传统”，并赋予其“本真性”，将其权威化③。不难理解的是，贵州省的侗族“祭萨”，目前已被批准列入国家级非物质文化遗产名录，广西也正在努力使其从市级升格为自治

① 徐赣丽：《民间信仰文化遗产化之可能——以布洛陀文化遗址为例》，《西南民族大学学报》2010 年第 4 期。

② 徐赣丽、郭悦：《当代民间文化的遗产化建构——以广西宝赠侗族祭萨申遗为例》，《贵州民族研究》2012 年第 2 期。

③ ［日］岩本通弥：《围绕民间信仰的文化遗产化的悖论——以日本的事例为中心》，《文化遗产》2010 年第 2 期。

区一级的文化遗产。

上述个案研究，明确了中国申报、登录非物质文化遗产的机制本身，已经成为驱使民间信仰发生变迁的动机之一。在研究者从事田野调查的“宝赠”村，“祭萨”行为逐渐地从大多属于个人、家庭的小规模祭祀转化为村寨集体举行的大型仪式，进一步再演变成为综合当地各种民族文化要素的“祭萨节”。为申报非物质文化遗产而举办的“祭萨”，在内容和程式上都发生了变化，体现了社区居民对民间信仰积极评价和利用的姿态。文化遗产化促使“祭萨”之类的民间信仰活动难以避免地出现了“正统（规）化”“公开化”“展演化”等一系列异变。与此同时，“祭萨”的文化遗产化建构还伴随着重新的阐释和命名，尤其是采用现代主流话语对其阐释，进行重新表述，以使其脱离迷信、低俗的标签或地位。

在浙江省温州的宁村，对于地方保护神的祭祀和信仰最终得以采用“汤和信俗”的名义“申遗”成功，这也是一个非常典型的文化遗产化的案例。邱国珍教授等人的研究，揭示了拥有数百年历史的汤和信仰传统，如何在相继经历了“城隍”庙会（清朝）、“封建迷信”（“文化大革命”前后），以及宁村“抬佛”、“东瓯王汤和节”、七月十五“汤和节”等一系列标签的阶段之后，终于在非物质文化遗产的语境下获得了国家认可其合法性的全过程。[①] 汤和信仰具备神灵信仰和祭祀仪式的要素，是典型的民间信仰，2008 年 6 月，它以“汤和信俗”的名义入选第二批国家级非物质文化遗产名录。这里的“信俗”表述，多少含有淡化其宗教属性的用意，这说明民间信仰的“非物质文化遗产化”，实际上是和前述民间信仰的“民俗化”路径相一致的。通过文化遗产化，也就实现了对于旧时传统祭祀仪式的解构和重构，例如，把汤和由神还原为人，再重构为一位民族英雄，此种地方传统重构的方向与官方倡导的“先进文化”理念正相吻合。这一切正如中国政府的文化部长所明确提示的那样，处理好非物质文化遗产保护与民间信仰的关系，是为了促进民间信仰朝向健康有益的方向发展[②]，同时也要引导民众的相关活动，尽量注意克服和减

---

① 邱国珍、陈洁琼：《民间信仰的历史传承与申遗策略》，《温州大学学报》2008 年第 5 期。

② 蔡武：《要处理好非遗保护与民间信仰的关系》，中国新闻网，2009 年 11 月 26 日。

少民间信仰的负面作用。

四 结语

民间信仰在当代中国社会，程度不等地始终面临着合法化的课题。民间信仰的文化遗产化可被视为又一条争取合法性的路径或选项。既基于漫长历史上朝廷、官府和儒教精英对于“淫祀”“邪教”等倾向于贬斥和戒惧的政治文化传统，又受到近一个世纪以来的民族国家意识形态（现代性话语）、唯物主义无神论意识形态、科学技术至上意识形态以及制度化宗教（往往具有斥民间信仰为“异端”的排他性）意识形态的深刻影响，在时至今日的中国，主流的媒体话语依然对民间信仰、民俗宗教或不屑一顾，或无所适从，或歧视偏见，或高度警惕。如何才能够将普罗大众的信仰生活视为是理所当然的、原本就是具有正当性与合法性的、值得尊重和理解的呢？通过民俗化、宗教化、文化遗产化等各种路径而指向合法性的追求，应该也是对于已被宪法所保障之国民宗教信仰自由以及对社会文化生活民主化的追求。若是从民间信仰或民俗宗教的大面积复兴和存续的现实合理性，从其对民众日常生活方式之意义建构的重要性，从其对当代中国之本土信仰及其传统价值的延续和守护，从其在国民宗教生活实践之多元性和多样性中民众信仰之主体性的见证，从其对当今中国建立公民社会以及通过文化自觉（信仰自觉）确认公民身份所需依托的价值和意义等一切方面来说，民间信仰的合法化都是难以绕开，也都是亟待解决的时代性课题。

文化遗产化作为民间信仰合法化的路径之一，确实是可以暂时规避对其宗教属性予以判断时的意识形态困扰。通过文化遗产化，民间信仰的“民俗性”“中华性”“公民性”等均有可能得以彰显，而其在别的语境下有可能被突出强调的“宗教”侧面（包括对其“迷信”的指责），则主要是以“信俗”“祭典”“传说”等更具文化性的用语得以表象，从而得以实现去污名化和脱敏感化①。问题在于民间信仰的文化遗产化，同

---

① 陈进国：《传统复兴与信仰自觉——中国民间信仰的新世纪观察》，金泽、邱永辉主编《中国宗教报告（2010）》，社会科学文献出版社 2010 年版。

时也在一定程度上，意味着去宗教化，其结果也有可能适得其反，亦即使民间信仰背离了原本的初衷。归根到底，文化遗产化只能是民间信仰寻求合法性的路径或策略之一，而不是合法性本身。文化遗产化所导致的其他问题，还有过度开发、商业化和观光对象化等困扰。正如无论是“庙会”的行政运营模式（所谓“文化搭台，经济唱戏”），还是公司市场化的运营模式，都会在很多情形下扭曲民间信仰的本义。文化遗产的认定和保护是国家文化行政的一部分，国家以设定的登录“标准”强力介入，自然会使民间信仰在文化遗产化过程中，出现很多诸如行政等级化、资源化以及新的二分法（优/劣、高/低、正祀/淫祀）等“异化”现象。所有这些都是促使全社会应该对民间信仰的文化遗产化“三思而后行”的依据。

试论宗教性非物质文化遗产的有效传承方式

——以岷江上游羌族“释比”传承为例*

张泽洪　秦选涵**

摘　要：非物质文化遗产作为古老生活方式的保留越来越为人所重视，很多少数民族宗教文化都被积极申报为非物质文化遗产。目前，虽然少数民族宗教文化越来越引人注目，但是依然没有找到有效的传承方式。少数民族宗教文化大多面临着后继无人的困境，传承状况举步维艰。笔者在赴岷江上游实地调研的基础上，以羌族“释比”传承为例，运用人类学相关理论分析；讨论宗教性非遗传承面临的问题，并提出“固态传承”与“活态传承”相结合的解决思路。

关键词：宗教文化；非物质文化遗产；固态传承；活态传承；文化生态

我国拥有55个少数民族，在漫长的历史进程中，各民族在不同信仰的引领下，在祖国大地上演绎着多姿多彩的民族文化，它们正是人类文

* 原文刊于《世界宗教文化》2018年第1期。本文为四川大学中央高校基本科研业务费专项项目“道教与西南少数民族宗教比较研究”（skqy201765）阶段性成果；2015年国家社会科学基金重点项目“瑶族宗教经书与道教科仪经书文化内涵比较研究”（15AZJ006）。

** 张泽洪，四川大学道教与宗教文化研究所教授；秦选涵，贵州省社会科学院民族研究所助理研究员。

化多样性的最佳体现。如今，在现代化进程的影响下，我国少数民族文化也面临着前所未有的危机与挑战，聚焦少数民族非物质文化遗产保护与发展刻不容缓。而文化之根在于信仰，少数民族宗教文化[①]往往和一个民族的精神生活息息相关。我国各个少数民族都有自己民族的巫师、法师、祭司，等等，这些人曾在漫长的文明发展过程中作为本民族的精神象征、承载着本民族的历史记忆、延续着本民族的文化、承担着引导和护卫本民族的职责。所以，一个民族的核心价值观、文化模式等大多能从其宗教信仰中折射出来。因此，正视并思考如何有效保护与传承少数民族宗教性非物质文化遗产尤为重要。

如今，在现代化和科学技术的冲击下，我国大部分少数民族宗教文化都面临着后继无人的困境，传承状况举步维艰，已到了不得不拯救的地步。本文在赴岷江上游实地调研的基础上，以羌族“释比”传承面临的现实困境为例，运用人类学相关理论对现行传承方式进行利弊分析，揭示出主流社会目前在少数民族宗教性非遗传承上的认识局限，并提出“固态传承”与“活态传承”相结合的解决思路。

一　羌族“释比”传承的主要困境

“释比”作为羌文化的核心，承载着羌族族群发展的历史记忆，蕴含着羌族自古以来的信仰模式，历来都是学界关注的重点。学界对于“释比”的分析研究成果也非常丰富，通过这些分析我们可以将目前“释比”传承的困境归结为以下几个主要原因：

第一，语言危机。“释比”文化主体而论是一种“口述文化”，“释比”通过念诵经文来沟通鬼神并为人治病、驱邪或者送亡，等等。笔者在羌族地区拜访了几位“释比”，他们几乎都表示，要学“释比”，就要

① 关于“宗教”的定义问题，一直争论不休的就是：民间信仰，或者少数民族的民族信仰究竟是不是宗教？笔者认为，“宗教”这一个来源于西方的词语，在西方宗教学兴起的百余年间，一直在西方的语境下被定义。而不可否认的是，在我国也同样存在类似的精神现象，所以，“宗教”一词在中国的语境下，必定有它独特的含义。所以，在本文中，以“宗教文化”来指代那些与信仰相关的文化。

能够用羌语丝毫不差地念诵咒语。“至少要（用羌语）数得来20个数嘛”[①]，“不懂羌语哪门（跟神）交流喃?”[②] 所以，羌语是学习“释比”的基础。然而，羌族没有文字，“释比”唱经用的是古羌语，同如今的羌语已有很大不同；且散布于高山峡谷中的一个个羌族村落由于地理环境天然隔绝，甚至距离甚近的两个羌族村落的语言亦有所不同。因而，这种靠口述传承的古羌语即使是让懂羌语的年轻人来学习也非常困难；更糟糕的是随着同外界交流的加强，羌族地区汉话使用越来越多，懂羌语的年轻人也已越来越少。目前几乎只有理县蒲溪沟内的几个村落由于之前交通闭塞，还家家户户说羌语，羌文化也保留相对完好。2008年“5·12”汶川大地震之后，在各方力量的援助下，蒲溪沟修通了道路，重建了村落，这条神秘美丽的山沟也开始积极准备旅游开发了。

第二，“释比”构成要素繁复，学习难度较大。“‘释比’传承的口述文化传统中有一套特殊的修辞表达手法和观念，它们运用了大量程式化的套语，套语为了适合诗歌口述表演的情景，有复杂的结构组合，而且表演情景要求表演者将大量的诗歌用丰富多变的唱腔唱出，表演者还需配合舞姿，以及伴以音乐节奏表演（通常是鼓、铃、磬伴奏），因此，其学习难度可想而知。”[③]因而，由此也就面临着第三个传承困境。

第三，“释比”传承人人选困境。学习“释比”并没有文字可资记忆，全靠师父口传心授和现场操练掌握。薛城镇三寨村“释比”余全生提到，要判断徒弟是否掌握了“释比”，能否出师，“八十八段经，喊他念出来，一点不差，这个经是做啥子的，喊他做出来我要看，做不出来就算了”[④]。蒲溪沟休溪羌寨“释比”孟子成说：“学这个‘释比’困难，硬是要自己有功夫。平时莫得时间，硬是要自己练，人家给你教喃，你必须练。自己硬是要记到心头喔。晚上睡到床上半夜都要让自己念。有些念了也不灵，有些教了要搞忘，那就莫得法。”[⑤] 可见，学习“释比”

---

① 2016年6月29日，理县薛城镇木卡乡三寨村，报告人：余全生，76岁。

② 2016年6月30日，理县蒲溪乡休溪羌寨，报告人：孟子成，74岁。

③ 陈安强、刘汉文：《汶川地震后羌族非物质文化遗产保护——以“释比”和“释比文化”为例》，《贵州民族研究》2011年第5期。

④ 2016年6月29日，理县薛城镇木卡乡三寨村，报告人：余全生，76岁。

⑤ 2016年6月30日，理县蒲溪乡休溪羌寨，报告人：孟子成，74岁。

对学习者资质要求比较高。而且，“释比”传承也会遇到师父在徒弟还未出师之时就去世的情况，而“释比”往往又是一脉相承，所以这种状况下，徒弟往往就只能“学了好多就做好多，没学就不做嘛”[①]。不过也有极少数“释比”可能得到“阴教阴传”，据汶川阿尔寨“释比”朱金龙所言，“阴教阴传”就是指由故去的师父通过神通在睡梦当中或者一种出神状态下继续教导徒弟，[②] 这种方式更是非常神秘。

第四，学习周期长且经济回报价值不高。学习“释比”非一朝一夕可成，通常徒弟自拜师之日起，需要十几年才能学成。最重要的是，这门传统技艺并不赚钱，“释比”仍然需要为了谋生而另觅出路。薛城镇三寨村“释比”余全生目前有一名徒弟孔耀林，49 岁，已经跟着他学习了七年多，仍然不能自己单独作法，也不能出师。余全生说：“没学会就不出师，这个你念了做不出来就要把人家整到得嘛。”[③]笔者前往三寨村调研时，得知孔耀林正在外地打工，无缘得见。目前，羌族地区的年轻人也大多会选择外出打工“找钱”。

第五，社会需求趋于消亡。我们在羌区调研时了解到，目前很多羌族村寨中的“释比”都已完全消失，只有在交通不便利的高半山村寨中可能还存在极少数的“释比”，通常一个村寨中也就仅剩一两位。[④] 在与外界交流频繁，经济相对发达的羌族村寨中，接受了主流科学教育的羌人，对于“释比”的需求越来越小，有事不再找“释比”，而是首先求助于现代科学技术手段。他们大多表示“现在还是要相信科学嘛”。[⑤] 茂县黑虎寨居民刘朝兴说：“‘释比’无所谓嘛，但是不可能消失哦，人死的时候还是要喊‘释比’做法事嘛，有时候看地基也要喊（‘释比’）。”[⑥]目前，“释比”最主要的功能主要体现在送亡仪式上。而“释比”传承状

---

① 2016 年 6 月 29 日，理县薛城镇木卡乡三寨村，报告人：余全生，76 岁。

② 2015 年 11 月 9 日，汶川县龙溪乡阿尔寨，报告人：朱金龙，67 岁。阿尔寨的朱光亮“释比”（83 岁）就是通过阴教阴传学习的。

③ 2016 年 6 月 29 日，理县薛城镇木卡乡三寨村，报告人：余全生，76 岁。

④ 在汶川阿尔寨有三位释比：朱金龙（67 岁）、朱光亮（83 岁）、余世荣（69 岁）。在这里，指严格意义上的“释比”，也就是：已经出师的（大多都是老一辈的），能够唱经作法的，有神通的，而非表演性质的。

⑤ 2016 年 6 月 28 日，理县桃坪羌寨，报告人：qiezhuzei（音译）。

⑥ 2015 年 11 月 10 日，茂县黑虎寨，报告人：刘朝兴。

况也不容乐观，有的“释比”虽然带徒弟，但是数量都不多，徒弟年龄也偏大，几乎都还没有可以出师的徒弟。现在很少有年轻人愿意学习“释比”，而羌区老一辈的“释比”却不少都是在十几岁的时候就跟随师父学习；“释比”社会需求的消亡也由此可见一斑。

二 羌族“释比”传承困境分析

通过以上分析，我们可以看到：前三点几乎都是“释比”传承“技术层面”的问题，性质非常清楚，且“释比”自古以来都采取同样的传承方式；所以，“释比”传承真正面临的现实困境主要落在第四点和第五点上。

目前，第四点最为人们所在意，表面看来也是目前我国非遗保护面临的普遍问题——如何平衡非遗保护传承同非遗传承人利益失衡的问题。当下，所谓的前途必然与利益挂钩，“释比”在目前的社会现实状况下既无前途也无利益，因而，已经接受了外来文化的羌族年轻人大多不愿意学习。而从目前国家采取的保护措施来看，显然，保护“释比”传承的着力点几乎都落在经济补贴上。

以 2015 年 11 月我们在汶川县文体局采集到的数据为例。

2015 年国家针对茂县地区释比传承人的奖励政策①

等级	奖励政策	考核方式
国家级“释比”传承人	10000 元/年/人	带徒弟的数量以及成果
省级“释比”传承人	5000 元/年/人	带徒弟的数量以及成果
州级“释比”传承人	3000 元/年/人	带徒弟的数量以及成果
县级“释比”传承人	2000 元/年/人	带徒弟的数量以及成果

① 2015 年 11 月 9 日，报告人：汶川县文体局工作人员刘莹。注：从理县薛城镇木卡乡三寨村“释比”余全生那里了解到，2016 年起，国家级“释比”传承人补贴已经涨到每年 15000 元了。

但是，这种补贴方式除了可以给羌族地区老一辈的、未脱离传统生产的“释比”一些鼓励而外，对于“释比”的长远传承其实并不见得有效。

首先，经济补贴并不算高，在越来越多的外出打工机会摆在羌族年轻人面前的时候，有谁会愿意为了这微弱的补贴耗费十几年甚至更长的时间来学习一门用处甚微的技艺呢？日本将珍贵的传统文化传承人称为“人间国宝”，每年提供200万日元的补贴，折合人民币11万元多；更为重要的是，“人间国宝”在日本是超脱于经济利益的象征，他们不是靠着利益传承，而是精神和荣誉。目前，在我国要做到这一点显然非常困难，尤其是对于宗教性非物质文化遗产传承人而言。

其次，更重要的原因在于——如今羌族的文化模式已经不同于以前，“释比”已经不再在原有的羌文化结构中占据核心位置，“释比”学成可能亦无用武之地或者用处甚少，“释比”传承的意义模糊不明。所以，这种简单以鼓励带徒弟为导向的经济补贴对激励“释比”一类的宗教性非遗传承所起的作用是相当有限的。

再次，目前，我国对宗教文化遗产的判断和保护决心仍然游移不定。羌族“释比”同其他类似的少数民族宗教文化一样，都曾在精神上被划入“禁区”，被视为“迷信”与“糟粕”。虽然在繁荣民族文化和非遗保护热潮的推动下，在为恢复人类文化多样性而努力的当下，少数民族宗教文化又开始得到大家的重视；但是究竟应该如何传承、在多大程度上传承少数民族宗教文化，在目前依旧是一个亟待解决的重要问题，因此，也不可能全方位加大经济投入。

最后，就“释比”自身传承而言，“释比”学习成果的检验也没有科学评判标准，通常只能通过实际操练由师父来判断。这也是一个不能量化的因素。

所以，经济利益看似影响“释比”传承最为重要的因素，却不是“释比”传承现实困境的根源所在。如果我们不能很好地认识“释比”传承困境的第五点——社会需求趋于消亡，那么我们依旧不能真正理解羌族“释比”传承的本质意义，也就拿不出真正有效的传承方案。

三 “文化完形”和功能主义对“释比”传承的启发

美国人类学家露丝·本尼迪克特（Ruth Benedict）在《文化模式》一书中，始终强调“文化完形”这个概念，同马林诺斯基（Bronislaw Malinowski）的“功能主义”可谓是互相补充。露丝·本尼迪克特对于文化的看法是：“文化诸特性之间的相互交织既有发生，亦有消失，而文化的历史在很大程度上就是一部这些特性的性质、命运，以及它们之间的关联的历史。”[①] 露丝·本尼迪克特将一种包含并协调了种种文化特性，并形成一种独特气质的文化模型称为一个“文化完形”。而英国人类学家马林诺斯基在《文化论》中，认为“一切文化要素……一定都是在活动着，发生作用，而且是有效的”[②]。一个文化要素的功能并不能单独看它有什么作用，而是要放到文化整体中看它所发挥的功能是如何在这个整体中起作用的。

所以，一种文化，只有当它的各个组成要素都为着同一个潜在的目标而相互协调，形成一种独特的文化气质之时，我们才能说这是一个“文化完形”；我们也才能说在这个完形中，每一个起作用的文化要素都是不可或缺的：它们各自发挥自己的功能，共同构成了整个独特的文化气质，并具有了可识别性。所以，在非物质文化遗产保护中，“文化的整体性使生态性保护成为必然，且应兼顾小生态与大生态的保护”。[③]

反观羌族“释比”文化：改革开放以后，羌区那种曾经的“文化完形”或者说“文化生态”已经由于新的文化特质的介入而发生了改变。第一，宗教信仰方面：2015 年 11 月，我们在汶川县民宗局采集到 2013 年汶川居民的信仰状况。数据显示，截至 2013 年，整个汶川信仰佛教的有 8000 多人，信仰道教的有 2000 多人，有极少数人信仰基督教，信仰伊

---

① ［美］露丝·本尼迪克特：《文化模式》，王炜等译，社会科学文献出版社 2009 年版，第 42 页。

② ［英］马林诺斯基：《文化论》，费孝通译，华夏出版社 2001 年版，第 97 页。

③ 刘志军：《非物质文化遗产保护的人类学透视》，《浙江大学学报》2009 年第 5 期。

斯兰教的有几百人。[①] 羌族传统的万物崇拜的信仰体系已经被打破。第二，经济方面：改革开放以后，羌人也有了更多的经济选择，曾经通过向各种自然神祈祷或者献祭来保障丰产的自然生产方式已经被改变。如今羌人也开始通过经商或者外出打工等方式来改善生活。第三，物质方面：最明显的一个改变就是现代医疗的介入代替了曾经靠“释比”驱邪治病的方式。第四，文化方面：随着民族非遗保护的发展、民族旅游的兴起，“人造节日”代替了传统族群祭祀仪式。曾经由“释比”主持举行的羌族最重要的祭祀仪式——“祭山会”如今已经成为歌舞表演大会。[②] 可见，羌族地区的整个“文化生态”在改变，曾经的文化模式已经被打破，正在慢慢转向另外一种模式。目前羌文化处于从一个“文化完形”向另一个方向转变的过渡期，曾经处于核心地位的文化特质已经不在其位，“释比”的功能正在逐渐丧失。

文化的消长是自然发展的结果，伴随文化变迁，各文化要素会不停地处于某种相对均衡的制衡状态；文化生态圈的改变也必然会改变各个文化要素在该文化曾经的“文化完形”中的地位。文化要素的“地位”是不能传承的，所以，在文化变迁过程中，能够传承的只能是“文化技艺”。下文，我们将通过对羌族“释比”传承的具体分析展示出文化变迁过程中宗教性非物质文化遗产传承的可能性与困境。

四 羌族“释比”的“固态传承”与“活态传承”

我们必须区分两个概念——“释比”作为一种文化形式（或者说一种技艺）与“释比”作为一种文化模式（或者说“文化完形”）的核心特质。这是两个不同的概念，只有区分这两个概念才能帮助我们解决以下问题：第一，我们要保护的是什么？第二，为什么要保护（保护的意义）？第三，怎么保护（即要留下的是什么）？

① 2015 年 11 月 9 日，报告人：汶川县民宗局副局长何秋。

② 2014 年 4 月理县“夬儒节”（民俗类）入选四川省非物质文化遗产名录。“夬儒节”是由传统“祭山会”演变而来，固定于每年农历二月初二在理县蒲溪沟举行。

（一）技艺的传承——“固态传承”

首先，“释比”作为一种文化形式或者说技艺。若是在这个意义上来探讨“释比”传承，那么我们便是要将“释比”从它曾经赖以汲取养分同时又输送养分的羌族传统生活模式中剥离出来；将它蕴含的文化形式单独提炼——比如唱词套语、古羌语、跳神动作、显示神通的法术（吞竹签、舔烧红的铁块、走烧红的铁板，等等）。将“释比”文化的这些文化形式完整剥离并传承下来，就是所谓的“固态传承”。在文化形式的“固态传承”中必然会发生“功能的替换”——曾经，“释比”在进行这一套程序之时是为了满足羌人的需求，诸如送亡、治病、驱邪、算日子、请神，等等；如今则已转变为表演、记录功能了。也就是说，在这种传承方式下，我们所看重的是“释比”文化的实际内容，而并不在乎这种文化是否为他的族群所需要。所以，这种传承是文化技艺的传承，也是一种“固态传承”。

（二）人的传承——“活态传承”

“释比”作为一种文化模式（文化完形）的核心特质。若是在这种意义上来探讨“释比”传承，也就意味着需要让“释比”继续发挥他曾经在羌族文化中所起的功能和作用。“要（把‘释比’）看成啥子呢？就是，他是一个在羌族里面，最有文化的人，上知天文，下知地理。”① 这也就意味着，在保存“释比”的同时，还必须保存羌族曾经的“文化生态”，要保存羌族曾经的生活方式，尊重羌人对于“释比”的依赖之情。这种传承是指真正意义上的“释比”其人——既拥有一切“释比”技艺，同时也有着特殊身份的人的传承，也就是“活态传承”。“活态传承”是一种整体性传承。

（三）对两种传承方式的思考

1. 对“固态传承”的思考

反观这两种传承方式，显然“固态传承”是比较轻松有效的：传承

---

① 2016年6月28日，理县桃坪羌寨，报告人：杨步义。

目的明确，传承相对轻松容易。这种方式其实也是目前我国非物质文化遗产传承普遍采取的方式。这种传承方式使得大部分能够脱离民族文化根基的民族文化技艺得到有效保存与发展，如民族手工技艺、建筑技艺、民族歌舞等；而对宗教性非遗而言，此种传承方式却有待商榷。

首先，就传承目的而言：在羌族地区，越来越多的羌人意识到了自己文化的独特性和重要性；随着民族旅游开发的深入，各地区联系日益便捷，羌人也越发希望将自己的文化展现在世人面前。因而，具有“可观赏性”的文化形式就容易被人重视和学习。羌族非物质文化遗产：羌笛、羌族多声部民歌、羌绣等都吸引了越来越多的年轻人学习传承，不仅有本民族的青年，也有外来人员。目前，羌族也有越来越多的年轻人开始学习“释比”文化中的某一个部分，比如，羊皮鼓舞、抑扬顿挫的唱腔，等等。学习之后，每当羌族地区有表演，或者外界邀请他们前去表演的时候，他们便会欣然前往。“释比”服饰的独特性显然也受到了越来越多的关注，越来越多的羌族年轻人会在羌族的各种庆典活动上穿上改良后色彩更为鲜艳的“释比”服饰来进行表演。

其次，就传承的难易程度而言：如前分析，一般“释比”传承需要十几年，徒弟才能出师单独作法。若采取这种立足于技艺的“固态传承”，则意味着可以将“释比”文化的各要素分解开来，对每一个要素分别加以研究和传承。譬如，“羊皮鼓舞”原本是羌族送葬仪式之时“释比”配合鼓点跳的一种舞步。这是一种独特的跳神舞蹈，舞步与鼓点配合，反映着“释比”引导亡魂的过程。如今，由于“羊皮鼓舞”雄浑壮美，具有极高的观赏价值，因而，越来越多的年轻人开始专门学习，并且将之搬上了舞台。“羊皮鼓舞”已经成为一门独立的舞蹈艺术被传承下来并且被收录入国家级非物质文化遗产名录，成为羌文化切切实实的文化符号之一。所以，若是立足于“固态传承”，则“释比”文化将会以分解的形式被传承下来，其中表演性强、易于学习的部分会得到大力传承。

“固态传承”优势在于：通过对“释比”文化的分解，对各个部分分别传承，可以在一定程度上将“释比”文化保存下来；而且，当每一个组成部分相对独立过后，可能会继续独立发展，甚至产生出新的文化形式——“羊皮鼓舞”就正在走上独立发展的道路，以后可能会产生更多的变形与表演技巧。这对于丰富文化形式是极为有益的。

“固态传承”缺点则在于：被分解过后的“释比”文化，其中学习困难、枯燥的部分容易被丢弃，而这一部分是“释比”的精髓所在——比如能够唱诵一天一夜的上、中、下三坛经。所以，长此以往，虽说“释比”文化部分被保留下来，实质上“释比”仍是消亡了。而这些“释比”文化形式的传承者也不能被称为“释比”。若是任由各个文化组成部分独立发展，随着时间流逝，“释比”文化也将面目全非，再难辨认原本的样子。而脱离开“释比”文化这一土壤后，各个文化组成部分也获得了新的意义与独立形式，它们跟“释比”之间到底还有多大关系则难以考量了。

因此，若要采取“固态传承”，就必须充分调动现今一切可以利用的记录手段——摄像、录音、照片等，全方位保留“释比”文化还未改变的原貌。在还有老一辈“释比”存在的状况下，加强、加快研究；尽可能将“释比”全貌原汁原味地保留下来，以供后来人研究和参考。将来当“释比”文化的各个元素经过独立发展而改变之时至少可以提供一个原初的形态以资追溯。

2. 对“活态传承”的思考

“活态传承”的困难则是显而易见的。主要原因在于：“释比”不是通过强制要求以及外部保护就能继续存在的，这是羌族族群内部的自然选择。只要族群还有需求，那么“释比”其人就会存在；如果族群需求减弱甚至消亡，“释比”其人也就必定消亡。因而，若是采取“活态传承”，也就意味着要保留羌人曾经依赖“释比”生活的那种文化模式，要恢复羌区的“文化生态”。“文化生态”的恢复不仅仅是外部环境和自然生态的保存，更重要的是少数民族对于自身民族文化确定性的恢复。我国大部分少数民族文化曾在文化革命浪潮中遭受重创，如今的科学文化宣传以及官方“告诫”也让他们对于自己的文化产生深深的怀疑。他们对可能被称为迷信的族群祭祀仪式以及一些传统生活手段避之不及。

虽然羌族地区政府每年都为“释比”传承人提供专项经费，但是对于“释比”本人，政府还是时常“提醒”着的。理县薛城镇三寨村余全生说：“州镇现在这样说的，你们这些‘释比’开刀不得行哦，只能给那些病人祈福哈，国家的医院科学，不准那样子宣传（自己会治病之类的）。”[①]“释比”给人治病，或者为村民驱邪时，往往需要作法向鬼神显示神力从而求助或者喝退它们。架铁锅、烧红炭、插钢钎等行为现在无疑都被我们判定为“危险行为”。州政府提醒“释比”不许“开刀”，就是指不能进行这些危险活动。而事实却是，只有作法才能真正显示“释比”法力的高低。之前马尔康请了一些“释比”过去比道行法事，“把很多人都整坏了，给好多钱。教了八天，会了，弄上那个清油，锅上烧开，喝下去，嘴巴上倒下去。没有搞精通的，嘴巴牙齿全都落了”[②]。“释比”传承主要是咒语念诵和法事实践，若出于对“释比”法术的未知而直接在行为上限制它，明显不利于“释比”传承。因为，不能进行“法术”实践的“释比”也就不能完整发挥其在羌族社会中治病、驱邪的功能；更为重要的是“释比”领导的羌族祭祀仪式也会失去重要的象征意义。在传统羌族社会，“释比”因为能作法显示神通，所以人们才相信他们能沟通鬼神，羌人才会怀着虔诚的心参与祭祀活动，也才相信“释比”做的祭祀仪式具有保障族群发展的力量。这其实也反映了大部分少数民族宗教信仰的真实表达方式，“民间信仰营造的是一个个人情社会”[③]。就像余全生说的，有时候有村民上门请他作法，但是国家不提倡，所以他也只能拒绝。

笔者在羌区调研时发现，在经济较为发达，与外界交往较频繁的村落中，村民们谈到“释比”时，年纪大一些的村民往往会绘声绘色地给我们描述他们曾经亲眼看见“释比”显示神力、请“释比”看病的经历或者听家里老人讲过的故事，等等，虽然他们大多会表态相信科学，但是也表达出了一种对于“释比”的“认同感”，这种“认同感”建立在捕捉到了外界对于“释比”的关注之上。而在经济相对落后，交通不甚便利的地方，“释比”并未完全丧失功能。理县薛城镇三寨村村民孔明生的母亲在2016年5月去亲戚家做客时绊倒后就一直昏迷不醒，子女赶快

① 2016年6月29日，理县薛城镇木卡乡三寨村，报告人：余全生，76岁。

② 2016年6月29日，理县薛城镇木卡乡三寨村，报告人：余全生，76岁。

③ 安学斌等：《“非遗”视野下的少数民族民间信仰研究——基于云南大理、楚雄白族彝族的调查》，中国社会科学出版社2013年版，第17—18页。

送到华西医院住院也不见醒转，最后还是回家请同村“释比”余全生为老人作法，作法后老人醒了过来。[①] 余全生说：“国家现在提倡科学，他们去县医院、成都医院、华西医院这些，花了几大万，没弄好，回来来找我。找我之后钢碳那些架起，大锅架起，病人扯起走。”[②]

通过调研可以发现，目前，普通羌人对于“释比”的看法其实是处于一种被引导的观望状态，随国家政策而走。国家打击则不认可，国家承认则乐于拥护。但是，不可忽视的一点是，“释比”在羌族社会中依旧为羌人所需求。目前，这种需求主要体现在两个方面：一是当现代科学手段不能解决问题的时候，羌人还是会求助于“释比”；二是在羌族的送葬仪式中，大部分羌人还是会请“释比”。

所以，反观“释比”的活态传承，只有羌人重新认可“释比”的功能和作用，只有当“释比”可以重新成为羌人生活中的正常选择之时，“释比”的“活态传承”才能够真正实现。少数民族大多处于文化无意识状态，外界对他们文化的评判和限制也会改变他们对于自身文化的看法和认同。所以，要恢复少数民族“文化生态”，要实现“释比”一类宗教性非遗的“活态传承”，就必须恢复民族文化自信，就必须将文化的自主选择权真正交还给少数民族人群。这就要求我们对主流文化的“包容性”作出反思。

五　对“文化包容”的反思

2016 年 6 月我们前往桃坪羌寨进行调研，桃坪羌寨是整个羌族地区经济最为发达的村寨之一。依托屹立了 2000 多年的羌族古碉楼，旅游业成为桃坪羌寨的支柱产业，当地的人们和外界有着密切联系。在桃坪，一切古老的观念都已被改变，一套新的、与外界相同的价值范畴已经形成。如今的桃坪以经济利益为导向，什么东西能够吸引外来游客，桃坪便会刻意展示那些可以增加旅游宣传效果，带来更多经济利益的东西。可是，这些东西都是为旅游服务的，并未能与桃坪羌寨羌人的实际生活

① 2016 年 6 月 29 日，理县薛城镇木卡乡三寨村，报告人：孔明生母亲。

② 2016 年 6 月 29 日，理县薛城镇木卡乡三寨村，报告人：余全生，76 岁。

真正融为一体，所以几乎都是很僵化、干瘪的形式。就像桃坪羌人家中，虽然有神龛，但是再无香火供奉；甚至为了增强视觉冲击力，居民们会用红绸、彩线等肆意装扮神龛。再看如今“释比”生存的大环境，整个羌族地区并不是一个与外界绝缘的地方，外界的大环境也对羌区产生深深的影响，羌人也在迅速趋同于主流人群：以主流人群的判断为判断，以主流人群的喜好为喜好。所以，后果显而易见——在主流人群的“保护”与关注下，一种趋同于主流生活方式的，以主流的喜好为价值判断的，披着区域形式外衣的一种僵化的“传统文化”将被“打造”出来，或者说将会被保留下来。人们前往羌族地区观赏到种种看似“古老”的新奇表演，却并无实质上的文化意义。

全球化进程下，主流价值评判在趋同——对于利益追求的趋同、对于所谓的“好生活”的定义的趋同。所以，思维不同于以往的主流文化人群来谈非遗保护很难理解少数民族文化的全貌。我们现在谈对少数民族非物质文化遗产的保护，更多是在全球化背景下，被“同质化”浪潮席卷的主流人群的一种“情结”在“作祟”。我们一方面想保存的是少数民族独特的文化现象，是一个民族的识别特征；但是另一方面我们并不能真正做到接受一种早已被我们界定为“落后”“迷信”的旧有的文化模式。目前，在少数民族非遗保护中，处于文化客位的主流人群对民族文化“指指点点”，多方限制，以及选择性保护正是这种思想的真实体现。我们既不愿意看到传统文化式微，却又“往往首先对文化进行现实功利的考虑，结果每个人都觉得自己是为社会潮流所推，对此只能惋惜而又无能为力”①。这也正是少数民族宗教性非遗“活态传承”难以实现的根本原因。

六　结语

民族文化自信核心在于民族信仰自信，而民族信仰自信就是要让民族地区的人们意识到自己曾经对于世界的理解，对于生命的理解，以及在此基础上采取的族群祭祀、祈祷行为的“合理性”。“合理性”虽不等

---

① 刘志军：《非物质文化遗产保护的人类学透视》，《浙江大学学报》2009 年第 5 期。

于“正确性”，但这是应该交由每个族群自己判断的范畴，各地政府能做的也就是适当引导，而不是强制改变或者限制。对待少数民族文化的传承，我们必须摆脱文化优越感的控制，以平等、尊重的心态来看待，才可能真正发现和理解少数民族文化的精神内涵。若是在“怜悯”的眼光下来“包容”“扶持”它们的传承，最终只能打造出一个供主流文化人群消遣的附庸文化。就如陈兴龙、陈松在《人口流动与羌族文化传承研究——基于“瓦尔俄足”文化生态保护的人类学思考》中提到曾经有几个羌族寨子在某一地举办瓦尔俄足节后却灾祸连连，而经“释比”测算重新选址后方回归歌舞升平的安宁年岁。① 所以，“文化生态”的恢复不应仅仅由文化客位的人群来决定，而应尊重当地信仰习俗，听取处于文化主位的人们的意见；用他们传统的方式，结合现实的考量共同营造。

对于“释比”传承，我们应该首先给他相对宽松的生长空间——既尊重羌人的需求和“释比”本身的特质；又相对消解羌族地区人们对于“释比”模棱两可的态度，鼓励“释比”完整传承也提升青年人学习“释比”的热情。当羌人重新需要“释比”来为生活大小事占卜、为亡人送葬、驱除邪祟、定时举行祭山会以重新认知那古老的宇宙观和世界观之时，真正的“释比”其人的“活态传承”也就实现了。“活态传承”原本也是一种“动态保护”，是民族文化与时俱进的内在需求。“释比”曾经的功能主要是治病，现代医学的发展削弱了这种功能；但是临终安慰和对于亡者家属的人文关怀是当下社会关注的重要课题，因此，“释比”对于亡人的指引，对于将亡魂送归福地从而给生者以安慰的功能则值得继续发挥并给主流社会以启示。

衡量文化没有普遍绝对的标准，“每个文化集团都有独一无二的历史，任一文化都适应了各自的历史与现实环境，有着自身的特殊存在价值”；而“社会秩序来自对许多种而不是一种文化价值的肯定”②。只有意识到这一点，我们才能在还来得及的时候重新审视这些已经被同质化的“科学”认识逼迫到墙角的少数民族宗教性非物质文化遗产；也只有

① 陈兴龙、陈松：《人口流动与羌族文化传承研究——基于“瓦尔俄足”文化生态保护的人类学思考》，《阿坝师范高等专科学校学报》2014 年第 1 期。

② 刘志军：《非物质文化遗产保护的人类学透视》，《浙江大学学报》2009 年第 5 期。

做到这一点，宗教性非遗的“活态传承”才可能会实现。实现人的“活态传承”是宗教性非遗真正理想的保护办法，但是这需要社会观念的转变，而从其紧迫性而言，现在就需要转变。这也是保证文化多样性的关键，更是我们需要进一步认真思索的课题。

正祀与民间信仰的“非遗”化：对民间信仰两种文化整合战略的比较*

李华伟**

摘　要：中国在历史上曾将在一定地域范围内有影响的民间神灵列入正祀体系，对民间信仰进行整合，借此实现大传统对小传统的吸纳，实现文化的正统化和大传统的地方化。民国之后，民间信仰处于不受重视或抑制的状态。2006年5月20日，国务院正式公布了《第一批国家级非物质文化遗产名录》，一些有影响的庙会祭典被列入其中。各级非物质文化遗产为民间信仰提供了新的合法化途径。与正祀体系不同的是，民间信仰的“非遗”化强调的是民间信仰的地方性和特异性。因此，民间信仰的“非遗”化战略在整合文化的同时，还表现出不容忽视的潜在的解构功能。

关键词：正祀；非物质文化遗产；民间信仰；文化整合；解构

一　引言

2006年5月20日国务院公布了第一批国家级非物质文化遗产名录，此次名录中“民俗”有70项，带有祭祀性质的民俗事象共11项。分别

---

* 原文刊于《中央民族大学学报》（哲学社会科学版）2019年第2期。本文为国家社会科学基金项目“近现代中国民族国家建设与儒教的互动关系研究（1895—1919）”（17BZJ011）阶段性成果。

** 李华伟，中国社会科学院世界宗教研究所副研究员。

为黄帝陵祭典、炎帝陵祭典、成吉思汗祭典、祭孔大典、妈祖信俗、太昊伏羲祭典、女娲祭典、大禹祭典、祭敖包、白族绕三灵、厂甸庙会。

黄帝陵祭典被列为“八大祭典活动之首”①，意义深远。不仅是对传统祀典和正祀观念的发扬光大，还使该项活动获得了新的意义。2006 年 9 月 30 日，时任中共中央政治局常委的李长春作出批示：“祭黄帝陵可和对台工作相结合，和弘扬传统文化相结合，和团结、凝聚海内外同胞相结合。”②

毋庸置疑，黄帝陵祭典、炎帝陵祭典、祭孔大典、太昊伏羲祭典、女娲祭典、大禹祭典所祭祀的对象在帝制时代的中国均在不同时期被列入祀典。不过，列入祀典的是“神灵”，而不是祭祀神灵的活动。在八大祭典中，绝大多数为中国历史上传说时代的“圣王”，也有对中国文化做出重要贡献的被后世封为“至圣文宣王”的孔子。在八大祭典之中，只有一项没有使用祭典之名，即“妈祖信俗”，不过妈祖曾在自宋至清代的历史中数十次受封并被列入祀典。如此看来，非物质文化遗产似乎替代了正祀，非物质文化遗产名录似乎替代了祀典名录并成为管理民间信仰③的新策略。

从“封建迷信”到非物质文化遗产的历程是现今民间信仰正名化的重要途径。然则，民间信仰的“非遗”化和古代的正祀有何异同，两者对民间信仰和社会的影响有何异同？学界对这一问题尚缺乏研究，本文试析一二。

---

① 陕西省公祭黄帝陵工作委员会办公室编：《黄帝祭祀大典图志（1980—2007）》，中国文史出版社 2008 年版，第 126 页。

② 陕西省公祭黄帝陵工作委员会办公室编：《黄帝祭祀大典图志（1980—2007）》，中国文史出版社 2008 年版，第 126 页。

③ 对民间信仰这一概念的内涵和外延，目前仍未达成共识。民间信仰是一个颇具争议的概念。本文采用学界对民间信仰的基本界定，从外延对民间信仰作一个界定。民间信仰，指与拥有独立组织的伊斯兰教、基督教、佛道教、秘密宗教等制度性宗教相对的、制度化层次不完备的信仰形态。民间信仰处于官方与民间、大传统与小传统的关系之中，是一种关系性的存在，是一种动态的存在。

二 正祀对民间信仰的文化整合

（一）何为正祀？

正祀是相对晚出的一个概念。较早出现的一对概念是“祀典”与“淫祀”。如《礼记·祭法》曰：“夫圣王之制祭祀也，法施于民则祀之，以死勤事则祀之，以劳定国则祀之，能御大菑则祀之，能捍大患则祀之……此皆有功烈于民者也。及夫日、月、星辰，民所瞻仰也；山林、川谷、丘陵，民所取财用也。非此族也，不在祀典。”《礼记·曲礼》：“天子祭天地，祭四方，祭山川，祭五祀，岁遍。诸侯方祀，祭山川，祭五祀，岁遍。大夫祭五祀，岁遍。士祭其先。凡祭，有其废之，莫敢举也；有其举之，莫敢废也。非其所祭而祭之，名曰淫祀。淫祀无福。”

出自《礼记》的这两段话，成为后世确定正祀与淫祀的基本原则和依据。[①] 尽管这些基本原则得以落实的实际情形取决于国家祭祀体系礼制化的过程和中央集权的强弱变动[②]，但其一贯性还是可辨的。

（二）正祀何为？

历史上，正祀和祀典是可以等同、混用的。[③] 祀典的概念出现于《礼记·祭法》，但正祀的行为却更为久远。在宋代，祀典之外成为正祀的途径还有获得朝廷的封号和赐额等手段。

那么，国家确立祀典体系的意图是什么呢？虽然《礼记·祭法》的相关原则确立较早并一直为后世遵循，但真正将这一原则具体化并加以落实则要到北宋时期。北宋时期，“具有朝廷的赐额、赐号逐步成为地方祠祀合法性之先决条件，否则就是淫祀”[④]。宋代朝廷掌控民间信仰世界

---

① 李安宅：《〈仪礼〉与〈礼记〉之社会学的研究》，上海人民出版社 2005 年版，第 47—48 页。

② 雷闻：《郊庙之外——隋唐国家祭祀与宗教》，生活·读书·新知三联书店 2009 年版，第 251—255 页。

③ 王见川、皮庆生：《中国近世民间信仰（宋元明清）》，上海人民出版社 2010 年版，第 32—53 页。

④ 雷闻：《郊庙之外——隋唐国家祭祀与宗教》，生活·读书·新知三联书店 2009 年版，第 273 页。

的意图和手段在一些文字中展露无遗。《宋会要辑稿·礼》收录了数则相关材料，如元丰三年（1080），太常寺言：“如此则锡命驭神、恩礼有序。”① “锡命驭神，恩礼有序”显示了皇权高于神权，在控制现世秩序之外驾驭彼岸世界神界信仰体系的意图。不过，国家控制百姓宗教生活秩序不是通过强制手段而是通过像祀典这样的软控制来进行的。

宋代关于正祀的材料极为丰富。元丰三年（1080）的史料显示，对神灵的封号遵循以下原则：“诸神祠无爵号者赐庙额，已赐额者加封爵。初封侯，再封公，次封王，生有爵位者从其本。妇人之神封夫人，再封妃。其封号者初二字，再加四字。”② 南宋时期也基本遵循这一原则，并且更为具体，如建炎三年（1129）敕节文云：“神祠遇有灵应，即先赐额，次封侯，每加二字至八字止；次封公，每加二字至八字止；次封王，每加二字至八字止。神仙即初封真人，每加二字至八字止。妇人之神，即初封夫人，（每加）二字至八字止。”③ “随着北宋赐额、赐号制度的完善和所谓‘祀典’的开放，同时建立起来的是一个由皇权支配的新的神明体系”；“朝廷通过赐额、加封、修庙等手段对于州县祠祀进行认定，后又直接编制‘祀典’，对其实现了直接控制”④。

宋代政府设立祀典的目的在于“锡命驭神”，在于“承认灵验的神祠”，在于“承认神祇的功德，并促使他们继续显灵”⑤。必须承认，无论何时，能列入祀典的永远是少数，大多数民间神祠都在祀典之外。不过，“宋代神明成为正祀的途径除了传统的祀典，还可以通过获得朝廷的封号和赐额而成为正祀”⑥，而且后者是一条主要的通道。要想获得朝廷的封号和赐额，必须满足其赐封的条件——“宋代朝廷赐封祠神的首要

---

① 《宋会要辑稿·礼（二〇之六至七）》，中华书局1957年版。

② 《宋会要辑稿·礼（二〇之六至七）》，中华书局1957年版。

③ 《渠渡庙赐灵济额牒》，《续修四库全书（第898册）·〈八琼室金石补正〉（卷117）》，第453页。

④ 雷闻：《郊庙之外——隋唐国家祭祀与宗教》，生活·读书·新知三联书店2009年版，第274页。

⑤ ［美］韩森：《变迁之神》，包伟民译，浙江人民出版社1999年版，第83页。

⑥ 王见川、皮庆生：《中国近世民间信仰（宋元明清）》，上海人民出版社2010年版，第33页。

条件是灵应”[1]。

（三）成为正祀的神灵之条件：“灵应”

大多数起源于民间的信仰得以列入祀典、成为正祀的一个重要条件是“不断显灵”。“灵验”是官方、士绅、民间为神灵申请国家承认并列入祀典的重要指标。

鉴于宋代是将祀典体系落实的重要时期，并且学界对此研究已颇为深入，我们可以在此基础上做一归纳。有学者列出了两宋封神的诏令，从中可见“灵应”对于神灵获得赐封的重要性[2]。以下数条史料更是常被学者引用的。如建中靖国元年（1101），“诸神祠所祷累有灵应、功德及人、事迹显著，宜加官官爵封号庙额者，州具事状申转运司，本司验实即具保奏”[3]。（礼二〇之六至七）淳熙三年（1176），“诸道神祠所祷灵应、功迹显著、惠利及民者，非泛常应验”[4]。再如1189年的指挥条文节录：“今后神祠祈祷应验，令诸路转运司依条保奏，取旨加封。”[5]

韩森发现，“就理论而言，祀典理应是排他性的，但在实际上，它却包容了所有可以证明自己灵验的神祇”[6]。通过对洪迈《夷坚志》和《宋会要辑稿》及庙宇碑文的分析，韩森发现，“在每一道命令地方官上报申请载入祀典的神祇姓名的诏令中，朝廷主要关心的就是他们灵验与否。灵验的神祇是有威力的，理应载入祀典，不灵的神祇则否”[7]。韩森发现，尽管不在祀典体系的祠庙被称为“淫祀”，有可能受到打击，不过，“问题的关键并不在于神祇是否列入祀典，而在于他们灵验与否”[8]。

---

① 王见川、皮庆生：《中国近世民间信仰（宋元明清）》，上海人民出版社2010年版，第38页。

② 冯大北：《宋代封神制度考述》，《世界宗教研究》2011年第5期。

③ 《宋会要辑稿·礼（二〇之六至七）》，中华书局1957年版。

④ 杨浚：《清水岩志略（卷2）·敕赐昭应慈济大师牒》，《中国道观志丛刊续编》，广陵书社2004年版，第35页。

⑤ 阮元：《宋敕赐忠显庙牒碑》，《两浙金石志（卷一二）》，浙江古籍出版社2012年版。

⑥ ［美］韩森：《变迁之神》，包伟民译，浙江人民出版社1999年版，第85页。

⑦ ［美］韩森：《变迁之神》，包伟民译，浙江人民出版社1999年版，第87页。

⑧ ［美］韩森：《变迁之神》，包伟民译，浙江人民出版社1999年版，第82—85页。

祀典是一个开放的体系，妈祖、关公并不是一开始就进入祀典的，祀典体系在打击淫祀的同时又保持开放性。妈祖、关公不断得到加封并被正式列入祀典的历史，足以说明祀典体系的开放。祀典体系代有损益，但其基本原则是一致的，对灵验的要求也是一贯的。妈祖、关公不断得到加封正是因为这两个神灵被认为不断显灵，“显灵—奏报—加封”的这一体系一直保持着，直到清政府解体。直到抗日战争时期关公显灵的故事仍不断出现①，不过，“显灵—奏报—加封”的体系却不复存在。

尽管成为正祀的“灵应/灵验”这一条件被多数学者注意到了，但不应单独强调这一条件而忽略了《礼记·祭法》中的原则。《宋史·礼志八》明确将《礼记·祭法》的原则与“灵验”结合起来，值得引述如下：

> 自开宝、皇祐以来，凡天下名在地志，功及生民，宫观陵庙，名山大川能兴云雨，并加崇饰，增入祀典。熙宁复诏应祠庙祈祷灵验，而未有爵号，并以名闻。②

（四）“神的标准化”与“刻划标志”：正祀体系对民间信仰的文化整合机制

1. “神的标准化”：实现文化的正统化和大传统的地方化过程

将对地方有功德的神灵列入祀典，不仅是提升地方神灵地位并获得地方对中央认同的重要举措，还是将正统价值观注入地方神灵之中，实现文化正统化的过程。妈祖被列入祀典之后，妈祖信仰的内涵和符号均朝着正统价值观靠拢，即为明证。

国家承认的信仰在地方得到认可的过程，就是“神的标准化”的过程。妈祖信仰正统化的过程，就是天后代替或吸纳了本地神灵的过程。尽管在这一过程中存在着有关天后的种种矛盾看法，但这些矛盾的看法

---

① 酒井忠夫、胡小伟：《民间信仰与社会生活》，上海人民出版社 2011 年版，第 318—320 页。

② 《宋史（卷 105）》，中华书局 1977 年版，第 2561 页。

却被“天后女神外在一致的象征特点掩盖了”[①]。沃森指出，“对天后的崇拜……把来自完全不同社会背景的人包含在一起，这些人对天后都有自己的看法和信仰。但对外来的观察者说来，一座天后庙标志着体面和‘开化’。因此基本标志的模糊性是在中国创造统一文化传统的一个要素”[②]。

在这一过程中，即天后的普及、推广中，天后吸纳或代替了地方神灵从而实现了神灵的标准化和文化的正统化。研究发现，福建和广东“成千上万种的地方信仰都让位于三四种国家允准的神灵”[③]，这即是文化的正统化和大传统地方化过程的结果。

通过对天后崇拜的研究，沃森发现，中国政府对文化整合做法的有效在于，“国家强加的是一个结构而不是内容……换一种说法，国家鼓励的是象征而不是信仰”[④]。在同一个象征之下，给各社会阶层、各色人等提供了一个足够辽阔的自由活动、自由诠释的灵活空间。

在这一象征之下，原有的信仰人群继续建构自己的叙事[⑤]、保持自己的信仰，不过却从官方那里获得了信仰的合法性。重要的是，这一过程给地方精英人物增加了新的活动空间，与国家一起合作建构了一种全国性的统一的文化。

大传统对小传统的认可和吸纳，采用的是民众喜闻乐见的方式，起到了积极的干预和引导效果。正如金泽研究员所说，国家选择“对被神化的文化英雄加封不同等级的头衔（与祭祀的待遇有关）和不同的封号（赋予特定的内涵）的做法，既表明了‘大传统’对‘小传统’的内容的认可，同时也鲜明地表达了‘大传统’（主流意识，特别是政治伦理观

① ［美］沃森：《神的标准化》，［美］韦思谛编《中国大众宗教》，陈仲丹译，江苏人民出版社2006年版，第76—82页。

② ［美］沃森：《神的标准化》，［美］韦思谛编《中国大众宗教》，陈仲丹译，江苏人民出版社2006年版，第83页。

③ ［美］沃森：《神的标准化》，第83页。

④ ［美］沃森：《神的标准化》，第83页。

⑤ 张士闪：《传统妈祖信仰中的民间叙事与官方叙事》，《山东艺术学院学报》2007年第6期。

念）对‘小传统’（民间信仰）的选择性干预和伦理引导”[①]。

2. “刻划标志”：意义的叠加与大传统的地方化

毋庸置疑，即使在“同一个象征之下”，官方、地方精英与民间各自赋予同一个神灵的意义是不同的。同一象征和符号下，不同意义的叠加使之成为文化统一的载体，成为大传统与小传统共存、彼此吸纳融合的机制和持续的动力。

杜赞奇在研究“关帝神话”时，提出了“刻划标志”（Superscribing Symbols）的概念。“刻划标志”是在研究文化象征演变规律和演进形式时提出来的。杜赞奇说，“由于文化象征即使在自身发生变化时也会在某一层次上随着社会群体和利益的变化保持连续性。这种特点的标志演进的形式我称之为‘刻划标志’”[②]。

所谓刻划“标志”的过程，基本上是增添新的解释或突出某些方面，甚至是对立的解释的叠加、协调，是“层累意蕴的积淀”[③]。在关帝神话上意义的叠加和刻划反映着各时期、各阶层的社会需要，“变化着的需要”给关帝神话增添了新的内容。[④] 这一刻划机制一直存在并运转良好，这也是促成大传统的地方化的重要手段。[⑤]

三 民间信仰与非物质文化遗产

（一）文化整合机制的断裂与民间信仰的污名化

正祀体系通过一系列机制，实现民间文化的正统化和大传统的地方化，在这一过程中实现了对民间信仰和地方文化进行整合的目标。在民国以来的现代国家的政权建设中，这一文化整合机制断裂，造成了深远的影响。民国时期，对宗教机构的攻击和破坏，造成了更为严重的后果，

---

① 金泽：《民间信仰的聚散现象初探》，叶涛、周少明主编《民间信仰与区域社会》，广西师范大学出版社 2010 年版，第 9 页。

② ［美］杜赞奇：《刻划标志：中国战神关帝的神话》，［美］韦思谛编《中国大众宗教》，陈仲丹译，江苏人民出版社 2006 年版，第 95 页。

③ ［美］杜赞奇：《刻划标志：中国战神关帝的神话》，第 95—96 页。

④ ［美］杜赞奇：《刻划标志：中国战神关帝的神话》，第 109 页。

⑤ 陈春声：《正统性、地方化与文化的创制——潮州民间信仰的象征与历史意义》，《史学月刊》2001 年第 1 期。

即“破坏了在机构上对这一神话进行刻划的支撑”，还破坏了国家与地方精英的联盟。用杜赞奇的话说，“攻击了国家和精英层借以不断重新确立其联盟和社会秩序观念的一个最重要的手段”，“消除了维持国家在乡村生活中权威地位的手段”。破旧而不能立新，造成了严重后果：通过正祀体系控制民众信仰世界的机制失效，民间信仰层面的文化正统化进程中断，国家在宗教层面有效控制并巧妙传递自己权威的手段失效。因此，杜赞奇感叹说，“通过对宗教机构的攻击，这些政权破坏了在中国社会中扩展其权威的真正手段……却不能创造出一个有竞争性的代替关帝神话的东西，来作为在国家和农民之间认同和沟通的标志性的框架”①。

由是，民间信仰被作为国家政权建设的对立面而存在。无论是“废庙兴学”还是打击“封建迷信”，都让民间信仰面临走向“地下”的危险，不再成为国家进行文化整合和团结的对象。

中国的非物质文化遗产名录中专设“民俗”一项，为民间信仰的合法化提供了新的可能性，然而，非物质文化遗产对民间信仰的容纳机制是否像正祀/祀典体系那样起到了文化整合的作用呢？这正是下文需要讨论的问题。

（二）何为非物质文化遗产

联合国教科文组织《保护非物质文化遗产公约》中对非物质文化遗产（intangible cultural heritage）做出了如下界定：“‘非物质文化遗产’指被各社区、群体，有时是个人，视为其文化遗产组成部分的各种社会实践、观念表述、表现形式、知识、技能以及相关的工具、实物、手工艺品和文化场所。”《保护非物质文化遗产公约》强调保护非遗的目的：使非物质文化遗产得到创新，促进文化多样性，激发人类的创造力。

我国对非物质文化遗产的内涵及种类也作出了界定。《国家级非物质文化遗产代表作申报评定暂行办法》第二条，对非物质文化遗产作了界定：“非物质文化遗产指各族人民世代相承的，与群众生活密切相关的各

---

① ［美］杜赞奇：《刻划标志：中国战神关帝的神话》，载［美］韦思谛编《中国大众宗教》，陈仲丹译，江苏人民出版社2006年版，第110页。

种传统文化表现形式（如民俗活动、表演艺术、传统知识和技能，以及与之相关的器具、实物、手工制品等）和文化空间。”第三条指出，非物质文化遗产可分为两类：“（1）传统的文化表现形式，如民俗活动、表演艺术、传统知识和技能等；（2）文化空间，即定期举行传统文化活动或集中展现传统文化表现形式的场所，兼具空间性和时间性。”① 截至2016年，我国已公布了第四批国家级非物质文化遗产名录。

如前所述，第一批国家级非物质文化遗产名录中“民俗”有70项，带有祭祀性质的民俗事象共11项，占“民俗”类别的15.7%。其中，妈祖信俗名列其中，为民间信仰通过成为非遗获得合法性起了示范作用。2009年9月30日，“妈祖信俗”获得了更大的成功，与中国其他21个项目共同入选联合国的《人类非物质文化遗产代表作名录》。②

（三）民间信仰与非物质文化遗产的相遇

确如学者所说：“2006年以来全国性的非遗普查与申报，再次借助西方话语，完成了将地方民间信仰正名为‘非物质文化遗产’的文化启蒙。”③ 这在国家层面和地方层面都表现得极为明显。

2007年1月由中国艺术研究院主编的《中国非物质文化遗产普查手册》正式出版，该书明确将“民间信仰调查提纲”列入非物质文化遗产的普查提纲之中，对各地申请民间信仰类非遗起到了指导和示范作用。④此外，该书第二部分“国家级非物质文化遗产代表作申报书参考范本”中共列出了七个范本，而民间信仰类范本则有两个（大理白族绕三灵、妙峰山庙会），所占比重颇大。其中，“白族绕三灵”属于第一批国家级非物质文化遗产，而“妙峰山庙会”则属于申请第一批国家级非物质文

---

① 国务院办公厅关于加强我国非物质文化遗产保护工作的意见（国办发〔2005〕18号），http：//www. gov. cn/zwgk/2005 –08/15/content_ 21681. htm。

② 中国22个项目入选《人类非物质文化遗产代表作名录》，http：//news. xinhuanet. com/world/2009 –09/30/content_ 12137757. htm。

③ 吴真：《从封建迷信到非物质文化遗产》，金泽、邱永辉主编《中国宗教报告（2009）》，社会科学文献出版社2009年版，第178页。

④ 中国艺术研究院主编：《中国非物质文化遗产普查手册》，文化艺术出版社2007年版。

化遗产失败的项目。[①]

“妙峰山庙会”成为民间信仰类非物质文化遗产代表作申报书参考范本，是民俗学界的专家在参与非遗规划、普查方案、项目评审时有意争取的结果。[②] 民俗学者为民间信仰进入非遗名录预留了框架，并积极出谋划策、参与评审。[③] 此外，这些专家还为非物质文化遗产容纳民间信仰在理论上进行了论证。[④]

如果说，第一批国家级非物质文化遗产名录留给民间信仰的空间还较为狭小的话，2008 年公布的第二批国家级非物质文化遗产名录和第一批国家级非物质文化遗产扩展项目名录为民间信仰留下的空间则要大得多。第二批国家级非物质文化遗产名录“民俗”51 项中，与民间信仰有关的被归为“民间信俗”和“庙会”[⑤]，其中“民间信俗”七项，“庙会”十项，这些项目的公布，起到了导向作用，产生了“示范效应”。

尽管 2006 年公布的第一批国家级非物质文化遗产名录留给民间信仰的空间较为狭小，地方的非遗名录积极模仿国家的非遗名录，将祭典类事象列入地方非遗名录，以为当地争取政绩和经济增长的空间。如“龙牌会”被列入 2006 年的河北省非物质文化遗产名录，并积极申报国家级非物质文化遗产。

（四）民间信仰“非遗”化的隐忧

民间信仰“非遗”化之后，不少申报单位（多为政府文化行政部门）

---

① 《妙峰山庙会“申遗”过程带来的思考》，http：//www. ydhwh. com/culture/move. asp？ id = 389。

② 《妙峰山庙会“申遗”过程带来的思考》，http：//www. ydhwh. com/culture/move. asp？ id = 389。

③ 陶立璠：《妈祖祭典与非物质文化遗产保护——兼谈“非遗”名录评审的理论和实践》，《中华妈祖文化学术论坛论文集》，百花文艺出版社 2008 年版，第 5—8 页；乌丙安：《非物质文化遗产保护理论与方法》，文化艺术出版社 2010 年版，第 129—132 页。

④ 高丙中：《作为非物质文化遗产研究课题的民间信仰》，《江西社会科学》2007 年第 3 期。

⑤ 国务院关于公布第二批国家级非物质文化遗产名录和第一批国家级非物质文化遗产扩展项目名录的通知（国发〔2008〕19 号），http：//www. gov. cn/zwgk/2008 - 06/14/content _ 1016331. htm。

对项目意义进行改编，对仪式进行改造，以迎合正统话语，并塑造了“民间信仰新传统”①。

对已经成为非物质文化遗产的民间信仰项目进行分析可知，只有那些具备或者说已经成为公共文化的项目能够成为“非遗”，而大部分民间信仰绝无成为“非遗”的可能。此外，“非遗”并不是正祀的替代机制，因为古代进入正祀体系的很多项目未能成为“非遗”，而那些未能成为正祀的民间信仰活动或神灵（如碧霞元君），则在新时代成为“非遗”（如妙峰山庙会）。我们至少可以发现，对于民间信仰的整合来说，民间信仰的“非遗”化并不是正祀体系的功能对等项。

四　非物质文化遗产：新时代的“正祀”？

我们有必要对正祀与民间信仰的“非遗”化这两种对民间信仰的文化整合机制进行比较，以发现两者的异同。

（一）主观动机不同

正祀和祀典体系是有意引导民间信仰并借此实现大传统的普及和地方化。与此相反，民间信仰的“非遗”化是无意中为民间信仰提供了正名机会。尽管有学者认为，“‘非物质文化遗产’这一名称是民间信仰百年以来获得的最为正统的合法身份”②，但这并不意味着成为非物质文化遗产是民间信仰的目标，也不意味着国家通过对各级非物质文化遗产项目的管理来实现管理民间信仰的目标。实际上，国家宗教事务局仍在探索对民间信仰的治理政策，对民间信仰借助“非遗”实现合法化并无明确表态。

在当前，民间信仰场所要想取得合法地位，要么依附佛协、道协，要么借助进入各级非遗名录而获得合法身份。由于“非遗”的评审不属于各级宗教事务部门的管理范围，因此，各级宗教管理部门并未介入民

---

① 李向平、梁超：《非物质文化遗产与民间信仰研究》，《河南社会科学》2014 年第 12 期。

② 吴真：《从封建迷信到非物质文化遗产》，金泽、邱永辉主编《中国宗教报告（2009）》，社会科学文献出版社 2009 年版，第 179 页。

间信仰的“非遗”化事宜。

（二）标准不同：从“灵验”到“遗产”

“灵验”是官民一致认可的为神灵请封、赐封的条件。不仅如此，“显灵”不是一次性的，而是“不断显灵”，是动态的过程，显灵的过程就是其获得赐封的过程，也是其传播和扩散的过程，更是其生命力之所在。从关帝或妈祖的“神的标准化”中都可以看到这一点。这一机制到民国时期即较为式微，但未完全丧失。

进入祀典体系的神灵之所以在受封之后能够很快传播，是因为受大众欢迎，并一直保持“灵验”的缘故。正因为“灵验”和生命力旺盛，民间信仰才能在各地迅速传播开来，正是借助此一过程，正统文化实现了广泛传播和影响地方文化的目标。官方对诸如关帝、妈祖等神灵正统化的过程，不仅是正统文化传播的过程，还是对下层社会秩序进行归化的过程。越是在文化和政治中心，进入祀典体系的神灵之庙宇也越多，如北京的关帝庙最多。①

与此相反，“遗产”无论是物质遗产，还是无形的遗产（非物质文化遗产），都是濒危的，其生命力不旺盛，扩散能力也较弱。

（三）赐封机制不同：从“封神”到“封庙会”

无论唐宋时期，还是明清时期，国家政权对神灵的赐封机制是基本类似的。尽管对北宋时太常寺博士王古上奏中的“封爵”究竟是赐封给神灵还是给神灵的祠庙仍有争议，但宋代文献显示，“神祇与其祠庙是合二为一的”②。从宋朝之后对“神灵/祠”的赐封来看，都是对神灵的赐封，无论从妈祖还是关帝的封号都可以看出这样一个特征。而“封神”的一个重要便利之处在于，神灵进入祀典或获得“庙额”，其信众可以随处建庙，因此，对神灵的信仰随着信众的人员流动而到处传播。③ 随着地

① 酒井忠夫、胡小伟：《民间信仰与社会生活》，上海人民出版社 2011 年版，第 316 页。

② ［美］韩森：《变迁之神》，包伟民译，浙江人民出版社 1999 年版，第 79 页。

③ 朱海滨：《祭祀政策与民间信仰变迁——近世浙江民间信仰研究》，复旦大学出版社 2008 年版，第 18—62 页。

方信众对神灵灵验的叙事及申请赐封，神灵不断显灵以满足不同时代、不同地域各类民众的诉求，这些神灵甚至跨越宗教、民族、种族变成不同民族的具有不同名字的神灵，进而获得不同的称号、拥有不同的神迹和灵验故事，但是，这些神灵实则是同一个。最为典型的是关公。关公是包括汉族、蒙古族、满族、藏族、锡伯族在内的各民族共同信奉的神灵，满族还将关公称为“关玛法”，藏族将关公称为“札喇钦”，不仅如此，蒙藏民众中将“关公与格萨尔王事迹混同”，或称关公为“汉人格萨尔王”①。也有证据表明，在18世纪的蒙古人中关帝形象与蒙藏民族史诗中的伟大英雄格萨尔合起来了。②

民间信仰的“非遗”化，“赐封”的是“庙会”而非“神灵”。这是因为，按照《国家级非物质文化遗产代表作申报评定暂行办法》第二条和第三条，尤其是第三条对非物质文化遗产类别的规定③，以庙会和祭典类列入“非遗”更符合文化空间（即定期举行传统文化活动或集中展现传统文化表现形式的场所，兼具空间性和时间性）这一“非遗”类别。因此，无论是第一批国家级非物质文化遗产名录中的十一个祭典，还是第二批国家级非物质文化遗产名录中的七个“民间信俗”和十个庙会，均对具体的文化空间作了限定。所以，这两批名录中的民间信仰类“非遗”项目均局限于一定的“传承空间”。可以说，民间信仰的“非遗”化侧重的是“文化空间”，被合法化的只能是某地的某类民间信仰。如此一来，与“封神”式的正祀相比，民间信仰的“非遗”化只能被称作“封庙会”。

由于非物质文化遗产涉及巨大的地方利益，每一个项目都有申报单位，每一个项目都有归属地，因此，其他地方的同类事象是不被认可的。因此，我们发现第一批国家级非物质文化遗产扩展名录中竟然出现了与第一批名录相同的事象，涉及民间信仰类的有：黄帝祭典、炎帝祭典、妈祖祭典，不过申报单位与第一批名录不同，分别为河南省新郑市（新

---

① 酒井忠夫、胡小伟：《民间信仰与社会生活》，上海人民出版社2011年版，第240页。

② ［俄］李福清：《关公传说与关帝崇拜》，［俄］李福清《古典小说与传说——李福清汉学论集》，中华书局2003年版，第97页。

③ 国务院办公厅关于加强我国非物质文化遗产保护工作的意见（国办发〔2005〕18号），http：//www. gov. cn/zwgk/2005 -08/15/content_21681. htm。

郑黄帝拜祖祭典)、陕西省宝鸡市、天津市民俗博物馆(天津皇会)[①]。既然同一个信仰需要各地自行申报,申报获批之后,被赋予合法性的只有特定申报单位所申报的这一个,其传播力自然受到限制,所起到的文化整合效果与正祀体制完全不同。

(四)效果不同

如前所述,正祀体系推行的是积极的文化整合战略,起到了传播大传统与正统文化地方化的作用。而且,正祀体系所赐封的是“神灵”,以“灵应/灵验”作为标准,因此,这是一种活着的信仰,神灵和信仰可以随着信徒而流动,神灵和信徒、地方士绅、官员必须不断证明神灵的灵验,才能为神灵求得国家的赐封。

而进入非物质文化遗产名录的民间信仰事项则是“濒危的形态”,急需得到保护、传承,否则难以为继。与正祀信仰体系这种活着的信仰相比,需要得到保护的当代信仰事项自然生命力堪忧。此外,进入非物质文化遗产名录的民间信仰能够获准列入名录,是因为其局限于“一定时空”的“文化空间”,加之申报单位申报的是此处的“信俗”,因此,进入非物质文化遗产名录的民间信仰之传播受到限制,国家借此实现文化整合的渠道也被堵塞。

更为重要的不同是,历史上的正祀体系强调大传统对地方民间信仰的正统化提升,消解地方文化特异性,强调文化的整体统一性[②]。而“非遗”化的民间信仰,则是文化的正统化与地方特异性共存,而且更为强调地方文化特异性。正是基于地方文化特异性,新郑黄帝拜祖祭典、陕西省宝鸡市的炎帝祭典、天津皇会的妈祖祭典[③]才得以列入第一批扩展名

---

① 国务院关于公布第二批国家级非物质文化遗产名录和第一批国家级非物质文化遗产扩展项目名录的通知(国发〔2008〕19号),http://www.gov.cn/zwgk/2008-06/14/content_1016331.htm。

② 朱海滨:《祭祀政策与民间信仰变迁——近世浙江民间信仰研究》,复旦大学出版社2008年版,第192—193页。

③ 实际上,民俗专家对此有明确的认识,并明确建议天津皇会申报妈祖祭典。

录。[①] 而将这种特异性发挥到极致的是，2011 年 5 月 23 日，国务院再次批准并公布了文化部确定的第三批国家级非物质文化遗产名录和国家级非物质文化遗产名录扩展项目名录，几个祭典类项目继续扩展，黄帝祭典、炎帝祭典、祭孔大典、妈祖祭典、太昊伏羲祭典、女娲祭典都增加了新的“文化空间”[②]。而 2014 年第四批国家级非物质文化遗产代表性项目扩展名录中，妈祖祭典的名单依然在扩展。[③]

更为关键的问题在于，为了发展经济，个别地方政府申请“非遗”时不惜伪造文化景观和历史。“作为一项事业、一种运动、社会主义精神文明和文化建设的一个重要组成部分”，“学界的鼓与呼、政界的强力推进、媒介的张扬使得作为语词和事实的‘非遗’（非物质文化遗产）已经为人耳熟能详”[④]，申报“非遗”成为地方发展经济和旅游业的策略。对于地方政府来说，发展经济是第一要义，进行文化整合是服务于地方经济发展的手段。因此，为了发展经济，某些地方政府伪造历史和现实文化场景，甚至鼓励民众改变民族身份以发展旅游[⑤]，此类对文化整合起着潜在解构功能的做法屡见不鲜。

民间信仰对于少数民族地区的文化认同尤为重要，而非物质文化遗产又强调文化特异性，自然会使得少数民族地区更加强调其民间信仰文化的独特性和独特的历史，因此，个别地区不惜伪造、“复原”、重构虚拟的当地民间信仰历史以坐实文化特异性，并服务于地方经济发展。如此，在地方文化特异性之上如果没有共同的价值相制衡或提升，那么，个别少数民族地区民族民间信仰的“非遗”化有可能促成其潜在的离心

---

① 国务院关于公布第二批国家级非物质文化遗产名录和第一批国家级非物质文化遗产扩展项目名录的通知（国发〔2008〕19 号），http：//www. gov. cn/zwgk/2008 – 06/14/content_ 1016331. htm。

② 国务院关于公布第三批国家级非物质文化遗产名录的通知（国发〔2011〕14 号），http：//www. gov. cn/zwgk/2011 – 06/09/content_ 1880635. htm。

③ 国务院关于公布第四批国家级非物质文化遗产代表性项目名录的通知（国发〔2014〕59 号），其中妈祖祭典分为以下三处：葛沽宝辇会、海口天后祀奉、澳门妈祖信俗，http：//www. gov. cn/zhengce/content/2014 – 12/03/content_ 9286. htm。

④ 岳永逸：《“非遗”的雾霾》，《读书》2016 年第 3 期。

⑤《每到一处，天翻地覆——“非典型”书记李智远的施政路》，《南方周末》2016 年 4 月 28 日。

化，这将对中华民族多元一体中多元和一体的关系如何平衡构成潜在的挑战。

总之，各级非物质文化遗产为民间信仰提供了新的合法化途径，与传统社会的正祀体系具有一定的类似性。但是，不同的是，民间信仰的“非遗”化强调的是民间信仰的地方性和特异性，在整合的同时，还对文化整合有着潜在的解构功能。

集会仪典

非物质文化遗产的创造与民族国家认同

——以“大禹祭典”为例*

陈志勤**

摘要：大禹祭祀在浙江省绍兴地区历史悠久，但因为政治、社会的原因，曾经在很长的一段时期内衰退、消失。现在，大禹祭祀在地方经济文化的建设中，特别是在非物质文化遗产保护背景下得到再生和发展；而这种再生和发展无疑伴随着“传统”“民俗”“非物质文化遗产”的再创造过程。围绕着“非物质文化遗产”——“大禹祭典”的“传统”“民俗”的创造，孕育了国家整合、地方开发、宗族变化之间的互酬互惠的关系；同时，也经历了由民间文化、地方文化到表象民族、国家的中华文化的升华。

关键词：非物质文化遗产；传统的创造（invention of tradition）；大禹祭典；宗族复兴；国家认同

前　言

始于20世纪60年代初的德国的民俗主义论认为，民俗主义现象推翻了传承的连续性、固定的共同体，以及以此为基础孕育和传承的民俗这

* 原文刊于《文化遗产》2010年第2期。

** 陈志勤，上海大学社会学院副教授。

些民俗学的根基，让民俗研究者看到了民俗由于第三者的介入被利用的现象，使他们认识到动态性地把握文化过程的必要性。① 1983 年由英国历史学家 E. 霍布斯鲍姆和 T. 兰格所编的《The Invention of Tradition》② 一书出版，日文版于十年后的 1992 年在日本翻译出版，“被创造的传统”也因此成为日本民俗学界的流行语，由此，民俗研究者从类似庙会是何时因何理由开始的这些所谓“找传统”的工作，转而去关注传统因何原因如何被创造出来的、这样的传统在现代社会中发挥了怎样的作用等问题。③

从大的趋势来看，在日本以及欧美对于传统的创造、民俗主义论以及相关的文化资源保护、利用的研究领域，对“传统”的认识可以说是经历了两个阶段的：第一个阶段是对“传统”的反思和否定，揭示被人们认为的“传统”的危险性；第二个阶段是对这样的“传统”有了肯定的认识，认为特别是在政治、社会、文化不均衡状况之下，可以探讨其在现代社会中的意义和作用。对“传统”的认识的两个阶段从某种意义上也可以说是形成了两种研究趋向。因为，我们现在所看到的传统文化，是在历史的进程中不断发生变化而传承下来的，在探讨过去的“传统”被创造的同时，新的“传统”也正在被不断地创造出来，所以，对“传统”的反思应该是一个长期的研究课题。而对这样的“传统”的“是”与“非”、“肯定”与“否定”的认识，最终将会形成不同的研究方法和得出不同的结论。就笔者所接触和了解的一些学术动向以及研究成果而言，如在日本民俗学界可以听到两种具有一定代表意义的观点，其一是东京大学教授岩本通弥的观点，其二是东京大学教授营丰的观点。

岩本通弥虽然对以地方居民为主体的切实的民俗文化利用给予一定的评价，但认为对其中的民俗主义现象、民族主义倾向应该持一种批评

---

① ［日］法桥量：《德国民俗主义讨论的去向——展现的领域与局限性》，《日本民俗学》第 236 号（特集：民俗主义），2003 年，第 49 页。

② 《The Invention of Tradition 》的日文版为《創られた伝統》（前川启治、梶原景昭等译，纪伊国屋书店 1992 年版）；中文版《传统的发明》，于 2004 年在国内出版（顾杭、庞冠群译，译林出版社）。

③ ［日］阿南透：《传统性庙会的创造与变容》，パルテノン多摩编《“传统”的创造与文化变容》，财团法人多摩市文化振兴财团 2001 年版，第 6 页。

的态度。如岩本通弥通过对日本文化政策以及相关的民俗文化利用现象的事例研究，认为虽然重视传统本身并非不好，但作为学术研究则需深思熟虑，一概地给予评价较为危险；并揭示了因政治目的实施的计划是被设定的事物，是介入民俗主义现象特别是都市人怀旧心理的文化民族主义的体现；[①] 又指出迄今为止只有民俗学界关心的问题现在已被全社会所注目，但这并不是民俗学界的研究和活动得到认可的表现，让人感到困惑和担心的是，虽然对周围生活文化的再发现是柳田国男以来民俗学的课题，但发现的未必一定是好的现象，也并不一定是传统，因此，揭示这些现象的背景和问题的焦点，才是民俗学者应该发挥的作用。[②]

而对于日本民俗主义论研究所体现的倾向，即：对因之政府、国家的行为进行否定，对因之当地居民的行为进行肯定的观点，菅丰认为有失偏颇具有一定的局限性。[③] 他通过对日本和中国的考察以及对中国事例的研究，认为在现代社会作为文化资源的民俗文化被利用是不可避免的，搞清楚其利用的“是”或“非”并不重要，重要的是应该探讨如何去利用、如何以更好的方法和目的进行利用的问题；并提出有必要认识和理解国家和地方政府实行的文化政策，把当地人民的价值观和见解反映在正确的文化政策上，并对具体的文化政策给地域社会带来的影响进行监督和完善，指出这才是民俗学者应该承担的任务。[④]

当然，以上两者的见解分歧应该说是基于一定的共通的认识之上的，就是反思政治社会对学术的影响、关注文化所有者的利益，如反映在非物质文化遗产保护的问题上，两者都对源于联合国教科文组织的非物质

---

① ［日］岩本通弥：《民俗主义和文化民族主义——现代日本的文化政策与连续性希求》，《日本民俗学》第236号（特集：民俗主义），2003年，第172—173页。又，根据吉野耕作的定义，“文化民族主义”是“当民族的文化认同感出现欠缺、产生不安定、受到威胁的时候，通过对民族文化认同的创造、维持、强化，以再生民族共同体的活动”。（［日］吉野耕作：《文化民族主义的社会学》，名古屋大学出版会1997年版）

② ［日］岩本通弥：《序文》，岩本通弥编《故乡资源化与民俗学》，吉川弘文馆2006年版，第5页。

③ ［日］菅丰：《公共民俗学的可能性——民俗学中一个既新又旧的课题》（PPT），2007年3月20日于中山大学中文系的讲演。

④ ［日］菅丰：《文化遗产、文化资源的政策与民俗学》，王恬编《古村落的沉思》，上海辞书出版社2007年版，第172 — 174页。

文化遗产保护活动其本身持否定态度；但在这种活动已经成为全国性、全球性行为的事实面前，两者虽然观点有所不同，但考虑问题的出发点始终源自文化的主体——地方民众的立场。如从非物质文化遗产保护研究领域来说，就是以人民的生活和地方的发展为价值判断的基础。

所以，可以说对有关传统创造或者发明的研究，仅仅是揭示其如何创造以及创造过程看来已经是不够了，我们还需要从不同视角探讨其创造的结构、意义以及作用，不断地对现代社会创造的“传统”进行新的反思和新的认识。因为，我们在接受了传统、民俗、非物质文化遗产被利用的事实之后，我们也必须接受传统、民俗、非物质文化遗产被创造的事实。这对于中国来说尤其是需要勇于承认的事情。因为经历了历史时期各种政治运动以及改革开放初期的无知破坏，传统、民俗的再现、再生其实大都是从零开始，没有对传统民俗文化的创造、发明是很难挖掘、复原和发展的。就国内来说，现在迫切需要通过大量的田野调查和事例分析，来探讨在传统被创造背景之下的非物质文化遗产保护的课题，也许这才是比较务实的一种态度。

但目前在社会上好像已经形成了这样的一种倾向：在称呼上无意识地以“非物质文化遗产”来代替“民俗文化”，在认识上先验地把“非物质文化遗产”认为是“文物遗产”，而并没有充分地意识到“非物质文化遗产”其实是一种被建构、被创造的产物。而在这样一个非物质文化遗产保护背景之下的作为文化遗产的民间信仰，由于各种外界力量的介入以及新出文化政策的影响，它已经不再是纯粹意义上的信仰行为和空间了，其中蕴含了太多的来自现代社会的政治的经济的承载了，对于这一点首先应该有一种清醒的认识。如本文所要探讨的被列入第一批国家级非物质文化遗产名录的“大禹祭典”这个事例，就是这样一种承载了各种使命的被创造出来的非物质文化遗产。

本文主要以“大禹祭典”为例，试图考察在地方建设中“传统”“民俗”“非物质文化遗产”被创造的过程，以此阐明在这种过程运行之中国家整合、地方开发、宗族变化之间的互动关系以及地方独立性的呈现，并揭示其中内含的从民间文化、地方文化到表象民族、国家的中华文化的升华的结构以及民族——国家认同的意义。

一　大禹祭祀的历史背景：族祭、民祭、公祭等[①]

因为大禹的陵、庙、祠在绍兴，大禹对绍兴来说就具有特殊的意义，绍兴的历史必从治水英雄大禹开始，也是现在大禹治水精神和爱国主义教育的重要基地。由禹陵、禹庙、禹祠组成的大禹陵建筑群[②]，占地40余亩，建筑面积2700平方米。大禹陵位于绍兴城东南会稽山麓，山麓下有一个叫禹陵村的村落，据说早在大禹被葬百年之后就有这个村名了，那里生活着自称或被称为大禹姒姓的子孙。在《史记·夏本纪》中有以下记载："禹于是遂即天位，南面朝天下，国号曰夏后，姓姒氏""十年，帝禹东巡狩，至舆会稽而崩""记功而崩，因葬焉，命曰会稽"；又在《吴越春秋》中有记载："禹之子启即天子位，使使以岁时春秋而祭禹于越，立宗庙于南山之上。"据此可知禹王、姒氏宗族、绍兴（会稽）三者的关系：禹王姓姒氏崩于会稽，后葬于会稽并立宗庙。

据说为守护大禹宗庙，在4000年前姒氏遵启之命来到此地。因此，也有一些媒体称禹陵村为中国唯一的王陵守陵村。禹陵村姒氏宗族每年在农历新年和大禹生日两次要举行族祭。姒氏宗族把禹庙[③]视为祖庙，每年除夕各自祭祀祖先以后，在农历元旦都要在禹庙举行族祭，并以农历六月初六为大禹华诞，在前一日开始也要进行祭祀，现在姒姓宗族只恢复了农历元旦的族祭活动。另外，绍兴还有民间祭祀大禹的传统即民祭，民间传农历三月初五为禹王生日，此日有名为"嬉禹庙"实为"祭禹"

---

① 关于绍兴大禹祭祀的制度、形式、名称等未有规范和定论。如在《绍兴大禹祭典》（浙江省非物质文化遗产代表作丛书，吴军、罗海笛编著，浙江摄影出版社2009年版）中，把祭祀形式分为三大类：官祭、公祭、民祭，似乎有待商榷。

② 当地习惯把禹陵、禹庙、禹祠建筑群，并称为大禹陵。

③ 在沈建中编的《大禹颂》中，认为现在的禹祠自古已有，因屡有兴废后称为大禹寺。（《大禹颂》，浙江人民出版社1995年版，第103页）但据姒承家考证，认为过去也有称禹庙为禹祠的，并指出现在的禹祠并不像很多人认为的是古来就有的，也不是姒氏本家宗祠，而是1986年在大禹寺（佛教寺院）的旧址上改建而成。（姒承家：《大禹世家》，浙江古籍出版社2003年版，第192—196页）

之说。[①] 现在大都在农历六月初六前日和冬至前夜举行，主要由原禹陵村人（有姒姓但不是族祭）和其他一些民间人士组织。

历史上的祭禹，除每年有宗族祭祀、民间祭祀以外，还有可称为官方祭祀的皇帝亲临御祭或派遣官员告祭以及地方政府公祭。最早有秦始皇到过会稽祭祀，后有清代皇帝的祭祀，如康熙皇帝亲祭 1 次，遣特致祭 10 次，乾隆皇帝亲祭 2 次，遣特致祭 19 次；1933 年、1934 年曾大修禹庙，1935 年 10 月 16 日（夏历九月十九日）举行了浙江省政府的特祀大禹，1936 年 9 月 19 日有绍兴县政府的例祀大禹。[②] 如果把公祭看成属于官方（特别是地方政府）主导并引领社会各界的一种公共行为，那么，从以上的历史过程来看，绍兴的官方祭禹还是具有一定的历史连续性和传承性的。地方政府的祭禹中断于 20 世纪 30 年代，宗族祭祀和民间祭祀在新中国成立以后也变得销声匿迹了。

为了发展地方文化经济，建设旅游城市是绍兴市政府的一个主要目标，以大禹陵、会稽山为基础的景观建设以及恢复祭禹传统是其中一个主要的项目。1995 年 4 月 20 日（谷雨），由浙江省政府和绍兴市政府共同主办了“1995 年浙江省暨绍兴市各界公祭大禹盛典”，[③] 这一次的公祭大禹，已是 1936 年以来相隔 60 年以后的官方祭祀活动。1995 年公祭以后，当地政府采取公祭与民祭相结合的方式，基本上是以“每年一小祭、五年一公祭、十年一大祭”的原则每年举行祭禹活动。也就是说逢五逢十的公祭、大祭是由地方政府为主的官方祭祀，其中逢五的公祭由绍兴市政府主办当地旅游部门承办，逢十的大祭由浙江省政府主办绍兴市政府承办，而小祭就是发动民间力量进行民间祭祀。

1995 年第一次公祭以后，2000 年和 2005 年为逢十、逢五年，当地政府又举行了相当规模的公祭活动。之后的 2006 年的公祭禹典礼在 4 月 2 日（农历三月初五）举行，同时，结合了祭禹大型主题晚会、禹陵村（新）开村仪式以及第 22 届中国兰亭国际书法节、茶文化节等活动而展

---

① 绍兴市文联编：《绍兴百俗图赞》，浙江人民出版社 1997 年版，第 264—265 页；沈建中编：《大禹陵志》，研究出版社 2005 年版，第 94 页。

② 沈建中编：《大禹颂》，浙江人民出版社 1995 年版，第 200—212 页。

③ 当地政府把这第一次公祭简称为“95 浙江公祭大禹”。

开。2006 年的大禹祭祀成为当地政府提高公祭规格、扩大公祭规模的一次重大举措，并从此后公祭大禹活动就被固定为每年进行了，其间的小祭年就不需要以民祭来填充了。2006 年 5 月，大禹祭祀以“大禹祭典”为正式的名称，被国务院列入第一批国家级非物质文化遗产名录。2007 年 4 月 20 日的公祭因为由国家原文化部与浙江省人民政府共同主办，绍兴市政府和媒体都将这次公祭看成国家级的祭祀——“国祭”。当地政府举全市之力推动的地方文化创造运动，在获得“国家级非遗”和“国家级祭祀”这两项桂冠之后，传统的祭禹活动就真正成为现代版的“大禹祭典”了。

在恢复公祭的同时，民间祭祀也在当地政府的倡导下，在形式上作为公祭的补充开始出现，但在实质上它并不是传统再生而是一种现代创新，因为从时间上来说完全是根据政府决定的（每年谷雨），从参祭人群来说也是通过政府安排的。第一次公祭后的第二年，1996 年 4 月就举行了由绍兴市政协、绍兴旅港同乡会、台北夏氏宗亲会共同发起的 1996 年绍兴祭祀大禹陵典礼；还有 2001 年 4 月由大禹后裔绍兴姒氏、台湾夏氏、韩国禹氏等“三姓代表”联合发起的民祭大禹陵典礼。这样的除逢五逢十在小祭年举行的祭祀，就被当地政府以及媒体称为民祭了。其他还有由当地文联、社科联等民间力量为主组织的祭祀活动，大都也有禹陵村人以及大禹姒姓后裔参与，如 2005 年 7 月 10 日（农历六月初六大禹生日）和 12 月 21 日（冬至）的民祭活动，在时间上已经与政府决策无关，再现了传统意义，但这两个传统时间原本并不是来进行民祭的，农历六月初六大禹生日是姒姓宗族的族祭，冬至在从前也没有祭禹的。最近几年虽然没有政府背景的大规模“民祭”，在禹陵村人集中的居住地，农历六月初六和冬至的祭禹却被坚持了下来，现在反而成为属于禹陵村人自己的民祭活动了。根据 2009 年农历六月初五笔者的调查，可以认为也许这才是真正意义上的民祭。

2006 年大禹祭祀以“大禹祭典”之名进入第一批国家级非物质文化遗产名录之后，具有一定真正意义的族祭也开始恢复了。在绍兴姒族研究会（2003 年成立）的组织下，2007 年的农历初一举行了族祭大禹的活动，因为是本家所以按传统族规要在大禹庙内进行，当时参祭者来自姒氏在绍兴的四大支系有近200人。① 此后，每年农历初一的族祭活动一直持续到现在，如2009年的农历初一族祭，除了在绍兴、在禹陵村的大禹后裔之外，还有从杭州、上海等外地赶来的姒氏后裔参祭。

自改革开放以后，禹陵村村民以及其他民间人士已经渐渐开始了祭禹活动②，但当时只是一种个人行为，并不是真正意义上的族祭、民祭。而1995年第一次公祭以后有着政府背景的族祭、民祭也不是真正意义上的族祭、民祭，可以说只是配合公祭的一种行为，在这里，其实已经发生了一种转换：从“民俗”到“官俗”的置换。真正意义上的族祭、民祭的再现，反而是在地方政府主导的公祭大禹活动的运作过程中得以实现，并且经历了从响应政府倡导到自觉组织实施的一个过程。

二　地方政府创造的非物质文化遗产“大禹祭典”

在1995年第一次公祭之前，为了修建祭祀广场、甬道、牌坊以及制造祭鼎、大鼓、大钟等，绍兴市政府就开始组织全市性的募捐活动，公祭大禹可以说是举全市之力而发展起来的一个地方文化活动。后设立了中共绍兴市委绍兴市人民政府节会办公室，负责组织举行一些大规模的活动，一般上半年是有关文化的节会，公祭大禹为主要的活动，每次举行大规模公祭时，还要应时成立公祭大禹陵组委会，而下半年是一些经济的节会，比如说“黄酒节”等。

公祭大禹的祭典仪式自2005年公祭以后，改变了以前“每年一小祭、五年一公祭、十年一大祭”的原则，形成了每年进行公祭的惯例。公祭恢复十年之后的2006年本应该是“每年一小祭”的小祭年，按以前的原则是在政府背景之下组织民间力量进行祭祀，但因为这一年的祭祀承载了一些新的使命，具有一定的转折性意义。首先是成功申报国家级非物质文化遗产之后的一次公祭，是国家级非物质文化遗产名录公布之

① 姒承家：《禹裔寻踪》，浙江古籍出版社2008年版，第217页。

② 2000年笔者去禹陵村调查，访问了自称为大禹第141代后裔的姒绍品老人，据他介绍其实在解放以后以及在“文化大革命”期间，虽然形式很简单，他们还是保持了祭祀活动的，并说有时候是在当时村里的姒姓家长（即族长）的家里进行。

前的一次前奏，结果是在当年5月国务院公布的第一次国家级非物质文化遗产名录中榜上有名。其次是明确提出要把公祭大禹打造成为国家级祭祀规格之后的一次公祭，是为2007年公祭活动升格为现代版“国家祭祀”的一次铺垫，结果是2007年公祭时国家原文化部首次成为第一主办方。

对大禹进行祭祀历史悠久，而对这个祭祀活动历来有很多称呼。民间有时用“大禹祭祀”，有时用简称“祭禹”，而对夏启以来的具有皇朝、官方意义的称为祭禹祀典，在民国时期还有“大禹陵庙年祭”“特祭大禹王”“祀禹典礼”“列祀大禹”等提法，如按照类型，就像以上所介绍的那样有“民祭”“族祭”“御祭”“亲祭”“告祭”等名称，而自1995年当地政府第一次恢复公祭活动开始，基本上统一使用的是“公祭大禹陵”这个正式名称，同时，在每年的媒体报道中也有使用类似“祭禹典礼”那样的名称的。但在2006年5月第一次国家级非物质文化遗产名录中，公布的正式名称是“大禹祭典”，这对于绍兴人来说，对于禹祭历史来说，应该是一个全新的文字组合。对于具有历史传承意义的名称的改换现象，在各级非物质文化遗产保护工作中可以说有很多的例子，说明在非物质文化遗产的申请、评定过程中，其中有一个侧面或者有一个功能是对名称的规范和创新。

现在，因为对大禹进行祭祀的人群的不同，所以他们选择祭禹的日期也有所不同，族祭民祭是在大禹的生日或是春节冬至（但在绍兴大禹生日也有两个），地方政府的公祭大都是按需决定。虽然对为何是这个生日、为何是这个日子等原因都已经难以考证，但我们可以通过绍兴的新旧政府在确定祭祀日期的事例，了解祭祀的时间是如何被改变如何被确定的。在前文中曾经介绍了旧时姒氏宗族在农历元旦和六月初六进行祭祀，绍兴民间以农历三月初五为大禹生日进行祭祀，但官方祭祀原先并没有定制。1936年，当时的绍兴县政府曾经就新的祭祀日期谨呈省政府批准，因考证大禹年祭历朝俱无一定之期，建议祀禹月日数宜用九，定为每年9月19日年祭大禹。[①] 至60年后1995年的第一次新中国的官方大禹祭祀“95浙江公祭大禹”时，当时就把祭祀日期定为每年农历的谷雨，

---

① 沈建中编：《大禹颂》，浙江人民出版社1995年版，第210—211页。

当地政府的考虑是：可以避开“两会”，容易邀请中央领导以及省领导[①]，当然，从以后几年当地政府的宣传以及媒体的报道来看，也有取“谷雨良辰，五谷丰登”之意。所以这之后大都是在谷雨时节公历4月20日左右举行祭祀活动，只有2006年的公祭在公历4月2日举行，即把农历三月初五民间认为的大禹生日作为祭祀之日。而且，自1995年第一次公祭起，每年都定于即日上午9点50分开始举行祭祀大典，是为了象征其“九五之尊”之意。

民国二十四年（1935）国民党浙江省政府祭祀大禹之后，其公祭盛况曾有《祀禹录》一册作为记录，绍兴一位民间人士收藏了这本珍贵资料，并已经献给当地政府。1995年恢复第一次公祭大禹陵活动时的祭典仪式，曾以《祀禹录》所记载和描绘的如何摆放祭品、祭器，如何进行撞钟、击鼓、鸣铳仪式等作为参考，其后几年的公祭活动，基本上以1995年的公祭作为基础进行调整。虽然这些并不能说明祭典仪式的复原，但还是进行了仿古复古的努力，并加以发挥，以求历史性、传统性和民族性。

我们知道新中国成立后经历了多次的政治运动，特别是有关信仰、祭祀的传统、民俗大多已经消失殆尽，如果说要再现、复兴，很多只能是从零开始，如何在现代社会中营造古代的场景和氛围，“传统”的创造和发明变得至关重要。对于国家级非物质文化遗产“大禹祭典”的创造，除了以上所述的名称、时间上的再构成以外，我们还可以从以下两方面进行分析：从形式上增强传统色彩和从意义上强化民族意识。

第一，从形式上增强传统色彩。首先是以祭祀器具营造原始和古老，虽然它们在形式上复古了，其内涵却大有变化。以前是信仰者自发地对菩萨[②]的奉献，现在因为是政府行为，就变成了企业、个人向当地政府的捐献，如震元股份有限公司和绍兴制药厂捐赠大铜鼎、纺织丝绸公司捐赠大鼓，等等，并且还仿古例设置了捐资碑陈列于大禹陵内，其实质已经是具有地方政府表彰捐赠企业个人的现代意义了。其次是以仿古建筑来构筑历史和传统，除原有的大禹陵建筑群以外，还新建很多新的相关

① 沈才土编：《公祭大禹陵》，浙江人民出版社1996年版，第23页。

② 绍兴当地称神灵为菩萨，当把大禹视为神灵时也不例外，也称大禹为菩萨。

建筑。在2008年之前“全功能、全方位”的祭禹广场完成之前，基本上在每年公祭之前都要进行新建改建一些体现古代、历史的建筑物，除了维修禹庙拜厅、恢复大禹陵享殿这些庙内古建筑以外，大规模的是一系列仿古新建筑，如大禹陵牌坊、甬道、祭祀广场、祭台、九龙台、华表、祭舞台、九鼎台，等等，其中大禹陵牌坊坊额“大禹陵”三字还是江泽民在视察绍兴时所题。值得引起注意的是华表、九龙台、九鼎台这类象征民族、国家的新建筑物的出现，足以表明一个地方性的祭祀向权威正统的、国家整体的祭祀规格发展的意图。最后是以祭典仪式再现正统和权威。除华表、九龙台、九鼎台这些从物质文化的对正统、权威的表述之外，还有很多如“九五之尊”之类的从非物质文化来进行的表述。当地政府把大禹定位于立国之祖，自1995年第一次公祭伊始，祭祀典礼就已经按照古代最高的礼祭“禘礼”的规格进行设计了，并明确了通过公祭和民祭、传统和现代、礼和乐相结合的方式进行的原则。[①] 所以，这个仿古复古的“禘礼”是适应时代经过了创新的现代版“禘礼”。而且，除了祭典仪式形式上的发挥以外，其内涵也进行了深入的挖掘。整个仪式过程包括祭典开始、主祭人登拜厅、鸣铳·击鼓·撞钟，以及奏乐、敬酒、行礼、献舞、谒陵等共16项议程（2007年为13项）。[②] 其中鸣铳·击鼓·撞钟的数量定为：“鸣铳9响”“击鼓33响（2007年为34）”“撞钟12响（2007年为13）”，充分表明了其体现“全中国、全民族、全中华”之概念的意图。因为它们分别代表了“九州、三十一个省·港澳（1995年当时）以及十二亿人民”（1995年当时）之意。

第二，从意义上强化民族意识。首先是祭祀主体性格的演变，以前官方祭祀是仰慕先帝之恩威、先王之神功而进行祭祀，这从历代和民国时期祭夏禹王文中可以知晓。[③] 而现在在地方文化建设的运作当中，公祭虽然是帝王仪式，其实质更多的是把大禹当成一位历史人物，祭祀主体的性格定位于治水英雄、民族英雄。如当时的浙江省委副书记刘枫在为

---

① 沈才土：《关于举行95浙江公祭大禹陵活动的汇报提纲》，沈才土编《公祭大禹陵》，浙江人民出版社1996年版，第23页。

② 沈才土编：《公祭大禹陵》，浙江人民出版社1996年版，第132页；中共绍兴市委、绍兴市政府节会办公室：《2007年公祭大禹陵活动资料汇编》，2007年，第5—6页。

③ 沈建中编：《大禹陵志》，研究出版社2005年版，第124—131页。

记录1995年公祭的资料汇编《公祭大禹陵》作序时，就认为“弘扬大禹精神是时代的需要。作为一位历史人物，大禹是夏王朝的创始人，称得上是中国的立国之祖。然而在广大人民群众心目中，他更多的是一位大公无私、救民于洪荒的英雄人物”①。

其次是祭祀目的的转化。以前官方祭祀和民间祭祀，其目的无非仰夏王治水神功、祈一方百姓平安，无论是祭先帝还是祭水神都是具有传统信仰意义的，而现在的公祭可以说有了两个很明确的现代目的：一是弘扬国家的民族精神，二是发展地方的旅游经济，其传统意义的信仰之心已经完全剥离。1995年第一次公祭大禹陵时，绍兴市委、市府就确定了祭禹活动的总的指导思想，从当时的市委副书记沈才土在公祭大禹陵活动的汇报提纲中概括的话，就是通过祭禹弘扬民族精神、推动旅游事业。② 而在当时浙江省委副书记刘枫在1995年为《公祭大禹陵》作的“序”中，更为明确地把类似内容表现出来了：祭祀大禹活动是为了“弘扬优秀民族传统，振奋爱国主义崇高精神”，并在当时已经提出可以“通过祭禹进行爱国主义教育，凝聚人心，同时促进旅游和经济的发展”。③ 所以，对于公祭大禹的目的，当地省市政府的强化民族意识的意图是非常明显的。

当然，也不能忘记地方政府为了开发旅游事业振兴经济的目的，但这和民族意识的强化也是紧密相连的。绍兴市试图以祭祀大禹陵与黄帝陵抗衡，所谓“北有黄帝陵，南有大禹陵”，试图形成一个代表民族、国家意义的祭祀格局，利用传统文化开发旅游事业。在大禹庙门口赫然挂着九块牌子，其中有六块是关于爱国主义教育基地的，如“浙江省爱国主义教育基地”等，而另有三块是关于风景区建设的，如“绍兴市文明景区”等。从中我们也能看到当地利用祭祀这个传统文化的两个主要目的：一是爱国主义教育的国家整合，二是风景区建设的地方旅游开发。

① 刘枫：《序》，沈才土编《公祭大禹陵》，浙江人民出版社1996年版，第2页。

② 沈才土编：《公祭大禹陵》，浙江人民出版社1996年版，第22页。

③ 沈才土编：《公祭大禹陵》，第1页。

三 传统的创造与国家、地方、民间的互动

在绍兴的一些民俗资料中是以农历三月初五为禹王诞生日的，但笔者2000年对禹陵村进行调查时，据自称为大禹姒氏141代孙姒氏宗族族长（当地称家长）姒绍品老人说，姒氏宗族一直以来是以农历六月初六为大禹的生日，并说每年这天以及春节姒氏宗族都要在禹祠祭祀大禹。①解放后因为大禹陵归属国家，作为文物保护单位由当地文物局主管，后成为旅游观光名胜地，又由当地旅游部门分管。姒氏宗族虽然不能进入禹庙进行宗族祭祀了，但村中族人还是以家长为主在家里祭祀大禹，低调地保持着宗族祭祀大禹的传统。姒姓宗族在禹祠祭祀的时候还有很多规矩。只能族人进入，也只能男人参加，女人是不能参加的，女人新婚第一年可以入祠堂，但不能走进去，可用轿子抬进去，这个过程就是说承认你是村里的媳妇、承认你是族人了。因为有些小孩贪玩不愿意去参加祭祀，为了让族里的人都去参加，对去参祭的每户都会发给一斤、两斤的猪肉或馒头之类的，方法是在每次祭祀的时候有人会发给一根签，祭祀完后就按照这根签去领食物。还有就是在旱灾时，禹陵村人以神轿抬大禹像巡回求雨，因大禹在当地被认为是最大的菩萨，其他各村甚至绍兴城里的神轿都要挤在大禹神轿之后，以沾禹神之光。

姒氏宗族对于大禹的那份守候，其中所孕育的情感是非常独特的。在大禹陵中现在的两尊大禹像都是立身像，一尊是帝王像，另一尊是手拿铁锹像。如果不是把大禹当成祖先，一般人对此是不会产生什么想法的。但是姒绍品老人就对此颇有微词，他曾经说这两尊站像不太好，不如以前一尊是坐像一尊是站像，现在两尊都变成站像，这会让大禹很辛苦，就好像让他整天拿个铁锹去治水。虽然有关大禹的传说有很多歧义，无论大禹的生日还是大禹的祭祀，传为大禹守陵的禹陵村祭祀文化都具有独特的民俗文化价值，在绍兴、在浙江，甚至在国内都是具有典型意义的，无疑，姒氏宗族是传承这种民俗文化的核心主体。但为了1995年

---

① 参见上文关于禹庙的注释。如果据姒承家考证现在的禹祠是以后新建的话，那么姒绍品老人当时说的禹祠就是指禹庙了。

的公祭活动，在大规模景观开发环境整治的过程中，禹陵村被不断地拆迁直至消失。公祭是一种政府行为、官方行为，可以说是“官俗”，但“官俗”的恢复就是这样以村落民俗的消失为代价的。

绍兴在城市化、现代化的进程中，水乡、古都的氛围其实已经渐渐淡化，现代城市味道越来越浓厚。为了利用传统文化进行旅游开发，当地政府以8.3平方公里的古城为基础，大力营造一个具有特色的风景旅游城市，其中一个项目就是以会稽山、大禹陵为主开发“会稽山风景区”。在大规模开发会稽山周围自然环境这种物质文化的同时，一个主要内容即是利用作为非物质文化的大禹祭祀传统。虽然当时已经开始趋于重视文化的价值，开始趋于利用传统的实践，把利用传统民俗文化作为地方发展的一种手段，但还没有非物质文化遗产的概念，甚至在与正统精英文化的对比之中，尚处于轻视民俗文化的阶段。在利用大禹祭祀而不断扩大的景观开发中，其结果是造成了禹陵村的彻底消失。在恢复公祭的同时，因为大禹陵的景观建设，绍兴市政府结合农村路线教育，动员禹陵村村民自觉搬迁。1995年，在公祭墓道和广场的修建中，拆迁了村中50多户的住房；1996年又搬迁了姒氏宗族的一些墓穴；2001年公祭广场绿化时，又拆移了部分村民住房。禹陵村，这个被媒体认为是中国具有最悠久历史的，且宗族的纯粹性保持较好的村落，就这样被分解了。由于“大禹陵风景区”的开发，在风景区周围修建了一些停车场，搬迁了的原禹陵村人被允许可以管理这些停车场。笔者在2000年调查时姒绍品老人正在管理一个停车场，这竟然成为他们当时和大禹陵保持联系的一种方式。

在绍兴的这样一个开发的过程中，世界的、中国的文化政策都发生了一些变化。联合国教科文组织公布了一系列影响各国文化事业的政策：1972年的《保护世界自然文化和自然遗产公约》、1989年的《保护民间创作建议案》以及2003年的《保护非物质文化遗产公约》；在中国，从2004年开始，人大常委会、国务院陆续发布了一系列有关非物质文化遗产的决定和意见，在2006年公布了第一批国家级非物质文化遗产名录，2008年又出台了有关传承人的实施办法等。当传统文化、民俗文化作为一种文化资源被认识，特别是在非物质文化遗产保护中受到重视后，在绍兴又出现了与先前轻易搬迁一个具有历史意义村落不同的另一番情形：

在禹陵村的旧址上又重新建了一个“新禹陵村”——“守陵村”，以代替已经不复存在的原禹陵村，并在 2006 年 4 月 2 日公祭大禹陵典礼之后，举行了新禹陵村的开村仪式。

禹陵村的事例很典型，历经拆迁和复原的命运变化值得深思。在禹陵村变成守陵村的过程中，当地政府部门的文化策略经历了一番彻底的思想转换。2006 年当地政府开始力争把公祭大禹升格为国家级祭祀活动，并准备实施每年一祭的惯例，为此，当地政府投入两亿多元资金进行物质文化的建设，包括祭禹广场、水上祭台、守陵村和夏禹文化园在内的“大禹陵景区”。而重要的是，在这样的一个过程背后，与国家的一系列有关非物质文化遗产保护的新的文化政策有着密切的关系。当地政府由此认识到祭禹活动的无形文化的价值，积极地申报了国家级非物质文化遗产，并在 2006 年 5 月被批准进入第一批国家级非物质文化遗产名录。绍兴公祭大禹申报国家级非物质文化遗产项目，让当地政府捕捉到了两个有意义的转折点：第一，因为有了国家级的桂冠，成就了从地方性祭祀升格到国家级祭祀的现代理由；第二，因为有了非遗的资格，大禹祭祀的文化价值完成了从物质的到非物质的转变。因为大禹与治水的关系，还因为大禹陵是全国重点文物保护单位，在往年公祭大禹时，中央及部委领导中水利部、国家文物局的代表是必定的被邀嘉宾，但在 2006 年、2007 年公祭大禹时，因为大禹祭典是国家级非物质文化遗产的关系，被邀中央及部委领导的名单中就出现了原文化部的官员。

值得引起民俗学研究者关注的是，以政府为主导的这样一个官方祭祀活动，是以“大禹祭典”为正式名称，被认定为“国家级非物质文化遗产”中的“民俗”类的遗产的。这里没有用“公祭”这个称呼，也许有为了不仅仅是凸显“官方祭祀”的目的，想让人感觉其中也可以包含非官方的族祭和民祭。所以，这里还并不仅仅是一个对名称的规范和创新的问题，或许是为了在申请非遗时可以从“官俗”转换成“民俗”的一种策略。如果假定国家级非物质文化遗产第十类的“民俗”为民俗学意义上的民俗的话，那么就可以说在非遗保护的背景中，公祭大禹这种“官俗”通过进入国家级非遗名录，可以完成从“官俗”到“民俗”的转换，并由此而获得拥有这种文化的正当性。[①]

在1995年公祭大禹陵时，禹陵村姒姓后裔的几位代表人物被邀参加公祭典礼，并在1996年又被邀参加了由地方民间组织主导的民祭典礼。当时禹陵村的族人有重修族谱的想法，当时的禹陵乡领导也有以著书宣传大禹以及成立宗亲会的建议，只是因为具有影响力的姒姓后裔代表人物主要是姒元翼、姒承家叔侄两人身处异地而力不从心，但这些要求最后还是促使他们下决心去了解和研究自己宗族的历史。[②] 在他们的努力下，于2003年出版了《大禹世家》，后姒承家又在2008年单独出版了《禹裔寻踪》。而对于宗亲会，原先姒承家等并没有此愿，但因为著书经历以及参祭名义等问题，认识到还是应该有一个组织为好，遂向会稽山旅游度假区管理委员会提出设立姒族研究会的请求，并于2003年4月作为绍兴市社会科学院的一个民间研究组织正式成立。

绍兴姒族研究会成立以后进行了一些具体工作，如开展与其他大禹后裔氏族如鲍氏、夏氏等的联系，继续进行姒氏宗族历史的研究，加强和异地如四川、云南姒氏之间的联系与了解等。祭禹典礼被评为国家级非物质文化遗产后，让大禹后人备受鼓舞，姒族研究会经过讨论决定恢复正月祭大禹的风俗[③]，并于2007年2月20日恢复了至20世纪50年代中止的正月初一族祭活动。2009年绍兴姒族研究会进入了新老交替的新时期，姒氏族人不仅在国庆期间相聚上海共商大事，还于2009年年底在绍兴举行新理事会选举。

除此之外，外界对于他们的关注也不曾停息。具有4000年历史只为守禹陵而存在的这个村落，引起了学术界的关注，据报道，复旦大学生命科学学院现代人类学研究中心的研究员曾因"百越源流的遗传探索"课题，在2001年9月采集过禹陵村的一些姒姓男性的血液，试图运用

---

① 关于国家级非物质文化遗产的桂冠所具有的判定文化"所有"正当性之功能，笔者已经在有关梁祝传说的研究中有所揭示。（《从地方文化到中国、世界文化的"梁祝传说"——民俗文化的历史的、社会的建构》，《山东社会科学》2010年第1期，第30页）

② 姒承家：《禹裔寻踪》，浙江古籍出版社2008年版，第218页。

③ 《大禹后人五十年后首次恢复正月祭祀大禹风俗》，中国新闻网，http：//news. qq. com/a/20070220/000793. htm，2007年2月20日。

DNA 鉴定技术进行“禹夏族属分析”;[①] 另据媒体报道，当地民营影视机构还要拍摄有关禹陵村故事的影片，并已经于2009年夏天正式开机。

从大禹祭祀的例子，似乎看到民俗文化的“所有”移向国家和政府一方，但实际上在与此有关的民俗空间中，国家和政府的举措，无意识地使宗族以及民间其他成员对民俗文化的认识得以提高，进而在新的社会和文化的脉络中，促进了民俗文化自觉的再生和创造。在这样的民俗空间中，各方面的利害关系者互相纠葛、互相缠绕，孕育了民俗文化的衰退、消失、继承、再生和创造的复杂的运动状态；国家、地方、民间在互动中，互惠互利，各得其所，呈现适应社会发展的一种复杂趋势。

四 文化的升华与民族—国家认同

新时期下的国家、地方、民间的互动，在非物质文化遗产保护和利用背景中形成了一个新的接点。非物质文化遗产保护和利用也为全球化背景中的国家整合、地方建设，提供了切入传统性、民族性话题的另一个侧面。在地方上作为政府行为，非物质文化遗产保护和利用成为地方建设的一种手段，既体现于国家整合的爱国主义教育上，又体现于地方建设的观光旅游开发上。在非遗的申请过程中，地方政府是替代民间的文化传承人作为文化的主体向国家提出申请的，这让地方政府拥有了干预民间操作文化的一个契机。而地方政府的这种举措也促使姒氏宗族以及禹陵村人认识到自己所拥有的文化价值，促使他们的文化认同感不断加强，为今后其自身的自律性发展创造了可能性。在非物质文化遗产保护中，国家、地方、民间的互动呈现一种互惠互酬的结构，而其中地方自身的独立性不容忽视。由于在整个的文化操作的过程中，地方政府不仅可以让民间祭祀、宗族祭祀成为官方公祭的附属品，并因此促使民祭、族祭的再现；同时还可以使代表国家的中央部委成为地方性祭祀的主办方，并由此促进地方文化的升华。

大禹精神一直是绍兴历史上彰显和标榜的一种地方文化，通过地方政府主导的公祭大禹陵的活动，现在不仅仅是绍兴文化的骄傲所在，也

① 《以基因技术破解禹身世争议》，《福州日报》2001年10月4日。

是浙江文化的魅力所在。如2006年公祭大禹陵时，当时任浙江省委书记的习近平就2006年祭禹发来贺信，就指出“大禹以其疏导洪患的卓越功勋而赢得后世敬仰，其人其事其精神，展示了浙江的文化魅力，是浙江精神的重要渊源”[①]。

2007年4月20日的公祭由中华人民共和国原文化部与浙江省人民政府共同主办。因为有中央机构的介入，有国家这个大背景，绍兴市政府和媒体都将这次公祭看成国家级祭典，地方性的公祭也就此升格为国家规格的“国祭”。从公祭升格为国祭，可以说是一个地方性的公祭仪式获得正统性的一个过程，就像历史上的地方性神明需要有皇朝的封赠才能正统化一样。但这种现代式的行政行为，不仅仅是一个地方性祭祀仪式获得正统化那么简单，而是一个地方文化为了提高其价值赋予其地位，在中国这个国家、这个社会中获得正统性的一个过程，是一个地方性的文化为了获得表象国家的“传统”而进行建构的过程。

很多媒体在报道绍兴2007年公祭大禹陵时，大都以为是从2007年升格为“国祭”的这一年开始，大禹祭典程序才开始按照古代最高礼祭“禘礼”而进行的。其实，在1995年第一次公祭大禹时祭祀仪式就已经按照“禘礼”进行设计了[②]，并且还有以上提到过的《祀禹录》作为依据，完全可以说大禹祭祀典礼是古代版的“国祭”，但地方政府并没有对此极力宣扬。经历了15年的岁月，在获得国家级非遗的基础上，以原文化部的介入成为主办方为契机，当地政府在张扬大禹祭典按照古代“禘礼”的同时，通过媒体大力宣传此次祭典即为“国祭”了。因为现代版“国祭”从意义上为形式上的古代版“国祭”提供了实质的内涵，更具有当时代的民族、国家认同的意义。当地政府认为大禹祭典升格为“国祭”，在中国就形成了“北有黄帝陵，南有大禹陵”的共同祭祀中华民族祖先的格局，而支撑这种认识的是非物质文化遗产保护活动，因为具有国家级祭祀意义的只有公祭黄帝陵和公祭大禹陵两项进入国家级非遗名录。

---

① 《祭祀大禹的重要历史意义》，新华网浙江频道，http：//www. zj. xinhuanet. com/special/2008 -04/16/content_ 12994891. htm，2008年4月16日。

② 沈才土编：《公祭大禹陵》，浙江人民出版社1996年版，第23页。

大禹祭祀在历史时期有国家支配者和地方政府主导的官方祭祀，但近年以来，在国家的、民族的建构体系中，地方性的大禹祭祀升格为国家级的祭典。地方政府围绕大禹祭祀的传统文化的再生和创造，孕育了各种各样的文化的正当性和正统性。从大禹祭祀的例子，我们也看到从“官俗”到“民俗”的移向，“国家级非物质文化遗产”的桂冠，正在成为地方政府获得文化、民俗的“所有”的正当性的一种方式。而在非物质文化遗产保护背景下获得的正当性，又为民族、国家意义的正统性认同提供了基础。这里的正统性与正当性的获得都基于一个前提，即文化的升华，就是从绍兴文化、浙江文化到中华文化的升华。从地方公祭到国祭、从“官俗”到“民俗”，其文化的传统性、民族性以及民俗性被发挥得淋漓尽致，不但作为旅游产业的资源被利用，也作为国家整合的象征被利用。在世界性的、全国性的文化政策变化体系中，以地方政府为主导的民俗文化、非物质文化遗产的创造，成为发展地方经济、强化民族国家认同的有效手段。

虽然围绕着非物质文化遗产“大禹祭典”的“传统”“民俗”的创造，孕育了国家整合、地方开发、宗族变化之间的互酬互惠的关系；同时也经历了由民间文化、地方文化到表象民族、国家的中华文化的升华，但是，因为非物质文化遗产保护是一项全新的事业，除了评审、登录等工作以外，相关的一系列管理、监督、保障措施都还没有建立和完善，如果进入国家级名录已经成为事实，而其后并没有相应政策的话，国家、地方与民间之间的互动就将失去平衡，民间、民众只是国家行政特别是地方政府的被利用对象，最终却得不到社会的、经济的利益体现。如以“大禹祭典”为例，大禹祭祀成为国家级的非物质文化遗产“大禹祭典”以后，对于大禹姒氏后裔以及原禹陵村人来说，不要说没有任何的利益体现，就连自由利用传统的禹庙以及新建的守陵村的权利也没有。

对于国内各地的“公祭”活动，施爱东指出被指斥为对人民群众与子孙后代不负责任的这些“虚假的”文化活动，也存在着为地方经济带来直接利益的现象①，吴效群、杨凤岗认为政府主导的公祭应中国社会的

---

① 施爱东：《学术与生活：分道扬镳的合作者——以各类“公祭大典”“文化旅游节”为中心的讨论》，《民族艺术》2008 年第 1 期。

需要而产生却带有种种弊端，提出最好的模式应由民间组织主办，政府和市场配合。① 两者虽然在一定程度上承认了这种“公祭”活动对于地方的意义，但前者提示了以学术理性的态度对待各地“公祭”实践的观点；后者揭示了“公祭”作为政府主导之行为的弊端，理性地辩证地表明了对待“公祭”这种政府行为的态度。而为了进一步改变借保护之名行破坏之事的行为所带来的种种危险状态，反思在新的社会时期“传统”的创造以及对这种“传统”的新的认识，我们不但需要如前言中提到的岩本通弥那样的揭示问题的批评态度，也需要如菅丰那样面对问题的管理理念。

① 吴效群、杨风岗：《政府、市场、民间组织关系视野下的公祭》，《河南社会科学》2009年第2期。

集市与表演：乡村市集与胡集书会关系探析

——兼及胡集书会的保护与传承之道*

王加华　张　玉**

摘　要：胡集书会为我国两大传统书会之一，至今至少已有三四百年的历史。历史上，胡集书会之所以能够发展壮大，与其所依靠的乡村大集胡家集密切相关。此外，在胡集书会的具体运行、实践过程中，亦不可避免地受到胡家集这一乡村市集的影响，如写书村落的分布范围、下村艺人的表演周期等，而这都表现出传统乡村市集或者说演出市场对胡集书会的巨大影响力。因此，今天胡集书会要想获得更好的传承与发展，改革演出内容与表演形式以适应乡村民众的娱乐需求乃是重中之重。

关键词：胡集书会；乡村市集；市场需求

胡集书会，又称为"胡集灯节书会"，位于山东省惠民县胡集镇，与河南宝丰马街书会并称为中国两大传统书会，至今至少已有三四百年的历史。① 其中正月十二至十六为正节，十七至二十一为偏节，正月十二这天上午更是整个书会的最高潮，届时来自河北南部、山东北部甚至黑龙

---

* 原文刊于《山东社会科学》2011 年第 9 期。

** 王加华，山东大学儒学高等研究院教授；张玉，山东省立第三医院。

① 与此说不同的是，目前有关胡集书会的官方文献称至少已有七百多年历史，对此笔者将另撰专文予以探讨。

江等地的各地艺人竞相登台“亮书”，表演自己的拿手绝活，以求能被周边村民看中而高价卖出。周边各村的村民也纷纷于这天上午来到书会现场，挑选自己中意的说书人下村演出。艺人与村民，在以胡家集为中心的地域范围内，在相互的表演与考察、讨价与还价及请与卖的过程中，共同创造并维持了这一盛大的书会活动，并使之在很长时间内都保持着繁荣与昌盛。

作为一个久负盛名的传统曲艺活动盛会，胡集书会受到了广泛关注，尤其是2006年其被列入首批国家级非物质文化遗产名录以后。但是，与马街书会相比，真正从学术角度对胡集书会进行探讨的研究成果还相对少见，更多还只是一些浮于表面的新闻报道与对书会事项的概况描述。就少量成果而言，要么是从保护与发展层面进行的现实探讨，要么是对书会惯习的细致描画①，而真正将胡集灯节书会放回到其所处微观地域社会环境中去，比如与村落家族、乡村集市的关系，进行探讨的更是少见。郝沛然虽然就书会与集市的互动关系作了简要论述，但其更多还是从一种纯粹经济关系的角度来看书会与集市贸易是如何互动影响的②，而对于书会究竟是如何以市集为依托进行展演的却并未关注。因此，本文将在已有研究的基础上，从市集与书会表演的关系角度进行探讨，具体如展演空间、涉及地域范围、表演的时间周期等。③

一　乡村市集：民间艺人的日常展演空间

在华北乡村各地，存在着一个分布广泛、数量众多的乡村集市系统。

---

① 具体成果如：邓霞《乡民艺术的展销传统及当代性的思考：以惠民县胡集书会为例》（学士学位论文，山东艺术学院，2006年）、张献青等《星月留响　天地留言：对首批国家非物质文化遗产山东胡集书会的思考》（《社会科学论坛》2006年第11期）、张玉《民间艺人、书会传承与乡民社会——胡集书会调查与研究》（硕士学位论文，山东大学，2008年）、代福梅《如何进一步开发惠民县胡集灯节书会》（《全国商情·经济理论研究》2008年第7期）等。

② 郝沛然：《乡村贸易与民间书会：以山东省胡集书会为例》，《安徽文学》2009年第2期。

③ 本文的基本资料来源于2010年2月24日至3月1日在惠民县胡集镇进行的为期一周的实地调查，并辅之已有研究之相关资料。参加此次调查的有李浩、张玉、付伟安、刘清春、杨莹、张旭、艾小飞、余康乐、刘星，在此表示感谢！

与江南等发达地区相比，定期性是这一集市系统的最大特色，并在整个区域市场体系中占有重要地位。[①] 通常相邻集市在开集日期上是相互错开的，以便交易者能有充分的回旋余地，而数个相互临近、日期错开的集市又构成一个区域市集系统，形成一个相对较为完整的商业流通网络。就广大乡村民众而言，集市不仅仅是一个纯粹的物资交流之地，按照施坚雅的说法，它同时还是资金、劳务、信息、婚姻等的交流之区，从而使其所辐射范围内的村庄形成一个基层市场共同体。[②] 另外，娱乐性也是农村基层市场的一个重要功能。“基层市场和较高层次市场是专业说书人、戏班子、卖唱盲人、摆赌摊的、卖艺的、练杂技的、卖膏药丸药的以及魔术师等人物的舞台。不但村庄里明显缺少这类人，而且一般情况下小市上也见不到他们。”[③] 换言之，除节日及做寿、结婚等特殊场合外，集市可以说是为艺人主要的日常展演空间。

惠民县胡集镇胡家集就是华北成千上万乡村市集中的一个，因其所依靠之胡家庄而得名为胡家集。[④] 至于胡家集设立的确切时间现已不可考，但肯定已有比较久远的历史。光绪年间，胡家集就是领有政府司帖的七个在镇集市之一，只是当时其所在地胡家集村还未成为镇级设置[⑤]。民国年间，胡家集的地位迅速上升，“胡家集以一市村市，握东南数县之金融中心。南通济坯，北通□埕口下窪，均朝发夕至。诚哉为齐北燕南一都会。奚必殷汉王强藩之封”[⑥]。据一些老年人回忆，当时村里光票号就有四十多家。与此同时，胡家集也进入了其历史发展的黄金时期，成为惠民县东南部，甚至整个惠民最繁华、最热闹的大集。“（惠民）境内商业中心在胡家集。金融界之消息与城市区通，加以其地宜棉，又宜花

① 龚关：《明清至民国时期华北集市的比较分析——与江南、华南等地的比较》，《中国社会经济史研究》2000 年第 3 期。

② 具体参见施坚雅《中国农村的市场和社会结构》，史建云、徐秀丽译，中国社会科学出版社 1998 年版。

③ 施坚雅：《中国农村的市场和社会结构》，史建云、徐秀丽译，中国社会科学出版社 1998 年版，第 49—50 页。

④ 现在，胡家集既是市集名称，同时也是村庄名称。胡家集村原名胡家庄，后因市集的关系而改名胡家集。

⑤ 光绪《惠民县志》卷 5《舆地志·乡镇》。

⑥ 民国《续修惠民县志》卷 1《地域志》。

生，收获之获利比谷粟较丰，富庶优于西北也。”其中又尤其以木料市、牲口市最为出名，“为全县之最”①。解放以后，胡家集仍旧维持了其作为一方区域中心市集的重要地位，只是盛况已大不如前。不过，如今胡家集仍旧是周边村落中的第一大集，每年年初（农历）只有正月十二胡家集开集以后，其他集才会陆续开始。

胡集书会正是依靠着胡家集这样一个乡村大集而逐步繁荣兴盛起来的。我们现在所说的胡集书会，单纯是就正月十二大集（还有就是作为偏节的正月十七集）而言的，这是年后第一个大集，人们纷纷前来采办元宵节用品，故胡集书会又被称为胡集灯节书会。但实际情况是，并非只有正月十二或十七集这两天，胡家集才有说唱艺人前来表演献艺。事实上，20 世纪七八十年代以前，每当逢集这天，胡家集都会有艺人前来卖唱表演，是“见集都有说书的，就没有没有说书的时候”②。有说评词书的，有说大鼓的，总会有很多档，随便支个场子就说起来，说到精彩之处再向围观的听众敛几个小钱。说书的地点，最初是在真武庙前，后转到村中央十字路口旁的大坑内，坑内有水的时候再转到其他宽敞的地方。由于有浓厚的听书氛围，每当逢集这天人们总是聚拢前来津津有味地听上一段，以至于读书的孩子忘记了上学，做小买卖的忘记了招呼客人。有个卖馒头的，听《岳飞传》着了迷、入了戏，有人招呼他说：怎么不卖馒头了？他满怀悲愤地说：“不卖了！岳老爷都快死了，我还卖那个去!”

也就是说，正月十二书会只是一年之中逢集那天表演中的一次。另外，在整个惠民地区，也并非只有胡家集才是艺人的表演之地，在其他地方也同样存在。如距离胡集镇四十多华里的原陈集乡政府驻地陈集村大集，逢集这天也都会有说唱艺人前来撂地表演。总之，单纯就乡村市集上的艺人表演来看，正月十二胡集书会并非是独一无二的，只是如今其他集期已没有艺人前来表演了。③ 此外，正月十二这天也特别盛大，前

---

① 民国《续修惠民县志》卷 10《产业志》。

② 采访对象：胡希文，男，53 岁，胡集镇胡家集村人；访谈时间：2010 年 3 月 1 日上午；访谈地点：胡希文家；访谈人：王加华、张旭。

③ 事实上，若不是 2006 年胡集书会被评选为国家级非物质文化遗产以及胡集镇政府采取了一系列积极措施（政府买单），恐怕正月十二这天前来的艺人也会寥寥无几。

来的说书艺人特别多，所涉及地域范围也更为广大。平日市集的说书艺人主要来自附近地区，如阳信等地，听众也主要来自胡家集村周边地区，几乎没有以村集体为单位请艺人下村表演的情况存在。正月十二这天说书艺人则来自冀南、鲁北等广大地区，他们前来的主要目的也并非简单撂地表演以求敛几个小钱，而是争取被周边村落集体看中而被请回村表演；听众的分布范围也更为广阔，周边乡镇所属村庄也有前来请说书艺人回村表演的情况存在。

另外，也并非只有逢集这天才会有艺人前来撂地表演，在每年的三月三庙会[①]与九月十五大会期间也都会有艺人前来表演。三月三庙会即真武庙庙会，而九月十五会则是秋收后的地方物资交流大会，届时各方仕女客商纷纷前来，胡家集街上是人来人往，热闹非常。各地说书艺人也纷纷于此时前来设场表演，力图赚得一份可观收入。民国年间，大庙被政府征用，成为区公所驻地，但庙会却延续下来。1937 年日本入侵，庙会被迫停止，从此再未恢复。1948 年，为堵黄河决口，庙之大殿被拆除，如今更是只剩庙基，上面建了镇北旅店。九月十五大会抗战时曾一度迁到镇东刘村，以躲避日机轰炸，后又迁回胡家集并一直延续下来，只是如今会期已被改变且再无艺人前来表演了。

总之，集市期间由于短时间内物流、人流的大量集中，使之成为一个进行说唱表演的理想空间，可以借机吸引大量听众前来观看、收听，而此时他们的口袋中通常又都是有钱的。胡集书会，正是依靠了这样一个集市空间而日益发展壮大起来的。

二 集市圈：请书村落的分布空间

每个乡村集市都会有一定的地域涵盖空间，吸引着其所辐射范围内的村庄民众前来交易。这种集市与其所辐射村庄的空间构成就是集市圈。依位置、层级及影响力之大小，每个集市圈所包含的村庄数量并不相同，多至近百村，少则二三村，甚至只有一村，以至根本无法构成一个所谓

---

① 庙市、物资交流大会也是一种重要的商品流通形式，因此这里也把它们划归入集市范畴之内。

的“圈”。[①] 每个集市圈范围内的村庄，通常都会前往其所属集市进行商品交换。当然，一个村庄可能会被包含在多个集市圈内，因此其所进行交易的市集也就不止一个，这也就是为什么相邻集市要在集期上相互错开的最主要原因。但就同一个集市来说，虽然会有历时性变化，其所辐射的村庄范围在一定时期内却是相对稳定的。

施坚雅将传统乡村集市分为三个层级，即基层市场、中间市场和中心市场。基层市场即能满足农民家庭所有正常需要的低级市场，是生产品向上流动的起点和消费品向下流动的终点；中间市场即在产品和劳务向上下两方的垂直流动中都处于中间地位的市场；中心市场即在流通网络中处于战略性地位、有重要批发职能的市场。[②] 简言之，基层市场即最为普通的乡村集市，中间市场为普通镇一级市场，中心市场则为一方区域的核心市场，通常要横跨几个镇的范围。市场层级不同，其所覆盖村庄范围即集市圈也就不同，层级越高，覆盖范围也就越广。按施氏之等级划分，从光绪《惠民县志》的记载来看，胡家集可能还只是一个中间市场，顶多也就是个中心市场。但到民国年间，从其“握东南数县金融中心”及作为惠民县商业中心的情形来看，胡家集已超越了中心市场地位而至少成为一个地方级城市市场[③]，“集市圈”（如果仍能这样称呼的话）遍及惠民全县乃至周边数县。而解放立后，胡家集的市场地位又逐步降低，若按施坚雅的标准来衡量，目前顶多算个中心市场。

前已述及，乡村市集亦具有一定的娱乐性功能，成为民间艺人日常展演的重要空间。而在鲁北各地，存在一种浓厚的雇请艺人传统。如在惠民：“所有山会、庙会无不以演戏招来商民，一则为酬神戏，如谢雨和病愈、还愿等；一则庆戏，如河上庆安澜、城市过年过节、举生贵子、庆寿等。”[④] 另外，每年正月十五，更是有请说书艺人进村表演的传统，

---

① 王庆成：《晚清华北的集市和集市圈》，《近代史研究》2004 年第 4 期。

② 施坚雅：《中国农村的市场和社会结构》，史建云、徐秀丽译，中国社会科学出版社 1998 年版，第 5—11 页。

③ 施坚雅将中国的城市和市场划分为八个等级，即一般性集镇、中间集镇、中心集镇、地方级城市、中等城市、区域性城市、区域性大城市、全国性大城市，具体参见施坚雅《19 世纪中国的区域城市化》，施氏主编《中华帝国晚期的城市》，叶光亭等译，中华书局 2000 年版。

④ 民国《续修惠民县志》卷 13《文献志》。

而胡集书会就是那个请书地。①

到胡集书会来请书村落的分布范围，民国以前的情形，由于资料的缺乏，我们不得而知。民国时期的情形，民国二十三年（1934）修纂的《续修惠民县志》为我们提供了一条相关信息。据该志卷10《产业志》中的“娱乐消费一览表”记载，正月十五请书的总花费为1200元，统计范围“按三分之一村计”。当时全县共有1000多个村庄，则计元宵节请书的村子有300多个，平均每村花费3—4元，高于一个农工一月的收入。② 至于这300多个村在惠民县的分布区域，我们并不清楚，但推想起来应该相当广泛。除此之外，其他县邻近之村庄应该也有来请者。若以一村请一档艺人计，则如此广的请书范围需要三四百档艺人才能满足需求。而据老艺人讲，当时来胡集说书的艺人多达四五百档③，也就是说完全能满足需要。所来艺人如此之多，又从侧面说明了当时请书的风气之盛、分布范围之广。

解放以后，胡集书会的盛况较之以前有所下降，到20世纪50年代初，前来赶会的艺人大约有三百档④。至20世纪60年代初、“文化大革命”前，每年前来胡集参加书会的艺人更是进一步减少。据老人回忆，维持在一两百档，而前来请书的村庄可明显分为三个层次：第一个层次是原胡集区（大约相当于胡集镇、魏集镇）范围内所属村落，数量最多，占60%—70%；第二个层次为胡集镇相邻乡镇所属村庄，如李庄镇等，距离在二十华里左右；第三个层次为更远距离的乡镇及邻近县区所属村庄，但数量已很少。⑤ “文化大革命”期间，受总体政治形势的影响，胡集书会陷入更加不景气的境地，虽然没有中断，但来的艺人明显减少，

---

① 20世纪90年代以前，平日各地集市上也都会有说书艺人存在，为各家各户雇请艺人提供了便利，但正月十五村集体雇请艺人则都是到胡集书会上去。

② 张玉：《民间艺人、书会传承与乡民社会——胡集书会调查与研究》，硕士学位论文，山东大学，2008年，第10页。

③ 杨子玉：《一个历史悠久的灯节书会》，《惠民县文史资料》第2辑，1982年11月。

④ 杨子玉：《一个历史悠久的灯节书会》，《惠民县文史资料》第2辑，1982年11月。

⑤ 采访对象：胡梅亭，80岁（虚岁），胡集镇胡家集村人；访谈时间：2010年3月1日上午；访谈地点：胡希文家；访谈人：王加华、张旭。

表演的也多是《沙家浜》《烈火金刚》等革命样板戏。[①] 受此影响，前来请书的村落亦明显减少，且主要分布在胡集镇的范围之内。

“文化大革命”以后，胡集书会开始逐步出现复兴势头，尤其是20世纪80年代初政府力量介入以后。1985年镇政府出资兴建了胡集曲艺厅，并邀请国内演艺名家前来助兴。至1987年，书会达到了复兴后的最高潮，前来卖书的民间艺人有70多档。与此同时，周边村落也重新兴起了请书高潮，据说那两年前来赶会的艺人就没有卖不下去的。但从访谈得知的零星资料来看，基本也就限定在胡集镇及邻近几个乡镇（如魏集、李庄）范围内。20世纪80年代末以后，受经济和社会文化事业发展的冲击，胡集书会日渐式微，艺人日益减少，有的年头只有10档左右且还不一定能卖下去，很多村落中断了请书传统。2006年胡集书会被列入首批国家级非物质文化遗产名录，为加强对书会的保护与传承，2007年胡集镇政府采取了“群众听书，政府买单”[②] 的举措，先由村落请书，然后再到镇政府登记请书价格，2008年又延续了同样政策。受此政策推动，很多村庄又重新恢复了请书传统。不过从这两年写下去的35档艺人来看，由于是胡集镇政府买单，因此基本都在此镇范围之内（33档），只有两档被缁角镇（2008年）及临邑县（2009年）请去。[③] 2009年与2010年，胡集镇政府又对政策做了微调，改村落请书为政府派书。先由镇政府对前来的艺人评定一个等级，并按等级给予相应书价，然后再下派到某个村落表演，结束后再到镇政府领钱。因此，下村艺人也全都集中在胡集镇（含2001年后并入胡集镇的陈集乡）范围内，未见有其他地方来请艺人的情形存在。

总之，通过上述论述我们可以发现，从民国到现在，前往胡集书会请书村落的分布范围呈日渐缩小的趋势。这其中，因社会政治形势及经济文化发展所导致的胡集书会衰落应该是最主要原因。但从中我们也可以明显发现，每一时期内请书村落的分布范围基本是与此时期内胡家集

---

① 张玉：《民间艺人、书会传承与乡民社会——胡集书会调查与研究》，硕士学位论文，山东大学，2008年，第14页。

② 不过这条政策只适用于胡集镇下辖之村庄，之外的村庄就不在买单之列了。

③ 张玉：《民间艺人、书会传承与乡民社会——胡集书会调查与研究》，硕士学位论文，山东大学，2008年，第40—41页。

的影响范围相一致的。民国时期，胡家集势力达到顶峰，相应请书的村落分布也最为广泛；解放以后，随着胡家集影响力的减弱，本县内更远距离的及邻近县区所属村庄明显减少；今天，范围更是只限于胡集镇之地了。

三　集市周期：下村艺人的表演周期

定期性是华北乡村市集的最大特色。各个集市通常以一旬即十天为分割周期，再在这十天内固定哪几天为集期日，如逢三八、一六或二七四九（农历）等。集期频率的确定通常会受地形地貌、经济发展、人口密度、交通状况等多方因素的影响，且具有很强的地区性差异。就山东、河北来说，通常以五日一集为主。[①] 集期频率的确定，满足了人们的基本要求，并会对人们的日常生产生活产生巨大影响，在一定程度深刻影响着交易惯习、生产周期甚至休闲娱乐等。

胡家集即为一个五日一集的集市，每逢二、七开集。作为一个以胡家集为母体发展起来的大型书会活动，胡集书会亦不可避免地会受到这一集期频率的影响。最大的影响即在于，整个表演活动正好处于一个集市周期之内，不论正节、偏节都是如此。正节是从十二到十六，偏节是从十七到二十一，刚好是五天。至于具体的下村表演，通常是“四天五晚上”，即四个白天五个晚上。虽然雇请艺人时，双方口头约定是四天，即从十三到十六。但通常十二下午艺人即开始入村，晚上先进行一场，然后一直到十六晚上。十七这天上午，下村表演归来的艺人仍可继续参加卖书，还有些十二那天没有卖下去的艺人也会继续来碰运气。只是与正节相比，偏节的书价较低，前来请书的也并非全都是村集体，也有个人前来的。与村集体请书不同的是，个人请书的表演时间通常为三天，而非四天五晚上，也就是说并非完全在一个集市周期内。不过近些年来，正节都已日渐式微，遑论偏节了，可以说现在已基本消失了。

正月十二上午为胡集书会的最高潮。一大早，各路艺人便早早来到

---

① 龚关：《明清至民国时期华北集市的集期分析》，《中国社会经济史研究》2002 年第 3 期。

表演场所，选好一块场地，支起一张桌子，拣自己最拿手的唱段表演起来。而此时，各村落的请书之人也陆续从四面八方赶来，通常是村落领导及懂行之人。经过一番考察与对比，在确定了请书对象后，双方经过讨价还价最终确定一个价格，就算是定了下来。通常请书人要先向艺人支付书价的十分之一作为定金，并告诉艺人自己村落的名称与方位，最后再拿走艺人的一件演出工具，如鼓槌等作为抵押。[①] 最近两年，由于是政府买单，交定金等习俗也就消失了。中华人民共和国成立以前，书价通常是以粮食而非金钱作为支付手段。主雇双方把一片瓦片一摔两半，各领一半，以作为表演结束后领取酬劳的凭证。

写书之后，艺人通常并不立即下村，而是继续待在集上展现自己的技艺。待到中午大集上的人群逐渐散去，艺人才收拾行装准备下村。进村后先进行简单的安顿，在此期间，艺人的食宿全由请书村落负责。早些年，前来赶会之艺人通常都自带铺盖卷，进村后就住在学校、祠堂或大队部内。近年来，艺人自带铺盖卷的少了，住宿一般是在村委会或干脆就在村书记家里。至于吃，各村状况不一。有的村落会安排专门人员负责艺人吃饭，有的村落给艺人购买粮食与蔬菜让他们自做，更有特色的则是在村民家轮流吃饭，如在东赵村（2001 年随陈集乡并入胡集镇）长期以来就存在这样一种习惯。在确定雇请艺人的消息发出后，正月十一晚上，各家各户便争先恐后跑到村书记家里要求安排艺人到自家吃饭。由于户数太多而吃饭的顿数有限，以至于不得不按先来后到而排出一个顺序。各家竞以能请到艺人到自家吃饭为荣，并在饭食上竞相攀比：通常都是按照贵客的标准招待他们，好烟好菜好酒尽力供应。正因为此，加之村民听书的热情格外高涨，凡是来过此村的艺人都希望来年还能来这儿演。

十二晚上吃过晚饭后，艺人便正式开始演出了。演出的地点，通常在学校或村委会等地，天气好的话也有在露天宽阔场地进行的。传统习惯，除十二外，一天要演出三场，一场两个半小时左右，中间再休息两次到三次。具体演出时间，通常上午从 9 点到 11 点半，下午从 2 点到 4

---

① 张玉：《民间艺人、书会传承与乡民社会——胡集书会调查与研究》，硕士学位论文，山东大学，2008 年，第 34 页。

点半，晚上从7点到9点半。如果艺人说得好而听众意犹未尽，时间还会适当延长，尤其是晚上那场，有时要到10点半多。一天三场演出，通常艺人们都会劳累异常，四天五晚上下来，有些老艺人更是会累得吐血。近年来，通行的习惯是从一天三场变作了两场，要么上午与下午，要么上午与晚上。每场的时间仍为两个半小时左右，有些精力充沛的艺人也会延长到三个小时。最近几年，由于是镇政府安派而非村落雇请，就村落而言，虽然节省了请书钱，但艺人却不一定都能符合村民的欣赏口味，要么水平太低，要么有方言隔阂，结果导致了刚开场一个小时听众就已寥寥无几、两天下来就无听众的情形。此种境况下，艺人也就只好草草收场，不待十六演出即告结束矣。

十六晚上演出结束前，村民便与艺人将未结清的书价结清。第二天一大早，艺人们便要么直接回家，要么再回到胡家集赶十七的偏节，再继续一个三天或五天的表演周期。早些年书价以粮食支付时，由于携带不便，艺人便将粮食在集市上出售。最近四年，由于是政府买单，结清书价的时间改在了正月十七上午，由艺人们凭所在村落所开证明①到镇政府领钱。由于偏节已消失，他们也就不会因领钱而耽误赶偏节了。

总之，从上面我们对艺人从亮书到进村演出再到演出结束后情形所做的简要描述来看，可以发现所有这些活动都是在一个集市周期内进行的。而这种表演周期性的形成，应该是村民与艺人间一个长期调试的结果。这样既满足了村民们的欣赏需要，又不会耽误艺人们下一集的卖书交易，可谓一举两得。

四 结论

以上我们对胡集书会与其所赖以生存之乡村市集关系作了简要探讨，可以发现二者间存在着极为紧密的联系。可以说正是依靠了胡家集这样

---

① 如杨子学村证明是这样写的："胡站长：胡集灯节书会，在党委政府的领导下，说书艺人周文奎先生在我村说书，深受广大群众的欢迎，圆满地完成了党委政府及胡站长交给的任务。特此感谢！杨子学党支部2010年2月2日（上面加盖村党支部公章）。"文中有一个明显的错误之处，即2月应为3月。这可能说明所谓的证明只不过是走过场，当不得真的。

一个地方性大集，胡集书会才得以逐步发展壮大起来。当然，胡集书会也并不只是简单的受动力，它的发展壮大反过来也带动了胡家集乃至整个胡集镇的迅速发展。尤其随着近年来“文化搭台，经济唱戏”模式的流行，这种反作用力将体现得更为明显。此外，在胡集书会的具体运行、实践过程中，亦不可避免地受到胡家集这一大集的影响，如写书村落的分布范围、下村艺人的表演周期等。这都表现出传统乡村市集对胡集书会、对乡村民众生活的巨大影响力，这说明美国学者施坚雅的基层市场共同体理论有其合理性成分存在。当然，笔者在此并不是要为施坚雅辩护，以验证其市场共同体理论在中国的适用性，实际上在很多方面笔者亦并不赞同施氏的理论，如过于理性化、简单化等。但是，乡村市场会对民众生活产生深刻影响却是个不争的事实，即使基层市场范围与农民社区可能根本就是两码事。

另外，胡集书会与胡家集之间的紧密联系，又充分说明了曲艺与市场之间的密切关系。历史上，胡集书会正是迎合了乡村民众的娱乐需求才得以逐步发展壮大起来，而这些年来之所以日益衰微也是因为脱离了这一市场需求。虽然近几年来胡集镇政府采取“群众听书，政府买单”的方式，使胡集书会在一定程度上又恢复了生机。但是，这一政策的长期性效应究竟如何还有待于时间的检验①，因为从根本上来说这只是一个治标不治本的方法。当被问到你认为胡集书会如何才能更好地传承与发展时，一些艺人认为加大政府投入才是根本之法，实际上他们只是看到了问题的表象而没有看到实质。虽然加大政府投入确实可以促进胡集书会的繁荣，却只是一时之荣而非长久之计。当然，在当前的社会形势之下，加强政府政策支持与加大资金投入还是必不可少的，这对胡集书会的保护与传承必将具有积极意义。但是，一方面，政府介入必须把握好一个“度”，不能过分介入、体现长官意志而违背曲艺发展的自身规律，而应该更多采取一种资金扶持、政策导向的方式进行介入；另一方面，政策支持与资金投入毕竟只是“外因”，胡集书会将来如何走向，更多还

① 从我们的实地访谈来看，实际上对这一政策的有效性，不论是民间艺人还是乡村民众都并不看好，他们用以说明问题的例证之一即是2010年的热闹程度已大不如2009年。而作为书会组织者的镇政府领导实际上也是心存焦虑，既为资金的缺乏，也为将来的发展走向。

是取决于作为“内因”的胡集书会自身的发展，使其具有自身的“造血”与维持功能，而不能一味靠外力的帮扶与支持。

实际上，胡集书会的衰落并不是胡集书会本身出了什么问题，而是因其赖以为主体的传统曲艺出了问题。而传统曲艺之所以出现问题，又是因为丧失了自己的演出市场，即没有紧跟时代步伐以迎合现代民众的娱乐欣赏要求。正是因为市场丧失，才使传统曲艺后继乏人，面临断层、失传的危险，因打算以此谋生者将身陷窘境而看不到希望的尽头。因此，胡集书会要想继续生存下去，要想如某些镇领导宣称的那样“原生态”地长久生存下去，单靠精心组织、广邀各地艺人、加大投入、政府买单是断不可能的。因为并不是民众缺钱请不起艺人，而是因为他们内心根本不愿去请。那治本之法究竟为何呢？诚如许多民众所说的那样，那就是应该在传统曲艺的体裁、内容上下功夫，不能再只局限于那几部传统大书及刻板的表演形式，否则表演现场净是些老爷爷、老奶奶的现状将不会改观，一旦他们故去，又将演唱给谁听呢？因此，将来胡集书会何去何从，最终决定权不在其组织者手中，而是在作为书会主体的艺人手中，更是在作为听众主体的乡村民众手中。这方面，如今东北二人转的异常红火或许能为我们提供一个正面例证。虽然这在很大程度上与赵本山等一班二人转出身的明星大腕有很大关系，但深深抓住观众的心才是最根本原因。

国家祀典类遗产的当代传承

——以中日韩近代以来的祭孔实践为例*

王霄冰**

摘　要：作为仪式政治的重要手段，国家祀典在王朝时代结束之后就丧失了其原有的政治与社会功能，从而变为一笔公共的文化遗产。当代人应如何保护和利用这笔遗产，使其既能发挥传承文化的作用，又能适应社会发展的需要？中日韩三国近代以来的祭孔实践，分别代表了国家祀典的三种传承模式：韩国的以承续古礼为目的的国礼模式，日本的完全民间化的模式，中国大陆和台湾地区半官半民式的地方公祭模式。通过比较笔者认为，中国大陆和台湾地区的公祭模式不仅是历史发展使然，而且也是文化选择的结果。地方公祭有其存在的合理性，只要操作得当，便可充分发挥其传承中华民族文化记忆的历史功用。

关键词：国家祀典；非物质文化遗产；祭孔礼仪；中日韩；地方公祭

一　问题的提出

中国的古代王朝都是建立在礼制基础之上的。朝廷里设有礼部，管

---

* 原文刊于《山东社会科学》2012 年第 5 期。本文为教育部人文社会科学重点研究基地重大项目“非物质文化遗产与民间信仰”（课题批准号：12JJD780007）的阶段性成果之一。

** 王霄冰，中山大学中文系、中国非物质文化遗产研究中心教授。

理天子和百官的礼仪行为。凡由礼部统一制定、天子本人或选派官员执行的祭祀类典礼，可称为国家祀典。其功用在于昭示国家的意识形态，为国运和人民祈福，同时也为天下人做出礼仪的典范。中国最后一代王朝清朝虽属外族统治，但在礼制上有集大成之功。《清史稿》“志五十七”到“志六十八”，共记录了吉礼（六卷）、嘉礼（两卷）、军礼（一卷）、宾礼（一卷）、凶礼（两卷）五大类国礼。其中“祭祀类”的国礼，又分为大祀、中祀和群祀三大类。大祀由皇帝亲自主持，若有特殊情况不能出席则遣官代替；中祀可亲祭亦可遣官；群祀则皆遣官。大祀的对象包括圜丘、方泽、祈穀、太庙、社稷，中祀的对象有天神、地祇、太岁、朝日、夕月、历代帝王、先师、先农等，先医等庙和贤良、昭忠等祠都属群祀一列。乾隆时，又增设常雩为大祀，先蚕为中祀。咸丰时改关圣、文昌为中祀。光绪时，将祭奠先师孔子的礼节升为大祀。

作为仪式政治的重要手段，朝廷对这些祀典在时空、祭器、祭品、仪程、服饰、乐舞等各方面都有着详尽的规定。这些“繁文缛节”，一方面象征着专制国家等级森严的社会秩序，但在另一方面，也具有极高的文化含量，是中华民族几千年来礼乐文明的结晶。祭祀本身不只单纯为了宣传封建宗法观念和维护皇权统治而存在，其中反映阴阳五行观念和对于天人合一境界的追求等，不仅是中华民族自然观与世界观的典型体现，而且有很大一部分也与现代意识合拍。正因如此，1911 年辛亥革命之后，各类国家祀典虽被一律废止，部分国人却又模糊地意识到，将这批遗产完全和过去的政治体制一同埋葬，是件十分令人惋惜的事。为此，一百年来总有人不断地想要恢复其中的部分仪礼。前人的尝试，有的失败，有的成功；今人的摸索则仍在进行，就像今天遍及各地的公祭民族先祖先贤的活动。由于公祭的形式五花八门，近年来也引发了来自社会各界的批评。国家祀典类遗产到底该如何继承和发展？是应保存其国礼的形式，还是应尽量选择一条民间化的道路？本文将以中国大陆、台湾地区以及日本、韩国近代以来的祭孔礼仪为例，探讨该类遗产在当代社会的传承模式问题。

二 民国时期的祭孔改革

众所周知，中华民国建立后的第一任大总统袁世凯，曾试图保留包括祭孔礼仪在内的部分国家祀典。1913 年 6 月，他颁布了一道“尊孔祀孔令”，宣称孔子为“万世师表”，其学说如“日月之无伤，江河之不废”“放之四海而皆准”。9 月 17 日，袁世凯政府的教育部电告各省，将旧历八月二十七日即后人推算的孔子生日定为“圣节”，各学校放假一日，师生在校内行礼。1914 年初，由政治会议议决，仍在春秋二仲月的上丁日，由大总统主持，在京师文庙举行“大祀”，其礼节、服制、祭品等与祭天一律。同年 8 月，政事堂礼制厅拟定并颁布了《祀孔典礼》。9 月 28 日（恰逢仲秋月的上丁日），袁氏亲临祭孔，行三跪九叩之礼。①

显然，袁世凯所追求的，是用制度化的国祀形式来保留和继承祭孔礼仪。假如他当初的动机纯正，的确只是为了保存中华民族的优良传统，这或许不失为一种良策。然而，袁世凯之心并不在传承文化，而在于恢复他本人梦想中的帝制。于是乎随着他政治生涯的完结，就连受其推崇的祭天祀孔等礼仪，也被一律打上了“复辟”的印记，变得臭名昭著起来。不过在袁氏复辟失败以后，北洋政府仍照旧祭孔。每到春秋二仲月的上丁日，都会事先颁布“大总统令”，告知祭孔日期和出席官员的姓名等。各地的官学孔庙，也按照前清惯例，照行春秋释奠礼。

1928 年，国民党的南京政府刚刚成立不久，大学院院长蔡元培就颁布了第 169 号训令，宣布“将春秋祀孔旧典一律废止”②。训令发出之后，来自各界的反对信函便像雪片似的飞往南京行政院和大学院。据说当时还有儒士为表抗议而跳水自杀的。③ 抵抗不仅来自文人学界，也来自军

① 侯宜杰：《袁世凯一生》，河南人民出版社 1984 年版，第 360—363 页。

② 引自“春秋祀孔旧典之废止”，民国《教育杂志》第二十三卷，第三号，《教育界消息》，第 7 页。

③ 据考证，他们是：浙江上虞人余伟臣，于 1938 年 9 月 13 日在孔庙中取孔子牌位，负之投海自尽；还有河北南宫人韩真英，“志在尊孔，现因废祀，气氛填胸，投井自尽”。以上参见徐国磊《1934 年南京国民政府纪念孔子诞辰活动的历史考察》，硕士学位论文，四川大学，2007 年，第 17 页。

界。如国民革命军二十军第七师司令部就发给国民政府秘书处转大学院一份电文，要求取消大学院令，通令全国以后不许在孔庙驻兵，应“多印孔子像散发民间，俾便家置一幅，瞻仰虔拜”①。复古派则乘机建议恢复国祀，要将孔子和中华民国的创始人孙中山放在一起祭祀。② 迫于舆论压力，南京政府于1929年批准将每年旧历的八月二十七日定为“孔子诞辰纪念日”，各界可自行举行纪念演讲活动。

1934年，蒋介石出于内政的需要，从江西南昌开始，推行“新生活运动”。他所提倡的“四维”（礼义廉耻）、“八德”（忠孝仁爱信义和平），全都出自儒家的道德伦理思想。同年，国民党中央执行委员会将“孔诞纪念日”改至西历的8月27日，由政府出面主办纪念活动。于是，中断了数年的官祭又开始兴盛起来。与此同时，在东北的伪满洲国，溥仪仍旧举行传统的国家祀孔典礼，宣扬“王道政治”思想，强调其政权的合法性。③ 在中国台湾等日占区，日人也继续推行以官礼祭孔的方式，并直接介入仪式当中。据考证，1931年到1935年，台北孔庙每年的祭孔典礼都由台北州知事担任主祭，其中四年都有日本总督来上香，一些分献官的职务也由日本人担任。包括1940年成立的汪伪政府，也多次在旧历的八月二十七日举行官办的祭孔典礼。不过，以上的大部分仪式都没有照搬古礼，而是在不同程度上对礼节进行了改良，比如用鲜花代替传统的祭品，行礼时用鞠躬代替跪拜和叩头等。④

民国28年即1939年，蒋介石政府又将教师节移到“孔诞纪念日”这一天。从此之后，纪念孔子就和庆祝教师节的活动合并在了一起，一边祭孔一边召集大会、表扬先进教师。这一传统在中国台湾地区维持至今，不过日期有所改变。1952年，蒋介石根据中国台湾当地的传统，把孔子的“生日”从公历的8月27日改至9月28日。1968年，在中国台

---

① 引自国家第二历史档案馆存“各地组设尊崇孔孟团体及反对大学院废止祀孔训令”。存档编号：全宗号1，宗卷号1757，缩微胶卷号16J-2313。

② 徐国磊：《1934年南京国民政府纪念孔子诞辰活动的历史考察》，硕士学位论文，四川大学，2007年，第17—18页。

③ 方艳华：《试论伪满祀孔典礼的堕落与变异——兼论“王道政治”的历史命运》，《辽宁师范大学学报》（社会科学版）2007年第6期。

④ 杜美芬：《祀孔人文暨礼仪空间之研究——以台北孔庙为例》，硕士学位论文，中原大学，2003年，第162—188页。

湾推行“中华文化复兴运动”期间，有感于象征中华文化传统的祭孔大典各个方面都有较大失真，蒋介石又于2月22日手谕，强调应注重对孔庙雅乐、祭孔乐器、舞蹈、服装等的制作与研究，以恢复古有礼乐之基础。同年9月10日，由“内政部”“台湾省民政厅”“教育厅”“台北市民政局”“教育局”，孔德成奉祀官和专家庄本立，孔庙捐建人后裔辜伟甫等组成的“祭孔礼乐工作委员会”成立，由中山博物院院长蒋復璁任主任委员。①

1968年至1970年，经过3年的礼乐改进，中国台湾地区的祭孔仪式，包括仪程、音乐、乐器、空间配置、舞蹈、服装等，基本都已恢复为明清时期释奠礼的样式。当然在每一次的实际表演中，当事人还是会根据具体情况做出一些调整。以笔者亲见的2010年台北孔庙春祭典礼为例，活动由台北市“政府”赞助并出面组织，由“副市长”担任正献官，“民政局”局长担任正礼官，其余配位、哲位、东西庑先贤先儒案前的分献官则由“市府局处”官员、孔庙管理委员会委员、“外国使节”和“外侨”学校校长分别担任。礼乐和舞蹈部分则由台北当地的中小学生出任演出。观礼者有来自农工商学各界代表、观光客和海外人士等数百名。

三　民间祭孔的尝试

既然国家祀典为之服务的封建王朝已经覆灭，那么，对于祀孔礼仪文化的传承，当然也可以以完全民间的方式进行。所谓民祭，就是由民间组织出面筹划和主办的祭祀，但不排除这些组织有得到来自政府的财政或其他援助，也不排除有政府官员以个人身份参加典礼。事实上，在南京政府于1928年颁布废止祀孔令后，就曾出现过一种改官祀而为民祀的意见。时任北方国民革命军总司令的阎锡山在接受记者采访时就曾说道：“春秋祀乃官祀，民国民为主，废止官祀，任人民自由祀，甚为适当。”② 不过，阎锡山所谓的“人民自由祀”中的“人民”，指的也许并

① 杜美芬：《祀孔人文暨礼仪空间之研究——以台北孔庙为例》，硕士学位论文，中原大学，2003年，第190—191页。

② 引自《阎锡山对于废止祀孔之谈片》，《信义报》1928年第16期（11）。

不是广大的普通老百姓，而是“孔教会”一类的民间宗教组织，因为阎本人在民国初期一直是该组织及其山西分会“宗圣会”的有力支持者。

早在1897年，康有为就在广西开办“圣学会”，次年上书“陈请废八股及开孔教会，以衍圣公为会长，听天下人入会，令天主、耶稣教各立会长与议定教律。凡有教案，归教会中按照议定之教律商办，国家不与闻”①。辛亥革命之后，康有为推动陈焕章于1912年在上海成立了“孔教会”，他本人在次年被选为会长。当时“孔教会”最重要的创举之一，就是设立了中国的“圣诞节”，即在旧历八月二十七日纪念孔子诞辰的节日，又称“大成节”。然而，康、陈二人在致力于儒学宗教化的同时，却仍梦想着恢复儒学在国家意识形态中的中心位置。所以他们不断地向议会提案，要求把孔教定为国教。后者则出于宗教平等的思想一再拒绝。从今天的角度来看，康、陈的这一决策，事实上已决定了孔教运动最终失败的命运。因为将孔教定为国教的努力，一方面与民国的政体不符，不可能取得成功；另一方面又使得孔教运动没能彻底走上一条民间化和宗教化的道路，从而失去了生存的群众基础。1929年，当南京政府批准各界可在“孔诞纪念日”自行举行纪念活动之后，本来这是发展民间祭孔的一个大好时机，但由于康有为已于1927年去世，陈焕章则于1929年迁往香港定居、在港创办孔教学院，曲阜的“衍圣公”孔德成又尚未成年，所以这一时期“孔教会”的祭孔活动也相当凋零，未能形成任何声势。

尽管如此，民间祭孔在今天仍以各种形式出现在中国大陆、台湾地区和海外华人社群当中，如东南亚华人社区的“拜孔子”活动②、中国大陆孔姓子弟的“家祭”等。包括一些官办的祭礼，也着意采取了一些民间化的措施。如台北市为了方便普通市民观礼，就在孔庙建制上做了一些调整，去掉了丹墀（佾台）周围的栏杆，使其成为开放的舞台；每次典礼前又将大成殿的门板全部拆除，打通殿内殿外的祭祀空间；在佾台

---

① 转引自张颂之《孔教会始末汇考》，《文史哲》2008年第1期。

② 李焯然：《拜孔子、启智慧：新马地区的华人祭孔活动》，台北市孔庙管理委员会编印：《“世界的孔子：孔庙与祀典”国际学术研讨会论文集》，2010年，第130—152页。

旁边增设乐生台，将原本在殿内演奏的乐生调到殿外，以增强观赏性。[①]不仅如此，台北孔庙在仪式后也会设计一些亲民活动。如2010年春祭典礼之后，孔庙就将事先准备好的“智慧糕”和“智慧笔”等赠送给前来观礼的群众，并请第79代孔子后裔、奉祀官孔垂长为广大青年学子抽学运签，祝他们赴考顺利。

四 大陆地区的地方公祭

中国大陆地区的祭孔活动，在1949年至1984年基本处于消停阶段，只在一些特殊场合才偶尔上演祭孔乐舞。[②] 20世纪80年代，随着改革开放政策的实施，沉寂多年的孔庙又引起了世人的注意，大批海内外人士涌向孔子的故里曲阜观光、朝圣。为适应形势的需要，曲阜县政府从1984年起率先恢复了以“孔子诞辰故里游”为名的纪念孔子活动。一开始时间仍按旧历的八月二十七日换算，每年时间不一；形式则以古装表演为主，官员们一般不参加祭祀，主祭由演员扮成古代皇帝的模样来担任；地点最早是在孔府，次年搬入孔庙，登上了佾台，但大成殿的门却紧紧关闭；这一时期参加观礼的多为海内外宾客，他们出于对孔子的景仰之心，往往会在表演结束之后以私人身份来到大成殿前祭拜孔子。[③]

1989年，经中共山东省委、山东人民政府和中央有关部门批准，“孔子诞辰故里游”正式更名为“中国曲阜国际孔子文化节”，同时把孔子的诞辰纪念日从旧历的八月二十七日调整为每年的公历9月28日，文化节的活动则从9月26日开始，一直延续到10月10日。和前一阶段的“故里游”一样，举办文化节的主要目的还是开发旅游资源和推动经济发展。这一点也反映在了每年的主题上，如1991年的“以文为媒，文经结合，文化搭台，经贸唱戏”，1994年的“文化与经济联姻，传统文化为现代经

① 杜美芬：《台北孔庙建制与祀典沿革》，《第一届东亚地域孔庙与儒学研讨会论文集》，佛光大学历史学系编印，2003年，第116页。

② 其间曲阜孔庙共举行了两次祭孔：一次是在1951年刘少奇访问曲阜孔庙时，另一次是1957年，“中国舞蹈研究会”主席吴晓邦一行前往曲阜拍摄《祭孔乐舞》的纪录片时。

③ 参见济宁市孔子文化节办公室主编《东方文化盛典·1984年—2008年·中国曲阜国际孔子文化节纪实》，齐鲁书社2009年版。

济服务”，1996年的“文化搭台，旅游牵动，经科贸唱戏”。当然我们也应看到，在这些表象的背后，确也有着一种浓厚的中华文化情结和对于儒家思想的内在认同感，一直在发挥着推波助澜的作用。

如果说在1984年至1994年的10年中，大陆祭孔至少在表面上还不过是一种地方性的促进旅游与发展经济的行为，那么到了20世纪90年代中期，该项活动的性质就开始发生了根本的变化。随着复兴国学与本土传统的思潮在中国大陆的悄然兴起，儒学在中国文化中所处的地位与价值也得到了越来越多的国人的认可，反映在祭孔礼仪上，就是中华民族的文化自觉意识日趋明显。例如在1998年的“孔子文化节”中，第一次出现了“弘扬以孔子及儒家思想学说为主流的民族优秀文化”的主题口号；2006年的主题“同根一脉，两岸同祭”和2007年的“走近孔子，喜迎奥运，同根一脉，共建和谐”等，都带有较强的时代感和民族意识。在这种时代潮流的推动下，官员们也不再有顾虑，开始从容地登上了祭台。2004年，在曲阜孔庙的大成殿首次举行了济宁市和曲阜市市委及人民政府主办的公祭孔子大典，由曲阜市市长亲读祭文。大成殿的门也从此被打开，祭品从殿外搬到了殿内，三牲的头也开始朝向孔子了。自此，每年一度的“9·28祭孔大典”成为惯例，并于2006年被列入“国家级非物质文化遗产代表性项目名录”而加以保护。今天大陆地区的公祭文化，尽管在形式上还有不少值得商榷之处①，但它采取的以当地政府为祭主、以农工商学各界为代表、兼向海内外人士开放的基本模式，还是值得肯定和坚持的。

五　韩国和日本的当代祭孔

我们再来看看邻国日本和韩国的情况。两国的共通之处在于，仪式最早都从中国传入，且最初也都以官礼的形式举行。但在其后的传承中却形成了两种截然不同的传统。韩国祭孔至今保持官礼的形式，使用雅乐和佾舞，努力追求传承的连续性。据考证，韩国设国学是在682年、新

① 王霄冰：《试论非物质文化遗产本真性的衡量标准——以祭孔大典为例》，《文化遗产》2010年第4期。

罗神文王统治时期。国学就相当于后来的国子监，是培养官员的所在。983年，即高丽成宗二年，有位名叫任成老的人从宋朝带回了一幅《文宣王庙图》、一卷《祭器图》和《七十二贤赞记》，献给国王。这便成了高丽孔庙的摹本。993年，成宗创立国子监。1020年，显宗以新罗国侍郎崔致远配享孔庙。1022年，又以新罗国翰林薛聪配享孔庙，追封弘儒侯。1129年，高丽仁宗幸临国学，释奠于孔子。1319年，已故中赞安裕从祀文宣王庙。1392年，朝鲜迁都城于汉城，新建孔庙与国学，其建筑保留至今，即今天位于韩国首都首尔的成均馆大学及其孔庙。1409年，太宗命成均馆典簿许稠厘正释奠礼，这套仪式也一直沿用至今，并被作为国家的“重要无形文化财”加以保护。[①] 成均馆孔庙每年的春秋仲月上丁日举行的释奠仪式，都有部长级以上的官员出席，概貌与中国明清两代的祀典相似，只在细节上有所不同。在成均馆大学，则集结了一批专门研究儒学、释奠礼仪、雅乐和佾舞的学者，舞蹈系也设有专门修习佾舞的大学生和研究生。几年前他们还牵头成立了一个“国际释奠学会”。据目击者报道，韩国的释奠仪式严格遵照古礼实行，以至于有人评论说：“比较来看，韩国所举行的释奠祭礼更具儒家正统性。”[②]

和韩国极力践行宫廷雅乐、推广古典释奠礼仪所不同的是，日本的祭孔已完全转化为民间行为。日本从中国引进儒学思想的时间比韩国更早，据说可上溯到公元3世纪。奈良的平安时代（794—1192），国家已设有“大学寮”和“国学”，通过儒学教育培养律令与地方官僚。平安时代末期，这一制度被废弃，此后儒学在很长一段时间内都没能进入政治领域。直到江户时期，德川家康和他身后的几代将军都热心儒学，尤其推崇朱子学。1683年，第五代将军纲吉推行了利用儒家伦理教化民众的相关政策。1688年，他还第一次参加了儒学学者林凤冈家的释奠仪式。1690年，德川幕府在汤岛台建造孔子庙，以便定期举行释奠仪式。这就是今天位于东京文京区一丁目的“汤岛圣堂”。幕府后期又曾推行“宽政改革”，于1790年颁布《异学禁令》，禁止“正学”朱子学之外的一切

---

① 许捲洙：《关于韩国之国学与孔庙之历史》，《第一届东亚地域孔庙与儒学研讨会论文集》，佛光大学历史学系编印，2003年，第145—154页。

② 引自种荷《韩国与日本的祭孔活动》，《世界博览》2007年第7期。

“异学”。“汤岛圣堂”和原为林凤冈家私塾的“昌平坂学问所”，一时成了朱子学的两大研究中心，直至明治元年（1868），日本政府将“昌平坂学问所”改为大学校，三年后（1871）又废掉大学校，成立了文部省，“汤岛圣堂”作为官学的历史才告结束。作为官祭的释奠仪式也从此中止。①

大约十年后，即1880年，在一些有志之士的推动下，以宣扬儒学思想为主旨的“斯文学会”成立。1906年，负责管理汤岛圣堂的东京高等师范学校的职员们立志恢复释奠典礼。他们在贵族与实业家涩泽荣一的支持下，创立了一个“孔子祭典会”，次年与财团法人“斯文会”合并。1919年，“斯文会”开始发行《斯文》杂志，并从次年起在汤岛圣堂举行一年一度的释奠典礼，举办纪念讲演会。今天的汤岛圣堂建筑，曾于1986年至1993年由文化厅拨款进行大规模修理，由日本文化保护委员会授予财团法人“斯文会”管理。每年4月末的最后一个星期天都要在此举行“孔子祭”。作为民间仪式的“汤岛圣堂”祭孔，在删减古礼的基础上，增添了请神社的神职人员主持祭祀和由松风花月流的家元给孔子献茶等“和风”礼节，显见得在行事方式上更加灵活，也更加本土化了。②

六　结语

总结中国大陆、台湾和日韩两国近代以来的祭孔实践，可以归纳出以下三种传承国家祀典礼仪的基本模式：

一为国礼的模式，即像韩国那样，在国家的直接支持下，由原为国子监的成均馆大学和聚集在这里的一批对于古典儒学、雅乐和佾舞有着深入研究的学者，负责传承祀典礼仪。该模式的优越性在于可以保证传承的质量及文化的承续性，但民众的参与度相对较低，从而使得祭孔礼仪脱离了当代社会，而作为古典宫廷艺术的代表作品得以保存。

二是完全民间化的模式，即像日本那样，由一个由社会精英组成的

① ［日］石川忠久《汤岛圣堂释奠——从江户时代到现代》，《第一届东亚地域孔庙与儒学研讨会论文集》，佛光大学历史学系编印，2003年，第63—68页。

② 详见“汤岛圣堂”官网，http：//www. seido. or. jp/cl02/detail - 6. html（20116/28）。

民间团体负责传承历史上的国家祀典。其长处在于它的民间性和灵活性：只要有热心，谁都可以参加，而且在祭祀方式上不必墨守成规。但由于民间团体的成员、财力和影响力相对有限，所以，汤岛圣堂的祭孔礼仪就和今天的日本儒学一样，明显处于“边缘化”状态——不仅参加者为数甚少，而且在社会上也不会引起任何反响。

三是中国大陆和台湾地区半官半民式的地方公祭模式，即由地方政府出资，组织专家开发古典礼乐文化，同时发动社会各界和广大市民积极参与表演和观礼活动中来。它的长处在于可以兼顾文化遗产的保护传承与服务社会两大方面，适时调节祭典的官方性与民间性。

以上三种国家祀典的传承模式在中日韩近代以来不同的历史语境中发展起来，都有其各自的合理性，也各有各的优势，当然其中也一定有值得相互借鉴之处。通过纵向与横向的比较，我们可以看出，我国以地方公祭作为传承国家祀典文化的主要形式，不仅是历史发展使然，更是一种文化选择的结果。虽然目前的公祭行为还存在这样那样的不足，但它从根本上适应了当代中国社会与文化发展的需要，所以，只要能在行事方式特别是细节上不断提升，应该可以成为一种具有代表性和生命力的新传统，在实践中发挥其继往开来、传承中华民族文化记忆的历史功用。

从乡俗到非遗：佛山“官窑生菜会”的传承、衍变与再生*

谢中元**

摘　要：在同治十一年《南海县志》、光绪十年《点石斋画报》、宣统二年《南海县志》以及民国时期的报纸杂志等文献中，官窑生菜会展现了以拜观音、求子嗣以及求财为表征的活态传承图景。新中国成立以来，因“文化大革命”时期的“破四旧”而中止，又随改革开放后乡土民俗的解禁而复办。此后官窑生菜会发生了从民间组织到官方主办、从有限批评到全面管控、从信俗主导到商业盛会的衍变，显示出政府主导下民俗的遗产化和资源化取向。在后续的非遗保护过程中，申报国级非遗的动力及其所产生的官民互动、观念修正等因素，则倒逼官窑生菜会出现了复归民俗传统的趋向。只要官窑生菜会对于当地民众的情感认同意义还在，它就不会从根本上丧失存续动力，而这也是后续非遗保护的重点所在。

关键词：官窑生菜会；民俗；传承；资源化；非遗保护

随着城镇化进程中乡土版图的缩减、宗族组织的解体以及农村劳力的离散，自然传承于乡土民间的民俗进入了调适状态甚或凋零阶段。部分活态传承至今的民俗在政府主导、学者助力、社会参与的非物质文化

---

* 原文刊于《文化遗产》2015 年第 4 期。

** 谢中元，佛山科学技术学院人文与教育学院副研究员。

遗产（后文简称“非遗”）保护运动中，经过非遗申报、保护和发展等遗产化、资源化程序，转换为了兼具遗产和资源属性的非遗。它们作为原本在民间无意识传承的民众生活，进入了地方社会的文化再生产过程，呈现出动态变迁的复杂样貌。下文以官窑生菜会为对象，试析其从乡俗到非遗转化过程中的传承、衍变与再生轨迹，从而为“面向特殊性”的非遗保护实践提供个案参照。

一 官窑生菜会：活态传承的乡土民俗

官窑生菜会因其延续时间长、参与民众广泛，且寄寓着民众的旺丁求财、祈福纳瑞等愿望诉求，已成为佛山有代表性的民俗文化活动之一。官窑位于佛山南海北部，与三水、花都相邻，是南粤辗转中原的中枢，享有“百粤通衢”之誉，有着近1100年的历史，镇北的珠江支流西南涌直通广州。唐末五代十国后梁末帝贞明三年（917），刘龑在广州称帝，建立南汉小王朝，得知官窑一带陶土丰富，民间制陶业相当发达，于是派员到属官窑地界的镇龙圩（即现和顺逢涌）文头岭兴办了一家规模较大的陶窑并将其列入陶瓷贡品产地。因属官府所办，故名官窑，当地圩市被称为官窑圩，该圩名沿用至今。而今这个珠三角内陆小镇工农业并重，下辖1个城区、2个居委会、17个村民委员会、113个村民小组。经济上以工业为主，2005年被纳入狮山镇，2011年由狮山镇东区社会事务管理处管辖。作为在乡村、城镇文明互动中携带着工商基因的复合型乡镇，官窑滋育形成了独特的生菜会民俗。

民间食生菜与“立春”节气相关。“立春”居于二十四节气之首，是农耕时代农民安排耕稼事宜的时令依据。古时从天子到庶民都重视立春日，渐渐衍变出了立春日食春盘、啖生菜以迎春的仪式性活动。明《说郛三种》收录的《四时宝镜》“食生菜”条云：“东晋李鄂立春日命以芦菔芹芽为菜盘。唐立春日，春饼、生菜，号春盘。”[①] 民间以春饼卷而食用，称为春盘，用于庆贺立春。南朝梁《荆楚岁时记》载：“（正月）

① （明）陶宗仪：《说郛三种》，上海古籍出版社1988年版，第3223页。

‘立春’，亲朋会宴，啖春饼、生菜，贴宜春字，剪彩为燕戴之。”[①] 生菜是春盘中必不可少的蔬菜之一。明清时期广东各地全面接受了啖生菜以迎春的习俗，明崇祯《南海县志》云：“迎春，竞看土牛，或洒以菽稻，名曰‘消疹子’。啖春饼、生菜。”[②] 由“啖春饼、生菜”到举办生菜会，这种民俗活动逐渐普及化、仪式化。

目前可知最早提及官窑生菜会的文献，为清道光十五年（1835）纂修、同治十一年（1872）刊本《南海县志》，其卷五之“观音庙”记曰：“在麻奢堡官窑墟，岁正月二十五日，村人夫妇多诣赛神。礼毕，登凤山小饮，啖生菜，名生菜会，是岁多叶梦熊之喜。”[③] “凤山”为官窑凤山古庙代称，其前身为建于唐代并用于佛门子弟隐身的白莲观，因宋末元初元兵南下被火烧后才得以兴建。凤山古庙又名白衣观音庙，当地人称之为白衣庙，1968年“破四旧”期间被拆毁。“多诣赛神”点出了生菜会的生成语境。“越人尚鬼，而佛山为甚”[④]，明清时期跻身“四大聚”“四大镇”之一的佛山工商业发达，宗教氛围浓厚，滋育了诸多迎神庙会及以庙会为依托的行业。“夫乡固市镇也，四方商贾萃于斯，四方之贫民也萃于斯，挟资以贾者什一，徒手而求食者则什九也，凡迎神赛祷类皆商贾之为或市里之饶者耳，纠铢黍以成庆会，未足云损，而肩贩杂肆藉此为生计，则食神惠者不知其几矣。”[⑤] 官窑民间的“啖生菜”“生菜会”习俗与“多诣赛神”的民间信仰密切相关，“多叶梦熊之喜”即为明证。“梦熊”源自《诗·小雅·斯干》，“吉梦维何？维熊维罴”。“大人占之，维熊维罴，男子之祥。”郑玄笺曰：“熊罴在山，阳之祥也，故为生男。”由此可知，拜观音“求子”是官窑生菜会的重要信仰支撑。

关于官窑生菜会的详细记录，还见于中国最早的旬刊新闻画报，即创刊于上海、由《申报》附送的《点石斋画报》。该报在清光绪十年

---

① （南朝·梁）宗懔撰，宋金龙校注：《荆楚岁时记》，山西人民出版社1987年版，第88页。

② （明）南海县志（卷五·风俗志），崇祯十五年（1642）刻本，广东省地方史志办公室编《广东历代方志集成》（广州府部10），岭南美术出版社2006年版，第267页。

③ （清）梁绍献：《南海县志》，《中国方志丛书》（华南地方第50号），台北：成文出版社有限公司1967年版，第120页。

④ （清）陈炎宗：《佛山忠义乡志》（卷六·乡俗志），乾隆十七年（1752）刻本。

⑤ （清）吴荣光：《佛山忠义乡志》（卷五·乡俗），道光十年（1830）刻本。

(1884)发表了晚清画家吴友如以官窑生菜会为主题的画作。该画用图文并茂的方式描述了官窑生菜会。画上题字“南海县属之人窑墟有白衣送子观音庙”，“人窑墟”属“官窑墟”之误。画面右上方绘有慈眉善目的观音菩萨安坐台上，神龛上书“送子观音”，两侧悬挂写有“观世音菩萨”字样的帐幔，观音塑像前方供桌上摆着供品，前为上摆香烛台和木鱼的香案，案前置香炉，香炉前的榻上，跪有一妇人，携小孩正手持占卜竹筒，对观音娘娘顶礼膜拜。母子左侧还有妇人儿童等候礼拜。其两侧画有香客围坐在桌前作吃生菜包状。参加庙会的人物着清代服饰。而在画面的左上方，则以蝇头小楷作题记，全文为：“生菜会，生菜本名莴苣，粤人以其菜可生食，爰以生菜名之。腊尾年头，人家饯送礼物者，必以生菜为胜意，盖取乎生生不息也。南海县属之人窑墟有白衣送子观音庙，求嗣续者，焚香膜拜，奉祀甚虔。正月二十六日为神诞日，好事者为联佛会，名曰生菜会。赶佛会者于庙前安排酒罏茶竈，罗列各种餚蔌，以供游人饮饫，而必以生菜为主。是日，红男绿女结伴偕来，顶礼合十后，即相与领略菜根风味。挑菜佣之肩生菜而往者，络绎于途，无不利市三倍，缘会散后，有购生菜而归，以卜生机之活泼者。然则是会也，当不亚三月三长安水边之盛。”① 画面右下角则钤印作者吴友如的“友如”阳文印章。注文明确显示了正月廿六神诞日所办官窑生菜会与求嗣、求财诉求的关联性。正月廿六是观音开库日，当日信众赶往凤山观音庙借库求财，善男信女进香膜拜白衣观音后，到庙前吃生菜包，取其“包生”之意，寓意观音送子、添丁发财。

清宣统二年（1910）刻本《南海县志》也清晰描述了官窑生菜会的举办时间、场面及其信仰内涵，“金利司官窑乡有白衣庙，前临河后依岗，俗传正月二十六日为观音借库之期，故该庙每年以是日开库，庙前雇梨园一部。灯火连宵，笙歌达旦，前后数日，远近到庙祈祷者络绎不绝。士女云集，画舫塞河。祷毕藉藁坐地，蚬肉拚饭，生菜作包食之，

---

① （清）吴友如著，庄子湾编：《十九世纪中国风情画：民俗风情二百图》，湖南美术出版社1998年版，第92页。

云取生子之兆”①。官窑生菜会依托观音开库而由民众群体传承，保留着拜观音、食生菜包、演大戏、民众狂欢等仪式习俗。据 1910 年《孔圣会星期报》所记：“南海官窑白衣观音生菜会，去岁因该庙失慎被灾，随经乡人募缘重修，近已落成，定期廿二日，奉神崇陞，庙前演唱人寿年班。廿二廿三连日各乡人前来还炮，文马瑞狮，兴高采烈……比前尤为热闹也。”② 由此可见，即便该庙遭灾，也挡不住乡人重修观音庙、续办生菜会以酬神祈愿的热情。

直至民国时期，官窑生菜会都延续了仪式丰富、乡民参与、场面喧阗的样态，甚至吸引外地民间会团专门组织会员参观考察。如 1935 年《广州青年》载：“每届会期，便举行种种仪式，极人山人海之热闹。本会为考察各地风俗民情，特于三月一日（星期五）组织参观团前往参观。”③ 此外，1939 年《实业季报》(第 5 卷第 1 期第 84 页）在其“粤游琐记”专栏介绍了生菜会习俗，而专栏一旁是浙沪一带受轰炸的时事内容，可见抗战期间官窑生菜会风俗仍在延续。1948 年《电报》(第 173 期第 8 页）刊载了名为《纪官窑生菜会》的文章，详细描述了官窑生菜会盛况。这些说明，官窑生菜会已逐渐成为粤中地区生菜会的典型之一。当然，广州民间也流布着举办生菜会以祈福求子的活动。1929 年《民俗》载：“广州俗例以正月二十四日为送子观音诞日。各乡男女集于一处，此会名曰生菜会。‘生菜’与‘生仔’，其音相同。赴会者多购生菜归，以为生子之兆。此会设一小池，预先放下许多蚬与螺，赴会者探手水中，摸得螺者生子，得蚬者生女。”④ 1937 年《歌谣》载：“生菜会，郊野各乡都得举行。大家都在郊外席地大吃生菜，非常的热闹。唱八音，演戏的亦有。据说，这样做了，年成必好，故盛装的男女也纷纷参加。”⑤ 粤中地区的生菜会包含拜观音、吃生菜包、演粤戏、舞醒狮、烧炮抢炮等

① （清）郑荣：《南海县志》，《中国方志丛书》（华南地方第 181 号第 2 册），台北：成文出版社有限公司 1974 年版。

② 右公：《挽颓风：生菜之价值大有起色矣》，《孔圣会星期报》1910 年第 104 册，第 12 页。

③ 《风俗考察：参观官窑生菜会》，《广州青年》1935 年第 22 卷第 7 期。

④ 李圣华：《观世音菩萨之研究》，《民俗》1929 年第 78 期。

⑤ 清水：《旧历新年广州人的风俗》，《歌谣》1937 年第 2 卷第 37 期。

活动，是兼具拜观音、求子、祈财、纳福、娱乐、聚会、买卖等功能的庙会活动，尤以拜观音、求子为核心要义。

以生菜为核心符号的官窑生菜会历逾百余年的传承、层累和变迁，逐渐演变为维系地方认同、凝聚民众情感的民俗文化纽带，成为当地民众无法抹去的集体记忆。据参编官窑地方志的老官窑人陈炳松回忆："小时候我挤进观音庙（凤山古庙）看过一次，正月廿六乡人先去拜观音，然后在庙旁的空地包生菜；庙会每年都是向社会招标，中标者拥有观音庙的香油钱，同时也要支付关于庙会如舞狮、游园等项目的支出。"① 但随着"文化大革命"的爆发，诸多民俗被视为"四旧"予以禁止，观音庙（凤山古庙）被夷为平地，官窑生菜会丧失了赖以依托的地理空间，其传承一度中断，后人只能通过口耳相传的零星记忆传播碎片化信息。

二　复兴与衍变：新时期以来官窑生菜会的衍变理路

官窑生菜会在"文化大革命"时期的中断，并不意味着伴生于民俗的文化认同也被彻底清除。这与英国社会学家安东尼·吉登斯所述的"经验的存封"相类似，即生菜会作为不符合当时社会秩序的经验被滤去，"通过一种人为的方式，从我们生活中分离出去，并对它们进行分门别类，施行特殊的管理和控制"②。"文化大革命"结束后的思想解禁带来了乡土民俗经验的"解封"，官窑于1986年正式复办生菜会。新时期社会环境的转换，孕育了缓冲式文化政策。官窑方承袭改造和解释的惯性，将生菜会神祀信仰中的迷信和神秘成分予以"祛魅"，把生菜会与正月廿六观音开库神诞日相剥离，再和正月十五元宵节联结，通过时间置换启动了生菜会在新时期的复兴。借助民众口耳相传的零星记忆，复办的官窑生菜会得以接续历史元素，再次被纳入民众生活秩序。2003年联合国

① 陈炳松口述，参见陈训豪《民俗盛宴 传统文化醉宾客》，《佛山日报》2011年2月18日。

② 李清聚：《困境与张力——吉登斯后传统社会中的道德之维》，《当代世界与社会主义》2011年第4期。

教科文组织《保护非物质文化遗产公约》开启了非遗保护的“名录时代”，非遗名录的产生以“选择”为操作范式。传统文化表现形式被“选择”为非遗的过程，是其形态、价值、意义被发掘、彰显并界定为合法化保护依据的过程。随着非遗申报的启动，在狮山镇政府及地方文化精英的联袂操持下，官窑生菜会先后被列入了第一批南海区级非遗代表性名录（2007 年）、第一批佛山市级非遗代表性名录（2007 年）以及第三批广东省级非遗代表性名录（2009 年），从而成为佛山南海对外传播的代表性“文化名片”。当然，官窑生菜会在复兴与得到“保护”以来，其形态和肌理也发生了相应的衍化变迁。

一是从民间组织到官方主办。官窑生菜会源生于凤山古庙庙会，而依照岁时节日或宗教活动日开展的民间庙会是周期性的民俗活动，在年复一年的操演过程中逐渐组织化，形成了社区性的民间庙会组织及其组织者。钟敬文先生对此如此界定，“明清以来的民间庙会通常依寺庙为中心，以村落、街道社区为地域单元组成，有会名、会首、会众、会旗与会规。……会首在明清时期有时称为香首，会首是庙会组织的主要组织者与领导者，在庙会活动期间，负责召集会众前往寺庙进香与表演杂艺活动”①。珠三角地区的民间庙会也是如此，明清时期由乡民自行推选当地有德行、有能力的乡人“会首”“值事”等操办庙会，是较为普遍的现象。“农历十二月主会出标注，‘尾牙’贴开投启事投庙，投价高昂，约为三千多两白银一届。”② 佛山规模最盛的“北帝诞”庙会就存在由“会首”操持的记录，“自前元以来三月三日恭遇帝诞，本庙奉醮宴贺，其为会首者不惟本乡善士，抑有四远之君子相与，竭力以赞其成。是日也，会中执事者动以千计皆散销金旗花供具酒食”③。古官窑生菜会也不排除是由地方民间组织及其“会首”所操办的。然而，处于非遗申报语境中的官窑生菜会则由狮山镇政府主办操持。为配合申报省、市级非遗项目，镇政府在每年正月十五中午、晚上连办两场千人生菜宴，参加宴席的人

---

① 萧放等：《中国民俗史·明清卷》，人民出版社 2008 年版，第 234 页。

② 江佐中、吴英姿主编：《佛山民俗文化》，广东人民出版社 2009 年版，第 292 页。

③ 叶汝兰：《重修佛山经堂碑记》，吴荣光纂《佛山忠义乡志》（卷十二），道光十年（1830）刻本。

选均由其选定邀请。此外，生菜会的申遗、宣传、解释以及策划，也由镇政府部门全权操持。特别是，编撰《官窑生菜会大事记》，强化传播官窑生菜会的历史源流。其中最引人注意的“大事”是，“官窑生菜会最鼎盛的是民国二十二年（1933），广东省府主席陈济棠的家眷莫秀英到官窑拜观音后摸到螺，后生下一子，使生菜会蜚声海内外”。意在通过宣介显赫人物的信仰灵验性，彰显官窑生菜会历史叙事的真实性与正统性。

二是从有限批评到全面管控。古官窑生菜会内容杂糅，除了举办生菜宴，“游神和抢炮乃生菜会最为热闹的一举。当日主事者组织村民抬着‘天后’‘观音’‘北帝’等菩萨塑像出游。巡游队伍扛幡持牌，以头锣开道，供人膜拜”[①]。烧大爆、抢炮的狂欢性，曾被屈大均《广东新语》所细描，“其纸爆，大者径三四尺，高八尺，以锦绮多罗洋绒为饰，又以金缕珠珀堆花叠子及人物。使童子年八九岁者百人，倭衣倭帽牵之，药引长二丈余，人立高架，遥以庙中神火掷之，声如丛雷，震惊远迩。其椰爆，大者径二尺，内以磁罂，外以篾以松脂沥青，又以金银作人物龙鸾饰之，载以香车，亦使彩童推挽。药引长六七丈，人立三百步外放之，拾得爆首，则其人生理饶裕，明岁复以一大爆寿神。计一大爆，纸者费百金，椰者半之。大纸爆多至数十枚，椰爆数百”[②]。其中提到了烧大爆的刺激玩法，强调其耗费不菲，带来了奢靡致贫现象。此外，生菜会人头攒动，寺庙宫观之类的佛山宗教建筑又以木制结构为主，烟花大爆易引发火灾，存在安全隐患。屈大均对此明确批评，“此诚南蛮之陋俗，为有识之所笑者也。丧乱之余，痍伤未复，小民蠢蠢无知，动破中人之产，奇技淫巧，自致其戕。良有司者，苟能出令禁止，教以节俭，率以朴纯，使皆省无益之费，以为有用之资，不惟加惠斯民，亦所以善事鬼神焉耳”[③]。文人学者对于烧大爆习俗的批评，未使官窑乡村民俗中的烧大爆、抢炮习俗受到任何影响。等到新时期民俗文化复兴之后，“当代文化领域出现了多个主导力量，呈现为多种话语权力的交织和较量，而其中政府

① 江佐中、吴英姿主编：《佛山民俗文化》，广东人民出版社 2009 年版，第 292 页。

② （清）屈大均：《广东新语》（下・卷十六・器语・佛山大爆），中华书局 1985 年版，第 444—445 页。

③ （清）屈大均：《广东新语》（下・卷十六・器语・佛山大爆），第 445 页。

的力量最不容忽视，体现为国家对民俗传统的态度转变和实际举措”①。代表国家意志的佛山地方对作为生菜会民俗组成部分的烧大爆采取了全面禁止的态度，佛山市公安局每年发布《关于禁止和限制燃放烟花爆竹的通告》要求：“禅城、南海和顺德全区，以及三水中心城区、高明荷城街道行政区域内，未经许可，禁止任何单位和个人燃放烟花爆竹。”烧大爆作为存在安全隐患的环节，也就从官窑生菜会中长期消失了。

三是从信俗主导到商业盛会。无形的传统文化表现形式要成为非遗，必须首先面临被选择的过程。因为遗产是当代社会希望继承的东西，我们所认为的遗产并非都会受到社会的重视，社会只是按一定的价值原则有选择地保存历史遗产。② 选择机制在将民间文化遗产化、等级化的同时，也会使之发生文化意义的转换和重构。官窑生菜会在被纳入各级非遗名录之后，政府部门对其所作的解释、改造也就显得意图彰明。与观音信仰相伴的求子诉求，是支撑官窑生菜会从清传承至民国的主要社会心理动因。宋兆麟曾将生菜会列为求育巫术之一种，“生菜庙会，为拜神求子，以生菜作为一种求子巫术”③。在将生菜会列为有着公共性色彩的非遗之后，官方的解释必然遮蔽一些话语而彰显另一些话语，即按照主流价值逻辑，“处理好民俗与迷信的关系，剔除非物质文化遗产中的迷信色彩等落后的因素”④。地方政府部门只能“把传统文化作为素材，在国家容忍的框架里重新塑造出来，进行自己的文化生产”⑤，对于官窑生菜会而言，主办方所要凸显的不再是以求子为主要旨归的信仰内涵，而是按照“文化搭台、经济唱戏”理路，将其列入狮山文化艺术节，“打造”成以民俗实施招商的“文化名片”，其内容包含千人生菜宴、游园会、大巡游、时装表演、文艺晚会、烟花会演等各类文娱活动。对于原本有“包生”之意的生菜包，还将其申报为“2013 年佛山十大名小吃”之一，

① 高丙中：《居住在文化的空间里》，中山大学出版社 1999 年版，第 198—200 页。

② ［英］戴伦·J. 蒂莫西、斯蒂芬·W. 博伊德：《遗产旅游》，程尽能主译，旅游教育出版社 2007 年版，第 2 页。

③ 宋兆麟：《生育神与性巫术研究》，文物出版社 1990 年版，第 145 页。

④ 蔡武：《要剔除非遗中的迷信色彩等落后的因素》，中国新闻网，2009 年 11 月 26 日，http：//www. chinanews. com/cul/news/2009/11 –26/1985692. shtml。

⑤ 高丙中：《民间的仪式与国家的在场》，郭于华主编《仪式与社会变迁》，社会科学文献出版社 2000 年版，第 323 页。

在彰显生菜包饮食价值的同时进一步过滤了“求子”意蕴。这鲜明体现了，“将原来具有低于社会价值的东西在升级到更高层次中的时候，仅仅把经过‘提炼’的‘精髓’部分作为拥有普遍性价值的资源提取出来，而去除那些经过‘提炼’后残留下来的非资源的要素……”①。从狮山启动申遗之初所举办的官窑生菜会可见端倪，2007 年官窑 230 个村长、旅港官窑同乡会代表、任职于官窑的老领导和在外任职的官窑乡亲、在大狮山地区投资的外国商人、民企老板代表等群体获邀参加了生菜宴，乡村普通民众却难有机会参与共享，成为“观看”这场民俗盛宴的“他者”。

三 非遗保护语境中官窑生菜会的文化再生

通过上文对比可见，复兴以来被列入非遗之后的官窑生菜会在机制、形态方面发生了明显变化。究其根源，官窑民众作为生菜会的传承主体，因其集体化、无名化特质，在申遗过程中被当地政府部门和文化工作者所代言，狮山镇文化站不仅直接操办了申遗事项并且被指定为非遗申报书中的“保护单位”。入选非遗之后的官窑生菜会经过遗产化转换，体现了当地政府更为强力的在场和渗透。狮山镇政府在持续不断地采借、阐释、整合官窑生菜会过程中，使这个历史上原本属于日常生活的民俗文化呈现出文化资源特性，并以非遗保护为名展示了开发、利用官窑生菜会的政治和商业用意，从而成为这场文化再生产行动的实际主导者。布迪厄的实践理论指出，文化的不断延续性受制于人的实践目的和行为选择。他提出的“再生产”概念指明利益格局对文化现象出现或存续的作用，认为社会或文化的再生产机制的运作服务于社会结构中占支配地位的利益者。②“占支配地位的利益者”通过对官窑生菜会的遗产化和资源化，似乎是在将生菜会“打造”成一个融经济招商、恳亲联谊、文化娱

---

① ［日］樱井龙彦：《应该如何思考民间信仰与文化遗产的关系》，陈爱国译，《文化遗产》2010 年第 2 期。

② Pierre Bourdieu, Outline of A Theory of Practice. Cambridge: Cambridge University Press, 1977, pp. 16 – 18.

乐于一体的民俗文化盛会。

那么，这是否导致官窑生菜会产生了学界一再批评的“伪民俗”现象？据美国民俗学家理查德·道尔森所论，伪民俗“是对已有文献和报道材料不断进行系列的循环反刍的结果，有的甚至纯属虚构”①，他所强调的伪民俗具有人为、部分人为或者完全人为制造等特点。这与英国学者 E. 霍布斯鲍姆所提出的“传统的发明”概念有吻合之处，他认为那些表面看来或者声称是古老的“传统”，其起源时间往往是相当晚近的，而且有时是被发明出来的，“‘被发明的’传统之独特性在于它们与过去的这种连续性大多是人为的（factitious）。总之，它们采取参照旧形势的方式来回应新形势，或是近乎强制性的重复来建立它们自己的过去”②。对比而言，经历了中断、复兴、衍变的官窑生菜会，既不是保留原始形态、蕴藏早期文化信息且未经过大变迁的原生态民俗，也不是彻底变迁甚至被其他民俗替换了的、“人为的”（factitious）再生态伪民俗，而是在变迁中与现代生活相结合的复合态民俗。因为“伪民俗还应与民俗的依存（survival）和复兴（revival）两个概念区分开来。依存意味着传统的延续，不管它在形式上怎样的缩减或改变，至少作为民俗它还存在着。复兴则是传统有过中断之后，有意识地唤醒并恢复曾经兴起过的一种民俗”③。由是而言，官窑生菜会又具有不可纳入“伪民俗”范畴的理论依据。

其实，围绕申遗以及非遗保护所产生的官民互动以及观念修正，也在现实层面消解了官窑生菜会的伪民俗化。2010 年 9 月 25 日，佛山南海区政府专门发布《“狮舞岭南·龙腾南海”文化发展行动计划》，明确提出推动作为广东省级非遗的官窑生菜会申报国家级非遗项目，这明显调动了当地文化群体的集体需要和动力。官窑及其周边的表演团体、乡村精英、媒体记者、民间组织围绕官窑生菜会申遗展开的活动尤为活跃。狮山镇组织专人走访官窑生菜会历史见证人、知情人，发掘和记录官窑

---

① Richard M. Dorson. “Fakelere”. Zeitschrift fur Volkskunde，1969（65）.

② ［英］E. 霍布斯鲍姆、T. 兰格：《传统的发明》，顾杭、庞冠群译，译林出版社 2004 年版，第 1—17 页。

③ ［美］阿兰·邓迪斯：《伪民俗的制造》，周惠英译，《民间文化论坛》2004 年第 5 期，第 104 页。

生菜会的资料，搜寻和保存散落于民间的凤山古庙文物，择其要编入《官窑镇志》和《官窑生菜会的前世今生》特辑。被当地人称为“官窑通”的退休老人谢景礼提供了内附凤山古庙位置地图和生菜会记述文字的《南海县志》，以及他本人整理并手抄于原稿纸上的“官窑历史大事记”。厚福村村民刘心灵从“文化大革命”时期珍藏至今的凤山古庙构件“云龙瓦脊”、生菜会抬神出游的“都天至富财帛星君”木雕贴金神牌，也为形塑官窑生菜会历史提供了文物依据。官窑七甫陈村村民们甚至在七甫“后围园”小河边的大榕树下发掘了凤山古庙的一对遗存石狮，这些都被当地政府所重视并征用。官窑高中还将官窑生菜会纳入乡土文化教材，成立官窑生菜会课余研究兴趣小组。越来越多民众的自觉参与及其对于生菜会的情感偏好，意味着官窑生菜会呈现了凝聚地方认同的功能。

关键的步骤在于，狮山镇政府组织举办了官窑生菜会民俗文化论坛，组织民俗专家、地方学者研讨官窑生菜会的历史源流、价值意义以及活化保护策略，结合网络平台采集到了复建观音庙、恢复会期为正月廿六、选定核心环节的代表性传承人、设置传统民俗活动等意见。正因为如此，2014 年狮山镇政府首次将生菜会调整至正月廿六举办；恢复民间办庙会的传统，改由官窑商会组织主办；首次对外开放席位并且通过网络招募年轻人参加；2014 年 12 月，集生菜会文物陈列、图文展示、视频传播等功能于一体的官窑生菜会会馆正式面向公众开放。2015 年生菜会主办方拿出了近半生菜会宴席座位面向社会认购，同时设置了伸手入“摸仔岩”摸螺摸蚬的活动，寓意摸螺生仔、摸蚬生女。官民的互动以及申遗的动力发挥了倒逼效用，狮山镇文化站负责人在访谈中也确认，将根据专家建议逐年恢复官窑生菜会中的游神、抢花炮等传统民俗活动，改变单一吃生菜包的模式。①

2015 年 3 月 16 日笔者在参加官窑生菜会过程中，亲身体会了当地对于该民俗的传统化努力。在官窑生菜会馆旁举办的生菜会主程序是，参加生菜宴吃生菜包，即用清脆的生菜将酸菜炒蚬肉、炒米饭等包着吃，

---

① 受访人：李华丽（时任狮山文化站副站长）；访谈人：谢中元；访谈时间：2015 年 3 月 16 日中午；地点：官窑生菜宴现场。

寓意“生财”又“多子多孙”。生菜会的其他“重头戏”，则是“游神”和“抢花炮”。“游神”即组织一支队伍扛幡、持牌头锣开道，抬着“天后”“观音”“北帝”“财神”等菩萨像沿官窑城区主干道穿游。“抢花炮”则变身为“套花炮”，即由组织者在地面连放六个花炮（包括头炮、二炮、三炮、闰三炮、五炮、六炮），各队伍边高声吆喝、边争相套炮，其中以套中闰三炮（又名“丁财炮”）为贵。现场民众为了抢个好意头，在“套花炮”前早已排起长龙，义工不得不按人数封住入口分批放入。此外，官窑城区街道上各店铺主提前将包扎着生菜、葱、红包、一条香烟的“青”悬挂于门口，各路舞狮队打着旗号沿街巡游，每遇设“青”的酒店商铺，必随喧天锣鼓舞狮采青，凡在“采青”高潮处，必定人头攒动，鞭炮轰鸣，喝彩声声。由于狮舞至迟在明代成为傩仪，用于沿门逐疫①，沿街舞狮是民众祈福求财的古老方式之一，尤为契合官窑生菜会的祈福含义。这些复归民俗传统的气象，显示出了非遗后续保护过程中官窑生菜会的文化再生。笔者在现场也听到了参与者对于生菜会“越来越传统”的评价。

透过官窑生菜会可见，非遗保护是一个动态的行为过程，杂糅着各方主体的博弈与互动，其中既存在保护主体对于民俗的遗产化和资源化取向，又包孕着民间民众的主动自觉以及官方在非遗保护倒逼机制下所释放的传统化姿态。当然，民俗的遗产化和资源化肯定有其积极意义。如方李莉所言：“‘从遗产到资源’的核心观点就是我们对珍贵的非物质文化遗产不仅要保护，还应该在其基础上进行创新，将其变成新的文化的一部分，新的社会肌体的一部分，使其溶化在民族的血液中，不断循环和更新。也就是说创新也是一种保护，是一种更深刻的保护。”② 不能忽视的是，民俗的资源化应存在“度”的界限，过度的资源化会对民俗本体带来挤压侵蚀，造成民俗本生态的异变消亡。始终通过持守“吃生菜”基本环节而凝聚地方认同，正是官窑生菜会没有沦为“伪民俗”的根本前提。而狮山政府部门、官窑地方精英等作为保护主体，在与民众

① 康保成：《傩戏艺术源流》，广东高等教育出版社 1999 年版，第 30 页。

② 方李莉：《从“遗产到资源”的理论阐释——以费孝通“人文资源”思想研究为起点》，《江西社会科学》2010 年第 10 期。

的良性互动中广集民意，也推动了官窑生菜会的文化再生。其实，“他们本身就是民间文化的传承者，他们有自己的生活逻辑、文化理想与当下诉求，如果我们能把他们理解为文化传承链中的一个自然环节，那么，他们对于传统的‘传承’和‘变异’就是一个硬币的正反面”[①]。因此对于官窑生菜会，应持“了解之同情”态度，即以传承、变化、发展的眼光审视之。不论如何演变，只要官窑生菜会对于当地民众的情感认同意义还在，它就不会从根本上丧失存续动力，而这也是后续非遗保护的重点所在。

---

① 施爱东：《学术与生活：分道扬镳的合作者》，《民族艺术》2008 年第 1 期。

庙会的非遗化、学界书写与中国民俗学：龙牌会研究三十年*

岳永逸　蔡加琪**

摘　要：近三十年来，范庄龙牌会成为学界持续关注的又一个“妙峰山”。面对主流意识形态和霸权话语的渗透，与龙牌会相关的行为主体或隐蔽或公开的价值取向与欲望共谋促成了龙牌会叠合的符号体系与叙事修辞。关于龙牌会的多数研究或执果索因、现象还原，或将之标签化，推导或赋予其合法性，并与复兴循环解释，或关注异质行动主体间的互动互文。这些研究从各自的层面解释了龙牌会在当代中国的生存策略，也表征着多数学人在对社会现实理解的基础之上进行学科建构以及文化建设的努力。建庙和晋级非遗名录是龙牌会演进的分水岭。非遗化后依旧集中呈现乡土宗教的龙牌会的疲软，实际上是富于地方性的乡土中国向全球化进程中的现代民族国家——都市中国整体转型时所要经历的瓶颈。叠加的龙牌会也成为近三十年来中国民俗学演进的一个隐喻。由此，对非遗运动和当代中国民俗学演进的进一步反思也就有了必要性。

关键词：庙会；乡土宗教；非遗；龙牌会；中国民俗学

---

* 原文刊于《民族文学研究》2017 年第 6 期。本文为中共北京市委宣传部 2016 年北京市宣传文化高层次人才培养资助项目“京津冀非物质文化遗产保护现状研究”（2016XCB106）阶段性成果。

** 岳永逸，中国人民大学社会与人口学院教授；蔡加琪，日本筑波大学人文社会科学研究群人文学学位博士前期。

一 引言

近40年来，与国家的大政方针和建设步伐相适应，作为不同领域、不同时段指向口传、活态生活文化的关键词，陋俗、民俗、（民族）民间文化、民俗文化、非物质文化遗产（非遗）、优秀传统文化等交替出现，交相错杂，叠合共存。这些语词不但影响到其指涉事象的存在状态与可能，也影响着国家的精神文明建设、文化建设、旅游生态和地方的发展、人们的生活。改革开放后，“在城”的民俗学者，早早就身体力行地参与进了诸如河北小村范庄龙牌会这样的庙会实践与演进中。这些城与乡、精英与民间、上与下之间的互动，既在相当意义上影响着作为研究对象的“民俗”的传衍与生存实态，影响着中国民俗学的学科走向，也使作为符号和意象并时时自我蜕化的“国家”在乡民的生活世界中发挥着效力，进而熔铸到其情感世界与日常生活之中。事实上，发生在龙牌会的实践——非遗化龙牌会，还暗合了近几年来才提出与推进的京津冀一体化、协同发展的宏大战略。以之为例，审视生活实相—学科研究对象、学科发展以及国家建设三者之间的互动，也就具有了重要的现实意义与理论意义。

20世纪20年代，因应“到民间去”运动抑或说趋势的感召，顾颉刚等人受北京大学国学门风俗调查会之托，前往京西妙峰山调查朝山进香的风俗，旨在记录一些民众生活中的“迷信”，发掘民众信仰力和组织力的正向价值，以切实推进移风易俗的社会运动，改造“三农”，振兴中华。[①] 在反对封建迷信的时代语境下，此举系国内学者对庙会、乡土宗教（当时基本定性为“迷信”）予以田野调查之先声，一直被视为中国民俗学学科史上的里程碑之一。乃至如今在媒介等公共写作中，有着“妙峰山是中国民俗（学）的发祥地”的噱头。[②] 70余年后，逐渐声名鹊起的华北腹地小村范庄二月二龙牌会因为诸多因缘，吸引了大批中外学者、媒体记者、摄影家前去参观考察。从学者“发现”其存在以来的近30年

① 顾颉刚：《〈妙峰山进香专号〉引言》，《京报副刊》1925年第147号，第1—3页。

② 岳永逸：《朝山》，北京大学出版社2017年版，第116—117页。

来，与龙牌会相关的论文已经超过161篇。[①] 俨然妙峰山一般，大有后来居上之势的龙牌会成为箭垛式的“学界新宠”，被目的、动机各异的精英予以反复描述、诠释、建构与再诠释。

这些前赴后继的学术写作，在20世纪90年代赋予了龙牌会在地方社会中的文化的合法性，在2006年则成功助力龙牌会晋级河北省省级非遗名录，使之具有了实实在在的行政的合法性。然而，从被禁止的“迷信”到民间文化/民俗，从民间文化/民俗到非遗，20世纪、21世纪两个世纪之交两度华丽转身的龙牌会，其内核并未发生质变，都是以远近信众敬拜写有“天地三界十方真宰龙之神位”字样的木质牌位和香头瞧香治病为核心的“精神性存在”。[②] 而且，它还是以人神一体和家庙让渡为核心的乡土宗教[③]为毂。长时段观之，面对精英意识形态和霸权话语的渗透，相关行为主体或隐蔽或公开的、各有所需的价值取向与互动，促成了龙牌会多声部共谋的叙事诗学。在对外、对上的言说与操演中，龙牌会的神圣感与仪式感更多地指向“家”以外的公共性更强的庙宇以及被挪用的“博物馆”。与之并行不悖的是，在社会行为和事实层面，民众日常生活与庙庆中被屏蔽或者被悬置的宗教实践。

因此，对这一已经“被非遗化”的乡土庙会30年来研究史的梳理，既有益于厘清龙牌会这一非遗事象本身，也有益于促进龙牌会与乡土宗教、政治、学界写作、非遗运动、中国民俗学学科发展等之间复杂关系的思考。换言之，在有着悠久历史且礼俗始终互动的当代中国，是否存在纯粹的民间文化？被表述出来的民间、传统和被彰显的非遗究竟有着怎样复杂而互动的异质主体？声势浩大的非遗运动究竟意味着什么？作为“经验事实”的龙牌会与学术写作中“主观真实”的龙牌会二者之间的连绵互动——叠合且互相涵盖的反复“实践”的龙牌会——对中国民俗学又意味着什么？

---

① 本统计起止年份为1995—2016年，以“龙牌会”为关键字全文检索“中国期刊全文数据库”，数据主要针对期刊论文（含少量非学术期刊），不包括专著、论文集、学位论文等。

② 岳永逸：《精神性存在的让渡：旧京的庙会与庙市》，《民俗研究》2017年第1期。

③ 岳永逸：《行好：乡土的逻辑与庙会》，浙江大学出版社2014年版，第49—53、83—106、166—171、307—316页。

二 被打造的“活化石”

范庄，位于华北腹地，河北省石家庄市赵县县域东部滹沱河故道。在赵县县域内，有始建于隋代而举世闻名的石拱桥——赵州桥，县城中有国内保存最完好、最高的陀罗尼经幢。改革开放后，位于县城中并重振的柏林寺香火鼎盛。一代高僧，净慧法师倡导的生活禅，不但远播四方，同样引起了学界的高度关注。[①] 范庄是赵县东部重镇，距离县城约16.5公里。在“二月二，龙抬头”的传统节令，“文化大革命”后期的1974年，范庄信众悄然拾掇传统，一年一度地在会头家中轮值举办着龙牌会。[②]

1991年，时任河北省民俗学会秘书长刘其印对龙牌会的初步介绍刊载于是年该会内部刊物《风俗通》第1期。当地文人撰写的《二月二龙牌会的由来》也收录其中。1992年，刘其印又在《风俗通》第2期上发表了《龙崇拜的活化石——范庄二月二“龙牌会”初探》一文。同年，他在另一篇写二月二节俗的文章中，反复提及范庄龙牌会。[③] 后来，“初探”一文以“龙崇拜的活化石——范庄二月二‘龙牌会’论纲”为题，刊发在《民俗研究》上。在该文中，刘其印将“龙牌爷—勾龙—白蛾”三者进行了同义转化，并高度肯定龙牌会的文化价值与社会功能，将龙牌会认定为龙文化的代表，是“祖龙崇拜、图腾崇拜的活化石、活标本”。[④] 因为他的力荐，龙牌会日益受到学界，尤其是中国民俗学界的关注。

作为河北省民俗学会的主要负责人，刘其印一直致力于邀请政府官员、新闻媒体、专家学者和摄影爱好者等有着“城里人”身份的他者

---

① Yang, Fenggang and Dedong Wei: “The Bailin Buddhist Temple: Thriving under Communism”, in Yang, Fenggang and Joseph B. Tamney (eds.), *State, Market, and Religions in Chinese Societies*, Leiden: Brill, 2005, pp. 63–86.

② 岳永逸：《灵验·磕头·传说：民众信仰的阴面与阳面》，生活·读书·新知三联书店2010年版，第139页。

③ 刘其印：《话说“二月二”》，《民俗研究》1992年第1期。

④ 刘其印：《龙崇拜的活化石——范庄二月二“龙牌会”论纲》，《民俗研究》1997年第1期。

"赶"龙牌会。通过时任中国民俗学学会秘书长刘铁梁教授，刘其印将龙牌会介绍给了德高望重且有着"中国民俗学之父"之誉的钟敬文先生。钟先生对龙牌会表现出了不小的热情，并强调:"要搞，就搞成第二个妙峰山研究。"① 1995年，在刘铁梁的组织下，中国民俗学会开始了对龙牌会的第一次联合考察，并在范庄镇的南庄村建立了中国民俗学会调研基地。

20世纪90年代，学界的田野调查多关注龙牌会的仪式和龙牌会组织的构成及运行。从起会、供品、搭建醮棚等前期筹备，到为期六天的仪式流程和禁忌，特别是二月二正日子当天的花会表演、舍饭习俗、醮棚内外等神圣空间的敬拜、世俗空间的活动安排以及民众的精神面貌等，都有较为具体的描述。② 标语的种类、村广播、毛主席挂像、书记的态度等细节，也被敏锐的学者捕获，虽然并未深入探讨。现代国家与民间之间的纠缠、互动之观察尽管呼之欲出，却还是付之阙如。

1996年，龙牌会按照龙牌原有的形制，斥资打造了一块高约260厘米、宽约210厘米、重达300公斤的巨型新龙牌。新龙牌中央是蓝底金字"天地三界十方真宰龙之神位"，周边饰有金龙，蔚为壮观。在同年的座谈会上，观察并参与的学者们提出了两种良策:"一是保持龙牌会活动的原汁原味，二是弘扬龙文化，建立博物馆。"③ 后一提议，极大地启发了龙牌会会头。2001年，范庄的龙文化博物馆奠基，组织召开的"河北省首届龙文化研讨会"都成为当年龙牌会一个组成部分。2003年，对外宣称的龙文化博物馆第一期工程顺利完成。至今，也未见当年规划中所宣称的二期、三期工程的修建、落实。在当年二月二龙牌会的这个正日子，人们举行了龙祖殿落成典礼暨赵州龙文化博物馆揭牌仪式。此后，原本在轮值会头家户中的龙牌，被固定安放在了龙祖殿。原先每年庙会期间，

① 高丙中:《知识分子、民间与一个寺庙博物馆的诞生——对民俗学的学术实践的新探索》，《民间文化论坛》2004年第3期。

② 陶立璠:《民俗意识的回归——河北省赵县范庄村"龙牌会"仪式考察》，《民俗研究》1996年第4期；冯敏:《范庄二月二"龙牌会"考察记事》，《民俗研究》1996年第4期；叶涛:《走进"龙牌会"》，《民俗研究》1999年第1期。

③ 高丙中:《知识分子、民间与一个寺庙博物馆的诞生——对民俗学的学术实践的新探索》，《民间文化论坛》2004年第3期。

二月初一龙牌从上任轮值会头家挪移到醮棚，二月初四从醮棚将龙牌请回轮值会头家，二月初六再从该会头家移送到下一任轮值会头家的仪式，都荡然无存。与此同时，龙牌与会头及其家居相对私性的亲密关系也发生了改变。轮值会头家需派家庭成员常年驻守完全公共性的龙祖殿中，伺候龙牌。在跻身河北省首批省级非遗名录后的一年，即 2007 年，为恢复龙牌会的热闹场面，会头们将龙牌从龙祖殿请出，沿着范庄主街道巡行一圈，再请回龙祖殿。在一定意义上，这是向庙会期间龙牌会在不同空间“位移”传统的回归。

与龙牌会的演进相匹配，21 世纪以来的田野考察紧跟动态，追踪记录龙牌会的发展历程。[①] 一些研究不再局限于对龙牌会本身的描述、分析，而是试图以此阐释更宏大的社会命题。公民社会的有机团结、民俗学主义（Folklorism）、新农村建设、女性主义等，纷纷都成为学者观察与书写龙牌会的视角。民俗学者努力从民俗事象的“小圈子”里走出来，力求为中国民俗学学科建设和地方社会的良性发展添砖加瓦。

比起民俗学的民间立场，人类学处理文化事象的惯用方法之一是抽绎出其中的象征体系，再破译、解码与建构，使事象成为理论的“活化石”。在龙牌会的内部秩序方面，存在两种对立的看法：一种认为龙牌会遵循等级制度；另一种则认为龙牌会解构了等级制度。前者倾向于认为，龙牌会所象征的秩序是对古代制度的模拟，类似的仪式活动源于现代对过去的社会记忆，其运行秩序由权力贯彻落实，通过对等级制度的再现来巩固社会团结、加强社会联系。[②] 这种认知明显受到王斯福之“帝国的隐喻”[③] 的影响，即默认相同的历史认同必然导致相同的历史秩序和政治宇宙观，故狂欢的庙会成了日常生活至少是集体记忆的延续，并与帝国的制度构成一种换喻关系。后者虽然承认庙会的过程是等级展示的过程，

---

① 除了纸质出版物，不少人通过博客、论坛等网络平台，以图像和影像的方式记录龙牌会实况，对外宣传龙牌会，并积极为龙牌会的发展建言献策，如栗永的《热闹后的冷思考：为范庄龙牌会的传承发展进言》、肖庄的《“范庄龙牌会”的遐想》，分别参见 http：//blog. sina. com. cn/s/blog_ 62595fe80100hjv8. html；http：//blog. sina. com. cn/s/blog_ 4db6884d0100htel. html，2016 年 12 月 20 日。

② 王铭铭：《象征的秩序》，《读书》1998 年第 2 期。

③ ［英］王斯福：《帝国的隐喻：中国民间宗教》，赵旭东译，江苏人民出版社 2008 年版。

但龙牌会由会头轮流“执政”，却是对权力等级的颠覆，并强调中心和权威会在特定条件下转变到其相反的方面。① 这一理解与维克多·特纳所强调的仪式之“反结构”观点雷同，认为非常的仪式隐含一种去结构化倾向，权力等级会被暂时性搁置。② 因此，庙会与日常生活相分离，成为一种反叛性的宣泄。

三　神格、类型与性质的嬗变

事实上，进入公众视野前后的龙牌会一直处于发展变化中。因此，溯源、求真也就成为龙牌会研究的方向之一。这包括龙牌神格、庙会类别与性质等多种嬗变。

神格嬗变——被质疑的祖先神。立足范庄乃杂姓村的基本事实和家族迁移史，周虹推测，范庄人以龙牌而非龙王为祖先的信仰，可上溯到六七百年前的明朝。又因农历二月二日在北方农事上的意义，以及庙会的地缘性，龙牌还具有从农事神泛化而来的祖先神—社区神之双重属性。③ 以老会头、当地文化权威、普通村民、青少年对龙牌会的多重表述为据，岳永逸将龙牌神格的复杂性清晰地展现出来。从自然神到人祖神，龙牌神格的演进是范庄人从“失忆”到“失语”的渐变，观念与实践之间是断裂的，社会结构的整合滞后于文化结构的整合。进一步，他指出：“今天的龙牌会是心照不宣的文化对话、共谋和多声部重唱，是乡村政治学的产物。”④ 这种庙会政治学的取径有效地挖掘出神格认同背后的话语规训，印证了“隐蔽语本”与“公开语本”的龃龉与共存，从而呈现出龙牌会这个乡野庙会的“完全语本”。此外，神格的变化也牵连身份认同。占少数的“喧嚣者”（外来的研究者）与“喝彩者”（会头、民俗发

---

① 赵旭东：《中心的消解：一个华北乡村庙会中的平权与等级》，《社会科学》2006 年第 6 期。

② ［英］维克多·特纳：《仪式过程：结构与反结构》，黄剑波、柳博赟译，中国人民大学出版社 2006 年版，第 94—131 页。

③ 周虹：《“龙牌会”初探》，《民俗研究》1996 年第 4 期。

④ 岳永逸：《灵验·磕头·传说：民众信仰的阴面与阳面》，生活·读书·新知三联书店 2010 年版，第 153 页。

现的收藏家、地方政府官员）合作，将龙牌会抽离出地方社会的时间节律，利用上古神话赋予当下以历史感，并依靠龙与中华民族的固有联系，以无可抗拒的宏大叙事使得“沉默的大多数”（地方居民）默认了作为意识形态的民族认同。①

类别嬗变——打醮与庙会。联系村民供奉的“家神”与龙牌会醮棚内的众神神马，不难推测20世纪90年代学界对龙牌会进行去迷信、去地方化的修饰与拔高，实乃学者们有意为之的主观建构，诸如：“龙牌不能直训为龙的牌位”“所雕的龙头和龙形并非人们崇拜的偶像，只是其装饰作用，以标志此牌的威严高贵”“白蛾是勾龙的化身”“祭龙就是祭祖”“表现了龙的传人共同的心态和图腾观念”，等等。② 曾经的醮会龙牌会与如今的庙会龙牌会之间的关系，也渐次被发现。通过对范庄“对子村”豆腐庄皇醮会的历史追述和仪式考察，王学文、岳永逸的调研从侧面呼应龙牌会的类别定位③，并留下引人深思的数个问题：醮会与庙会的区别何在？是否应该因为形式上的不同而特意强调二者之间的差异？醮会向庙会的演进是否是华北醮会的共性？其变化动力何在？

与此同时，庙会龙牌会也并非一成不变。按照庙会的组织形式，刘铁梁划分出五大基本类型：村落内部型、聚落组合型、邻村互助型、联村合作型和地区中心型。他认为，龙牌会早期可能属于由本村民间权威组织、不特意动员外村参加的村落内部型庙会，后来则向能吸引本地区民众普遍参与、具有地区代表性的地区中心型庙会过渡。④ 还有研究关注到了龙牌会非遗化前后操演仪式空间的变迁，即从相对私性的家居空间到公共开放的庙宇空间这一创新性传承给龙牌会所带来的骤变。⑤ 具体而

---

① 赵旭东：《龙牌与中华民族认同的乡村建构——以华北一村落庙会为例》，《广西民族大学学报》（哲学社会科学版）2009年第2期。

② 刘其印：《龙崇拜的活化石——范庄二月二“龙牌会”论纲》，《民俗研究》1997年第1期。

③ 王学文、岳永逸：《嬗变的醮会：河北赵县豆腐庄皇醮会调查报告》，《民俗研究》2009年第1期。

④ 刘铁梁：《村落庙会的传统及其调整——范庄“龙牌会”与其他几个村落庙会的比较》，郭于华主编《仪式与社会变迁》，社会科学文献出版社2000年版，第269—280页。

⑤ 盛燕、赵旭东：《从“家”到“庙”：一个华北乡村庙会的仪式变迁》，《中国乡村研究》2008年第6辑。

言，在庙会仪式方面：1974 年，人们就悄然恢复传统，按会头制轮值供奉龙牌；1983 年，再度首次公开搭棚过会；1996 年，庙会场地扩大；2003 年，龙牌被请入龙祖殿；2004—2006 年，取消从会头家到龙祖殿之间的送、迎龙牌仪式；2007 年，龙牌再度发生位移而巡街，等等。30 多年来，龙牌会外现的群体性仪式大体经历了由简到繁再到简的小循环。[①]当然，始终如一的是信众在龙牌前的烧香上供、念佛、许愿还愿、瞧香治病，以及扫坛，等等。到 2008 年，龙牌会的规模差不多缩减了一半。是年庙会期间，大伙房给信众做斋饭的大锅，由鼎盛时期的八口缩减到了四口。[②]

性质嬗变——“迷信”到“文化”。从历时和共时两个维度，龙牌会去迷信的过程既有有形的空间布局、参与群体名称等的变化，也有无形的精神意涵向主流话语的靠拢。[③] 华智亚将这一过程称为“地方信仰的文化化”。他强调 20 世纪 80 年代中期以后的“文化热”是该变化的社会语境。进而，华智亚指出，这一变化是研究者的理性选择——通过合法化研究对象，从而合法化研究本身，为学科拓展生地。[④] 换言之，“文化”的标签同时为庙会、乡土宗教和学术研究规避了违背官方意识形态和宗教政策的风险。这种既主动又被动的转型，不仅是庙会与乡土宗教的生存策略，也是研究者的学科策略。20 世纪 90 年代关于庙会的三本论文集[⑤]在一定程度上表明：“庙会”被逐渐脱敏，“庙会文化”也日渐成为国内学术研讨的事象，具有了学术上的合理性以及重要性。与此不同，欧大年则直接将龙牌会这样的庙会归属到了“宗教”的范畴，并强调其

---

① 叶涛：《龙牌会的变迁》，金泽、邱永辉主编：《中国宗教报告（2011）》，社会科学文献出版社 2011 年版，第 197—208 页。

② 岳永逸：《灵验 · 磕头 · 传说：民众信仰的阴面与阳面》，生活 · 读书 · 新知三联书店 2010 年版，第 168 页。

③ 王均霞：《范庄龙牌会：从迷信到公共文化的建构》，《楚雄师范学院学报》2010 年第 8 期。

④ 华智亚：《龙牌会：一个冀中南村落中的民间宗教》，上海人民出版社 2013 年版，第 154—236 页。

⑤ 高占祥主编：《论庙会文化》，文化艺术出版社 1992 年版；宋孟寅、杜学德、杨荣国编：《庙会文化研究论文集》，甘肃人民出版社 1994 年版；刘锡诚主编：《妙峰山——世纪之交的中国民俗流变》，中国城市出版社 1996 年版。

地方性，因为作为社区的仪式，庙会有着分工明确的组织、结构和敬拜神祇的仪程。① 因此，局内人与局外人眼中龙牌会意识形态属性上的让渡、变化，也是顺应了学界以及主流意识形态的整体导向与规训。

近些年来，在相当意义上，“文化”一词又进一步窄化、具化为非遗。高丙中指出，非遗为民间信仰正名，使其在公共知识中复归本位，进而作为非遗应有组成部分的庙会、乡土宗教等自然也成为“公共文化”。② 在此潮流中，龙牌会因修“庙—博物馆”而被“博物馆化”“文物化”，并借由“非遗”的标签被反刍性地视为文化与民俗，甚至成为理论上要保护和发展的重点。③ 然而，直到 2017 年，非遗化后的龙牌会再未回复到非遗化前的红火、热闹，大伙房给信众做斋饭的大锅基本维持在四口。

拨开嬗变的表象，在其精神世界里，民众自有一套恒常的信仰逻辑和惯性的实践。在乡土宗教实践与世俗权力互动时，亦存在公开与隐蔽的两种语本。④ 公开语本充分呈现在村落公共空间的书面文化符号和仪式空间的神仙神格排序之中，而与民族共同体意义上的“龙”⑤ 发生想象性粘连的地方小群体的“龙祖”，才是信仰结构的中心。这种表达实为政治妥协，体现了乡土宗教的社会性与潜在的国家性。与之相对，隐蔽语本则浸润在信众的生活化交往之中，并集中显现在龙牌会的筹备期，也即一些相对次要和隐匿的仪式空间，其信仰结构以“有意义的神丛”，即“神神”⑥ 为中心，延续着华北地方社会的信仰传统。这种信仰表达是自由意志的情感性表达，也是维持信仰实践的基本动力，因而龙牌会神圣

---

① Overmyer D. L.: *Local Religion in North China in the Twentieth Century: The Structure and Organization of Community Rituals and Beliefs*, Leiden · Boston: Brill, 2009, pp. 93 – 122.

② 高丙中：《作为非物质文化遗产研究课题的民间信仰》，《江西社会科学》2007 年第 3 期；《作为公共文化的非物质文化遗产》，《文艺研究》2008 年第 2 期。

③ 范丽珠：《中国北方乡村民间宗教的复兴及其策略》，《甘肃理论学刊》2010 年第 6 期。

④ 赵旭东、朱天谱：《范庄龙牌会与两种文本中的信仰表达》，《民俗研究》2016 年第 5 期。

⑤ 施爱东：《中国龙的发明：16—20 世纪的龙政治与中国形象》，生活 · 读书 · 新知三联书店 2014 年版，第 213—259 页。

⑥ 岳永逸：《行好：乡土的逻辑与庙会》，浙江大学出版社 2014 年版，第 113—117、127—132 页。

空间的敬拜表现出了超常的稳定性。当然，这些他者与我者之间公开语本和隐蔽语本之间的博弈，既可视为异质群体民俗学主义的纠缠，也可视为是布迪厄（Pierre Bourdieu）所阐释的“婉饰”（euphemism）。①

四 合法性与热闹

或者是因为“民间毫不张扬的努力”，近40年来，“以乡土中国为核心的价值和信仰重新进入了人们的视野，不仅仅再次成为民间生活的一部分，同时为在过去一百多年由于自身价值失落，而备受困扰的中国找到了一条值得探讨的途径”②。然而，乡土宗教与庙会真的经历过价值层面的断裂？所谓“复兴”，其中精英之于民众的“文化反哺”③ 比重有多大？处于强势、掌控着话语权和表达权的精英的自慰而自我满足的幻觉又有多少？似乎对乡土宗教和庙会敞开的非遗运动真能为这些被保护对象注入传承的活力？互文的龙牌会的演进史和研究史正好表明，学界在不断深化对“复兴”的定义和理解。在相当意义上，所谓“民间文化”的复兴大抵还是延续的教化与教而不化之间博弈的老路。

在20世纪90年代的研究中，将“复兴”龙牌会归结为“民俗意识的回归”。虽然今天看来过于简单、片面，却道出了其时代动因。那时，人们普遍将政府的干预与乡土宗教的活跃度视为是此消彼长的，而民众的“民俗意识”则处于被动状态，是被宰治的也是可以被任意切割与撕裂的。也即，只有政治管控松动时，老旧的民俗才会生机蓬勃，民俗研究才有可能打破禁区。对于在沉寂将近30年后才同步“复苏”的中国民俗学而言，龙牌会的被发现显然让民俗学者振奋。当然，“民俗意识的回归”将各种社会力量的博弈简化为政府与民众二者之间的纠葛，过分强化了国家权力对乡土宗教与庙会的宰制效力，忽视了民众的“敌进我退”的闪躲智慧和游击能力。

---

① Bourdieu, P., “The Economy of Symbolic Gods”, in *The Logic of Practice*, Cambridge: Polity Press, 1998, pp. 92 - 123.

② 范丽珠：《中国北方乡村民间宗教的复兴及其策略》，《甘肃理论学刊》2010年第6期。

③ 岳永逸：《都市中国的乡土音声：民俗、曲艺与心性》，中国人民大学出版社2015年版，第243—255页。

随着调查的持续展开和深入，进入 21 世纪后龙牌会的诸多研究显然有了深度和广度，少了此前快意恩仇的标签化倾向。秉持庙会是日常生活中的文化体系之理念，刘铁梁将龙牌会与其他庙会进行比较研究。他指出，村落庙会的复兴依据的是自身的传统——长期积累的国家力量渗透和外力冲击下自我调整、重构的具体经验。庙会具有公共性、象征性、生产性。它们“通过连续的自足与变通相交替的过程而形成一个个鲜明的自我，并且作为表达村落自我的标志而终于未能轻易失去”，农村社会地方性民俗文化由此能与国家和城市社区文化相制约和对话。① 与之类似，郭于华不乏人情味地将龙牌会的复兴表述为“生存的动力与文化的创造”。她认为，所有文化设计与文化创造的意义都指向“生命的延续与更新”，周期性的庆祝与祭祀“充溢着生存的动力和体现着生命的节律”。因此，以龙牌会为代表的庙会的文化功能与人生仪礼类似，而且“崇拜对象的神异化—寄物化—人格化的不断再造”就是知识生产的过程。② 换言之，庙会的复兴其实是传统文化的再造与循环再生。在此过程中，民众并非全然被动地按文化结构和规范行事，而是主观能动地建构或重构着自己的文化空间。

把庙会等老旧传统的复兴当作现代国家中的社会事件，将“合法性”作为其复兴的前提是学界审视并影响龙牌会强劲与持久的路径之一。高丙中指出，在现代民族国家的框架下，社团的合法性可分解为社会（文化）合法性、法律合法性、政治合法性和行政合法性四个维度。显然，民间社团往往很难同时具备四种合法性。然而，“利用局部的合法性得以兴起，谋求充分的合法性以利发展”正是老旧传统因应外界语境的变迁而调适自己，从而使自己传衍下去的生存智慧。作为一个重新获得生机的社团组织，龙牌会正是充分施展了这种生存智慧，包括：作为范庄的传统，围绕龙牌会形成的庙市利民便民，且多余经费用来支持教育事业，因而它本身具有不言而喻的社会合法性；向主流意识形态妥协，将龙牌的神格提升到人祖，保证“立场正确”，从而实现政治合法性；邀请中国

---

① 刘铁梁：《村落庙会的传统及其调整——范庄“龙牌会”与其他几个村落庙会的比较》，郭于华主编：《仪式与社会变迁》，社会科学文献出版社 2000 年版，第 305 页。

② 郭于华：《在乡野中阅读生命》，上海文艺出版社 2000 年版，第 61—71 页。

民俗学会等合法的社团参与赶会，利用他者的行政合法性来实现其自身的行政合法化。①

随后，借用官民共谋的双名制的政治艺术，高丙中再次论证了龙牌会的合法性问题。他指出，“龙文化博物馆—龙祖殿”的二元合一，实际上是利用了中国社会早已有之的官/学名与小号/名并存的命名逻辑，在政治合法性和社会合法性上做文章。当然，除了物理空间的合法，高丙中还提到龙祖殿/龙文化博物馆这一新生的建筑在意识形态空间的合法性。他强调，这些新生的官民两种意识形态叠加的建筑“在诞生前已经在学术的、政治的和政府管理的话语或者符号结构里占有了一席之地”②。总之，似庙而非庙的新生建筑，协调了信众与基层政府官民双方对于龙牌会的期待，其合法性在互动互惠中生成，而作为社团组织的龙牌会也成为国家与社会之间的一种维系—治理方式。进而，结合龙牌会新旧两个世纪之交的传衍实况，高丙中肯定了自由结社和社团合作对于社会团结的巨大作用，并指出当前社会机制的模式是“多元利益主体的观念 + 互动协商 + 分工协作”③。

或者，正如高丙中的系列研究展示的那样，龙牌会的变迁史确实可以理解为一个民间社团的发展史。龙牌会的复兴意味着民间社团有可能通过自己的机敏与努力获得更多的合法性。然而，如果以此断言中国公民社会之可能或成熟，则会失之片面与偏颇。与之相关，王斯福对他所见到的龙牌会游行表演的象征意义和龙牌会组织的民主性进行了剖析。他倾向于肯定庙会作为一种农民传统，是乡土中国的“一种制度”，且具有“在国家之外并有与之形成对话的交流渠道的潜力”④。于是，民众究竟是农民还是公民，成为王斯福想要厘清的话题。

沿用高丙中对“合法性”的界定，杨利慧认为对神话的解构和重构

① 高丙中：《社会团体的合法性问题》，《中国社会科学》2000 年第 2 期。

② 高丙中：《一座博物馆—庙宇建筑的民族志——论成为政治艺术的双名制》，《社会学研究》2006 年第 1 期，第 165 页。

③ 高丙中：《社团合作与中国公民社会的有机团结》，《中国社会科学》2006 年第 3 期，第 121 页。

④ 王斯福：《农民抑或公民？——中国社会人类学研究的一个问题》，王铭铭、王斯福主编《乡土社会的秩序、公正与权威》，中国政法大学出版社 1997 年版，第 15 页。

也是仪式获得合法性的一种方式。她检讨了现代神话学的神话—仪典学派在认识论和方法论上的不足，反对将神话、仪式关系的固化，倡导关注现代社会语境，重视行动主体的创造性。龙牌会把勾龙与始祖挂钩，让“勾龙的后代”成为“龙的传人”，成功地利用神话将地方信仰转化为民族—国家的象征符号。[①] 换言之，庙会抑或说乡土宗教的复兴也体现着神话长命不绝衰的生命活力。然而，利用神话来配合的官方意识形态或者说地方精英的意识形态，并不全然是信众集体认同的意识形态。显然，无论过去、现在，还是将来，信众前去过会，在龙牌前匍匐敬拜的根本原因并不是部分学者考证和鼓吹的勾龙—人祖神话，而是因为“生活失衡”[②] 的他们没有或者说不信任世俗—理性的解决渠道与办法，更不用提很多信众根本不知勾龙为何物。可见，以合法的神话作为复兴的保障，也只是部分精英的诉求与推断。在当代中国，原本似乎应该是全民的神话依旧在相当意义上止步于“精英的神话”和“文字的神话”。

与侧重于书写龙牌会的某个面相不同，多年研究龙牌会的华智亚，自成一格，从“图热闹”的社会心理来诠释龙牌会的复兴。以往的田野调查对龙牌会热闹场面的描述并不鲜见，但华智亚将“热闹”视为一个关涉龙牌会传承与红火的基本概念，并进行了学理分析。他发现：热闹不仅是中国人理想的生活状态，还是乡土宗教，尤其是庙会现场，判断灵验与否或灵力大小的外在指标；热闹的庙会为民众和信徒提供了神圣和世俗的双重回报，这即当地人对庙会的热情以及庙会传统持久的生命力之所在；在民俗旅游、非遗运动成为热潮的语境中，当地政府更是有意经营这种“热闹”，从而或直接或间接地参与庙会中来，成为庙会热闹的基本成分。[③]

当然，除对热闹的学理分析之外，华智亚在其专著中还兼顾了微观、中观、宏观三个层次，对龙牌会的复兴和发展进行了全方位的深描，涉及“行好的”与其信仰实践、龙牌会以外范庄的其他“会”、会的伸缩

---

① 杨利慧：《仪式的合法性与神话的解构和重构》，《北京师范大学学报》（社会科学版）2005 年第 6 期。

② 岳永逸：《行好：乡土的逻辑与庙会》，浙江大学出版社 2014 年版，第 134—146 页。

③ 华智亚：《龙牌会：一个冀中南村落中的民间宗教》，上海人民出版社 2013 年版，第 101—119 页。

性、从龙牌到龙文化的嬗变、村庙的修建策略、非遗运动等诸多方面。除了宗教政治学的研究视角，他还借用了以西审东的关于中国宗教的红、黑、灰三色市场理论[①]，用“灰色宗教市场”来描述乡土宗教的处境，在“民间抗争论”与“国家撤退论”之间找到了平衡，呈现出乡土宗教在争取生存空间的过程中民间、政府、知识分子之间以及各自内部的多向度、多层次互动。[②]

五 异质群体的实践

即使对于同一“俗”而言，“民”也并不是一个均质的整体，而是有着复杂性和差异性。这已经是学界的共识。就龙牌会的行动者而言，观察者常笼统地分为组织者和参与者两类。组织者常指会头、当家人、帮会，参与者则主要指花会、村民、学者、记者等。其实，龙牌会的群体构成还有更多划分的可能。例如，年龄及其背后的社会认知或可作为划分依据，因为中老年人和青少年参加龙牌会心态和目的截然不同。信仰程度也可以是划分的标准，即使同在醮棚或龙祖殿中唱经念佛，也不意味着都是龙牌虔诚的信徒。[③]

鉴于“局内/局外”与“观察者/参与者”排列组合太过学术理想，岳永逸将龙牌会的“民”分为“现场参与者”和“现场缺席者”两大类，并将当地的天主教徒——奉教的纳入了观察与分析序列。现场参与者主要包括庙会的组织者、香道的、行好的，现场缺席者主要包括地方官员、奉教的等不同宗教信仰者。他指出这两类又分别可作积极、消极之分，并“形成一种积极者涵盖消极者、现场参与者涵盖现场缺席者、女性涵盖男性的关系”。因或明或暗地参与导向甚或建构龙牌会，原本作为他群（other group）的学者反而有了民俗学主义所言的“第三者”的身

① Yang, Fenggang: “The Red, Black, and Gray Markets of Religion in China”, *The Sociological Quarterly*, Vol. 47, Issue 1 (2006), pp. 93 - 122.

② 华智亚：《龙牌会：一个冀中南村落中的民间宗教》，上海人民出版社 2013 年版，第 207—210 页。

③ 岳永逸：《灵验·磕头·传说：民众信仰的阴面与阳面》，生活·读书·新知三联书店 2010 年版，第 125—127 页。

份，并与龙牌会的我群（we group）互融，互为“第三者”。[①] 简言之，庙会中“民”不单是作为民众的集合，其群体构成多了“行为主体—利益集团”的指涉，包含着话语权力的投射与政治控制的绝对在场。

在龙牌会这样的仪式现场，个人、社会和国家三者并非分立，而是共生。从国家作为符号在场、国家形塑民间仪式、国家征用民间仪式和国家治理民间仪式四种国家在场方式可知，现代民族国家是民间仪式不可剥离的一部分。[②] 事实远非仅仅如此。在“家天下”观深入人心的传统中国，礼俗的互动使得国家从未离开过民间的仪式现场，而是要想方设法地嵌入、规训、教化民间、民众与乡野，化礼为俗、化俗为礼，使之“文”。杨开道曾经用“民众教育”一词，来指称他爬梳的宋代以来自上而下的乡风民俗、乡规民约的长时段的形成运动。[③] 当然，因为科技的发展，信息传递的快捷，现代民族国家的在场似乎更为突出。就改革开放后重整的龙牌会而言，其群体构成也与时俱进地主动囊括了国家这个最大的共同体，“民”是“国”之中的“农民”“公民”与“人民”，而非此前的“臣民”“子民”与“顺民”。

龙牌会组织主要由当家人、会头和帮会构成。通过对 1996—1999 年龙牌会筹委会人员名单的比较，刘铁梁指出，龙牌会领导班子具有集体行为的特点。其中，会头的更替主要基于家户内的亲属继承，数量相对固定。帮会则更为灵活，会外精英可以以个人成分加入，凭借其知识话语和社会关系，关键是他们与上层权力体系的实际或象征联系，帮助龙牌会抵御外部世界的强力冲击，免遭打压成异端。[④] 当家人是龙牌会的总负责人，但 21 世纪以来这一角色却在淡化，随之替代的是为适应对外交际而比附产生的“会长”“总会长”，龙牌会的班组分工也愈加明细，其组织结构正经历变化，并前所未有地出现女会长，将一直被遮蔽却与男

---

① 岳永逸：《灵验·磕头·传说：民众信仰的阴面与阳面》，生活·读书·新知三联书店 2010 年版，第 134—135 页；《行好：乡土的逻辑与庙会》，浙江大学出版社 2014 年版，第 282—291 页。

② 高丙中：《民间的仪式与国家的在场》，《北京大学学报》（哲学社会科学版）2001 年第 1 期。

③ 杨开道：《明清两朝的民众教育》，《教育与民众》第 2 卷第 4 期（1930），第 1—18 页。

④ 刘铁梁：《村落庙会的传统及其调整——范庄“龙牌会”与其他几个村落庙会的比较》，郭于华编《仪式与社会变迁》，社会科学文献出版社 2000 年版，第 281—287 页。

性均分天下的女性推向前台，使之名实相符。

更进一步，岳永逸界定了一类的横跨组织内外的特殊群体。他借用丹尼尔·贝尔（Daniel Bell）和怀特·麦克唐纳（Dwight Macdonaid）的“中介阶层”，以这一术语来指称那些对内对外、对上对下具有中介功能和中间地位的住在乡下的“城里人”。这类人群包括部分会头、帮会和地方文化精英，他们晚年居住生活在乡下，但又有长期接触城市和精英文化的经历、经验。他们参与龙牌会实质是希望当地迅速发展，同时也扩大他们自己在当地的影响，满足其“社会性需要”。尽管龙牌会的中坚力量是那些干实事的会头，但论及对外来人的影响，中介阶层则远远超过真正的信徒。在相当意义上，中介阶层扮演了和龙牌会相关的他群与我群的摆渡者角色，成为龙牌会俗世的枢纽。在话语修辞上，他们努力与“官方话语”“学术普通话”保持一致，主动吸收并用于龙牌会，“使范庄龙牌会成为一种文化性的操作”①。

至于“民”的性别构成，有着数量之别的男女更有地位之别、角色之别以及功能之别。因龙牌会期间筹委会下设妇女班，宋颖对龙牌会中的女性持肯定态度，认为女性不仅在日常生活中贯彻着龙牌会的精神，也借着龙牌会展示自身价值。② 相反，刁统菊认为女性的角色表面上看来重要，其实仍然被男权所控制，龙牌会中忙前忙后的女性所获得的有限的主体性不过是“汉族父系社会文化在民俗宗教上的一种实践”③。即庙会延续了布尔迪厄所言的“男性统治”④ 下的日常生活的性别关系、角色分工，乡土中国“民”中的女性始终处于从属地位。抛开女权主义视角，博格从范庄三对夫妇的信仰实践中推论，龙牌会上的性别分工依旧遵循“男主外、女主内”的家庭传统，并且处在焦点地位的男性参与的其实是作为民俗事件的龙牌会，而女性则在家庭等非公众场域承续着作为宗教

---

① 岳永逸：《乡村庙会中的人神互动：范庄龙牌会中的龙神与人》，吕微、安德明主编《民间叙事的多样性》，学苑出版社 2006 年版，第 412—415 页。

② 宋颖：《龙牌会的妇女习俗及其价值》，河北省赵县文物旅游局辑印《河北省首届龙文化学术研讨会论文集》（内部资料），2002 年。

③ 刁统菊：《女性与龙牌：汉族父系社会文化在民俗宗教上的一种实践》，《民族艺术》2003 年第 4 期，第 104—108 页。

④ ［法］皮埃尔·布尔迪厄：《男性统治》，刘晖译，中国人民大学出版社 2017 年版。

活动的龙牌会。[①] 换言之，敬拜在汉人社会实则有着“家务事”的特质。当然，上述这些似乎基于性别视角的龙牌会研究，完全低估了21世纪初龙牌会出现的女性会长的重要性。在今天的龙牌会，女性不仅仅是仪式的实践者，也日渐扮演起了龙牌会的组织者。其重要性和核心性，已经远远不是一般的男性会头所能比肩的。这与现代中国女性地位演进的整体状况正好一致。经过百余年的现代化历程，即使在乡村，在乡野庙会与乡土宗教这样的场域，女性也有了明显的自主意识，更多的话语权和决断权。

在龙牌会现场，观察并参与其中的学者同样是龙牌会的能动者。借助于学者的“在场”，村民不仅生产了地方性知识，也“生产”了关注他们的学者。[②] 对此，郭于华自白，“事实上我们的‘参与’本身也被用作增加这一活动的合法性和扩大其影响的方式”[③]。王斯福更是站在政治高度去反思，认为中外学者以及大众传媒“从侧面将地方节日活动扩大到民族国家范围”[④]。学者们已经意识到，在自己的学术调查满载而归的同时，直接或间接地对当地产生了影响，而学者自身也受到此影响之影响。学者不是纯粹的局外人，而是推动传统文化再造、加速知识生产、影响民俗发展方向的主要动因之一。很快，学者在观察作为客体、事件和对象的龙牌会时，也把自己及同行的工作纳入考察范围，反思介入民俗事象时的学术伦理。齐易就曾提醒同行不要“好心办坏事”，诸如武断地将龙牌会定性为龙文化、提意建设博物馆、对龙牌会现场的现代游艺不以为然，等等。[⑤]

当把龙牌会也视为能动的主体或者一个生命体时，龙牌会就成为一个充满张力的集合体，它统辖着社区内的各种力量。由于交往过程中的

---

① Bunkenborg, Mikkel, “Popular Religion inside out: Gender and Ritual Revival in a Hebei township”, *China Information*, Vol. 26, No. 3 (2012), pp. 359 – 376.

② 李立：《“龙牌会”与“地戏”——知识生产的两个例子及启示》，《贵州民族研究》2008年第6期。

③ 郭于华：《在乡野中阅读生命》，上海文艺出版社2000年版，第69页。

④ 王斯福：《农民抑或公民？——中国社会人类学研究的一个问题》，王铭铭、王斯福主编《乡土社会的秩序、公正与权威》，中国政法大学出版社1997年版，第12页。

⑤ 齐易：《是保护？还是破坏？——对河北省范庄“龙牌会”现象的思考》，《民间文化论坛》2013年第2期。

主体间性，使得人对龙牌会的改造和利用反过来变为龙牌会对人的模塑。这时，我们就会发现是龙牌会“支配了不同的行动主体，各类行动主体仅仅是龙牌会的策略、工具和手段”①。因此，任何参与龙牌会中的人，相对于龙牌会和其他参与者来说都成了“第三者”，同中有异，异中有同。

捎带提及的是，传播学、音乐学等学科的学者也陆续关注龙牌会。②新视角的加入无疑会拓宽研究视界以及思路。这种跨学科交流同样算得上是龙牌会复兴，至少是学术生命力的助燃剂之一。当然，这与成为非遗后的龙牌会的萎缩形成了鲜明的对比。学术写作中的龙牌会与作为社会事实的龙牌会之间的相得益彰，似乎已经是明日黄花。如果说过往的学术写作曾经是龙牌会谋取合法性而传衍的有效的添加剂、助燃剂，那么为何谋求得合法性、被非遗化后的龙牌会反倒没有了活力？继续进行的学术写作还能助力疲软的非遗龙牌会吗？如果答案是否定，原因何在？

六　非遗龙牌会的瓶颈

对于智慧且能动的乡民而言，非遗运动为龙牌会以及大多数乡土宗教谋求生存空间提供了契机。非遗保护这一国际运动的在地化实践，多以工具理性为支撑，并与民族主义、爱国主义等政治和地方经济发展、文化建设相勾连。在顺利晋级省级非遗名录之后，龙牌会迅速尝试申报国家级非遗，但地方政府主导申请招致失败。虽然后续申请时，政府鼓励会头和民众积极参与，并寻求学者的建言献策，但是因为龙牌的指涉、龙祖殿的性质、“看香”等仪式的神秘性，以及龙牌会的文化建设等问题悬而未决，十多年过去了，龙牌会至今都没能“升级”，甚至 2008 年央视科教频道摄制组前往庙会现场拍摄的专题片也未能播出。

---

① 岳永逸：《灵验·磕头·传说：民众信仰的阴面与阳面》，生活·读书·新知三联书店 2010 年版，第 95 页。

② 如：李敬儒：《大众传媒在民俗传播中的功能——以河北省赵县范庄龙牌会为个案》，《今传媒》2009 年第 12 期；齐易、刘佳：《河北范庄“龙牌会”的唱经》，《天津音乐学院学报》2012 年第 1 期；田晓露：《艺术人类学田野调查报告——以河北省赵县范庄龙牌会为例》，《戏剧之家》2015 年第 18 期。

如今，以非遗面目出现的龙牌会不时被简略概括为“中华民族龙文化在当今人民生活中的最好体现”[①]。在此类媒介写作中，乡土宗教的道德教化作用与民间组织的廉洁自律是极力渲染的两个向度。这恰巧应和了90多年前顾颉刚等前辈学者调查妙峰山时，所赞赏的民众的自组织能力以及信仰力。历史似乎转了一圈后又回到了起点。须承认，在快餐式的媒介写作中，龙牌会是欢快的，高大上的，也是被肢解的与片面的。在凸显石家庄市非遗事象“种类全、品种多、影响大、地域广”和蕴含社会主义核心价值观时，范庄龙牌会就是例证之一。作者认为，龙牌会突出的特点就在于其严密的程序和组织，且价值追求符合社会要求，因为求雨灵验而兑现承诺供奉龙牌的行为是“追求诚信”。[②] 毫无疑问，这种“傍大款”式的基于国家视角的“叠写”，明显无法涵盖地方之所以成为地方的丰富性[③]，甚至抹杀了地方的存在。

近些年来，对乡土庙会及宗教的研究以复兴论和功利论为主流，且复兴与功利互为表里、互成因果。二者共有的假设是，“社会的变迁、经济的发展、主流意识形态监控的松动、精神的需求和传统的惯性为现今乡土庙会的繁荣提供了充要条件”[④]。总体而言，对龙牌会的阐释，也大致服从复兴论和功利论的视角。改革开放后，学界对龙牌会的注视与民国时学者对妙峰山的注视，异中有同：乡土宗教与庙会始终是值得挖掘、可以被利用和改造的对象；功能论是乡土宗教与庙会实现其“外价值”[⑤]的落脚点。自然而言，合法性的探求成为龙牌会研究史中另一个核心议题。改革开放后，并未完全脱敏的乡土庙会与宗教的复苏是不争的社会事实。因此，学者试图从组织、叙事、符号、效益等方面来理解国家对乡土庙会与宗教不置可否的默许。可是，在众声喧哗中，话语权并未掌握在信众手中，他们平日里的“行好”与家居空间内的信仰实践，尤其

---

① 高月娟：《咱庄里人的龙文化》，《石家庄日报》2015年6月17日第11版。

② 石家庄社会主义学院课题组：《石家庄非物质文化遗产价值取向研究》，《河北省社会主义学院学报》2016年第2期。

③ 梁永佳：《“叠写”的限度——一个大理节庆的地方意义与非遗化》，金泽、陈进国主编《宗教人类学（第四辑）》，社会科学文献出版社2013年版，第127—143页。

④ 岳永逸：《宗教、文化与功利主义：中国乡土庙会的学界图景》，《云南师范大学学报》（哲学社会科学版）2015年第2期。

⑤ 刘铁梁：《民俗文化的内价值与外价值》，《民俗研究》2011年第4期。

是家中过会[①]，甚少被纳入庙会龙牌会的讨论中。相对于对有关龙牌会各色精英的研究而言，基于信众实践，强调过程的“做宗教”[②]范式的龙牌会研究依然欠缺。

如今，方兴未艾的非遗运动事实上成为乡土宗教与庙会最大的避风港。继“民俗化”“宗教化”“文物化”“文化化”之后，“非遗化/文化遗产化”成为乡土宗教与庙会又一获得合法性和安全感的有效路径。[③]有学者指出，在非遗运动中值得重视的乡土庙会与宗教应具有“传统性”“伦理性”和“濒危性”。[④]这似乎是迎合了《非遗公约》的要求，却将流变的乡土庙会与宗教视为是静态的，要么将之过度地审美化消费，要么急迫地拔高及至产业化。

岩本通弥曾警示道，与国际标准的“同调主义态度”，本身也威胁着研究者的主体性。他以日本为例讨论的乡土宗教与文化遗产化之间的悖论，明显对中国有着借鉴意义：联合国教科文组织相关条约中“非物质文化”与民俗学所理解的“文化”不可同义代换；现代民族国家虽奉行政教分离原则，但政治与宗教的实际复杂关系的探讨应正视历史事实，追根溯源；外部主导的对传统文化的保护是否真正顺应民意需要质疑；文化资源化所带来的各种目的的民俗学主义或会引起信仰“质变”或躯壳化。关于最后一点，他举例说冲绳县富竹岛的当地居民把取种祭分为供游客观赏的祭礼和传统的祭礼，以保护自身信仰。[⑤]樱井龙彦也曾指出，文化遗产使乡土宗教经过“登录化”“整序化”而完成“脱域”，进

---

① 岳永逸：《行好：乡土的逻辑与庙会》，浙江大学出版社 2014 年版，第 56、107—171 页。

② Chau, Adam Y., “Modalities of Doing Religion”. in David A. Palmer, Glenn Shive and Philip Wickeri (eds.), *Chinese Religious Life*, New York: Oxford University Press, 2011, pp. 67 – 84; “Modalities of Doing Religion and Ritual Polytropy: Evaluating the Religious Market Model from the Perspective of Chinese Religious History”, *Religion*, Vol. 41, No. 4 (2011), pp. 547 – 568.

③ 周星：《民间信仰与文化遗产》，《文化遗产》2013 年第 2 期；Aga Zuoshi, Liang Yongjia: “Seeing Like a ‘Religion’: Heritage-Making as Legitimising Religions of China”, 2017, unpressed。

④ 萧放：《当民间信仰成为一种文化遗产》，《中国文化报》2010 年 12 月 21 日第 5 版。

⑤ [日] 岩本通弥：《围绕民间信仰的文化遗产化的悖论——以日本的事例为中心》，《文化遗产》2010 年第 2 期。

而“再嵌入”。[①]

由此，我们可以推测，非遗运动可能会导致乡土宗教形式上和事实上的“家庙分野”。一方面，“庙”的开放即失守。“收归国有”的标准化或准标准化的庙会、庙宇以名誉和空间来约束、规定信仰实践和信众构成，使得原为地方、群体公共生活与精神性存在的庙会更加接近展演。乡土宗教的对外言说与践行面临固化、简化、规范化、同质化，信众与游客混融。另一方面，“民心所向”的宗教信仰则被逼退回“庙”以外的场所。“家庙让渡”意欲弥合的公私之分、圣俗之别再度被撕裂、坐实。家中过会成为乡土宗教的最后自留地。“红色”的庙会悄无声息地逆转，而过渡为“灰色”的家中过会。

在中国，不少人对非遗运动持乐观的愿景，不但将以敬拜、祭祀为核心的庙会、节庆视为非遗的组成部分和应有之义，将非遗视为公共文化，还将非遗运动解读为一种国家层面的文化建设，这种文化建设是对文化革命的反动，并彻底地终结了“文化革命”。[②] 然而，冷静审之，非遗运动并未能切实有效地解决乡土宗教与庙会的暧昧身份，反而加剧了“无庙淫祀”与“有庙正祀”的热闹与二者之间的矛盾。若挪用制度性和弥散性的宗教分类[③]，那么乡土宗教与庙会的伸缩性、适应性优势正是基于它的弥散性。当非遗运动客观上使乡土宗教与庙会的重心、重镇向“家”倾斜时，这种弥散性会更加深刻。乡土宗教与庙会的传衍方式会有哪些新变化？是否会有名实相符的传承机制与空间？都只能拭目以待。

回顾历史，乡土宗教与庙会的处境一直是官民互动，在不同时期因官方授权或不置可否而游走在正祀、淫祀之间。高万桑指出，“近代中国的宗教政策，与其说是反宗教，不如说是在宗教范围中彻底更新、重新划定可接受的、正统的宗教与其他受排斥的迷信的界限，使之能兼容于

---

① ［日］樱井龙彦：《应如何思考民间信仰与文化遗产的关系》，《文化遗产》2010 年第 2 期。

② 高丙中：《中国非物质文化遗产保护与文化革命的终结》，《开放时代》2013 年第 5 期。

③ 杨庆堃：《中国社会中的宗教：宗教的现代社会功能及其历史因素之研究》，范丽珠译，四川人民出版社 2016 年版，第 228—264 页。

国家现代化的规划方向里”[①]。改革开放以来，国家对乡土宗教从反向规训改为正向利用[②]，也间接提醒了线性化思维——将乡土宗教视为“前现代”或无法适应现代性的东西——是不可取的。[③] 乡土宗教及庙会编织于日常生活，与其单纯还原成经济问题、政治问题、社会问题、道德问题和文化问题，不如综合地视为各种问题的集合，即“总体的社会事实”[④]。在历久弥新的“乡土中国”，作为总体社会事实的乡土宗教与庙会既是“包含在具体的中国基层传统社会里的一种特具的体系，支配着社会生活的各个方面”[⑤]，也真切地反射着动态社会的方方面面。[⑥]

然而，正如湖北黄石道士洑村端午节在成为联合国教科文组织的非遗之后的日渐标准化的演进[⑦]那样，中国的非遗运动与早已进行非遗保护的日本一样，被“雾霾”所笼罩，更看重的是形式的完美和视觉的愉悦，即脱域、格式化以及所谓创新后的再嵌入。[⑧] 在被非遗化后的龙牌会现场，龙祖殿前的毛泽东神马也在2008年前后经历了藏与再现的微妙让渡。对诸多非遗事象指向的立足于乡土、神性与日常生产、生计和生活的精神性内涵，学界主流不是敬而远之、避而不谈，就是欲强力以后工业文明的理念或革命进化的诗性逻辑制度性、常态性的驯化与治理，并以产业化传承、创新性传承等加以婉饰。在形式化与标准化的双重夹击下，被保护的非遗，也是要去粗取精、去伪存真、变俗为雅从而拔苗助长的非遗，要么僵而不死，要么索性沦为有着畸形骨感美的空壳。水土不服

① 高万桑：《近代中国的国家与宗教：宗教政策与学术典范》，《“中央研究院”近代史研究所集刊》2006年第54期。

② 岳永逸：《宗教、文化与功利主义：中国乡土庙会的学界图景》，《云南师范大学学报》（哲学社会科学版）2015年第2期。

③ 陈进国：《传统复兴与信仰自觉——中国民间信仰的新世纪观察》，金泽、邱永辉编《中国宗教报告2010》，社会科学文献出版社2010年版，第174页。

④ ［法］马塞尔·莫斯：《礼物：古式社会中交换的形式与理由》，汲喆译，上海人民出版社2002年版，第204页。

⑤ 费孝通：《乡土中国生育制度》，北京大学出版社1998年版，第4页。

⑥ 岳永逸：《民族国家、承包制与香火经济：景区化圣山庙会的政治—经济学》，《中国乡村研究》2016年第13辑。

⑦ 宋颖：《端午节：国家、传统与文化表述》，商务印书馆2016年版，第226页；岳永逸：《粽子与龙舟：日渐标准化的端午节》，《中原文化研究》2016年第2期。

⑧ 岳永逸：《非遗的雾霾》，《读书》2016年第3期。

的案例比比皆是。

因此，或者可以这样说，非遗化后依旧集中呈现乡土宗教的龙牌会所遭遇的新挑战——疲软，也就是富于地方性的乡土中国向全球化进程中的现代民族国家——都市中国转型时所正经历的瓶颈与产痛。这或者也是京津冀一体化过程中，参与诸方必然会时时经见的不适与阵痛。

七 龙牌会之于中国民俗学

20 世纪 90 年代，一方面此前的文化热余波仍在，另一方面“文化搭台、经济唱戏”大势所趋，被学界群体性地命名为龙崇拜、龙图腾的活化石的龙牌会成为当地精英也在言说的文化。学界的鼓与呼，为龙牌会从“家”到“庙”的转型注入了新鲜血液，并诱导了借博物馆之名的庙宇的成功修建，龙牌会的仪程也发生了显著的变化。对这一变化，原本隐身参与其中的学界又对其进行了再诠释，并将之视为底层民众的政治学，或者说“实践民俗学”。在非遗运动中，经由以乡土宗教为核的龙牌会所引发的种种诠释和再诠释成为龙牌会申遗并成功晋级省级非遗名录的重要筹码。在非遗化的过程中，被表述的龙牌会与会头组织的龙牌会合力再次遮蔽了信众、香头行出来的龙牌会。

龙牌会 30 多年来的演进也就始终存在名不副实的状态。一方面，是有着“老根儿”① 的香头在龙牌前始终如一的为信众瞧香治病和信众的虔诚膜拜。另一方面，则是他者基于自己的意识形态和思考，对龙牌会与时俱进的命名与修辞。当然，在庙会组织者、开明的香头等地方经纪人——中介阶层，对拥有话语霸权的他者命名的迎合、挪用下，龙牌会的外在形式、仪程都发生了一些变化，名与实从而也有了一定的契合度。对于这些显在的变化而言，学界等精英阶层明显借用自己的身份、地位、写作参与了其中，成为龙牌会直接的参与者、建构者和行动者，而不仅仅是外在的命名者、庙会仪式的记述者、求真相的诠释者、学理的创建者与学科发展的推进者。

也即，不仅受到技术时代的录音机、照相机、摄像机、网络、智能

---

① 岳永逸：《行好：乡土的逻辑与庙会》，浙江大学出版社 2014 年版，第 120—127 页。

手机等科技产品的影响，学界对乡土、龙牌会的热心还深藏着学者对学科转型的理解和研究策略的使用。“从迷信到民间文化”的学科策略、“走向社区传统”和关注“权力话语与国家在场”是近30多年来人类学、历史学、民俗学、宗教学、社会学等学科在乡土庙会与宗教领域的开拓与耕耘的基本路径。[①] 具体到民俗研究的策略而言，又主要有三种方式：一是从“民”到“俗”，即直接分析“俗”；二是从“民”获“俗”，或者说从“俗”探“民”；三是由某社区的“民俗”去讨论更大的共同体的问题。[②] 对龙牌会的研究也大致历时性地遵循上述三种路径。不仅如此，龙牌会的研究史也在一定层面表证着20世纪80年代末逐渐凸显出来的中国民俗学学科的内在危机和突围的尝试[③]，以及从历史主义到现实主义的人类学、社会学倾向的学科转向[④]。

从龙牌会的研究史，我们不难发现民俗学者日益明确的学术自觉。对于村落作为民俗传承时空单元的思考和蕴藏着问题意识与方法论的民俗志[⑤]，对于“民”“俗”两大元概念的再定义，对于传统—现代二元历史观的质疑，对于国家—人民、宗教—迷信、神圣—世俗、日常—狂欢等固有界分的反思，对于民众日常生活认知的体察，以及民俗学主义、神话主义等都融入了关于龙牌会的民俗志式的深描之中。这时，那个在华北腹地小村范庄上演的龙牌会不再与形而下的事实有关，而是中国民俗学的、学术的与学者的，是理性与思辨的，有了“第三者”的审美直觉和主观真实，寄予着第三者的主观现在——浓浓的“乡愁”与尚不明晰却依稀的市井“城愁”[⑥]。一方面是动态且不断调适、演进的社会事实大于学科，另一方面则是学者内发性自我突围，从而赋予学科合理性与意义的欲望。然而，尽管联系更加紧密，在社会经验事实层面的龙牌会

---

① 吴真：《民间信仰研究三十年》，《民俗研究》2008年第4期。

② 高丙中：《知识分子、民间与一个寺庙博物馆的诞生——对民俗学的学术实践的新探索》，《民间文化论坛》2004年第3期。

③ 刘晓春：《资料、阐释与实践：从学术史看当前中国民俗学的危机》，《民俗研究》2011年第4期。

④ 高丙中：《中国民俗学的人类学倾向》，《民俗研究》1996年第2期。

⑤ 刘铁梁：《村落：民俗传承的生活空间》，《北京师范大学学报》（社会科学版）1996年第6期；《民俗志研究方式与问题意识》，《北京师范大学学报》（社会科学版）1998年第6期。

⑥ 岳永逸：《天眼、日常生活与街头巷尾》，《读书》2017年第3期。

始终有着地方精英（经纪人）的龙牌会、信众和香头的龙牌会以及奉教者等不敬拜龙牌的龙牌会之别。学科/学者的龙牌会与多个经验事实层面的龙牌会之间互动互现，相互也就形成了一方与其他诸方之间的“第三者”关系。

正因为如此，在相当意义上，作为一个重要的参与者，历时性、共时性和群体心性“叠合的龙牌会”促生了中国民俗学从文本研究向语境研究的演进[①]，使中国民俗学发生了从偏重于乡村与回望的乡土性向偏重于当下、现代的都市性认知范式的转型，并强调似乎对立、有着线性序列和优劣之分的都市性之“礼”与乡土性之“俗”——中国语境中极简意义上的“官”与“民”——的恒久互动与参差生态[②]，还使宗教民俗学有了从日常生活之流、偏重过程和信众实践的研究视角，及至灵验、磕头、行好、热闹和朝山等成为当代中国宗教民俗学的关键词。不仅如此，从1995年中国民俗学会对龙牌会的第一次联合考察开始，甚或从1991年龙牌会正式被刘其印书写、介绍开始，新近才正式提出的“实践民俗学”[③] 在那时就已经随风潜入夜，悄无声息地发生了。近30年来，民俗学界以龙牌会为基地、平台，广邀国内外人类学、社会学、历史学、宗教学、政治学、音乐学以及医学等不同学科的学者，参与进龙牌会的实践与叙事，也充分体现了中国民俗学海纳百川的开放心态和自我更新、化蛹为蝶的活力。

最终，龙牌会层累的经验事实、婉饰与语言修辞——龙牌爷、毛主席崇拜与龙文化——成为古典传统、革命传统与后革命传统叠合的现代民族国家意识形态的有机组成部分，并浓缩、象征着中国民俗学和当代中国伟大而艰辛的演进历程，成为波澜壮阔并泛着阵痛浪花的社会变迁的一个具象、一个符号和一个隐喻。

---

① 刘晓春：《从“民俗”到“语境中的民俗”：中国民俗学研究的范式转换》，《民俗研究》2009年第2期。

② 岳永逸：《都市中国的乡土音声：民俗、曲艺与心性》，中国人民大学出版社2015年版。

③ 吕微：《走向实践民俗学的纯正形式研究》，《民间文化论坛》2014年第3期；吕微：《接续民间文学的伟大传统：从实践民俗学的内容目的论到形式目的论》，《民族文学研究》2015年第1期；户晓辉：《非遗时代民俗学的实践回归》，《民俗研究》2015年第1期。

八 结语

多方参与的非遗化前后的龙牌会，既未无限扩大，也未无止境缩小，而是在非遗化之后出现了相对稳定的瓶颈状态，亦如鸡肋。作为草根性非常强并以乡土宗教为核心的庙会，也是与非遗运动、中国民俗学学科建设交互感染、交替演进的龙牌会，似乎依然有着自己的演进轨迹。这促使我们不得不进一步思考：

其一，既然非遗化只能有限度地给衍生于过去的草根文化的保护与传承注入活力，甚或无益于文化的传承与保护和文化强国的梦想，也不能从根本上改善文化享有者的生活状态、促进地方风貌的现代化，反而沦为一种政绩的修辞和精神文明与物质文明建设的婉饰，那么可否给大力投入的非遗运动刹刹车、减减负，抑或另辟蹊径？至少，已经有了认真重新全面评估在世界文化话语体系支配下的非遗运动之于个体、社会、国家与中华文明之价值的必要性。从而，让草根的、精致的本土文化，真正在文明中国有着其主体性、自主性与自豪感，并反向去影响具有他者话语霸权的“非遗”与“非遗化”。

其二，作为一门现代性、参与性、实践性和建构性很强的人文社会科学，与非遗运动同步前行的中国民俗学怎样摆脱非遗化的束缚，仅仅将非遗与非遗化视为民俗学研究的一个部分，从而给予学科本身更广阔的天地和更深入的学理思考？这已经成为中国民俗学者们不得不正视的问题。也因为当代的中国民俗学几乎全面主动地介入了非遗运动，而且一直与民族国家的建构同步，虽然尚在襁褓与呼召之中，但“实践民俗学”也应该仅仅只是中国民俗学的路径之一，尽管呼唤者们的“实践”并不一定对应着“应用”。对作为一个历史悠久，依旧散发着巨大生命活力的文明体之中国——“文明—国家”① ——的整体观照，对民族心性的细读，对个体、群体承袭过去、孕育未来的当下日常生活的记述、阐释等，都应该是当代中国民俗学的应有之义。

---

① 甘阳：《从“民族—国家”走向“文明—国家”》，《书城》2004 年第 2 期。

社会实践

非物质文化遗产的生存机制

——以广东汕尾妈祖信仰为例*

万建中**

摘　要： 非物质文化遗产的保护和利用，应该建立在对其生存机制充分理解的基础上的。已列入国家级非物质文化遗产名录的广东汕尾妈祖信仰的生存机制十分优越，进入可持续的运作态势。其表现在既不断涌现妈祖显灵的辉煌事迹，又将妈祖信仰融入国家主流话语体系，民间信众和政府共同促进了妈祖信仰的传播与发展。

关键词： 非物质文化遗产；生存机制；妈祖信仰

从生存机制的角度而言，物质文化遗产的存在就在于物质形态本身，即某一物质文化遗产可以孤立地存在；而非物质文化遗产的存在并非“非物质”形态本身，而在于其不同种类以及相关因素之间的相互关联性。即任何一种非物质文化遗产都不可能孤立地生存，其必然和其他非物质文化遗产及其相关要素构成相互依存的关系。这一“关系”恰恰就是非物质文化遗产的生存机制。那么，“关系”是如何建立起来的呢？以下以广东汕尾妈祖信仰为个案，讨论这一命题。

---

* 原文刊于《广西民族大学学报》2008 年第 3 期。

** 万建中，北京师范大学文学院教授。

一

妈祖作为一个神灵，一个为我国东南沿海民众普遍信仰的对象，其影响力波及许多国家。神灵信仰主要作用于人的意识形态和思想领域，或者说是人们精神活动的产物。妈祖，被奉为救人济世的保护神，被视为见义勇为、无私奉献的榜样而千古传颂。然而在现实生活中，她并不能一拜就“灵”，直接拯救人们于危难之中，而主要是让人们在精神上得到安慰，成为人们精神上的依靠和支柱。神圣的妈祖并不能自我展示自己伟大的力量，她只能矗立在凤山祖庙里和凤仪台上，默默地接受着成千上万朝拜者的朝拜。

然而，妈祖的神力的的确确是存在的，这一点，包括汕尾人民在内的所有信仰者都坚信不疑。在“凤仪台妈祖石像”解说词中有这样一句话：“登临凤仪台，妈祖石像以晴空祥云为背景，衣袂飘扬、远眺大海、端庄与肃穆中透着慈祥和博爱，她在默默地赐福人间庇佑着渔民的平安归航，给人以自信和安慰。”妈祖信仰无疑是一种非物质文化遗产。一般认为，物质是可感的、直观的、具象的、有形的、静态的，而非物质是活动的、意识的、无形的、难以直观的。在所有的非物质文化遗产中，民间信仰大概是最最意识的了。那么，在妈祖信仰的过程中，人们是如何让妈祖既具体可感又可信的呢？

“这个庙里的神很灵验。”“那个庙里的神很灵验。”在海陆丰地区，人们最崇拜的神灵是妈祖，因为她是最灵验的。她是如何获得这种“灵验”的呢？在妈祖信仰活动中，有一个明显的现象，就是人们在不断制造妈祖显灵的传说。发源于福建湄洲的妈祖信仰自产生以来，有关妈祖“庇护漕运”“御敌退寇”“拯救渔民”和“惩恶扬善”等传说在其信仰圈内外广为流传。妈祖的出生就是一个显灵的过程。宋建隆元年（960）的农历三月廿三，“地变紫，有祥光异香”。“诞之日，异香闻里许，经旬不散。”翻开妈祖史录，仅宋朝，自宋绍兴二十六年（1156）至宋理宗景定三年（1262）的106年间，妈祖得到皇帝褒封有14次之多。其中，妈祖被封“夫人”4次，晋封“妃”10次，这是宋代朝廷赐封次数最多的一个民间神祇。妈祖获封的主要原因是她的显灵。妈祖第一次受封是在宋宣和五年（1123）。给事中路允迪奉旨出使高丽，“道东海，值风浪震荡”。妈祖显灵，路允迪得以逃生，由此获得宋徽宗赐予的“顺济”匾额。

妈祖似乎是实有其人，她常在波涛汹涌的大海中拯救遇难舟楫，教人趋吉避凶，被人称为“神姑”。宋雍熙四年（987）九月九日，因驾舟出海救险没有回来，人们传说她已“升天”。此后，屡屡祈祷有应，为人化险，不断得到历代皇帝的褒封，最终成为唯一海神的至高无上的神格。这大概是妈祖由人升格为神的历程。这一过程同样是由妈祖显灵的事迹建构起来的。为了保持崇拜妈祖的观念和行为这类文化符号的神圣性及神秘性，人们让妈祖附会在一个个“真实可信”的显灵传说之上，并成为口述史世代传播下来。传说诠释了妈祖信仰的起源和发展，并纳入了深入人心的祖先崇拜的意识（“妈祖”这一称谓便带有祖先、先母的意思）。这样，已具威慑力和权威性的传说便成为沿海渔民相互（主要是年长的对年轻的）训诫的宗教式话语。

有了异域妈祖的显灵传说，并不足以表明妈祖在当地也能显灵，于是各地都需要建立自己关于妈祖显灵的传说，海陆丰地区也不例外。这些传说在民间口头流传，有的依附在具体历史事件的叙述之中，如同治《海丰县志》之“杂记”记载：“嘉庆乙丑，海氛大炽，贼船数十泊近三江洋下村，民窘猝无措，咸吁诸神，神示珓以免恐，众乃奉天后像出以御灾。维时，贼铳如雷，未到岸而铁子皆坠。我众乘风放砲，辄毙巨首，贼以主帅无人，携贰遁去，人遂得安，神之力也。”有的情节离奇曲折，有点不可思议，如乾隆《海丰县志》之“附载”记述：“大德港天妃庙，海舶出入必祷。春冬二时，守庙者舁神像至乡落抄化，各投钱米为香资。有一亡赖与神争道，挥拳毁像，后病，其家闻卧内唉语声，入视之，惟见空床。仰视屋上缺一瓦，举家惊惶，踪迹竟无觅处，后数日，守庙者报，庙前有一尸跪水中，家人往视，舁归葬。”妈祖具有救人于危难之中的伟大神力，并非妈祖自己告诉我们的，告诉我们的是这类显灵传说。而一旦妈祖信仰转换为民间口头传说，也就将自己固有的神圣力量张扬开来并移植给了传说，或者说民间信仰在传说中得到转换和加强。如此，与其说妈祖信仰作为一种习俗存在于民众生活之中，不如说妈祖信仰作为一则口承文本，存活于民众的口耳之中。信仰习俗只是一个空壳，传说则是血肉文本。

这两则传说被编在正史之外的“附记”和“附录”中，其真实性已无从考证。无论是真实还是非真实，妈祖显灵传说都是对妈祖崇拜的一种想象性叙事，是对妈祖崇拜及其祭拜行为的诠释。叙事和诠释的目的在于确认和提升所有与妈祖有关的信仰活动的历史文化地位，并注入历史的逻辑力量。给一种信仰提供的传说一般不是一个发生过的事实，却成为当地人一种“集体记忆”的历史资源。

妈祖显灵的传说，不是史学家们定义的历史。但关于妈祖信仰的最初的历史没有其他的记录，只有上面的传说。传说自然就进入民族信仰的历史话语之中。而且当地百姓对此坚信不疑，成为支撑妈祖信仰的最有力的依据。在汕尾，人们都是以神圣的毋庸置疑的口吻讲述妈祖的，妈祖传说超越了民间文学的文体定义，成为事实的同义语。妈祖传说具有明显的虚构特征，妈祖显灵的传奇性反而透视出当地人历史建构的本质。

然而，任何民间口头传说都有一个成千上万次被“重复”的过程。所有的传说者都是在进行传说的传说，尽管讲述传说和听传说的当地人并不会刻意去追问其是否真实，但上面所引关于妈祖显灵的传说，距离我们毕竟过于“遥远”。要使妈祖信仰继续深入人心并富有当代意义，还需要建构新的妈祖显灵的传说。

二

妈祖信仰生产机制建构的另一手段就是丰富妈祖信仰的叙事，即发现和编制有关妈祖显灵的重大事件。对事件处理的方式和行为的叙述是具有解释意义的叙述。在有关妈祖显灵事件（故事）中，可以提供当事人之间、当事人和叙述者之间对话的空间。当事人行为本身具有叙事性，可以被视为准文本。妈祖显灵的重大事件必然引起当地人更大的关注，并投入更多的讲述热情和欲望。为了提高讲述兴趣，渲染显灵的神奇及真实性，事件获得了令人兴奋的情节化处理。情节化既是一种叙述方式，也是一种解释手段。妈祖生存的意义不仅存在于正常的仪式过程之中，更存在于事件之中。事件可以将琐碎的妈祖民间信仰行为连接为一个连续的可供理解的整体。事件就是“故事”，“故事”是最需要解释，也是最值得解释的。

位于汕尾凤山之巅的妈祖石雕像，高16.83米，重1000多吨，由468块来自妈祖故乡的花岗岩石雕刻而成，是迄今为止中国最大的妈祖雕像之一。据罗镲和苏景怀的记述，围绕可否建造妈祖石雕像的问题，凤山祖庙文物管理处、修建理事会全体成员曾经展开了激烈的争论，众说纷纭。正当大家各持己见，主意难定之时，一个意外的事件使大家愕然，正在修复凤山祖庙正门时，夹层的石灰脱落，现出一副对联："地道安贞波澄汕海占坤德，天心慈爱瑞霭凤冈见母仪"，大家不约而同地说："妈祖太灵了，今天我们难定的事，先人已有了安排。"在修建妈祖石像的过程中，妈祖也频频显灵。1994年9月7日，妈祖石像封顶这天，理事人员及施工人员早早地来到山下准备恭迎妈祖升座。为确保妈祖石像安装这一最关键的程序顺利进行，特地安排具有丰富经验的汕尾市港务局装卸公司陈师傅担当此任。他熟练地操作叉车，正准备把妈祖头像放上卷扬机平台时，怪事发生了，叉车突然停车，陈师傅被这突而其来的故障吓住了，他不敢怠慢，紧张地逐项进行检查，结果没有发现毛病。凭着他二十多年的老经验，又是一部新叉车，怎么会出这样的故障呢，他急得满头大汗，恐怕误了安装的时辰不好交代。这时，福建的石匠说："今天妈祖升座，你们有没有拜妈祖禀明？"大家恍然大悟，立即盛上香烛，虔诚恭拜，口里念念有词，礼毕。指挥人员叫着一、二、三起动，陈师傅按动按钮，叉车竟应声发动起来，在场的人们齐声欢呼，"妈祖太灵了！"①

妈祖的辉煌的显灵历史当然值得重复叙事，但不断重复，毕竟显得雷同乃至干巴无味，成为老生常谈，缺少可供继续阐释的空间。妈祖信仰生存机制中令人担忧的困境主要不在于妈祖显灵的事迹描述得不客观、不真实、不细致，而是其中没有故事，没有情节，没有人物，没有意外事件的发生，没有引人入胜的"悬念"。听故事的人被悬念所吸引、引导，就是对事件的连续性的理解。只有对妈祖显灵的事迹进行"情节化操作"，才能达到真正的细致和生动。

如今，渔民在海上遇难的事故大为减少了，要建构与过去相同内容

---

① 罗镲、苏景怀：《石像传奇》，《中华妈祖》2005年第2期。

的妈祖显灵的传说已缺少现实的依据，构筑高大宏伟的妈祖神像为新的妈祖显灵传说的产生提供了契机。凤仪台妈祖石像是按妈祖本人的旨意建造的，在建造过程又一再得到妈祖的神助。像清代徐葆光所撰的《天妃灵应记》之类的书很多，里面充斥了妈祖救海上遇难之人的传说。但这些传说只以传说本身的形式存在，一般没有其他的参照物。而罗镲和苏景怀所记述的传说不同，传说神圣化了妈祖神像这一具体可感的实体。

妈祖显灵传说的演进，必定最终会围绕与妈祖有关的纪念物展开。日本民俗学家柳田国男曾对传说与当地历史文化的密切关系予以特别关注，认为这是传说的主要特征：传说总是和特定的事物相关。传说的核心，必有纪念物。无论楼台庙宇、寺社庵观，也无论是陵丘墓冢、宅门户院，总有个灵异的圣址，信仰的靶的，也可谓之传说之花坛，发源的故地，成为一个中心。[①]妈祖庙及妈祖神像是祭祀妈祖仪式活动的核心，所有的祭祀活动都围绕这些纪念物而展开，当然，妈祖显灵传说的建构也不例外。妈祖显灵的传说、祭祀妈祖的仪式及妈祖庙、妈祖神像三位一体，共同营造出一个神圣的空间。这三个方面的排列从虚到实，也可以说是从非物质到物质，妈祖庙、妈祖神像是这一信仰体系中的核心和基础，没有妈祖庙、妈祖神像，神圣的空间就无从建立，传说也无事可传。

作为非物质文化遗产之一的妈祖显灵传说，其出发点和落脚点都是某些“物质”形态，传说的都是某种具体可感的文化景物。倘若与妈祖有关的各种景观和建筑物不复存在了，妈祖显灵的传说便很可能处于危机之中。正因为如此，后来人总是在依据已有的传说，修建人文景观。妈祖显灵传说的流传一直伴随着这类相关景观的建造。这种建造，不仅仅是为了单纯纪念的需要，也不仅仅是为了丰富当地人文环境，潜在的目的恰恰是满足了妈祖显灵传说本身的流传。每一个人造景观，都是为后人提供的讲述范本。妈祖显灵的传说伴随着妈祖信仰，一直会讲述下去，一直会得到讲述。

许多真实的“业绩”附会在妈祖身上，层累地构建了关于她的传说。表面上，这些历史传说充满了时空错置与幻想虚构，但是如果我们不去

① ［日］柳田国男：《传说论》，连湘译，中国民间文艺出版社1985年版，第26—28页。

探究关于她的事迹真实与否，而是将其视为一种历史信息，那么，就可以解释为何妈祖的历史要如此记忆和传播，对妈祖的生存机制有更全面的理解。落实到某项具体的非物质文化遗产，其生存机制其实是一个不断建构的过程。物质文化遗产依据的是遗留物，而作用于意识或精神层面的非物质文化遗产则需要不断强化当地人对其的信仰，否则便会从人们的记忆中消失。

三

除了书写妈祖本身辉煌的历史之外，坚固妈祖信仰生存机制的必要途径，就是将妈祖信仰植入社会生活乃至政治意识形态体系之中，强化妈祖信仰的时代效应和给予国家—民族的话语权力。

妈祖诞（农历三月廿三日）这一天，妈祖祖庙举办的民俗祭拜、民间艺术巡游、彩炮会等活动，吸引了近至汕尾附近县市，远至中国港澳台地区、海外的信众前来参加。场面热闹非凡，历年不衰。妈祖诞这一天举行的凤山祖庙炮会是一种深受民众喜爱的活动，抢得“炮头”者预示着其运气好，大吉大利。2006 年四月二十日（农历）笔者曾在雨中，和当地人争抢“炮头”，竟一无所获。目睹抢得“炮头”者欣喜若狂，自己甚为失落。俗话说“信则有，不信则无”，在如此强烈的信奉语境之中，几乎所有当地人都在努力制造妈祖显灵的“事实”，从而经营着妈祖信仰生存的生态环境，优化妈祖信仰的生存机制。

目前，由于政治因素，民间信仰难以进入国家级非物质文化遗产保护名录，而妈祖信仰则榜上有名。主要原因是妈祖属于海峡两岸共同的信仰，对海峡两岸同胞而言，具有同根共源的认同意义。而一旦列入国家级非物质文化遗产，妈祖信仰的生存机制便又要迎合国家制度的规范。2006 年 4 月 19 日至 21 日，由汕尾市人民政府主办，汕尾凤山祖庙旅游管理处、汕尾市城区科技文化局、汕尾凤山妈祖祖庙理事会承办的第二届汕尾市城区中华妈祖文化节隆重举行。文化节期间，召开“妈祖文化与和谐社会”研讨会，来自北京、广州、深圳、佛山、汕头、中国台湾地区、日本等地大专院校、科研机构、新闻单位的专家学者，以及妈祖文化研究爱好者近 400 人参加了会议。妈祖信仰与构建和谐社会联系起来，是主动将妈祖信仰纳入国家政治话语体系之中，使其获得合法的政治地位和文化地位。妈祖文化节由当地政府主办，沿袭了妈祖历来为国家祭祀的传统，更是凸显了妈祖信仰公开的不可动摇的政治地位。相对于其他地方神灵信仰，妈祖信仰的生存机制显然要优越得多。

妈祖能够进入国家政治体系，更为主要的因素在于其由民间信仰提升为国家—民族的意识形态。在现实生活中，那些有利于国家—民族话语建构或能够产生大家庭和统一意识的非物质文化遗产，必然得到政府和精英阶层的功能性的特别关注。据统计，如今世界上妈祖信众近两亿，妈祖庙近五千座，分布在中国、美国、巴西、澳大利亚、英国、南非、日本、新加坡、印度尼西亚、马来西亚、菲律宾、泰国、越南、缅甸等 29 个国家，在中国台、港、澳地区，妈祖信仰非常普遍。妈祖已然成为海内外华人寻根问祖的文化符号，成为联结海内外华人的精神纽带。

“凤山永秀月明天开人间安乐怀圣母，祖庙长灵风静浪息世界和平颂女神”，这是凤山祖庙广场廊柱上的一副对联，在妈祖石雕像下也有著名书法家、前全国政协副主席屈武的题词“世界和平颂女神”。“世界和平女神”是汕尾地区信众对妈祖的特别尊称，这一尊称将妈祖信仰提升到一个崇高的境界，与当今世界的和平和发展两大主题联系起来，符合当前中国大力倡导的建设和谐世界的宗旨。如此，妈祖信仰便可以得到国家认同，堂而皇之列入国家祭祀。这些转化和提升，是妈祖信仰生存和发展的最有效的举措，使之生存的机制达到可持续发展的良性状态。

妈祖信仰的生存机制错综复杂，既包括能指，也包括所指；既包括非物质，也包括物质的因素；既包括妈祖信仰内核成分，也包括其生存的文化环境，甚至涉及国家意识形态。应该从整体意识的时空领域理解妈祖信仰，探询其生存机制。以上从不同的方面，对妈祖信仰这一非物质文化遗产进行阅读，不仅大大加深了对其现实意义和地位的理解，也可以促使我们更加全面而又动态地把握非物质文化遗产的生存机制，从而更好地保护和利用非物质文化遗产。

遗产旅游与民间文学类非物质文化遗产保护的“一二三模式”

——从中德美三国的个案谈起*

杨利慧**

摘　要：文章从公共民俗学的立场出发，力图为各级政府及相关机构的民间文学类非遗保护和开发实践提供一个可资参考的模式。通过对中国、德国和美国的三个个案的考察，抽绎出遗产旅游成为成功保护民间文学类非遗途径的六个要素，并将之概括为“一二三模式”：“一”代表一个核心原则，即民间文学的基本情节类型或文类特征应保持不变。“二”表示其他两个要素：（1）一篇导游词底本；（2）若干主题性的旅游吸引物。“三”代表另外三个要素：（1）一场紧扣该民间文学类非遗的主题演出；（2）社区和专家共同认可的传承人；（3）公共民俗学家的指导。“一”具有核心地位，不容缺失，从“二”至“三”各要素的重要性则依次递减。该模式的运用强调灵活性。

关键词：民间文学类非物质文化遗产；遗产旅游；模式；公共民俗学

---

* 原文刊于《民间文化论坛》2014 年第 1 期。本文正式成文之前，部分观点曾分别在中央民族大学召开的“民间文学类非物质文化遗产保护学术研讨会”（2013 年 6 月）以及“上海非物质文化遗产的生产性保护研讨会”（2013 年 9 月）上做过阐述，发言摘要曾在《社会科学报》（2013 年 10 月 17 日）上刊出。陈勤建、田兆元等学者曾对发言提出修改建议，特致谢忱。

** 杨利慧，北京师范大学文学院教授。

2013年夏季，原文化部非物质文化遗产司曾特别委托中央民族大学文学与新闻传播学院组织召开了“民间文学类非物质文化遗产保护学术研讨会”[①]，以聆听汲取专家们对“如何保护民间文学类非物质文化遗产”的意见和建议，可见该问题对当前中国非遗保护及政府文化管理工作的重要性。的确，作为非物质文化遗产的一种特殊门类，民间文学的保护具有一定的特殊性，比如，它们的保护与技艺类的民间工艺美术的保护方式有所差异——后者往往可以通过将产品直接商品化乃至产业化的方式（即所谓“生产性保护”），从而实现在生产实践中积极保护的目的，民间文学则很难照葫芦画瓢。现行的民间文学传承人制度，也常常因为社区中缺乏有效的听众，致使传承陷入困难境地——在一些地方，传承人主要的工作之一便是对着录音机，记录自己的讲述。[②] 用各种方式记录民间文学固然重要[③]，但是，在我看来，它依然未能促进民间文学在日常生活中的有效流通，民间文学依然是作为濒危的知识而被保存。这种保存，可称为“消极的传承”。

那么，如何在当今社会中进行民间文学类非物质文化遗产（简称“民间文学类非遗”）的保护？我认为，“积极的传承”——促使其在日常生活中不断传播、流通——才是关键！只有不断在现实生活中传播，在面对面的讲述—聆听的过程中流动，民间文学才不会成为现代社会中僵化无用的遗留物，才会保持其鲜活灵动的生命力。对此，遗产旅游不妨是一条可以利用的有效传播途径。

无可否认，旅游已成为今天大众日常生活的必需内容。作为其中一种流行的类型，遗产旅游（heritage tourism）主要是指将“遗产”——值得珍视的、具有选择性的过去——作为消费品的旅游形式。世界旅游组织（UNWTO）对“遗产旅游”的界定是：“深度接触其他国家或地区自

---

① 黄雯：《民间文学类非物质文化遗产保护学术研讨会会议综述》，《民间文化论坛》2013年第3期。

② 比如肖潇在对云南省元阳县箐口村的哈尼族古歌《窝果策尼果》的传承现状进行田野调查时发现，除了在各种采访场合表演外，一位州级传承人更多的工作是对着自家的单卡录音机讲唱哈尼古歌，录制一盒一盒的磁带。肖潇：《遗产旅游与哈尼族神话传统的变迁——以云南箐口村“窝果策尼果”的旅游实践为个案》，硕士学位论文，北京师范大学，2013年。

③ 刘锡诚在《“非遗时代”的民间文学及其保护问题》一文中，认为记录保存是民间文学“最可取的保护方式”，参见《民间文化论坛》2013年第5期。

然景观、人类遗产、艺术、哲学以及习俗等方面的旅游。"① 尽管研究者们对遗产的范畴以及遗产旅游的界定众说不一，但是一个公认的事实是"遗产"包容广泛，可以包括不可移动物质遗产（例如古建筑、河流、自然景观等）、可移动物质遗产（例如博物馆中的展品、档案馆中的文件等）以及非物质遗产（比如价值观、习俗、礼仪、生活方式、节庆和文化艺术活动等）。② 与民俗学界熟悉的"民俗旅游"（folklore tourism）或者"民族风情旅游"（ethnic tourism）相比，遗产旅游包容的范畴显然更加广泛。

长时期以来，旅游业往往背负着腐蚀、玷污传统文化的恶名，常被视为破坏、毁灭本真的传统文化的罪魁祸首，对此，曾有不少学者予以反驳。③ 在笔者看来，一个更重要的现实问题是：如何促使遗产旅游进一步成为民间文学"积极的传承"的有益途径，而不是任其盲目商业化，甚至沦为腐蚀、毁灭民间文学的杀手？出于对上述问题的思考，本文选择了中国、德国、美国的三个个案，力图从中考察世界各地相关旅游实践中值得借鉴的经验，进而提取出遗产旅游成为成功保护民间文学类非遗途径的六个要素，并将之概括为简明扼要的"一二三模式"。本文撰写的目的是期望从公共民俗学（Public Folklore）的立场出发④，为各级政府以及相关机构的保护和开发工作提供一个可资参考的模式，促进遗产旅游与非遗保护之间的良性互动，进一步深化非遗保护的社会实践。

---

① 转引自［英］戴伦·J. 蒂莫西、斯蒂芬·W. 博伊德《遗产旅游》，程尽能主译，旅游教育出版社2007年版，第1页。

② ［英］戴伦·J. 蒂莫西、斯蒂芬·W. 博伊德：《遗产旅游》，程尽能主译，旅游教育出版社2007年版，第3页。

③ 对于这一社会和学界流行的深刻成见，美国旅游人类学家纳尔逊·格雷本（Nelson Graburn）和民俗学家约翰·麦克道尔（John McDowell）等学者都曾予以反驳，参见［美］格雷本《人类学与旅游时代》，赵红梅译，广西师范大学出版社2009年版，第311—326页；John H. McDowell, "Rethinking Folklorization in Ecuador: Multivocality in the Expressive Contact Zone", In *Western Folklore*, Vol. 69, No. 2, Spring 2010, pp. 181 – 209.

④ 关于公共民俗学的更多介绍，可参见安德明《美国公众民俗学的兴起、发展与实践》，《民间文化论坛》2004年第3期；杨利慧、安德明《美国公众民俗学的理论贡献与相关反思》，《广西民族学院学报》2004年第5期。现从多数人的译法将"公众民俗学"改为"公共民俗学"。

在开始下文的描述之前，还需要厘清一个重要概念——“民间文学类非物质文化遗产”。一般而言，民间文学都是非物质文化遗产。但是需要注意并警醒的是，随着轰轰烈烈的非遗认定和保护运动的开展，“非遗”事实上被划分为了两类：一类是“认知遗产”（heritage in perception），指那些在当代遗产标准框架下，被各种权威知识“认定”的遗产，如“世界遗产”“国家级非物质文化遗产”等；另一类是“本质遗产”（heritage in essence），即那些自身具有历史和艺术内在价值的文化财产。[①] 两类“遗产”由于获得的认可和待遇不同，在当下社会中的生存境遇会有天壤之别。文化部非遗司委托中央民族大学召开的会议，主要针对的显然是前者。但是，应当注意，民间文学类非物质文化遗产是一个具有内在关联性的有机体系，保护政策不应仅只考虑认知遗产，而应该两者全部加以保护，所探讨的保护方法，也应该对二者都具有适用性。本文的“民间文学类非物质文化遗产”是在较宽泛的意义上使用的，既包括认知遗产，也包括本质遗产。

一 河北涉县娲皇宫景区的遗产旅游与女娲神话的传播[②]

涉县位于河北省西南部，地处太行山东麓、晋冀豫三省的交界处，面积1509平方公里，辖17个乡镇、308个行政村、464个自然村，人口40万人。[③] 娲皇宫建于涉县城西中皇山的山腰处，是当地历史记载最为悠久、建筑规模最为宏大的一座女娲庙。每年农历三月初一到十八的庙会期间，来自附近方圆数百里以及山西、河南、河北等地的香客纷纷前来进香。2006年，中国民间文艺家协会授予涉县“中国女娲文化之乡”的

---

① 燕海鸣：《“遗产化”中的话语和记忆》，《中国社会科学报》2011年8月16日第12版。

② 如无特别说明，本节的民族志资料均来自2013年3月笔者与研究生在娲皇宫的田野调查。感谢王旷清、王艳茹、岂佳佳、张亚敏、申金如等对我们调查工作的大力帮助，也感谢我的两位研究生包媛媛和杨泽经的协助！关于娲皇宫景区导游词底本以及导游叙事表演特点的更多论述，可参见杨利慧《遗产旅游语境中的神话主义——以导游词底本与导游的叙事表演为中心》，《民俗研究》2014年第1期。

③ 涉县党政信息网，http：//www.sx.hd.gov.cn/sxxq/sxgk.htm，2013年11月5日。

称号，同年，这里的“女娲祭典”也被国务院公布为首批“国家级非物质文化遗产”。

作为大众现象的娲皇宫的遗产旅游兴起于改革开放之后。1979年，这里设置了管理处，隶属文物保管所管理，主要任务是进行文物的修缮和保护，但同时也竭力设法扩大香客数量，吸引更多的进香人群。2001年，文物保管所和旅游局合并，成立了涉县文物旅游局，标志着遗产旅游成为涉县政府日益重视的文化产业。据娲皇宫管理处负责人王艳茹介绍：管理处自成立之初就开始了对导游的培养，不过要求较低，普通话过关就行。2001年8月，全县公开招聘了第一批共计10名职业导游，此后的2003年、2005年、2007年、2009年、2010年又陆续招聘了五批导游，对导游的要求也日益提高。现在招聘导游分为笔试和面试两个环节，对导游的基本要求是必须具备大专以上学历，身高1.6米以上，普通话标准、音质优美，气质好，学习旅游、中文和历史等专业的优先考虑。导游在景区除了担任讲解工作外，还负担有挖掘、研究、整理景区的历史和文化的任务。如今在岗的导游共计18名。导游的收费标准是每次收费80元人民币。①

导游们在正式上岗解说之前，都会拿到一份导游词，可称为“导游词底本”。底本的作用十分重要：它为导游们提供需要掌握的相关基本知识，为其解说提供范例，是导游工作的基础和依据。底本一般由了解情况的地方文化专家或者公共民俗学家撰写，以保证所传播知识的准确性和深度。多年来，娲皇宫景区的导游词底本一直由王艳茹撰写，根据她自己的陈述以及笔者对她撰写的导游词的文本分析，可以发现底本依据的资料来源主要有三种：一是地方的口头传统，用王艳茹的话说，是“老辈人口口相传的讲述”；二是相关的古文献记录，例如《淮南子》《风俗通义》等；三是专家学者的著述。

导游词底本对女娲神话的呈现一般相对稳定，而且紧扣住神话的基本情节类型，没有过多的演绎。我比较了王艳茹在3年间撰写并发给导游的三份底本，发现其中变化较多的是对神话的阐释以及对景点的介绍，而女娲神话大体没有变化，正如她自己所说：“我们对神话不作修改和延

---

① 笔者与王艳茹的私人通信。

伸，我们讲的神话或者是（来自）古文献中的记载，或者是（来自）当地流传的民间传说，都是原版哦!”下面是三个底本中呈现的是在娲皇宫的造化阁和补天阁中讲述的女娲造人和补天神话：

2010年版

说起女娲抟土造人的故事自然要先了解一下女娲的身世。古书中记载，女娲和伏羲是人首蛇身的兄妹俩，他们的母亲是上古神话中的一位女神，叫华胥氏，当兄妹俩出生后不久世界上便发生了举世罕见的大洪水，所有生灵被荼毒殆尽，只剩女娲伏羲兄妹两人幸免于难，于是他们便兄妹成婚，生儿育女繁衍后代。两人结婚后过着甜蜜幸福的生活，但时间不长女娲开始发起愁来，她说：“靠我一个人十月怀胎、一朝分娩，什么时候才能孕育那芸芸的众生来管理这个世界呢?”女娲猛然间看到河里自己的影子，灵机一动，开始了她抟土造人的伟大工程：她用黄泥捏成小泥人，摆满整个清漳河畔，轻轻地一吹，小泥人都变成了活蹦乱跳的真人。时间长了，女娲捏累了，就用柳枝蘸着泥点往地上甩，甩出来的泥点也都变成了真人。女娲本不经意的这么一捏一甩，却被后人加上了阶级分化的内容：精心捏制的人是富贵之人，而泥点甩出来的则是贫贱之人，这也说明“人的命，天注定”的道教思想在古代中国人的心中已根深蒂固……

这里是最高的一层叫补天阁，相传女娲就是在这里炼石补天的，……传说神农在画八卦时，一不小心捅破了天，于是“四极废，九州裂；天不兼覆，地不周载”，人世间一派水深火热、生灵涂炭的惨象。就在这种历史背景下，女娲从容应战，取来五色神石（颜色是青、白、红、蓝、紫），耗尽所有精力，历时七七四十九天补好了天上的窟窿……

2011年版

说起女娲抟土造人的故事自然要先了解一下女娲的身世。古书中记载，女娲和伏羲是人首蛇身的兄妹俩，他们的母亲是上古神话中的一位女神，叫华胥氏，当兄妹俩出生后不久世界上便发生了举世罕见的大洪水，所有生灵被荼毒殆尽，只剩女娲伏羲兄妹两人幸免于难，于是他们便兄妹成婚，生儿育女繁衍后代。两人结婚后过着甜蜜幸福的生活，但时间不长女娲开始发起愁来，她说：“靠我一个人十月怀胎、一朝分娩，什么时候才能孕育那芸芸的众生来管理这个世界呢?”女娲猛然间看到河里自己的影子，灵机一动，开始了她抟土造人的伟大工程：她用黄泥捏成小泥人，摆满整个清漳河畔，轻轻地一吹，小泥人都变成了活蹦乱跳的真人。时间长了，女娲捏累了，就用柳枝蘸着泥点往地上甩，甩出来的泥点也都变成了真人。女娲本不经意的这么一捏一甩，却被后人加上了阶级分化的内容：精心捏制的人是富贵之人，而泥点甩出来的则是贫贱之人。看得出来，各位应该都是捏出来的。

在东汉应劭所著的《风俗通义》中有相关记载：俗说天地开辟，未有人民。女娲抟黄土造人。剧务（劳动非常辛苦），力不暇供（供应），乃引绳于泥中，举以为人。故富贵者，黄土人；贫贱者，引絙（絙，粗绳索）人也。

……

这里是最高的一层叫补天阁，相传女娲就是在这里炼石补天的，……传说黄帝部落的后代颛顼与炎帝部落的后代共工，为维护各自的利益大动干戈。结果共工战败，愤怒之下一头撞向了不周山，将不周山这根撑天大柱撞成了两截，天空出现了一个大窟窿，导致“四极废，九州裂；天不兼覆，地不周载”，人世间一片生灵涂炭的惨象，就在这种背景下，女娲从容应战，取来五色神石（颜色是青、赤、白、黑、黄），耗尽所有精力，历时七七四十九天才补好了天上的窟窿。……

2012 年版

说起女娲抟土造人的故事自然要先了解一下女娲的身世。古书中记载，女娲和伏羲是人首蛇身的兄妹俩，他们的母亲是上古神话中的一位女神，叫华胥氏，当兄妹俩出生后不久世界上便发生了举世罕见的大洪水，所有生灵被荼毒殆尽，只剩女娲伏羲兄妹两人幸免于难，于是他们便兄妹成婚，生儿育女繁衍后代。两人结婚后过着甜蜜幸福的生活，但时间不长女娲开始发起愁来，她说："靠我一个人十月怀胎、一朝分娩，什么时候才能孕育那芸芸的众生来管理这个世界呢?"女娲猛然间看到河里自己的影子，灵机一动，开始了她抟土造人的伟大工程：她用黄泥捏成小泥人，摆满整个清漳河畔，轻轻地一吹，小泥人都变成了活蹦乱跳的真人。时间长了，女娲捏累了，就用柳枝蘸着泥点往地上甩，甩出来的泥点也都变成了真人。女娲本不经意的这么一捏一甩，却被后人加上了阶级分化的内容：精心捏制的人是富贵之人，而泥点甩出来的则是贫贱之人。看得出来，各位应该都是捏出来的。

……

这里是最高的一层叫补天阁，相传女娲就是在这里炼石补天的，……传说黄帝部落的后代颛顼与炎帝部落的后代共工，为维护各自的利益大动干戈。结果共工战败，愤怒之下一头撞向了不周山，将不周山这根撑天大柱撞成了两截，天空出现了一个大窟窿，导致"四极废，九州裂；天不兼覆，地不周载"，人世间一片生灵涂炭的惨象，就在这种背景下，女娲从容应战，取来五色神石（颜色是青、赤、白、黑、黄），耗尽所有精力，历时七七四十九天才补好了天上的窟窿。

……

上述三个版本的底本中呈现的女娲造人和补天神话，都有如下两个明显的共同点：第一，女娲造人和补天神话的基本情节类型得到完整呈现，而且稳定传承。女娲抟土做人和炼石补天的神话，在中国各地广泛流传，异文很多，但是基本情节类型相对稳定：

抟土造人神话

（1）远古时代，未有人烟。或者因为某种原因，人类灭绝。

（2）始祖用黏土抟制了人。

（3）人间始有人类。[①]

炼石补天神话

（1）远古时代，由于某种原因，天空出现了残损。
（2）文化英雄炼石并修补天空。
（3）天空补好。或从此留下了永久的自然特征。

与上述类型相对照，可以看出三个底本完全保持了神话的基本类型，而且细节丰满，叙事生动。这一点，对于娲皇宫景区的女娲神话传播至关重要：导游们以底本为依据解说女娲神话，便能够保持女娲神话的主旨，不至于在传播中走样儿。

第二，口头传统与书面传统有机融合。底本中的神话故事情节既有对《风俗通义》佚文中女娲造人神话以及《淮南子·览冥训》中女娲补天神话的直接化用或引用，也融合、挪用了当地口头传统中女娲在清漳河边造人、神农画八卦捅破了天的说法。口头与书面传统彼此衔接，水乳交融，熔铸成为新的女娲神话异文。

一个随之而来的问题是：导游词底本会僵化民间文学的传承吗？笔者在调查中发现：尽管导游们人手一份底本，而且她们在实际解说过程中会以底本为依据，但是底本并未成为限制导游创造力的桎梏。事实上，导游个体在实际工作过程中，并不会完全照搬底本，而是会有所创新。这是因为，第一，底本只提供基本的解说文本，并未包罗所有的地方知识，这为导游的创造留下了空间。第二，底本与实际讲述之间，是“书写文本”与“表演文本”之间的关系，导游不会机械地背诵底本中写定的神话文本，在实际解说过程中，她们会用自己的表述表演神话，而且，还随时根据情境和游客的需要而主动调整叙事内容和策略，体现出“以

---

① 德裔美国汉学家艾伯华（Wolfram Eberhard）在《中国民间故事类型》一书中，曾概括了抟土做人神话的一个亚型：“人类起源：（1）一个始祖用黏土造人。下雨浇坏了一部分泥捏的人。（2）被浇坏的人成了残废。”该亚型在中原地区广泛流传。参见［德］艾伯华《中国民间故事类型》，王燕生、周祖生译，刘魁立审校，商务印书馆1999年版，第127页。

情境和游客为中心”的表演特点。比如，2013 年 3 月 9 日，我带着两个研究生一道去娲皇宫景区考察，年轻的导游岂佳佳为我们做了全程导游。我们事先说明了身份是研究女娲文化的，所以很明显，她随后的讲述适应我们的兴趣增加了很多内容，比如女娲兄妹滚磨成亲繁衍人类、女娲造笙簧的神话等，都是底本中没有的；而对底本中已有的女娲造人和炼石补天神话，她的讲述在保持基本类型不变的基础上，也出现了诸多细节上的差异。① 由此可见，导游词底本并不会固定、僵化鲜活丰富的民间文学传统。

从娲皇宫景区的经验里我们能够借鉴什么？我认为：这里的遗产旅游实践至少凸显出两个要素的重要性，值得相关的保护和开发工作借鉴：第一，保持民间文学叙事的基本情节类型不变。对于笑话、民歌类的非遗，则应该保持其基本文类特征不变。这一点至关重要，是构成民间文学类非遗保护工作的核心，正是有赖于此，民间文学类非遗才能够在遗产旅游中保持其基本内涵、形式和特质的不断传承。第二，一份由当地文化专家或者公共民俗学家撰写的导游词底本。该底本遵循并贯彻“基本类型或文类特征不变”的核心原则。导游在培训和实际解说的过程中，逐渐熟悉底本并以之为基本依据，但也会随着情境和游客的需要而适时调整解说内容和表演策略，从而保持民间文学传承的流动性和活力。

二 德国的“童话大道”与《格林童话》的保护和开发

德国不仅因为《格林童话》在全世界的广泛传播而获得了“童话王国”的美誉，而且也是将童话开发经营得最成功的国家之一。在德国，以格林兄弟的生活和搜集童话的足迹为线索，有一条长达 600 公里的“童话大道”（the German Fairy Tale Route, or Märchenstrasse）。这是一条以《格林童话》为文化资本而建构起来的、有主题的汽车旅行线路（themed auto route），建成于 1975 年，迄今已有 40 多年的历史。它以格

① 杨利慧：《遗产旅游语境中的神话主义——以导游词底本与导游的叙事表演为中心》，《民俗研究》2014 年第 1 期。

林兄弟出生的城市哈瑙（Hanau）为起点，以邻近北海的古城不莱梅（Bremen）为终点，贯穿起格林兄弟生活和工作的地方以及《格林童话》中许多著名故事发生的场景，吸引着世界各地的童话迷们前来亲身领略德国童话的魅力。到目前为止，共有近60个市镇成为该童话大道旅游线路的成员。[①]

加盟童话大道的各个城镇对于童话和传说的展示方式有很多相同之处，正如“童话大道”官方网站的广告所宣传的那样：“童话、传奇（saga）和传说全都活灵活现：露天剧场、木偶剧节庆、剧院演出，还有特殊的童话周！在许多地方，游客会受到真正的童话人物的欢迎；有的地方将提供‘打包优惠’（package deals），以方便男女老幼前来‘体验童话’。对那些想要大快朵颐的游客，童话大道也会在迷人的氛围中提供童话菜品、谷仓节庆、皇室宴会以及备受欢迎的中世纪盛宴！”[②] 其中最具普遍性的方式是街头雕塑、展览馆和户外主题演出。不过在具体实践中，各个童话村各有侧重。

比如阿尔斯费尔德（Alsfeld）相传是童话《小红帽》故事发生的地方。村庄里建有小红帽喷泉，喷泉中央竖立着小红帽的雕塑。像只有1米高，并不十分起眼。村里还有一座乡土博物馆，里面有20多个展厅，每个展厅都妙趣横生。其中四楼的展厅里陈列着与小红帽相关的各种资料，包括小红帽故事流行时期整座城镇的风貌图，还有和真人一样大小的人偶。提着糕饼蓝的小红帽，脚蹬帅气长靴、手提猎枪的猎人，等待小红帽的外婆，倒在猎人抢下的大灰狼……脸上的五官、身上的传统服饰、无一不制作得精致美观，令参观者流连忘返。[③]

哈梅林（Hamelin）是一个小城，却因为《格林童话》中《花衣魔笛手》的故事而闻名世界：相传很久以前，哈梅林城里正闹鼠灾，一位身穿花衣的陌生人来到城中，说他可以解决鼠患，但要求市民们付给他一

① 参见“Members and partners at the German Fairy Tale Route...”，http://www.deutsche-maerchenstrasse.com/en/your-journey/destinations/members-and-partners-at-the-german-fairy-tale-route/，2014年1月2日。

② http://www.deutsche-maerchenstrasse.com/en/.

③ ［韩］李炯俊：《欧洲童话村之旅》，李悦译，生活·读书·新知三联书店2010年版，第59—61页。

笔可观的钱。市民们答应了。陌生人吹起笛子，瞬间老鼠都像中了魔似的跑到街上，跟着花衣人走，直至最后走到河里全部淹死。鼠患解除了，市民却迟迟不肯付钱。花衣魔笛手很生气，趁着大人上教堂做礼拜的时机，再次吹响魔笛，把城里所有的孩子诱到城外，一起失踪了。

这个流传了几个世纪的故事如今每逢夏季的周日下午都会在哈梅林露天上演，吸引了来自世界各地的游客。有报道说：每年会有100多万名游客专程前往哈梅林听故事，这里的捕鼠人是全世界最忙的捕鼠人，每年要准备600多场演出。[①] 演出紧扣故事情节，紧凑精练，活灵活现。该演出的最初组织者是一位高中教师，他在1955年接受了组织演出的任务，便联合一批业余演员和学校学生一同演出《花衣魔笛手》，从而将这个故事人格化（personified）了。以后他的学生出于对角色的兴趣、对家乡的责任和对老师的尊敬，继续扮演花衣魔笛手。[②] 除了露天的主题演出以外，哈梅林十分注意营造自己与老鼠和捕鼠人关联的形象，街上到处都是以老鼠为造型的各式纪念物：青石路上刻着老鼠的印记；甜食店里充满老鼠形状的糖果、饼干、巧克力；餐馆前是头戴白色高帽的老鼠雕像邀请客人进去用餐；市政厅广场的正中是捕鼠人的喷泉雕像……

不莱梅是一座较大的港口城市，但是该市享有世界声誉是因为《格林童话》中的一则童话：《不莱梅乐队》（一译《不莱梅的音乐家》）。在该市的街头，到处可以见到与这则童话相关的雕塑：驴子、狗、公鸡和猫。这些雕塑并不大，却吸引着诸多游客的目光。当地最吸引人也是夏季每周日下午的主题演出。韩国旅行摄影作家李炯俊，当年就是被《不莱梅乐队》的表演海报所吸引，临时更改了自己的旅行路线，并且先后两次前往观看该演出。下面是他所叙述的不莱梅的街景和童话演出场面，这些描述绘声绘色，为了解德国童话旅游与民间文学保护状况提供了宝贵的第一手资料：

---

① 谭薇编译：《探访格林魔幻王国》，《第一财经日报》2012年5月11日。

② Regina Bendix, Dorothee Hemme. "Fairy Tale Activists: Narrative Imaginaries along a German Tourist Route." In *Folkloristika Svetur*, *ISSN 1392 - 2831* Tautosakos darbai XXI (XXVIII) 2004, p. 189.

走在不莱梅街头，到处可以看到趣味盎然的雕塑作品：小号手，小猪一家，木民矮子精家族等。不莱梅乐队的雕塑并不大，和他们举世闻名的知名度相比颇有些不相称，但这里依然人山人海，热闹非凡：孩子们使出吃奶的力气想要爬到雕塑身上去，累得大汗淋漓；老爷爷老奶奶则抓着毛驴雕塑的腿，摆出了帅气的姿势拍照留念；来自世界各国的游客都在此竖起耳朵聆听导游的讲解。……

第二天，我们来到市政厅旁的小喷泉广场观赏户外表演。虽然距离开演还有三十多分钟，广场上的二百多个座位已经座无虚席，还有许多人站在喷泉的四周。蹒跚学步的幼儿、奔跑嬉戏的孩童、活力四射的年轻人、白发苍苍的老爷爷老奶奶……男女老幼都齐聚在此等待观赏演出。还有的一家几口安坐地上，边翻读童话书，边讨论着即将开始的表演。爸爸妈妈们认真地读着童话故事，孩子们竖起耳朵仔细聆听。温馨的场景让人回想起刚合上童话书的那一刻心中涌起的那一丝暖暖的感动。

主持人身着华丽的中世纪服装登场了，户外表演正式开始！用红黄两色装扮的“公鸡”，身穿灰衣的“毛驴”，绿色装点的“狗”，还有用灰色和蓝色打扮起来的鲜艳的“猫”，色彩绚烂的服装吸引着人们的眼球。广场上的大人小孩全都聚精会神，屏住了呼吸。在森林小屋中，盗贼们为了偷吃丰盛的食物而费尽脑筋，几经周折；动物们亮开嗓门，演奏音乐，把盗贼们吓得魂飞魄散，逃之夭夭……演员和观众一起分享这些有趣的场景，其乐融融。来自世界各地的人们，不分语言，不分种族，不分年龄和性别，一起观赏一起欢笑。这正是童话跨越时空的真正意义之所在。①

据李炯俊的报道，《不莱梅乐队》的户外表演是由不莱梅音乐剧院的专职演员们志愿为游客们演出的。表演结束后，演员们往往被孩子们团团围住，回答孩子们的问题，还要给孩子们签名、合影，忙得不亦乐乎。这样热闹的面对面传承的场景，为本文所说的“积极的传承”提供了生

① ［韩］李炯俊：《欧洲童话村之旅》，李悦译，生活·读书·新知三联书店2010年版，第28—29页。

动的注脚和最佳范例，也与一些传承人对着录音机录制自己讲述的落寞身影形成了鲜明的对照！看到这样的场面，我们还会担心《不莱梅乐队》故事的传承吗?!

德国童话大道的经营经验提醒我们注意成功的遗产旅游通常具备的另外两个要素：第一，一场直接展现该遗产的主题演出。演出可以由地方专业人士表演，也可以由市民或村民进行业余表演。表演的时间可长可短，但应紧密围绕该民间文学作品而展开，比如表演《花衣魔笛手》或者《不莱梅乐队》的故事，而不必旁逸斜出地增加《灰姑娘》或者《少年维特之烦恼》等剧目，以免主次不明、喧宾夺主。表演的场地最好是露天的公共场所，以方便当地人和游人观赏，从而更好地起到传播作用。第二，若干主题性的旅游吸引物。包括围绕该遗产而建设的主题展览、街头雕塑、庙宇、故居、故事所述事件发生的场地以及其他各种风物遗迹等。

三 美国华盛顿州的文化遗产 CD 之旅

美国的许多公共民俗学家都积极参与社区文化遗产旅游的规划，威廉·斯迈斯（Willie Smyth）就是其中的一位。作为华盛顿州立艺术委员会（The Washington State Arts Commission）民间艺术项目的负责人，他曾指导规划了多条华盛顿州文化遗产的 CD 之旅。这些旅游线路专为自驾游的游客设计，当旅行者驾车沿着某条线路行驶的时候，通过播放相应的 CD，经过相关的城镇时，便能听到对当地历史、自然风景、地质、地理、工业和农业生产状况的描述，也能听到民间故事、民歌、个人叙事（personal narrative）、地名由来、地方或者族群手工艺的描述以及个人的职业化实践、历史见证（historical testimony）等。①

华州的 CD 之旅开发也有两个十分值得借鉴的经验——我认为也是将来遗产旅游建设发展的方向：第一，遗产传承人从隐秘的“后台”站到了表演的“前台”，从失语的“被代言者”转为直接向听众发声的讲述主

① 关于华盛顿州文化遗产的 CD 之旅的更多介绍，可参见［美］威廉·斯迈斯《华盛顿州的文化旅游和非物质文化遗产》，王均霞译，《民俗研究》2014 年第 1 期。

体。例如在一张关于惠德贝岛（Whidbey Island）遗产之旅的CD中，有24位当地居民用多种形式和文类（genre）讲述自己和当地社区的关系，很多人讲述了自己的技艺（木雕、造船、编织、风笛演奏等）与家族或族群传统的渊源关系，或者社区的由来、自己或家人曾经经历的社区重大事件、印第安人保留地的生活，也有人演唱富有族群传统的民歌。传统音乐和叙事是该CD最突出的表达形式。[①] 聆听这样的CD，游客便能够直接分享当地居民的历史和文化传统，领略当地社区的文化多样性。

第二，公共民俗学家的参与和指导。训练有素的公共民俗学家与社区的合作是成功开展非遗保护的关键要素之一。不懂行的指导往往导致事倍功半的效果，甚至对非遗及其所在社区造成严重不良后果。在华盛顿州的个案中，公共民俗学家的专业性指导受到了社区的热烈欢迎，他们付出的努力和采取的决策直接决定了该项目的品质。比如，规划一个150英里路线的旅游指南，公共民俗学家往往需要事先花费数月的时间进行田野调查。尽管最后的CD可能只有90分钟到120分钟的长度，但民俗学者要对70—80位当地艺术家和传统文化的传承人进行访谈、录音、拍照或者录像。此外，公共民俗学家的决策在以下若干方面都起着至关重要的作用：（1）辨识并发现地方民俗传统的正宗实践者，将他们的工作反映到旅游指南中；（2）展示真正的地方传统；（3）谨慎地对待文化挪用（appropriation），保护传统的承载者在其遗产被更广大的公众所分享时，不会遭到伤害；（4）尽力展现社区文化的多样性，有时甚至包括展示社区中的复杂性和文化冲突；（5）在获取经济利益和保护文化遗产之间保持平衡；（6）保护地方艺术家的隐私；（7）探索如何使用新技术（例如数码在线制图、智能电话和掌上工具如IPAD）以更好地传播遗产旅游信息。[②]

---

① *Cascade Loop Heritage Tour—West*：*Whidbey Island*（*Audio Tour Guide*）. Northwest Heritage Resources，2011.

② 关于公共民俗学工作的更详细解说，请参见［美］威廉·斯迈斯《华盛顿州的文化旅游和非物质文化遗产》，王均霞译，《民俗研究》2014年第1期。

结 论

联合国教科文组织在谈到非遗的变迁和保护时，不可避免地一再论及旅游，并认为旅游是一把“双刃剑”：

> 遗产的经济价值像其文化价值一样，有助于遗产的长期延续(sustain over time)。经济价值的新形式可以被介绍进来——当它以某种受到当地社区和群体欢迎的方式、对保护该遗产有作用时，它是可以接受的（acceptable）……例如，旅游和手工艺品的生产能够鼓励、实现非遗的表演（enactment）与传承，甚至与非遗的表演和传承同时发生。但是，当介绍新的观众、市场和新产品成为目的时，对于社区语境中的非遗保护就会产生实际上潜在的相反效果。我们称之为“商业化”。①

“双刃剑”的看法无疑是正确的。但是，无论对待旅游的态度如何谨慎，旅游业和商品化都是今天民间文学类非遗保护必须面对的社会现实。因此，更有益的思考方向是：如何规范并促使遗产旅游成为民间文学“积极的传承”的有效途径，而不是任其盲目商业化，或者完全沦为毁灭民间文学的杀手。在这个方面，上文梳理的三个个案提供了许多值得借鉴的经验。笔者从中抽绎出遗产旅游成为成功保护民间文学类非遗途径的六个要素，并按照其重要性的不同，把这六个要素划分为不同的等级，最终概括为一个简明扼要的“一二三模式”：

“一”代表一个核心原则，即民间文学叙事（无论是神话、传说、故事还是史诗）的基本情节类型应保持不变。至于笑话、民歌类的非遗，则应该保持其基本文类特征不变。此核心原则至关重要，是其他各个要素的基础，在旅游开发过程中应贯彻始终。

“二”表示其他两个要素：1. 一篇导游词底本，由地方文化专家或者

① UNESCO. “Ratifying the Convention”, Training of Trainers Workshop, Beijing, 10 to 14 January 2011, pp. 74 – 75.

公共民俗学家撰写。该底本遵循并贯彻“基本类型或文类特征不变”的核心原则。2. 若干主题性的旅游吸引物。包括围绕该遗产而建设的主题展览、街头雕塑、庙宇、故居、故事所述事件发生的场地以及其他各种风物遗迹等。

“三”代表另外三个要素：1. 一场直接展现该遗产的主题演出；2. 若干社区和专家共同认可的传承人；3. 公共民俗学家的指导。

此“一二三模式”中的各要素对于推动遗产旅游成为保护民间文学类非遗的重要途径均具有重要意义，其中“一”尤具有核心地位，不容缺失，其他各要素的重要性则从“二”至“三”依次递减（如下图所示，从内核到边缘，颜色渐浅，重要性越弱）。一个遗产旅游地点不一定要同时具备这六个要素，不过一般需要具备“一”和“二”中的三个要素，能加入“三”中的一个或者全部要素会有更佳的保护效果。

此模式的运用强调灵活性，各地可以因地制宜，根据自身资源，选择和调节相互搭配的其他要素。此模式也适用于其他类型的非物质文化遗产的保护。

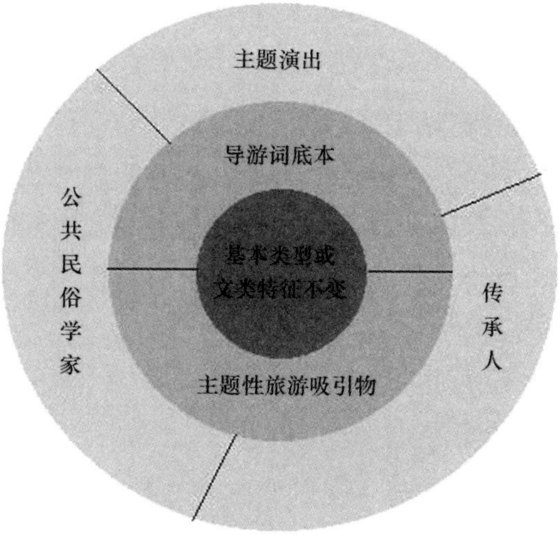

“非遗”传承人认定与集体性乡民艺术的保护

——以冀南GY村“捉黄鬼”活动为个案*

李向振**

摘　要：乡土社会生活为乡民艺术发展提供了合适的土壤。在乡土社会中，乡民艺术的展演既反映了村民的生活态度和审美意念，又折射出乡土社会的社会结构与社会关系。“非遗”及传承人认定和保护制度介入乡民艺术的传承与保护，一方面的确有利于通过自上而下的认可提高村民参与乡民艺术的热情；另一方面又因为在具体实践中出现一些问题，造成乡民艺术内在价值的部分失落和参与村民的内部组织结构和社会关系失衡。鉴于此，我们在“非遗”实践过程中，尤其是在传承人认定时，有必要注意一些乡民艺术的集体性特点，而从具体实践层面，或许可以尝试建立集体传承人制度。

关键词：乡民艺术；非遗；传承人；捉黄鬼；组织结构；人际关系

近年来，“非遗”运动无论从实践上，还是从理论研究上都取得了丰

---

* 原文载《贵州大学学报》（艺术版）2015年第2期。本文为国家社会科学基金项目“新时期乡民艺术发展与公共社会建设”（项目号：11BG075）的阶段性成果。此论文主体部分曾在“中国艺术人类学”2013年年会上进行讨论，荣幸获得首届“费孝通艺术人类学奖”二等奖，并得到中央民族大学王建民教授点评，特此向中国艺术人类学学会和王建民教授致谢！

** 李向振，武汉大学社会学院副教授。

硕的成果，同时也面临诸多问题。在政府、学者与整个社会力量的推动下，"非遗"作为一整套话语体系正在逐渐深入社会各个角落。"非遗"运动影响下的乡民艺术①，正在经历从"无意识的传承"到"有意识的创造"的过程。② 在这种情况下，谈论乡民艺术的保护、传承与发展，有必要综合考虑其所处的"非遗"语境。就当前来看，"非遗"及传承人的认定与保护及其实践是"非遗"运动中最为重要的两个问题。

一 "非遗"语境与乡民艺术的保护

对于"非遗"的认定，《中华人民共和国非物质文化遗产法》有明确规定，非物质文化遗产是"指各族人民世代相传并视为其文化遗产组成部分的各种传统文化表现形式，以及与传统文化表现形式相关的实物和场所。包括：（一）传统口头文学以及作为其载体的语言；（二）传统美术、书法、音乐、舞蹈、戏剧、曲艺和杂技；（三）传统技艺、医药和历法；（四）传统礼仪、节庆等民俗；（五）传统体育和游艺；（六）其他非物质文化遗产"③。这个规定从法理上确定了"非遗"所要保护对象的范围，但由于其忽视"非遗"的一些内在属性，容易在实践中出现各种具体问题，比如有些地方为了该地庙会"入遗"，地方政府和学者等不惜

---

① "乡民艺术"是张士闪在田野民族志的撰写中使用的可操作性较强的概念，他在一篇文章中提出："广泛意义上的民间艺术，就其活动主体而言，可大致分为市民艺术与乡民艺术。市民艺术指风行于城市社区的一些具有修身养性、娱乐性等功能的艺术活动，呈一波未平一波又起的状态；乡民艺术则是初而与乡土活动（节令、祭祀等）有关、终而凝结为较稳定的乡土传统等功能的艺术活动。二者虽有交叉，但区别明显。"参见张士闪《乡民艺术民族志书写中主体意识的现代转变》，《思想战线》2011 年第 2 期。"乡民艺术"这一概念，较为突出了艺术展演的主体性，同时又界定了该艺术展演传承空间。GY 村"捉黄鬼"活动，因其核心内容包括戴面具跳舞，所以十多年前曲六乙先生及将其称为北方"傩戏"，本文认为无论从表演主体，表演形式，还是从表演和传承空间来看，都具有乡民艺术的特点，故以乡民艺术相称。

② 麻国庆认为，"今天，不同国家、地域和民族的文化其'无意识的传承'传统，常常为来自国家和民间的力量进行着'有意识的创造'。这种创造的过程，正是一种文化的生产与文化的再生产的过程，实际也是一种文化重构过程。而重构的基础，并没有脱离固有的文化传统"。参见麻国庆《非物质文化遗产保护与民俗文化的重构》，中国艺术人类学学会编《非物质文化遗产与艺术人类学》，学苑出版社 2012 年版，第 57 页。

③ 参见《中华人民共和国非物质文化遗产法》，第 2 条，2011 年。

将其“变通”为“节庆民俗”等，这在某种程度上破坏了庙会的内在价值①。因此对于“非遗”本身属性的综合考虑是有必要的。本文认为，根据其参与主体属性和具体呈现形式，“非遗”大体上可以分为集体性“非遗”和个体性“非遗”，前者如传统礼仪、节庆、社火等活动，还包括部分传统体育和游艺等，后者如传统美术、书法、音乐、舞蹈等。总体而言，这种区分主要立足两点：一是参与主体对于该文化艺术活动的认知与感受，比如在集体性特征比较明显的村落仪式活动中，村民将参与这样的活动看作集体性活动；而在比如书法等比较明显的属于个人创作的艺术活动中，参与者则很少将其活动归为集体活动。二是作为整个活动的有机组成部分，参与主体只存在具体分工不同，而不可或缺。当然，活态地存在于村民日常生活中的乡民艺术，在现实生活中并没有明显的区分界限，我们之所以进行这样的分类，完全是为了更好地反思“非遗”的认定与保护在具体实践上遇到的问题。

“非遗”传承人的认定与保护是“非遗”运动的另一个重要问题。“非遗”保护与传承其核心是对人的保护，这一点政府文化部门和学界基本已经达成共识。当前，“非遗”传承人认定和保护在实践中遇到了一些具体问题，学界对此也多有探讨。② 在这些著述中，一些学者已经注意到在传承人认定过程中，应考虑“非遗”的自身属性等问题。萧放在文中将“非遗”划分为“单一属性的非物质文化遗产”和“综合

---

① 刘铁梁在反思当前“非遗”保护与民俗文化的价值时，提出了“内价值”和“外价值”的概念，认为“内价值是指民俗文化在其存在的社会与历史的时空中所发生的作用，也就是局内的民众所认可和生活中实际使用的价值”。在刘铁梁看来，“非遗”的介入，部分地将民俗文化剥离其生活语境，从而一定程度上，造成了其内在价值的失落。参见刘铁梁《民俗文化的内价值与外价值》，《民俗研究》2011 年第 4 期。

② 较有代表性的有：乌丙安：《非物质文化遗产的界定和认定的若干理论与实践问题》，《河南教育学院学报》（哲学社会科学版）2007 年第 1 期；刘锡诚：《传承与传承人论》，《河南教育学院学报》（哲学社会科学版）2006 年第 5 期；刘锡诚：《论“非遗”传承人的保护方式》，《河南教育学院学报》（哲学社会科学版）2011 年第 1 期；苑利：《非物质文化遗产传承人保护之忧》，《探索与争鸣》2007 年第 7 期；方李莉：《请关注非物质文化遗产的拥有者》，《艺术评论》2006 年第 6 期；萧放：《关于非物质文化遗产传承人的认定与保护方式思考》，《文化遗产》2008 年第 1 期；佟玉权：《非物质文化遗产传承人的保护与制度建设》，《文化学刊》2011 年第 1 期；祁庆富：《论非物质文化遗产保护中的传承及传承人》，《西北民族研究》2006 年第 3 期等。

性质的非物质文化遗产”，虽是如此，但在涉及传承人认定时，他却认为，“关于综合性非物质文化遗产的认定，可按非物质文化遗产的样态进行切分，找出主干的文化环节，然后确定其中具有组织推动力量的关键人物，即在特定文化环境中形成的知识人或文化权威”[①]。可以说，这种观点忽视了综合性非物质文化遗产的完整性特点，而这种完整性需要参与人员的密切配合，从这个意义上说，许多参与人员都具有不可或缺性，而“关键人物”的认定制度，恰恰忽视了这一点。在具体的操作实践中，这种认定方式可能对该项目传承人与其他参与人员的原有关系产生不利影响，严重的还可能造成其他参与人员与传承人之间的关系破裂和不合作，从而最终导致该“非遗”项目的保护与传承难以顺利进行。

本文即以集体性特征比较明显的冀南 GY 村“捉黄鬼”活动为个案，考察“综合性非物质文化遗产”（本文称为集体性非物质文化遗产）在以“关键人物”认定传承人过程中出现的诸多问题。该村“捉黄鬼”活动，早在 1995 年元宵节期间的“95 元宵武安大型傩戏‘捉黄鬼’观摩研讨会”上，就被中国傩戏研究会会长曲六乙先生定名为“北方的社火傩戏”[②]。在之后的将近二十年时间里，不断有学者前往该地进行调查研究，先后形成若干著述[③]。2006 年该村“捉黄鬼”活动与安徽池州傩戏、湖南新晃侗族傩戏、沅陵辰州傩戏、贵州德江傩堂戏等一起作为“传统戏

---

① 参见萧放《关于非物质文化遗产传承人的认定与保护方式思考》，《文化遗产》2008 年第 1 期。

② 参见“亚洲民间戏剧民俗艺术观摩暨国际学术研讨会”《祭礼·傩俗与民间戏剧——98 亚洲民间戏剧民俗艺术观摩与学术研讨会论文集》，1998 年。

③ 如：杜学德：《武安傩戏》，科学出版社 2010 年版；杜学德：《武安 GY 的社火傩戏“捉黄鬼”》，《节日研究》（第四辑），泰山出版社 2011 年版，第 93—113 页；陶立璠：《三爷圣会考察记》，《民俗研究》1998 年第 2 期；王福才：《河北傩戏〈捉黄鬼〉源于山西上党赛社考》，《山西师范大学学报》（社会科学版）1995 年第 3 期；“亚洲民间戏剧民俗艺术观摩暨国际学术研讨会”：《祭礼·傩俗与民间戏剧——98 亚洲民间戏剧民俗艺术观摩与学术研讨会论文集》，1998 年；秦佩：《GY 傩戏和社戏研究》，硕士学位论文，河北师范大学，2008 年；朱少波：《符号学角度下的河北武安“捉鬼”傩俗——以 GY 村“捉黄鬼”和白府村“拉死鬼”作为个案研究》，硕士学位论文，中国海洋大学，2011 年。

剧”被纳入首批国家级“非物质文化遗产名录”①，2008 年西大社李某旺被授予国家级“非物质文化遗产”传承人称号，同时刘某计等其他四位社首被河北省授予省级“非物质文化遗产”传承人称号。受原文化部民族民间文艺发展中心王学文副研究员委托，笔者曾于 2012 年春节至元宵节期间前往该村进行为期半个月的田野作业，获得了大量一手资料，并现场观看了“捉黄鬼”仪式的全过程。

二 作为乡民艺术展演的“捉黄鬼”活动

GY 村，据该村佛堂寺内现存的一块残碑碑文记载，早在后周显德年间（954—960）该村即已建庙，并有僧人主持，表明该村早在千年前就已经形成聚落。从地理位置上看，GY 村所在的武安市位于晋、冀、鲁、豫四省交界的地方。该村西邻 YT 村，东邻 PH 镇 N 庄，南部是南洺河古河道和鹊峨山，北部是高数米长达数里的黄土岗。据县志记载，旧时，通往山西的大道紧邻该村通过，车马贸易较盛，村内多有车马店、饭店、茶馆等，曾经较为富裕繁盛。

该村是大行政村，又分为四个自然村，分别是西大社、南王户、刘王户和东王户。村内现有居民 700 余户，3000 余口，且均为汉族。目前，董、丁、李、刘、王等为村子中的大户，据说，这些家户原来大都有自家祠堂。不过随着李家祠堂于 2011 年被拆除重新建造新式房屋，这一象征家族认同的物质和空间载体已然沉寂于历史记忆之中。

该村庙宇众多，相应的祭祀仪式也比较多。现在该村规模比较大的集体性信仰仪式活动主要包括农历正月初七火神祭，正月初九玉皇祭，

① 需要提出的是，“捉黄鬼”仪式“入遗”之后，引起了外界更多人的关注，每次举办活动都会吸引大批外来学者、旅游爱好者等前来参观调研，村民们对此亦是经历了从不太适应到最终接受的过程。现在“捉黄鬼”活动除了其间在墙上悬挂带有“非遗”字眼的横幅之外，从表演形式到参与人员都没有太大的变化，唯一不同的是其内部组织结构和人际关系发生了变化，这一点将是本文的论述重点。

正月十五前后数天"捉黄鬼"[①] 活动和农历四月十五的旨在祭祀该村守护神"白眉三郎"圣诞的庙会等活动。

其中，元宵节前后的"捉黄鬼"活动规模最大、参与人数最多、艺术表演最丰富。据介绍，"捉黄鬼"是村民为了酬谢本村保护神"白眉三郎"[②]，特地在正月十五前后排演节目，邀请白眉三郎及其众"贵宾"前来观看的仪式活动。该活动一般从农历正月十二"奉神戏"开始至正月十六（旧时是正月十八）"送神"结束，期间各种乡民艺术表演，参与人员和组织人员多达五六百人（据说，在"捉黄鬼"活动期间，许多外出打工的村民都要回到本村参与演出）。由于该活动规模比较大，耗费的人力、物力和财力比较大，所以该活动并非每年都举办，而是遵循祖制，"一办办三年，一停停三年，办三年才能功德圆满"[③]。

从具体展演情况来看，"捉黄鬼"活动主要包括西大社村民举办的以"捉黄鬼"为中心的各种节目和其他"三户"村民参与的"围护"节目[④]两部分。西大社举办的"捉黄鬼"活动又主要分为两部分：一是"脸

① "捉黄鬼"是为了劝人向善，劝人行孝的，村民张某云说："很久以前，GY 村有这么兄弟四人和父母生活在一起，老大老二老三都很孝顺父母，老四（也有的说是老三）不孝顺，平时对他父母特别不好，好吃懒做，还经常打骂老人。有时候，连邻居都看不下去了，就劝他要多做好事，要不死后到了阎王殿也不得安生。他不但不听，还辱骂邻居，而且对父母也越来越变本加厉。到了后来，他们兄弟几个死后，由于老大老二老三都是孝顺父母的人，他们平时也多做好事，到了阎王那里就被封成了好鬼，专门负责抓获世上不孝的人；老四呢，由于不孝顺，死了之后就变成了坏鬼，阎王爷就派老大老二老三作为鬼差去抓这个坏鬼，然后在上报天庭之后，历数他的罪状，把他判了死刑，抽肠剥皮打入地狱，永世不得翻身。所以啊，你看看，做人得孝顺父母，要不做鬼都得变成个坏鬼，还得受罪。"讲述人：张某云；访谈人：李向振；访谈时间：2012 年 2 月 2 日；访谈地点：GY 村张某云家中。

② 关于白眉三郎与该村落的关系及其相关的口头叙事，参见杜学德《武安傩戏》，科学出版社 2010 年版。

③ 讲述人：董某贵；访谈人：李向振；访谈时间：2012 年 2 月 1 日；访谈地点：GY 村董某贵家中。

④ 在访谈中，其他"三户"的"社首"都表示其在元宵节期间组织村民准备节目是"围护"西大社的"捉黄鬼"。刘王户社首刘某才说："'捉黄鬼'活动是演给神看的，我们的节目是演给人看的，要是没有我们的节目，人们来观看的少，神不就不高兴了嘛，所以我们的节目是围护的，没有我们不行。"讲述人：刘某才；访谈人访谈时间：2012 年 2 月 4 日；访谈地点：GY 村刘某才家中。

戏”[1]、“社戏”表演；二是被称为“捉黄鬼”仪式。[2]

（一）“脸戏”“社戏”

“脸戏”演员因大都带有“脸器”（面具）[3] 而得名。“脸戏”演出主要在神棚、戏台进行。“脸戏”表演的时候，演员在台上以肢体动作表演为主，很少言语，旁边有“掌竹”角色，负责向观众介绍上演剧目的人物、故事情节等。掌竹的念白以第三人称为主，表演以半吟半唱，唱词以七字句为主，间有五字句和四字句，一般都押韵。无论在“脸戏”表演还是在“捉黄鬼”展演中，掌竹都是一个十分重要的角色，用当地人的话来说，“掌竹就是一个节目主持人”。目前该村演出“脸戏”剧目主要有《岑彭马武夺状元》《大头和尚戏柳翠》《吊黑虎》《吊绿脸小鬼》《吊四值》《吊四尉》《吊掠马》《点鬼兵》《吊八仙》《祭鹿台》等，这些剧目大都是表演鬼神题材，人物设置较为简单。

在过去，该村村民在排演“脸戏”之外，还有被称为“大戏”的“社戏”。所谓“大戏”就是情节内容都比较复杂，演员在戏台上不仅要有表演，而且有念白唱腔，这些“大戏”以历史故事较多，并且人物设置上已经出现“忠奸善恶”等二元对立的角色，经常上演的剧目有《讨荆州》《长坂坡》《封官拜帅》《巴州虎牢关》等。近些年来，随着该村外出打工的村民越来越多，其参与表演的闲暇时间越来越少，排演需要耗费更多时间的“大戏”已经不再上演。

（二）“捉黄鬼”仪式的展演过程

狭义的“捉黄鬼”仪式主要是农历正月十四到正月十五两天的活动。该仪式的主要参演角色包括大鬼、二鬼、跳鬼和黄鬼，其中大鬼、二鬼和跳鬼代表“善良的鬼”，“黄鬼”代表恶鬼，是被捉的对象。除此之外，还有阎王、曹判官与白眉三郎、绿脸小鬼、五通、四值等“脸戏”角色。

① 因“面具”在当地被称为“脸器”，所以本村人称戴着面具表演的曲艺为“脸戏”，在GY村还有村民因该戏是随着其他演出队伍而演出的，因此称为“队戏”。

② 需要提及的是，虽然从结构上看展演过程可以分为两个部分，但二者在具体表演时从时间上和空间上基本是同时进行，并没有明显的界限。

③ 本村的“脸器”制作与保护，亦是父子传承相传。材质是纸浆糊，包括土地、城隍、大头和尚、柳翠、五通、四值等共23枚。原来长期归社首丁某科家管理，现在存放在社首李某旺家中。

其中，由于"黄鬼"角色是恶鬼形象，村民认为出演该角色对本人和家庭不利，所以本村没人愿意出演该角色，该角色一般都是从外地雇人。

农历正月十四上午，举行"请神"仪式。在"社首"带领下，全体参与人员将位于北边龙王庙（现已不存，仅留遗址）的龙王和位于村南南庙的白眉三郎及其他诸神请至村中"仙殿"①，相当于邀请这些神祇前来观看本村"捉黄鬼"演出。

下午的活动被称为"亮脑子"，相当于彩排，全村（包括其他"三户"村民）所有参演人员都装扮起来，穿上戏装。从村西头开始，按照出演的顺序依次排好，作为"围护"的东王户、南王户、刘庄户三个社的节目在前面，西大社参演人员紧随其后，以西卷棚作为起点，整个队伍沿着前街由东向西行至村中的旱池沿子转一圈再回到村西头。下午四点半左右结束，戏台上开始表演"脸戏"。

吃过晚饭，天黑之后，扮演"黄鬼"的人跟随"大鬼""二鬼"和"跳鬼"等村内演员，来到村南边空场上，进行学习和排练。同时，社首还要把"玉皇大帝"请到前两天搭建的玉皇神棚里来。午夜，开始"找街儿"和"跑庄子"。"找街儿"，相当于清扫场地，由两位骑着马（该村骑的是骡子，但被称为马）的"探子"手持柳木棍在村内主要巷道来回巡查三遍，确保扫除邪秽。"跑庄子"是指本村人如有年节前新盖的房屋，便邀请大鬼、二鬼及跳鬼前往该房除邪去秽的活动。在这两项活动开始后，演员们开始化妆。化妆完毕，开始"摆道子"，主要表演的是"黄鬼"被抓以及在大鬼、二鬼和跳鬼等押解下前往阎王台受审的场景。与此同时，村西边场地上临时搭建的玉皇棚前表演"脸戏"《吊四值》《吊四尉》等。

正月十五正午，"黄鬼"被押至曹判官台，接受预审。审过之后，交给阎王，阎王历数"黄鬼"罪状之后宣判："绑到南台，抽肠剥皮!"接到命令的鬼差，将"黄鬼"押解到阎王台正对着的南台"抽肠剥皮"。此时整个活动达到高潮。"黄鬼"被押解到南台上时，负责"焰瓶"的村民早已将烟雾放出，整个仪式立即进入一种神圣状态，在烟雾中，鬼差将

① 仙殿，是村中一座年久失修的庙，具体年代已不可考，据村民介绍该庙在清朝时期曾经作为审讯的场所，不过没有文字记载。

“黄鬼”的“肠子”和“皮”[①] 抛向空中，整个人群发出一阵欢呼，同时“黄鬼”从台子中间预留的缝隙中下去，在台子里面卸去妆，穿上衣服，离开人群。“抽肠剥皮”之后，鬼差从台子上下来，向阎王禀报行刑完毕，众人散去。“捉黄鬼”仪式至此展演完毕。接下来是“脸戏”表演和其他“三户”村民准备的节目展演。农历正月十六，送神，祭祀虫蝻王、龙王，据说过去还有“过厨”[②] 仪式，现已不存。至此，整个“捉黄鬼”活动正式结束。

三 从“社首”到“传承人”：组织者身份的变化

在 GY 村各种有关村落集体传统节庆、仪式、酬神祭祀等集体性事务都是由“社首”担任组织者。在村落举办这些活动时，社首具有极大的权威。某种意义上说，在 GY 村社首不仅是村落集体性事务的组织者，更是一种身份和荣誉的象征，是一个家族在村落中社会地位的体现。该村“一社三户”都有自己的社首，稍有不同的是，其他“三户”因其所主办的村落集体活动较少而各有一位社首。西大社因其人口较多，且举办的村落集体活动较多（除了举办“捉黄鬼”活动以外，还负责举办四月十五庙会，以及村落其他神祇的祭祀活动等），所以社首有数十位之多。

西大社集体活动的内部组织结构，主要依循旧制各姓按比例形成社首户，共 25 户，每年轮值社首是 5 户，主要负责全年祭祀活动及其他集体性仪式活动。在所有的社首中，有一位总负责人，称为“大社首”，如果大社首家族无继，则从当年轮值社首中选出；在社首户因某种原因自然不存在或社首户主动要求退出时，经由村民推选形成新的社首户，另外根据需要，社首户会随着人口增加而得以增补。西大社现有社首 30 名，其中 5 名是 2012 年新加入的。这些社首户，都遵从父终子及的替补传承制度。

---

① 为了达到逼真的效果，“肠子”和“皮”都是事先准备好的鸡肠子和鸡皮。

② 所谓“过厨”，其实就是组织者之间交接班仪式。在“捉黄鬼”活动结束后，社首召开集体会议，轮值社首需要进行替换，同时总结该年度活动的情况，并对下次举办进行初步部署等。

在"捉黄鬼"活动中，社首负责协调整个活动有序进行，并及时处理出现的各种问题。整个"捉黄鬼"活动的组织结构基本遵从轮值社首对大社首负责，普通社首对轮值社首负责，而其他参演人员听从普通社首指挥的原则。这样，"捉黄鬼"活动虽然烦琐，规模巨大，但每次举办都会有条不紊，顺利进行。

据村民介绍，传承人称号的认定，几乎都是基层政府和村委会主导的，很少有其他参演村民参与。某参与演出的村民对此颇为不满：

> 你说这传承人称号，是不是应该开个村民大会，投票选举，凭什么某某当选，凭什么某某当选不了。咱是老百姓，哪能了解那个，都是县里和村里（村委会）弄的，反正咱也当选不了，也管不着那个。大不了，我不参与了，不就完了，是不是，噢，演出的时候想起我们来了，评奖评称号的时候，咋想不起来呢。①

这表明在最开始认定传承人时，就存在官方认定与村民认同之间的不一致的情况。在官方认定的干预下，原有的组织结构出现了某些定型化特征，即大社首成为国家级传承人固定不变，四位成为省级传承人的当年轮值社首也自动变成常年轮值社首，其他社首则被固定在了普通社首的位置上，不能得到轮值。这引起了普通社首的强烈不满：从组织结构上来看，大社首被评为国家级传承人是没有问题的，因为大社首只有一人，且是祖辈传承的；而被评为省级传承人的轮值社首则更多的是"凭运气"，所以其他普通社首对此颇有微词。② 这些抱怨一定程度上影响了省级传承人和普通社首个人之间的关系。在我调查中，听说过这样的事件，某普通社首一次喝了酒，提起省级传承人时说，某某凭什么当选，而这话又传到了某某耳朵里，二人为此闹起了别扭，至今都不说话。

---

① 讲述人：某村民；访谈人：李向振；访谈时间：2012 年 4 月 8 日；访谈地点：GY 村村中。

② 在访谈中，有一位丁姓社首，对我抱怨："我家是祖传的管理脸器的，要是没有我，这个活动就举办不起来，可是我没当选传承人，为啥，因为我当时不是轮值社首，你看看现在这传承人，有的都是不太关键的小角色，唉，有什么办法，人家运气好。"讲述人：丁某华；访谈人：李向振；访谈时间：2012 年 2 月 6 日；访谈地点：GY 村丁某华家中。

从“社首”到“传承人”的转变，“捉黄鬼”组织者不仅经历了身份的变化，同时还影响到原有组织结构和人际关系的稳定。“传承人”认定和保护制度的介入，一定程度上造成了原有社首逐级负责体系的失衡。这种失衡又进一步影响到原有社首的组织权威，从而间接对该“非遗”项目的保护与传承造成了消极影响。

四 集体性“非遗”项目传承人的尴尬

上文已经述及“非遗”运动给该活动组织结构和人际关系带来的影响。接下来本文将考察“传承人”认定前后该活动的“大社首”与其他社首及参演村民之间的关系变化及其内在原因。

（一）“我们传承人成了光杆司令了”

在田野调查中，我发现在“大社首”成为传承人之后，村民们（包括其他未能入选传承人的社首）对其态度出现明显转变①，在他们看来“捉黄鬼”活动入选“非遗”名录，意味着其已经变成了可以获得收入的文化资源②，而该资源所衍生出的收益应该归全村所有，但实际上“非遗”传承人并未就所获收益在村内进行分配。

“他是传承人，他拿着国家的钱，又没分给我们，让他自己干去吧，我们不干了。”这是我在田野调查中，听到的最常见的抱怨。在村民看来，李某旺作为国家级非物质文化遗产传承人，肯定从国家那里得到了

① 吊诡的是，在与村民聊天过程中，他们并未对其他四个省级“非遗”传承人作评价，仿佛他们的怨气全部指向了国家级“非遗”传承人李某旺。而其他四位传承人，对李某旺并没有太过负面的评价，他们之间也没因为“国家级”和“省级”产生过多的分歧。其中省级传承人刘某计对我说，“某旺被评上国家级传承人以后，受到了很大的不公，我知道他没得到钱，但我说也没用，村民们坚持认为他得到了，我也没办法，还有其他那三个，也是这样的看法，我们现在就是想，别让老祖宗的东西失传了，可是光我们五个人也办不成，现在越来越多的人开始怀疑，也表示不再参加了，很麻烦”。讲述人：刘某计；访谈人：李向振；访谈时间：2012 年 4 月 8 日；访谈地点：GY 村刘某计家中。

② 关于“遗产”向“文化资源”的转变问题，方李莉在多篇文章曾有探讨，如方李莉：《从遗产到资源：西部人文资源研究》，《开放时代》2005 年第 5 期；方李莉：《从“遗产到资源”的理论阐释——以费孝通“人文资源”思想研究为起点》，《江西社会科学》2010 年第 10 期等。

资金支持，而“捉黄鬼”活动本应是西大社全体村民的文化资源，所得资金也应该大家都有份，但是李某旺并没有给大家分钱。[①] 然而事实是，虽然新出台的“非遗法”有明确规定：“县级以上人民政府文化主管部门根据需要……提供必要的经费资助其开展授徒、传艺、交流等活动”[②]，但在具体实践中，传承人并没有得到太多支持资金。对此，李某旺无奈地说：

> 哪有什么钱啊，开始申报的时候，上边说，要是申报成功，有资金支持。现在都被评上了好几年了，啥钱也没见着。问题是现在人们都能上网了，看到有文件说，传承人有资金支持，他们就以为我们（GY 村的几个传承人）也得了钱了，说我们把钱黑了。都不愿意参加“捉黄鬼”活动了，其实我们根本就没得钱，我是冤大头。你看看，村民们没人支持我们，我们几个现在都快成了光杆司令了。[③]

除了支持资金问题以外，还有村民和社首反映，本来 2011 年应该举行“捉黄鬼”活动，因为“脸器”（面具）被“传承人”卖了，所以没有举办成功。虽然后来人们得知“脸器”是被原文化部借去到澳门展览，但他们仍然认为李某旺从中“吃了黑钱儿”。

> 按说我们村的“捉黄鬼”是三年一办，一办三年，2008 年办了，所以 2011 年就该办，为啥没办呢？听说他（李某旺）把我们村的“脸器”给卖了，弄得我们没有脸器，没有脸器怎么演？后来又听说，是让文化部借走了，过了年给送回来了。有人说，他吃了黑钱

---

① 需要稍微介绍一下，“捉黄鬼”活动的经费来源主要分为两部分：一部分经费是村委会给予部分资助，另一部分经费是村民个人捐助。由于过去村民认为该活动是村落集体活动，所以虽然不是很积极，但大都会捐上一部分钱，用作经费支出。“非遗”及“传承人”落实之后，村民们认为该活动已经成为“传承人”个人的事情了，所以现在很少个人捐款。

② 参见《中华人民共和国非物质文化遗产法》，第 30 条第 2 款，2011 年。

③ 讲述人：李某旺；访谈人：李向振；访谈时间：2012 年 4 月 10 日；访谈地点：GY 村李某旺家中。

儿了。[①]

据我了解，当时原文化部并没有给予李某旺个人资金，但对于此，身为“传承人”的他百口莫辩。其他参演的村民则抱怨，“俺们太傻了，辛辛苦苦地表演，好处全让他得去了，以后不参加了”[②]，“不参与了，他是传承人，让他自己干吧，我来年不参与了”[③]。这些抱怨看起来像是对作为传承人李某旺的不满，实际上村民对官方“传承人”认定和保护制度的不认可与质疑。由于“捉黄鬼”活动比较烦琐，个人很难将各个细节记忆周全，所以该村村民从祖上就开始实行“父子”相传的传承制度，许多仪式和演员角色都有各自负责的会首和村民，如果有会首和村民退出该演出，就意味着许多节目无法上演，一些关键仪式也可能会缺失，更严重的有可能造成该活动停办。由此失衡的组织结构与紧张的人际关系直接影响了“捉黄鬼”活动的进一步保护与传承。

（二）组织者人际关系紧张的内在原因

像GY村“捉黄鬼”活动这样的大型村落集体活动，其能否有序顺利地进行，很大程度上取决于其背后组织结构稳固与否与组织者组织权威强大与否。上文已经分析，“传承人”认定与保护制度介入以后，活动的组织者身份发生了变化，其组织权威甚至社区权威都遭到了质疑，这无疑会影响到以后“捉黄鬼”活动的顺利进行。

首先是组织者组织权威的转换。“组织权威”的概念最早来自德国学者马克斯·韦伯，他在研究“人们什么时候服从，为什么服从，这种支

---

① 讲述人：马某乐；访谈人：李向振；访谈时间：2012年4月8日；访谈地点：GY村村中。

② 讲述人：某村民；访谈人：李向振；访谈时间：2012年4月9日；访谈地点：GY村村中。

③ 讲述人：某村民；访谈人：李向振；访谈时间：2012年4月9日；访谈地点：GY村村中。2013年元宵节期间，虽然一部分声称不再参与“捉黄鬼”活动的村民，仍然参与了该活动，但他们的抱怨丝毫没减少，而且有一位比较关键的会首没有参加，以致有些活动没有展演，即使参演的村民也表示，由于该村“捉黄鬼”是一办就办三年，而2013年是这个周期的第三年举办，有些参与者表示下一个举办周期将不再参演。

配权有什么内在的理据和外在的手段？”① 等问题时，根据支配者获取权威的方式和具体表现形式，将其区分为三个类型：传统型权威、超凡魅力型权威和法理型权威。虽然韦伯自己也承认其对“权威类型”的划分是比较理想的，“在现实中，当然很难找到这些正当性的纯粹类型”②。但这种类型划分对于我们理解当前问题有很大的借鉴意义。我认为，组织者由“大社首”到“传承人”的身份转变，从内在来说，是其“权威类型”发生转变的过程，即从“传统型权威”逐渐转变成“法理型权威”。从属性上来看，“传统型权威”是非常个人化的，人们在遵守该类型权威时，所主要考虑的是对组织者个体的忠诚；而“法理型权威”则是制度化的，人们遵守该类型权威实际上是对该权威背后的法律、制度的忠诚。传统的集体性村落仪式活动组织者的权威大都来自村落社区内部，尤其像“捉黄鬼”这样的活动，其组织者“社首”的权威来自祖辈传承以及村民认可，这样的权威因其来自历史传承而具有了习惯的力量，村民们遵循这样的权威也是基于习惯性认同。而“非遗”传承人认定和保护制度的介入，使得原有权威来源发生变化：从村落内部传统的习惯力量变成官方法律、制度等外来因素，而在具体实践中，这些外来因素因为村民不认同并没有强化活动组织者的权威，相反却因此使得组织者原有的传统型权威遭到质疑。

其次是参与村民的认知和感受的变化。可以说，“非遗”及传承人认定前后，参与者（包括部分未成为传承人的组织者）的构成并没有发生变化，而且“捉黄鬼”活动本身也没有发生实质变化，但他们对于该活动的认知和感受发生了变化。在“非遗”之前，村民认为“捉黄鬼”活动是村落集体活动，主要是为了酬谢本村保护神“白眉三郎”，基于对“白眉三郎”的敬畏，这些人在参与或组织活动时，基本认同自己的所作所为都是为集体出力。一般来说，在村落集体事务中，村民个体的表现能够影响到集体对其的整体评价，这种集体的力量往往使得村民个体在

---

① 参见［德］马克斯·韦伯《学术与政治：韦伯的两篇演说》，冯克利译，生活·读书·新知三联书店 1999 年版，第 56 页。

② 参见［德］马克斯·韦伯《学术与政治：韦伯的两篇演说》，冯克利译，生活·读书·新知三联书店 1999 年版，第 56 页。

对待集体事务时容易不计较个人得失。但“非遗”及传承人认定之后，在村民看来“捉黄鬼”活动变成了可以获取世俗收益的文化资源，而“传承人”成为该文化资源的实际拥有者，由此，本来属于村落集体性事务的“捉黄鬼”变成了传承人的个体性事务，村民从自觉自愿的参与者变成了需要邀请甚至雇佣的旁观者，这使得村民与传承人之间的关系从根本上发生了变化。通过以上两点分析，我们就不难理解为何“非遗”及传承人认定制度的介入会造成原有组织结构的破坏和人际关系的失衡了。

由于该村“捉黄鬼”活动是一场全村落参加的集体性仪式，而遵循祖制几乎每个参演角色都是家庭内父子相承的传承方式，所以每个参演角色都不可或缺，尤其是一些关键角色（比如“大鬼”“二鬼”“跳鬼”等角色）的缺场，将有可能造成整个仪式活动的不完整甚至息办，所以在这场活动中，作为组织者的“大社首”的身份转变造成的人际关系紧张，某种程度上将影响到该活动的保护、传承与展演。

五 小结与思考

“非遗”及传承人认定与保护制度的介入，影响了该活动的原有的组织结构，一定程度上造成了组织者之间、组织者与参与人员之间关系的紧张。通过分析，我发现，“非遗”及传承人认定和保护制度的介入，打破了该活动的原有平衡，其内在原因是组织者从“社首”到“传承人”的身份转变，一定程度上导致其组织权威从“传统型”向“法理型”转变，而对于后者村民并不认同，所以传承人在具体实践中，遭遇到权威被质疑的“尴尬”局面。换言之，造成这种“尴尬”最重要的原因就是官方认定与村民认同之间的不一致。然而这并不是“非遗”传承人认定和保护制度本身出现了问题，而是在具体实践中，因为忽视了像“捉黄鬼”活动一样的集体参与性特征比较突出的“非遗”项目的具体属性，而认定其主要组织者为个人性传承人，这实际上以外力的形式打破了原本平衡的内部组织结构。

对于“非遗”传承人认定与保护，《中华人民共和国非物质文化遗产法》规定：“国务院文化主管部门和省、自治区、直辖市人民政府文化主管部门对本级人民政府批准公布的非物质文化遗产代表性项目，可以认定代表性传承人。非物质文化遗产代表性项目的代表性传承人应当符合下列条件：（一）熟练掌握其传承的非物质文化遗产；（二）在特定领域内具有代表性，并在一定区域内具有较大影响；（三）积极开展传承活动。"[①] 笔者认为，根据"非遗"项目的属性划分，其传承人也应该包括个人（自然人）和集体（组织）。由于上述法规并未就"传承人"的属性进行区分，所以在实践过程中，"传承人"仅从个人角度来界定，从而造成本文分析的诸多问题。鉴于此，在实践中，我们不妨设置"集体传承人"认定与保护制度。

所谓集体传承人，其实是一个集体组织，是指在有些集体性比较强的"非遗"项目（比如村落集体性仪式、社火、花会表演、花儿会、节日庆典等）中，各参与主体除了具体分工不同之外，对于该"非遗"项目的保护与传承，发挥不可或缺的作用，在这种情况下，整个参与的集体组织就可以看作一个传承人。在这种制度框架中，我们不妨让参与集体进行投票选出负责人或实行负责人任期制，等等，这样就有可能在保证组织结构的内部平衡和人际关系的稳定基础上，最终有利于"非遗"的保护与传承。

① 参见《中华人民共和国非物质文化遗产法》，第29条，2011年。

非物质文化遗产保护与当代乡村社区发展

——以鲁中地区“惠民泥塑”“昌邑烧大牛”为实例*

张士闪**

摘　要：非物质文化遗产保护是当今世界性的热点话题之一。在传统社会向现代社会、后现代社会发展的全球性趋势下，关注基层社区文化的价值和传承，采取积极行动促进其保护、传承与发展，不仅能使地方民众受益，同时也有助于促进人类文化多样性，并使地方文化资源转化为普惠全人类的共有文化财富。非物质文化遗产保护的“东亚经验”，以及中国10年来的相关保护工作，特别是鲁中地区保护两项非物质文化遗产的社区实践表明：当代非物质文化遗产保护的前景在于融入乡村社区的可持续发展；非物质文化遗产的保护，与国家基层社会治理是一种互益互补的关系；顺应当代城镇化急速发展的社会态势，在乡村社区，特别是城乡接合部社区，促进“城乡民俗连续体”的合理重构意义重大。

关键词：非物质文化遗产保护；当代乡村；社区发展

---

* 原文刊于《思想战线》2017年第1期。基金项目：中国艺术研究院项目“非物质文化遗产保护与鲁中社区发展”（项目号：CRIHAP20150X），国家社会科学基金艺术学项目“新时期乡民艺术发展与公共社会建设”（项目号：11BG075），并受到山东省“齐鲁文化英才”项目资助。

致谢：在本文的写作过程中，曾与中国传媒大学耿波副教授有过多次讨论，并得到了中国社会科学院巴莫曲布嫫研究员的指点，均受益匪浅，在此一并感谢！

** 张士闪，山东大学儒学高等研究院教授。

一 非物质文化遗产保护与乡村社区发展研究的“东亚经验”及借鉴意义

在联合国教科文组织《保护非物质文化遗产公约》（以下简称“公约”）的修订过程中，“社区”是逐渐凸显的关键词之一，尊重社区和社区参与甚至被视为实施保护非物质文化遗产工作的基本前提和立足基石。巴莫曲布嫫注意到：

> “社区”则是2003年《公约》中最具反思性张力的一个术语，尊重社区和社区参与更是实施保护非物质文化遗产“各种措施”的基本前提。《公约》共10处述及“社区”二字，并在第一、第二、第十一、第十四及第十五条中做出相应规定，强调“缔约国在开展保护非物质文化遗产活动时，应努力确保创造、延续和传承这种遗产的社区、群体，有时是个人的最大限度的参与，并吸收他们积极地参与有关的管理”。第十三条则将接触社区“非遗”须遵循的伦理原则，集中表述为“确保对非物质文化遗产的享用，同时对享用这种遗产的特殊方面的习俗做法予以尊重”。《操作指南》则多达61处述及“社区”二字，对社区全面参与“非遗”保护做出了更为细致的规定，尤其是在“非遗”的商业利用问题上重申要以社区的诉求和利益为导向，并以“5个不得”系统归纳了“非遗”保护的伦理原则……丢掉“社区”就等于丢掉了《公约》立足的基石。①

这也就是说，与非物质文化遗产保护（以下或称“非遗保护”）最

---

① 巴莫曲布嫫：《从语词层面理解非物质文化遗产——基于〈公约〉“两个中文本”的分析》，《民族艺术》2015年第6期。此外，在联合国教科文组织保护非物质文化遗产政府间委员会（IGC）第十届常会2015年11月30日至12月4日通过的《保护非物质文化遗产伦理原则》（Ethical Principles for Safeguarding Intangible Cultural Heritage）中，“社区”一词在“12项伦理原则”中的10项里出现，确认社区、群体和个人在保护非物质文化遗产中的地位，特别强调社区在非物质文化遗产的保护和管理中的中心作用。参见UNESCO《联合国教科文组织：〈保护非物质文化遗产伦理原则〉》，巴莫曲布嫫、张玲译，《民族文学研究》2016年第3期。

密切的相关利益方，应该是遗产项目的所在社区，非遗保护工作首先应该服务于所在社区的发展。这一点是联合国教科文组织在非遗保护实践中逐渐明确，并借助《公约》的起草和出台予以确认的。在进一步的解读中，我们不难发现，《公约》的两个基本面向：其一，在价值观导向层面，强调保护社区传统与尊重社区民众主体的绝对优先性；其二，在工作理念层面，强调优先保障社区民众的文化权利与社区文化的发展权利，在此基础上，再考虑促进这一地方文化资源向惠及人类社会的“公共文化”的转化利用。[①] 在与非遗保护相关的社会实践与学术研究中，实际情形如何呢？下面我们将聚焦于“非遗保护与社区发展”领域，一探究竟。

纵观国内外与“非遗保护与社区发展”相关的学术研究，大致以东亚地区最为活跃，且与政府行政密切关联。东亚学界的研究，又可粗略分为两种类型：一种是以日本学者的研究和相关实践为代表。日本民俗学者除了密切参与国家和地方政府主导的文化保护政策的过程之外[②]，注意借鉴柳田国男《乡土生活研究法》中的民俗资料分类体系，配合日本政府对于“无形文化财”“民俗文化财”的保护政策，探讨地域或基层社区（山村、渔村及偏僻城镇）如何“活用”非物质文化遗产以达到振兴

---

① 如在联合国教科文组织的《保护非物质文化遗产伦理原则》文件中，有“八、非物质文化遗产的动态性和活态性应始终受到尊重。本真性和排外性不应构成保护非物质文化遗产的问题和障碍”“十二、保护非物质文化遗产是人类的共同利益，因而应通过双边、次区域、区域和国际层面的各方之间的合作而开展；然而，绝不应使社区、群体和个人疏离其自身的非物质文化遗产”等明确表述。UNESCO：《联合国教科文组织：〈保护非物质文化遗产伦理原则〉》，巴莫曲布嫫、张玲译，《民族文学研究》2016 年第 3 期。

② 早在在 1952 年，日本文化财保护委员会就设立民俗资料主管人员，吸纳民俗学者宫本馨太郎、祝宫静进入行政部门担任专职，直接参与政策制定和行政策划工作。1953 年在文化财专门委员会内特别设置“民俗资料部会”，邀集柳田国男、涩沢敬三、折口信夫等杰出民俗学者进入。此后又有多位民俗学者参与了日本的民俗文化保护政策的讨论修订，发挥了重要作用。“到现在为止，有很多的日本民俗学者与国家的文化政策发生着复杂的关系。而这种联系并不仅仅限于以上论述过的国家级别的民俗文化保护政策，在各种各样的层面上的政策以及行政事业当中，民俗学者一直以来都被动员进来而参与其间……在文化审议会等国家级的委员会中，还有在地方自治体的文化财委员会等机构中，也有很多民俗学者在参与。”［日］菅丰：《日本现代民俗学的“第三条路”——文化保护政策、民俗学主义及公共民俗学》，《民俗研究》2011 年第 2 期。

农村的实际经验[1]，并“通过民间的发展与实践来发现问题，这些被发现的问题经过自下而上的方式由地方向政府逐级反馈”[2]，同时又有一批学者具有强烈的学术批评精神，通过批评和反思政府文化保护政策，推进对于地域文化资源的合理性保护与活用实践。[3] 韩国和中国台湾、香港学界的研究旨趣和相关实践与日本相近，其中中国台湾学者的研究另有担当。[4] 另一种是中国大陆学界的研究，人数众多，成果丰赡，研究多元：

---

① 日本在文化遗产保护方面取得的成就，实际上与他们的田野调查先行和全面、扎实的学术研究积累是密不可分的。日本政府和日本学术界曾先后组织、实施了很多次全国规模的农村、山村及岛屿、渔村民俗调查，积累了大量可靠而又翔实的资料。现在，几乎所有的村、町（镇）、市、县，均有各自颇为详尽的地方史记录和民俗志报告出版或印行；此外，还有“民俗资料紧急调查”“民谣紧急调查”以及“无形文化财记录”等多种名目的学术调查活动。1950年政府颁布《文化财保护法》以后，全国范围内的“文化财调查”，更是产生了大量的《文化财调查报告书》，这些报告书通常是在把有形文化财、无形文化财和民俗文化财加以分类之后又编在一起的。所有这些调查及其成果的积累，为他们对文化遗产的认定、登录、保护及灵活应用等，创造了坚实的基础。详见周星、廖明君《非物质文化遗产保护的日本经验》，《民族艺术》2007年第1期。

② 李致伟：《通过日本百年非物质文化遗产保护历程探讨日本经验》，博士学位论文，中国艺术研究院，2014年，第148页。

③ 这类研究针对相关社会实践进行学术反思，试图对相关国家政策的制定实施施加影响，可以菅丰、岩本通弥为代表。如［日］菅丰《何谓非物质文化遗产的价值》（《文化遗产》2009年第2期）、《民间文化保护的学术思考——应该保护的民间文化究竟是什么?》（王恬编《守卫与弘扬》，大众文艺出版社2008年版）、《日本现代民俗学的“第三条路”——文化保护政策、民俗学主义及公共民俗学》（《民俗研究》2011年第2期），［日］岩本通弥《围绕民间信仰的文化遗产化的悖论——以日本的事例为中心》（2010）、《〈文化立国論〉の憂鬱》（《神奈川大学评论》42，2002）、《フォークロリズムと文化ナショナリズム—現代日本の文化政策と連続性の希求》（《日本民俗学》236，2003）、《ふるさと資源化と民俗学》（［日］岩本通弥编，吉川弘文馆，2007）等。此外，［日］才津裕美子著，西村真志叶编译的《民俗“文化遗产化”的理念及其实践——2003年至2005年日本民俗学界关于非物质文化遗产研究的综述》（《河南社会科学》2008年第2期）一文，梳理从2003年1月到2005年12月发表于《日本民俗学》的研究成果，重点关注对相关国家政策与社会实践问题予以批评和反思的多种学术观点。

④ 中国台湾学者的相关研究，不仅要因应本土城市化进程中乡村社会的衰弱，而且需要对政治意识形态的乱象予以清理。如对民俗文化“去污名化”的辩护。台湾社会对民俗文化性质的认知，自20世纪50年代以来，大致经历了从“封建迷信”到“民族传统”再到“民族文化瑰宝”的过程，并从1981年开始实施“民间传统技艺调查”项目、从1994年开始“社区总体营造”“社区营造”等项目。中国台湾学界研究，与上述社会背景密切相关。如吴密察《台湾行政中的非物质文化遗产》（廖迪生主编：《非物质文化遗产与东亚地方社会》，香港科技大学华南研究中心、香港文化博物馆2011年版）；曾旭正《台湾的社区营造》（远足文化事业股份有限公司2013年版）；张珣《非物质文化遗产：民间信仰的香火观念与进香仪式》（《民俗研究》2015年第6期）等。

或辨析非遗保护的学术概念与文化性质①，或梳理有关非遗保护的海外经验②，或着眼于本土实践的总结与反思③，或关注相关历史资源和民间智慧的挖掘与贯通④，不一而足。不过就总体倾向而言，虽有部分学者关注到国家非遗保护政策制定及其行政运作中的错位与工作实践中的纠结，但中国非遗研究的主流是以民俗学的政治性为前提，简单贴近国家政治的行政运作⑤，学术批判精神严重不足，在这一重大社会运动的声音微弱，学术贡献有限。

---

① 如：乌丙安：《非物质文化遗产保护中文化圈理论的应用》，《江西社会科学》2005 年第 1 期；刘锡诚：《非物质文化遗产的文化性质问题》，《西北民族研究》2005 年第 1 期；巴莫曲布嫫：《非物质文化遗产：从概念到实践》，《民族艺术》2008 年第 1 期；刘晓春：《非物质文化遗产的地方性与公共性》，《广西民族大学学报》2008 年第 3 期；宋俊华：《论非物质文化遗产的本生态与衍生态》，《民俗研究》2008 年第 4 期；麻国庆：《非物质文化遗产：文化的表达与文化的文法》，《学术研究》2011 年第 5 期；朝戈金：《非物质文化遗产：从学理到实践》，《西北民族大学学报》2015 年第 2 期。

② 如：周星：《非物质文化遗产的社区保护：国外的经验与中国的实践——文化遗产与“地域社会”》，《河南社会科学》2011 年第 3 期；杨正文主编《非物质文化遗产“东亚经验”研究》，民族出版社 2012 年版；潘鲁生：《非物质文化遗产资源转化的亚洲经验与范式建构》，《民俗研究》2014 年第 2 期。

③ 如：高丙中：《利用民族志方法书写非物质文化遗产——在作为知识生产的场所的村落关于写文化的对话》，《西北民族研究》2009 年第 3 期；黄永林：《非物质文化遗产保护语境下的新农村文化建设》，《文化遗产》2010 年第 2 期；刘德龙：《坚守与变通——关于非物质文化遗产生产性保护中的几个关系》，《民俗研究》2013 年第 1 期；朱以青：《基于民众日常生活需求的非物质文化遗产生产性保护》，《民俗研究》2013 年第 1 期；彭兆荣：《我国非物质文化遗产理论体系探索》，《贵州社会科学》2013 年第 4 期；耿波：《文化自觉与正当性确认：当代中国非遗保护的权益公正问题》，《思想战线》2014 年第 1 期；高丙中、赵萱：《文化自觉的技术路径：非物质文化遗产保护的中国意义》，《中南民族大学学报》2014 年第 3 期；方李莉：《论“非遗”传承与当代社会的多样性发展——以景德镇传统手工艺复兴为例》，《民族艺术》2015 年第 1 期。

④ 如：萧放：《非物质文化遗产核心概念阐释与地方文化传统的重建》，《民族艺术》2009 年第 1 期；高小康：《非物质文化遗产与乡土文化复兴》，《人文杂志》2010 年第 5 期；耿波：《“后申遗”时代的公共性发生与文化再生产》，《中南民族大学学报》2012 年第 1 期；彭兆荣：《“以生为业”：日常的神圣工作》，《民俗研究》2014 年第 4 期；张士闪：《眼光向下：新时期中国艺术学的“田野转向”——以艺术民俗学为核心的考察》，《民族艺术》2015 年第 1 期；耿波：《地方与遗产：非物质文化遗产的地方性与当代问题》，《民族艺术》2015 年第 3 期。

⑤ 笔者在此并非是要反对民俗学的政治性研究的必要性，而是批评那种将民俗研究简单贴近国家政治的做法，从而削弱了学术研究应有的独立品格。事实上，整体性的民俗研究是不能缺少对其政治性的研究的，民俗不仅有政治性，而且其政治性表现出多个维度，分别应对着全球化、民族国家、地方社区的不同语境而展开。基层社区的政治运作，是更广阔的多种政治运作的基础，因此对基层社区的政治运作是否被更强势的政治运作遮蔽，其主体权力是否获得充分尊重，其实是联合国教科文组织《保护非物质文化遗产公约》的精髓之一。

对于当下中国社会情境而言，经历了近现代以来持续进行的对民俗文化的“污名化”处理和改造实践以后，近年来，以地方民俗文化为资源的社区自治传统虽有一定复兴，并受到国家非遗保护制度的护佑，但在助益乡村社区发展方面依然受到诸多限制，特别是作为其重要组成部分的民间信仰，依然身份暧昧、“污名”难除。同时，市场经济的冲击余波未了，全球化、都市化的浪潮又叠加而来，当代乡村社会已经大面积地出现了“空心化”危机。目前中国正面临比经济转型更具挑战性的社会转型，亦蕴具难得的发展契机。就非遗保护工作而言，急需在借鉴“东亚经验”的同时，揆理度势，通过非遗保护在国家整体建设中的活用与拓展，使之融入乡村社区发展，为当代中国新农村建设提供助力，走出一条富有中国特色的非遗保护传承道路。

与当代中国巨大的社会现实需求相比，尽管国内学界已有比较丰赡的学术积累，并呈现出多学科参与、多向度探索的可喜态势，但多是宏观概论或微观个案式的探讨，真正具有大局观的、系统性的方法并未出现，基于案例总结的操作模式也尚未成型，因而资政能力与实践推广价值有限。与此同时，与非遗保护相关的认知误区仍有存在，需要清理，如对非物质文化遗产做“文化遗留物”的静态理解和对于民俗文化的“精华糟粕二分法”。两种观念虽各有所误，但都会导致对非物质文化遗产与社区关联的漠视甚或忽略，不能充分尊重非遗所属社区、群体和个人的意愿和权益。如何继承中国本土学术的“学以致用”传统，在国家与社会之间的良性互动框架中促进非遗保护工作的合理发展与有效运用，服务当代社会特别是作为非物质文化遗产核心承载地的乡村社会，仍有待于在对本土实践进行观察、总结与反思的基础上作进一步讨论。

二　从“抢救濒危遗产”到“融入社区发展”：中国非遗保护的理念转变

21世纪初的中国，原本在民间生活中传承的民俗，被国家政府有选择地赋予荣誉和资助，有差别地置于四级非遗保护框架之内。作为一项重大文化政策，它已经发生了深刻的现实作用，也必将具有深远的历史意义，这是确定无疑的。非遗保护制度启动伊始，采取了地区性的非遗项目与个体性的非遗传承人并重的方式，追求价值导向的稳健性、普查范围的广泛性与工作政绩的时效性，随着国家非遗名录审批、非遗传承人评选、国家级文化生态保护区试点确定等工作的持续推行，非遗保护逐渐呈现出政府、学者和民众合力推动的态势，作为一项社会运动声势渐壮。在这一过程中，“非物质文化遗产”作为一个新名词，在全社会经历了一个从陌生、怪异到习以为用的过程，而如何看待民俗文化以及怎样保护、应用等问题，也在一波又一波的大讨论中形成了更多的社会共识。有学者认为，“非物质文化遗产保护在中国确实正在造成社会变化的奇迹”①，此言不虚。笔者在追溯这一过程时注意到，我国非遗保护先后出现过“抢救性保护”“生产性保护”“整体性保护”等理念和方法，并持续引发讨论，大致代表了中国非遗保护的主流脉络。

在国家层面最初提出的“抢救性保护”，体现的是国家政治的急切诉求，并在2005年最终成为一项基本国策。此后，借助国家行政的推行，落实为非遗项目评审、非遗传承人评选等制度，特别是发动社会力量进行了非遗“普查”工作。而“生产性保护”②，则是各级政府在非遗普查工作宣告结束后，面对已有的非遗资源，试图“通过行政手段使之转化为实际生产力，达到经世致用的目的”③。随后展开的“生产性保护”实

① 非物质文化遗产保护在中国并不只是一个专门的项目，而是一场社会运动。它吸引了广泛的社会参与，改变了主流的思想，重新赋予长期被贬低的文化以积极的价值，改变了现代制度与草根文化的关系。详见高丙中《中国的非物质文化遗产保护与文化革命的终结》，《开放时代》2013年第5期。

② 关于非物质文化遗产“生产性保护”这一概念，最早出现在王文章主编的《非物质文化遗产概论》（文化艺术出版社2006年版）一书中。2009年文化部原副部长周和平在“非物质文化遗产生产性方式保护论坛”开幕式上，对这一概念作了如下界定：“它是指通过生产、流通、销售等方式，将非物质文化遗产及其资源转化为生产力和产品，产生经济效益，并促进相关产业发展，使非物质文化遗产在生产实践中得到积极有效的保护，实现非物质文化遗产保护与经济社会协调发展的良性互动。”

③ 施爱东：《中国现代民俗学检讨》，社会科学文献出版社2010年版，第194页。也有学者对此现象提出质疑：“国家提出了非遗保护，开始对民间，特别是经济欠发达而传统文化资源丰富的地区的文化遗产进行抢救性的保护。随之而来的一种倾向就是文化遗产被各级地方政府甚至包括遗产传承人和社区自身当作一种可以直接利用的资源，这使文化发生了另一种脱离常态的转变。在许多的此类工作中，有的地方政府的利益诉求非常明确，希望能拿文化换来实际的经济利益；对于文化的关注，很难以一种长远的价值判断来考虑，大部分是一种工具理念的直接利用，把文化资源直接资本化。”李松：《多民族地区村落文化保护与社会发展的思考——以贵州荔波水族村寨研究项目为例》，《民俗研究》2010年第3期。

践，率先指向民间手工艺类非遗项目，探索以创造经济效益的方式融入当代社会生活的途径。这一实践延续至 2015 年，原文化部重点推出非遗传承人群研修、研习、培训计划，旨在“架设传统工艺通向艺术、走进生活的桥梁”，这既反映了国家层面推进非遗工作的一贯性，又通过富有弹性的“三个理念”的强调，体现出新形势下强调与传统村落社区相结合的非遗生态保护新趋势。①

值得注意的是，“抢救性保护”“生产性保护”等理念和方法一经提出，随即成社会热点；相较而言，体现了当代学术群体诉求的“整体性保护”，却始终处于不温不火的状态，尽管学界的讨论也不乏热闹，但国家主导的相关实践却始终停留在试点层面。② 细究之，“整体性保护”与其说提出了一种解决方案，毋宁说是使一个真正需要提出的问题在公共话语层面被明确地提了出来：在一个经济强势发展的时代，文化保护与整体社会发展之间如何真正实现平衡？尤其是在国家非遗保护制度实施十年后的今天，城市化进程成为中国社会发展的大势所趋，建设富有良好生态与社会活力的乡村已不再仅仅是单纯的农村建设问题，而是关乎整个中国乃至世界发展的大问题。就此而言，“整体性保护”对于当下与未来的中国均具有重要意义，这是毋庸置疑的。但问题是“整体性保护”应该如何实施，怎样落地？笔者以为，在当今社会背景下，非遗保护的前景在于融入乡村社区发展，而不在于对地域面积庞巨的“文化生态保护区”的设立和建设。换言之，只有融入乡村社区发展的“物归原主”式的非遗保护，才是使非遗获得“整体性保护”的真正路径。

毋庸置疑，地域辽阔、人口众多的农村，是承载中国非物质文化遗

---

① 文化部原副部长项兆伦提出，在不断深入的非遗保护实践中，近年来特别强调了三个理念：一是在提高中保护的理念；二是非遗走进现代生活的理念；三是见人见物见生活的生态保护理念。参见《项兆伦在全国非物质文化遗产保护工作会议上的讲话》，中华人民共和国文化部网站，http：//www. mcprc. gov. cn/whzx/whyw/201601/t20160119_ 460360. html，2016 年 1 月 14 日。

② 按照国家“十二五”规划，2011 年至 2015 年应建设 20 个国家级文化生态保护区，实际批准设立了 18 个国家级文化生态保护区试点工程，并一直处于“试点”状态。据笔者所知，有的省区市批准设立了若干个省级、市级文化生态保护区，但基本上处于挂牌状态，并无实质性运作。

产的核心地；中国非遗保护工作的根本，是使原本就在乡村社区中存身的非物质文化遗产或更具广泛意义的民俗文化，获得传承与发展的更好条件。非物质文化遗产的持有权和使用权在于所属社区，“非遗”的主人是社区民众，国家非遗保护工作的服务对象首先就应是社区中的群体和个人，包括其文化发展自主权和以文化发展改善生存的权力，这是首先需要明确的。其次，随着现代化和城市化的迅猛发展，当前中国农村正处于快速转型的剧烈振荡期，非遗保护工作因之与调谐乡村社会秩序、接续乡村文明传统连接在一起。如果说，已有的中国新农村建设主要是从经济与政治的层面入手，那么非遗保护工作则应开辟一条以乡村文化传承助推社区发展、以社区发展葆育文化传统的新路径，探索如何通过社区民众的广泛而强有力的主体参与，消除乡村社会发展过程中的隐患和风险，弥补国家行政所可能存在的疏漏。就此而言，非遗保护之融入乡村社区发展，其实就是国家层面的新农村建设与非遗保护两项制度在乡村社会的对接与融合。毋庸置疑，我们在相关理念的厘清、相应原则的制定和具体社会工作实践层面，均可谓任重道远。

比如，我们在田野调查中经常看到，一些农家（牧民）书屋、文化大院等乡村公共文化设施，其整体利用率很低。与此同时，一些由乡村社区民众自发组织、在特定时间和空间里举行的公共仪式活动，依托村落的庙宇、祠堂或集市，热热闹闹年复一年地举行，显现出社区活力。前者以国家行政为依托，需要各级政府不断地提供资金来运行，后者则以地方传说或信仰等为神圣资本，通过民众自发捐款而流畅运转。同为满足一方水土的精神活动需求，二者之间形成了很大反差。通过进一步的调查，我们知道后者其实就代表了乡村社区的非遗传统。然而，即使获得了“非物质文化遗产”的称号，活动中与信仰有关的地方传说、灵验等，在公开场合依然是只可意会不可言传的禁忌，组织者会频繁强调他们的活动绝非“封建迷信”。这显示出我国自近现代以来对民俗文化持续进行的“封建迷信”的指认与改造实践，在当下乡村社区留下的消极影响，这在事实上已经影响到非遗传统与乡村社区的兼容，以及在乡村社区发展中的更大作为。

此外，我们从“非遗保护与乡村社区发展”的角度观察，就会发现，在此前相关工作中还有另外的疏漏。比如表演类非物质文化遗产活动的组织者，其作用往往是比较突出的，但因组织者本人主要承担活动的组织动员或幕后协调工作，并不一定登台亮相，故难以进入非遗传承人的认定体系。还有一类人员，并不直接参与乡村非遗活动，却因为能够熟练掌握和使用民间文献，熟知乡土礼仪，热心公益事务，在民间拥有出色的组织能力与运作智慧，在日常生活中积累了较高的社会声望，而在当地非遗活动中起到了组织灵魂或“幕后推手”的作用。我们没有理由忽视这类乡村精英在非遗保护中的重要价值，但原有的非遗传承人评审制度却容易对其积极性造成伤害。而更深层的原因是，我们已有的非遗保护工作在学术储备与调研预估方面存在严重欠缺，在制度设计时主要考虑的是行政运作之简便与政绩指标的易评估性，因而比较突出项目和传承人的层面，这在客观上造成了非遗传统的个人专享专有倾向，而忽略了社区整体权益。这对非遗传统的社区共享性会产生一定的消极影响，甚至会使得一些社区节庆类非遗活动趋于涣散或解体。如何使这类具有社区公共活动性质的非遗传统，借助国家的行政运作而在乡村社区中更具活力，在延续已有的社区共享传统的基础上，助推乡村社区的当代发展，就成为目前非遗保护的关键所在。

三　对鲁中地区两个非物质文化遗产社区实践个案的考察

乡村社会中的任何非物质文化遗产活动，都会面临经济运作与精神自洽的问题。经济运作，是指活动本身会有一定的财力损耗或经济交换行为，精心运作才会保证活动的可持续性。精神自洽，则是指参与活动会使人们获得一定的精神满足，这与所在社区对于该项活动的文化赋意有关。在乡村社区内部，大家都是非遗活动的“局内人”，对于非遗活动中的各种角色及程序、细节比较熟悉，并通过参与活动中的社会交往、情感交流，实现公共文化认同。在鲁中乡村地区传承的“惠民泥塑”“烧大牛”等非遗活动，都是在广泛的社区动员中完成经济运作与精神自洽，营造出热热闹闹的年节生活，但在社区公共性的建构方面又有差异。

河南张村与火把李村，是山东省滨州市惠民县皂户李乡的两个“对子村”，相距约6公里，一项国家级非物质文化遗产“惠民泥塑”即与两村有关。据民间口传，河南张村泥玩具制作已有300多年的历史，在当地卓有声名，所谓“河南张，朝南门，家家户户做泥人”；每年一度在二月二定期举办的火把李村庙会，不仅被本村村民视为“过第二遍年”，而且名闻遐迩，每每引动鲁冀豫三省十几个县市民众前来赶会。造型古朴的泥娃娃（俗称“扳不倒子”）是火把李庙会上最具影响的“吉祥物”，其影响之大，从河南张村俗称“娃娃张”、火把李村庙会俗称“娃娃会”即可想见。可以说，借助于二月二这一特殊节期，河南张村村民在火把李村庙会上集中销售自制的泥玩具，火把李村庙会则因为有了河南张村泥塑而享誉四方，两个村落之间的经济协作与文化分工由此形成，并在年复一年的延续中凝结为一种民俗传统。①

现在已很难弄清历史上“泥娃娃”与火把李村庙会的出现孰先孰后，不过我们可以设想一下当初“泥娃娃”进入火把李村庙会的“准入问题”。火把李村庙会的基础，是当地乡民在开春之前选购农具的市场，而“泥娃娃”却并非农具。那么，“泥娃娃”何以堂而皇之地出现在火把李村庙会上，而且成为众人热衷购买的对象呢？“泥娃娃”是凭借什么，立足于春耕大忙前的一个农具市场呢？要想解答这一问题，必须深入追溯当地相关的民俗观念与社区传统。

在中国北方地区，“拴娃娃”习俗可谓由来已久。人们常常在集市上将做工精巧、细腻逼真的泥娃娃“请”到家中，作为家庭添丁的信祝之物。“拴娃娃”之俗，就其民俗祈愿而言，表征着对家庭添丁进口的祝望，因此又产生了其对时间节点的规定，故一般会选择在自然万物的萌动、分蘖与收获时节，这就是“拴娃娃”习俗多行于初春、初夏与深秋的原因。在我国传统的时间制度中，一年四季始于春，而“二月二，龙抬头”之说，又寓示着“二月二”乃是典型的春信时刻。因此，“二月二，拴娃娃”的约定俗成并非偶然。二月二火把李村庙会，就其区域商集功能而言，是开春之际货卖春耕农具；“货卖农具”虽然是不折不扣的商贸行为，但因为与“一年之首”的神圣时刻杂糅在一起，这一商贸行

① 张士闪、邓霞：《当代民间工艺的语境认知与生态保护——以山东惠民河南张泥玩具为个案》，《山东社会科学》2010年第1期。

为便因之产生了所谓“一年之计在于春”的文化赋意。凭借“春首新生”的民俗意蕴，泥娃娃便与诸多农具一起拥有了相同的身份，共同表达了人们在新的一年里对物质生产与人的生产的良好祝愿。共处于庙与庙会的神圣时空之中，二者是买卖也是仪式，是人与人的交易，也是人与神的沟通，买卖行为发生的过程即是“春首新生”民俗意义的产生与民俗传统的再生产。经此民俗认同与生活实践，河南张村与火把李村之间的“对子村”关系得以固化，获得长久传承的动力。这其实就是非遗社区传承的一种活生生的形式。

不过，在国内非遗保护运动急剧升温的大背景下，虽然河南张村泥玩具以“惠民泥塑”的名义早在2006年便进入第一批省级非物质文化遗产名录、2008年进入“第一批国家级非物质文化遗产扩展项目名录”，但无论是在技艺传承还是在制作规模上，依然走向衰落，却是不争的事实。[①] 由上可知，作为一处完整的文化空间，河南张村泥玩具与火把李村庙会其实是难以分割的：泥玩具因庙会而显神圣，庙会因泥玩具而显温情，民间信仰则将二者联结在一起。以“惠民泥塑”的笼统名义而进行的非遗名录申请和申请成功后的具体保护工作，能在多大程度上有助于所属“对子村”（河南张村与火把李村）的社区发展与民生改善，效果可想而知。难以融入乡村社区发展的非物质文化遗产，其传承活力从何而来！

在鲁中昌邑市东永安村，则有一项被列入山东省省级非物质文化遗产项目——“孙膑崇拜”，当地俗称“烧大牛”。每年一进腊月，从村西孙膑庙“庙委会”人员就开始张罗活动。先是耗费相当的人力物力，用近一月的时间扎一头高约7米、长约13米的“独角大牛”，谓之“扎大牛”；然后在正月十四这天上午，抬着大牛在村落街道上巡游一番，谓之“游大牛”；中午时分，抬至孙膑庙（俗称“孙老爷庙”）西侧空地上，人们拥来挤去争相“摸大牛”，然后付之一炬，谓之“烧大牛”或“发大牛”。通过进一步的调查得知，类似“烧大牛”的活动在这一带普遍存

---

① 河南张泥玩具在2006年进入第一批山东省省级非遗名录，2011年入选第三批国家级非遗名录。根据我们的持续调查，2005年制作泥玩具的有近20户，2006年为10户，2007年、2008年均为9户，2009年为12户，2010年为6户，近年来保持在3户左右。

在，并非东永安村所独有。[①] 与现代理性经济逻辑形成巨大反差的是，这一带乡村为什么要劳民伤财，花大量的金钱财帛与精力去扎制“圣物”，然后一炬燎之？

在东永安村“烧大牛”的过程中，所产生的比钱财计较更重要的东西，是这一乡土社区的社会资源。“烧大年”仪式的首要特点，在于它场面大，全村参与，人人有份。尽管耗资不菲，却是村里的“大事儿”，是只有在过大年期间才会有的“耍景”[②]，为邻近十里八村所称羡；唯其是村里的“大事儿”，“烧大牛”才构成了村落社区的重要传统；唯其场面大，需要全村民众群策群力，因之产生了神圣、隆重的社区总动员。其次，全村村民合力举行、为邻近十里八村所围观的“烧大牛”活动，仪式意味极为浓厚。伴随“扎大牛”“游大牛”“摸大牛”“烧大牛”仪式程序的次第展开，形成了人群摩肩接踵争相观看的场面，现场气氛越来越昂扬。特别是在“烧大牛”这一万众期待的最后时刻到来之际，火光冲天，雾匝四野，是社区传统充分张扬、社区生活在仪式中得以净化的特殊时刻。而纵观整个活动的动员、运作与调控，与日常的村落政治之间有重合亦有疏离，其中就隐含着乡村社会资源的设计与展演，而这将对村内外的社会网络、经济关系与文化权力格局产生微妙的影响。

可以说，与“烧大牛”相关的仪式表演，作为当地村落社区中别具一格的“过大年”的方式，是民众对于社区生活的一种文化设置。“独角大牛”从开始扎制的那天起，就注定是要被烧掉的，以此作为与孙膑崇拜相关的信仰实践的完足，从而显示出地方性信仰传统的底色。但在每年一度的活动中，同时又伴随着乡民情感的尽情抒发，承担着凝聚人心的社会功能。在这里，非物质文化遗产的自洽性特征，与社区内

① 譬如东永安村东邻的远东庄，每年在正月十二观音庙会上要烧三台“花轿”；西邻的西永安村，每年正月十五要烧掉“花轿”三台献祭老母娘娘；相距5华里的渔埠村，每年正月十六举行祭祀孙膑的仪式活动，最后烧“牛”三头；同在东永安村，除了以吕家、丛家为主举行“烧大牛”仪式外，齐氏家族近年来会在正月初九这天烧掉一匹“大马”等。详见李海云《信仰与艺术：村落仪式中的公共性诉求及其实现——鲁中东永安村“烧大牛”活动考察》，《思想战线》2014年第5期。

② “大事儿”“耍景”，均为当地俗语。

在公共性诉求紧密联系在一起。这是非遗社区传承的又一个鲜活例子。

从上述两个个案中可以看出，作为一种与地方节庆密切相关的乡村传统，非遗活动对应着当地乡村社区的结构特性与一方民众的心理需求。如果认识不到这一点，非遗保护工作的效果将是非常有限的。与列入国家级非遗名录的河南张村泥玩具制销活动的走向衰微相比，昌邑市东永安村“孙膑崇拜”在2015年才进入省级非遗名录，却一直依托乡村社区的庙宇、庙会与年节传统之中，显现出良好的社区运作状态。[①] 笔者注意到，因为羡慕丛吕家族的“烧大牛”仪式的持续举办，村内齐氏家族也行动起来——从2005年起，他们以献祭玉皇大帝的名义，每年扎制一头红色高头大马，在正月初九中午隆重举行“烧大马”仪式，场面壮观。近年来，邻村村民也多有前来东永安村请教者，试图重建或创造本村的社区烧祭仪式传统。在这里，村落社区的公共性运作显现出强大活力。这一现象耐人寻味。

大量田野调查表明，借助非遗传统在产业开发中获得利益，固然是社区民众的广泛诉求，但借助非遗传统搭建社区交流的公共平台，亦为民众所普遍期望。如果不能顺循乡村社区发展的自然之道，不论国家支持的力度有多大，非遗保护都难以真正落地，甚至可能造成对社区非遗传统的破坏。我们还注意到，对当代非遗传承构成最大威胁的，不是非遗开发的产业化冲动，而是对包括民间信仰在内的相关非遗传统的偏见和误解，与由此引发的乡土社区公共价值观的紊乱。换言之，赔钱或是赚钱，在历史上并未影响到社区非遗活动传承的根本，而以判定落后、过时甚或贴上“封建迷信”标签为手段的粗暴干涉，则可能会动摇甚至消解非遗传统的社区根基。这是因为，对于社区非遗传统的“污名化”指认，打破了自古以来中国“礼”“俗”结合的社会传统，撕毁了国家政治与民间社会“礼”“俗”分治的神圣契约。在中国历史上，“正是建基于长期以来国家政治的礼俗一体化追求与民间社会的主流价值认同，以及全社会广泛参与的礼俗互动实践，中国才能够成为一个长期统一的社

---

① 2015年下半年，东永安村孙膑庙“庙委会”成功举行了换届改选工作，新当选者很快在村民中集资十几万元，在孙膑庙前修建台阶并立碑。

会，中华文明传统才得以源远流长，并不断焕发出生机活力”①。更何况，我国自20世纪80年代以来强势的经济单向度发展，已经使得民俗传统的神圣性与对于社区生活的自洽性日益弱化，并导致民俗文化在当代社会整体格局中的建构作用持续衰微。这一切都表明，让非遗传统真正回归民间，融入乡村社区发展，是非遗保护工作的关键。10年前周星曾有几句话语朴素的提醒，现在看来仍未过时：

> 无论我们把保护非物质文化遗产的口号喊得多么高调，也无论我们把非物质文化遗产的热潮鼓吹得多么热闹，最后都必须落实到它们所依托的社区，都必须是使它们在民众生活中得以延伸或维系……非物质文化遗产，通常是首选表现为地域性，是特定地域社会里的文化，固然它其中可能蕴含着超越地域、族群或国家的普世性价值，但归根到底，它是地域的，若是脱离了地域的基层社区，它就会变质，就会营养不良或干枯而死。②

结　语

非物质文化遗产保护是当今世界性的热点话题之一。在传统社会向现代社会、后现代社会发展的全球性趋势下，关注基层社区的文化和价值观，采取积极行动促进其文化遗产的保护、传承与发展，不仅使地方民众受益，同时也有助于促进人类文化多样性，并推动地方文化资源转化为普惠全人类的共有文化财富，这是20世纪下半叶以来，联合国教科文组织探索非遗保护并制定相关国际公约的初衷。综上所述，要想真正发挥非遗保护的社会效能，使“非遗保护与社区发展”这一命题在实践中落实，需要特别注意如下方面：

---

① 张士闪：《“礼俗互动”：当代国家正与民间缔结新契约》，《联合日报》2016年4月12日。笔者在另文中曾做过更具体的表述：“民间艺术中的礼俗互动态势，就其本质而言，既是民众向国家寻求文化认同并阐释自身生活，也体现为国家向民众提供认同符号与归属路径。”这虽是就民间艺术而言，但其实也适用于广泛意义上的非遗传统。参见张士闪《眼光向下：新时期中国艺术学的“田野转向”——以艺术民俗学为核心的考察》，《民族艺术》2015年第1期。

② 周星、廖明君：《非物质文化遗产保护的日本经验》，《民族艺术》2007年第1期。

非物质文化遗产保护的中国实践与经验*

安德明**

摘　要：非物质文化遗产保护在中国已发展为具有广泛影响的社会文化运动。它的迅速普及，植根于急剧工业化和全球化影响下不断增强的民族自觉意识，以及来自联合国教科文组织的激发和引领。自开展以来，这项文化运动的确为传统文化和人们的相关实践，带来了许多积极的影响。由于一系列与非遗保护相关的行为，以及国家、社区和研究者之间更加积极的合作，许多民间文化方面的内容，尤其是那些曾被打上“封建迷信”标签而严格禁止的民间信仰习俗，因被国家重新认定为“非物质文化遗产”项目而得到了更多的生存空间，其传承人与相关社区也因此获得了更高的地位。然而与此同时，诸多问题也随之涌现。其中，最主要的问题，是教科文组织理想化的理论与特定语境下的保护实践之间的矛盾。它不仅在不同国家之间，以及同一国家的不同地方之间造成了争夺传统文化所有权的竞争或冲突，也削弱甚至剥夺了普通人通过自己的文化来进行自我表达的权利。就此而言，非遗相关的社区、研究者和国家权力等，仍然有很长的路要走。

关键词：非物质文化遗产保护；中国实践；中国经验

“非物质文化遗产”这个概念，从最初引入中国到现在已经有 15 年的时间。在 2003 年联合国教科文组织（UNESCO）通过《保护非物质文

* 原文刊于《民间文化论坛》2017 年第 4 期。

** 安德明，中国社会科学院文学研究所研究员。

化遗产公约》之时，这个概念在中国还显得十分陌生，今天，它却变成了一个几乎家喻户晓的流行词。在实际生活中，可以看到，无论是企业、地方政府，还是个人或专业团体，都在试图借助“非物质文化遗产”来标称自己所拥有的某一项文化产品，以此来提高相关产品及其拥有者的地位或效益。这方面较突出的一个例子，是前几年当一款著名的凉茶饮料因配方问题受到质疑之后，凉茶相关方做出的反应：

> 随着卫生部“王老吉违规添加夏枯草”的一段声明，号称能降火的王老吉，自己火烧火燎起来。广东省食品行业协会会长张俊修说，“凉茶是国家级非物质文化遗产。广东省食品行业协会没能下大气力向社会传播凉茶文化的社会历史价值与养生健康价值，带来了一些不理解。但对于极个别不对非物质文化遗产实施保护的行为，我们将保留法律追索的权利。”①

“非物质文化遗产”（以下简称“非遗”）在当下中国引起的关注之广、其背后所包含的特殊价值之高，由此可见一斑。

一　民族文化主权意识的不断加强和来自 UNESCO 的影响——非遗保护运动在中国迅速普及的原因

在中国，非物质文化遗产保护工作的迅速兴起和普及，同民族文化主权意识的不断加强，以及来自 UNESCO 的持续影响有密不可分的关系。

20 世纪 70 年代末之后的 30 多年间，中国在经济、文化和社会生活的诸多方面，都发生了天翻地覆的变化。在经济腾飞、物质生活取得巨大进步的同时，受快速工业化和全球经济一体化的影响，传统文化不断遭受冲击、甚至濒临消亡的状况，也引起了人们越来越多的担忧，如何保护中国传统文化及相关思想观念的传承和延续，成为社会各界普遍关

① 《中国青年报》2009 年 5 月 13 日。

心的问题。而在这方面，知识分子起到了非常重要的作用。

在许多国家，知识分子对于社会文化的变迁往往会有更加敏感的意识和更为强烈的焦虑。由于他们掌握更大的话语权，在他们倡导之下，这种原本产生于知识分子特定群体的焦虑，会逐渐转变成全民族普遍关心的问题。以中国民俗学的发轫为例，众所周知，中国民俗学是在五四运动前夕由北京大学一批有远见的教授和学生所发起的歌谣征集运动推动下拉开序幕的。而发起这一运动的目的，既是为了从民间探索建设新文学、重构民族精神的丰厚资源，也是为了在不断推进的电气化、工业化所造成的传统生活文化剧烈变化的情势下，"抢救"和保存民间传统。① 事实上，这种因现代化而引发的忧虑、相应的行动及其目标，从近现代以来始终在知识分子当中保持着强大的影响，它在民间文化领域的另一个突出表现，就是20世纪80年代初期由中国民间文艺研究会（即现在的中国民间文艺家协会）发起，并在原文化部、国家民族事务委员会和中国文学艺术界联合会支持下启动的"民间文学三套集成"，以及在此基础上进一步拓展形成的"十部中国民族民间文艺集成志书"（简称"十套集成"）工作。开展这项工作的目的，既是为了在"文化大革命"刚刚结束之时重建中国文化传统，更是为了在"改革开放"的大背景下，"抢救"和保护那些因快速现代化而濒临消亡的民族民间传统。从实际来看，前后持续近30年、被誉为"文化长城"的"十套集成"工作，其本身在取得辉煌成就的同时，更是为后来非物质文化遗产保护工作在中国的顺利展开，奠定了扎实的观念基础，也培养了广泛的工作队伍。②

如果说民族文化主权意识的持续传承和不断增强，是使得非遗保护工作在中国全面展开的内在原因，那么，来自联合国教科文组织的相关政策和行动，则是重要的外在刺激因素。30多年来，UNESCO框架内陆续产生了一系列有关非遗保护的重要行动，并通过了诸多相关的法规或公约，为在世界范围内强调保护传统文化的迫切性与重要性，发挥了十

---

① 洪长泰：《到民间去——1918—1937的中国知识分子与民间文学运动》，董晓萍译，上海文艺出版社1993年版，第87—88页。

② 参见安德明、杨利慧《1960年代末以来的中国民俗学：成就、困境与挑战》，《民俗研究》2012年第5期。

分积极的引领作用。例如，被视为UNESCO非遗保护工作重要源头的、玻利维亚政府于1973年提出的有关在《世界版权公约》中增加民俗保护项目的议定书、UNESCO先后于1989年和2003年分别通过的《保护传统文化与民俗建议案》（Recommendation on the Safeguarding of Traditional Culture and Folklore）和《保护非物质文化遗产公约》，等等。

而引发这项工作的直接导火索，是这样一个事件：20世纪60年代末70年代初，美国著名歌星保罗·西蒙（Paul Simon）演唱的歌曲《雄鹰飞过》（El Condor Pasa）风靡世界，为演唱者带来了巨大的经济收益。[①] 实际上，西蒙这首歌是借用安第斯地区（包括玻利维亚、秘鲁等国）一首以民谣为基础创作的著名歌曲的旋律重新填词改编而成的。歌曲原先的内容，是为了纪念秘鲁自由战士Tupac Amaro，传说他在18世纪末期领导一场反抗西班牙殖民者的战斗时牺牲，死后变成了一只雄鹰，翱翔于安第斯山之上。西蒙重新填写的歌词，延续了安第斯地区人民对自由追求不息的精神，也充满了对当地人民反抗斗争的同情和赞扬，但他的歌曲获得成功之后，仍然引起了许多的争议。不少人认为，西蒙至少应该把一部分收益返还给歌曲的原产地，西蒙本人也因此陷入了一场版权纠纷案。[②] 正是在这样的背景下，玻利维亚向UNESCO提出了有关民俗保护的“议定书”，它的主要目的是反对国内外商业团体或个人对其民俗传统的不恰当使用[③]——这其实可以看作在文化间的交往互动不断加强、国际商业化活动日益加剧的形势下，在国际交流中相对处于弱势的民族为保护本民族文化的完整和相关权利而发出的一种倡议，其中既包含着民族文化意识的自觉，又包含着对传统文化产业化可能带来的巨大经济利益的诉求。[④] 而这种诉求，在今天不同国家和地区实施非遗保护的过程中都

---

① 西蒙演唱的这首歌，被收入他和加芬克尔（Art Garfunkel）共同灌制发行的唱片《忧愁河上的桥》（Bridge Over Troubled Water），该唱片曾占据1970年度Billboard排行榜第18位和Easy Listening排行榜第4位。

② 参见“El Condor Pasa”，Wikipedia，https：//en. wikipedia. org。

③ UNESCO Committee of Experts on the Legal Protection of Folklore，“Study of various aspects involved in the protection of folklore”（突尼斯，1977年7月11—15日），http：//unesdoc. unesco. org/images/0002/000280/028098eb. pdf.

④ 安德明：《非物质文化遗产保护——民俗学的两难选择》，《河南社会科学》2008年第1期。

有或多或少的体现，它也是相关工作中之所以会出现负面结果的一个内在原因。

UNESCO 发起非遗保护工作，也同韩国政府的提议有关。① 1993 年，韩国根据自己的经验提交给 UNESCO 一个“建议案”，建议在 UNESCO 框架内建立“人间国宝”（即传承人）保护体系，并提供了以评选不同层次人间国宝名录的方式来进行保护的方案。② 这种建议，显然对今天非遗保护的思路和操作方式产生了重要影响。与玻利维亚注重知识产权维度的保护目标不同，韩国的目的，更多是为了在快速现代化的过程中保护民族文化本身的传承。③ 这两个方面的因素，共同促成了 UNESCO 范畴非遗保护工作的兴起。而后一方面的因素，同中国对有关工作重要性的认识和此前在这方面所积累的经验之间，具有高度的一致性，可以说是吸引中国作为最早的一批成员国参加 UNESCO 相关活动并加入《保护非物质文化遗产公约》的重要原因。

二 非遗保护的中国实践及其成就与意义

早在 2003 年，作为对联合国教科文组织相关工作的一种回应，中国原文化部、财政部、国家民族事务委员会和中国文学艺术界联合会等部门，就共同发起了中国民族民间文化保护工程，并成立了全国性的管理机构（包括领导小组、专家委员会和保护工程国家中心），在省、区、市等各行政区域，也相应设立了地方一级的组织机构。2004 年 8 月，经全国人大批准，中国正式加入《保护非物质文化遗产公约》，从而成为最早加入该公约的国家之一。中国民族民间文化保护工程国家中心也随后（2006 年）更名为中国非物质文化遗产保护中心，它在为非遗项目相关者提供政策咨询、组织相关普查与学术研讨、建议或指导保障措施在不同

① ［日］爱川纪子：《联合国教科文组织的〈保护非物质文化遗产公约〉与韩国》，沈燕译，《民间文化论坛》2016 年第 2 期。

② UNESCO，“Establishment of A System of Living Cultural Properties（Living Human Treasures）at UNESCO”（1993），http：//unesdoc. unesco. org/images/0009/000946/094624eo. pdf.

③ ［韩］任敦姬：《“人间国宝”与韩国非物质文化遗产保护：经验和挑战》，沈燕译，彭牧校，《民间文化论坛》2016 年第 2 期。

地方或社区的实施等方面，发挥着十分积极的作用。

我国非遗保护的工作方针，是“保护为主、抢救第一，合理利用、传承发展”，工作原则是“政府主导、社会参与，明确职责、形成合力；长远规划、分步实施，点面结合、讲求实效”。[①] 在这种指导方针和工作原则下，非遗保护在我国已经迅速发展成多方力量共同参与的盛大的社会文化运动。如果说在开始之初，活动的主要参与者是来自学术界的力量，那么现在，政府部门、文化机构、企业以及传承主体等多种不同的力量也都在发挥重要作用。不同的相关方，本着不同的目的和动机参与这一工作，矛盾冲突在所难免，最后相互之间必须进行协商，并达成各种各样的妥协。而协商和达成妥协的基础，就在于尽管不同参与者有不同的具体动机，却有大体一致的诉求，即期望通过参与活动获得更多收益，包括经济利益，以及文化地位的提升和社会地位的增强等。这使得这项工作变成了充满冲突、协商和妥协的复杂活动，远远超出了学术的范畴。这种特征，也提醒作为学术研究者的我们，对于非遗实践中的各种现象，在保持一种批评立场的同时，也应该以宽容的态度去加以理解。比如许多地方政府，他们积极参与非遗保护的目的，仍然延续了早年“文化搭台、经济唱戏”的思路，只是在策略上略有变化，也许变成了“搭文化台唱经济戏”。对这种做法，前些年学术界一直采取的是坚决反对的批评态度。事实上，任何机构或个人，从事任何一项工作，都必须有一个切合其现实目标的充足动力，仅仅依靠某个高尚的抽象标签，往往很难促使相关行动者完成相应工作。因此，对待地方政府在非遗保护方面的现实诉求，一方面我们要予以警惕和规约，提醒其时刻以保护非遗以及非遗主体的权益为中心，并防止因为过度开发而对非遗本身造成伤害；另一方面，也应该对经济与文化在特定语境下相互支持、协同发展的成效予以“同情之理解”。如果能更好地平衡这两个方面的关系，将会使保护工作得到更加健康的发展。

自全面开展以来，非遗保护在我国已经取得了突出的成就。从统计数字来看，截至 2015 年，全国共收集了 87.9 万项非物质文化遗产项目的

---

① 中国民族民间文化保护工程国家中心：《中国民族民间文化保护工程普查工作手册》，文化艺术出版社 2005 年版，第 2—3 页。

信息；到2016年年底，中国有39个项目被列入UNESCO相关名录（31项代表作，7项急需保护，1项优秀实践）；2005年以来，国家每年投入超过1000万元的专项保护经费，① 截至2015年年底，中央财政为这一活动共投入了42亿元资金（包括相关机构工作经费、国家级传承人的津贴、奖励基金等）。② 2005年开始，国务院将每年6月的第二个星期六设立为"文化遗产日"（2017年起更名为"文化和自然遗产日"），确立了一个号召和提醒公众关注非物质文化遗产的专门的时间，为在国民心目中强化有关非遗的概念和意识，发挥了重要作用。2011年开始实施的《中华人民共和国非物质文化遗产法》，进一步提升了各地对非物质文化遗产的重视和保护意识；而清明、端午和中秋之所以能够被列为公众假期，也同非遗保护工作的全面展开有不可分割的关系。

在这样的背景下，民间文化的地位得到了较大提升，不少内容获得了更多的生存空间。许多民间传统，特别是庙会等各种与民间信仰相关的活动，长期在人们的日常生活中延续并发挥着重要功能。然而，在1949年之后的二三十年间，受极"左"思潮的影响，这些传统被视为"封建迷信"的残余而严格禁止，只有一些坚定的传承者，还在暗地里小心翼翼地坚持相关的活动。20世纪70年代末以来，随着国家政策的日趋宽容，各种传统得到了较多复兴的机会，但是，与民间信仰相关的许多内容，仍然处于努力从政治话语体系中争取合法性的状态。这种状况，直到非遗保护工作全面展开之后，才有了根本性的改变。作为非物质文化遗产保护的一个最显著的成就，在中国民族民间文化保护工程国家中心（即今"中国非物质文化遗产保护中心"）发行的《中国民族民间文化保护工程普查工作手册》当中，"民间信仰"被列为非物质文化遗产的组成内容之一，并为之列出了细致的调查提纲。③ 而在2006年至2014年国务院先后公布的四批国家级非物质文化遗产名录中，诸如女娲祭典、妈祖祭典、白族绕三灵、庙会、祭祖习俗等多种民间信仰习俗，

① 《为抢救非物质文化遗产，中国每年投入超1000万》，《时代周报》2015年4月14日。

② 参见《项兆伦在全国非物质文化遗产保护工作会议上的讲话》，中华人民共和国文化部网站，http：//www. mcprc. gov. cn，2016年1月14日。

③ 参见中国民族民间文化保护工程国家中心《中国民族民间文化保护工程普查工作手册》，文化艺术出版社2005年版，第157—162页。

都赫然在列。[①] 这可以说是民间信仰在官方话语中获得足够合法性的一种表现。它在保证民间信仰的生存与延续空间，进而保证传统文化传承的完整性的同时，也使得这些传承和使用这些文化的人们从其所拥有非遗项目中获取了更多的历史感、自豪感和认同感。或许正由于此，一些研究者才会把非遗保护运动带给中国的意义上升到“文化革命终结”的高度。[②]

三 负面影响及其产生的根源

除了积极影响之外，非遗保护工作的开展也引发了许多负面效应，其中最为突出的，是它变成了一种在不同国家或地区之间导致或加剧冲突的因素。

随着“人类非物质文化遗产代表作”等 UNESCO 框架内的各类名录及不同国家和地方层面多种非遗名录制度的不断实施，不同国家、不同地区及同一地区的民众之间因要求某一非遗项目“所有权”（实际上是该项目的“申报主体”或“传承人”）而导致的冲突屡见不鲜，从而在很大程度上干扰了社区之间或同一社区中不同成员之间正常的社会关系。对于许多特定的文化事象，向来会有来自不同地区或群体的多种有关起源地或所有权的主张，而经过长期的分歧与论争，有关民众或社区在这方面已达成了某种妥协或一致——这也为维护相关文化事象的活力奠定了重要基础。然而，名录制度的实施，却会强化已有的紧张关系并破坏已达成的平衡，特别是当它被人们同经济及其他可见或想象的利益联系起来之时。在中国，这方面最引人注目的事件，莫过于前几年中国和韩

---

① 关于四批国家级非物质文化遗产代表性项目名录的具体信息，可参见非物质文化遗产网（http://www.ihchina.cn/）之“法规文件”部分。

② 高丙中：《中国的非物质文化遗产保护与文化革命的终结》，《开放时代》2013 年第 5 期。

国互联网用户之间有关端午节“产权”的激烈争论。[①] 此外，它在国内引发的不同地方之间的争论和冲突，也格外严重。比如，这些年我们可以看到很多对名人故里的争夺，诸如孙悟空故里、貂蝉故里、西门庆故里、潘金莲故里等，甚至出现了“伏羲东奔西走，黄帝四海为家，诸葛到处显灵，女娲遍地开花”的现象。

从某种意义上说，上述对于相关文化事象起源地的争夺也无可厚非。因为民间文化的生机，恰恰在于群体之间的互动交流，在不断的争论与争夺当中，它会获得源源不断的生命力，并得到不断的传承和加强。但是，名录认定的制度，却由于其中先天地包含着有关知识产权的诉求，往往会进一步激化相关各方原有的矛盾，使之变成更为激烈的冲突，甚至在全球范围引发一场规模宏大的“遗产圣战”。那么，对于一个特殊的文化符号而言，谁才是真正的拥有者？所谓的传统拥有者，对传统拥有权的界限在什么地方？这一类的问题已在文化研究领域引起了广泛的讨论。[②] 同时，这一制度也会使一种文化的所有权得到体制化、层级化的官方认定（虽然 UNESCO 一再强调某一项目被列入相关名录并不意味着申报主体对该项目拥有所有权，却仍然无法改变社会大众对“所有权”的普遍期待）。这实际上会导致限制甚至扼杀文化传承和延续，并在客观上造成文化间的不平等的效果。

另一方面，保护工作中的一些措施，也在传统文化领域制造了新的话语霸权。这主要是从 UNESCO 层面来说的。这几年，笔者作为 UNESCO 非遗审查机构中国民俗学会工作团队的专家，负责了不同国家向 UNESCO 申报非遗相关名录的多项申报书的评审工作，在评审过程中获得了许多的认识和感想。比如，按照评审标准，申报书是否按照规定的要求来完成，是否提供了要求提供的各项信息，是决定项目能否通过的关

---

① 2005 年，韩国江陵端午祭被 UNESCO 宣布列入“人类口头与非物质遗产代表作”。由于这一节庆活动也以“端午”命名，并且其主要日期（农历五月五日）和中国的端午节同期，因此，尽管该项目在内容和仪式的形式等方面与端午节有很大差别，许多中国网民仍然认为端午祭源于中国端午节，而 UNESCO 的宣布会使中国人在全球化背景下丧失对端午节的所有权和知识产权。最终这一事件引起了两国网民之间历时数月的强烈敌意和激烈争吵，并在一定程度上对两国之间的关系造成了损害。

② Michael Brown. *Who Owns Native Culture*? Cambridge: Harvard University Press, 2003, p. 15.

键，其中以公文范式为中心的形式主义特征十分突出，也无形中凸显了UNESCO在相关领域的绝对权力。另外，作为一个国际政治博弈的平台，教科文的非遗保护工作中也有非常强烈的政治色彩，这尤其突出地体现在对各种关系的平衡方面。比如中国、韩国和日本，现在只能每两年向UNESCO申报一个项目，原因是这几个国家原先被列入的项目太多了。

可以看到，尽管非遗保护的出发点之一，在于承认和维护文化之间的平等，可是在具体的实施过程中，文化却由于被划分为“被认定的文化”和“没有被认定的文化”出现了客观上的不平等。[①] 另外，广大民众借助文化传统进行自我表达的权利，也由于阶层的划分而在一定程度上被削弱或褫夺了。

上述问题的主要根源，还是基于UNESCO理想化的理念与不同国家和地区具体实践之间的矛盾，其中一个突出的例证，就是围绕UNESCO“以社区为中心”的要求而产生的矛盾。

按照《保护非物质文化遗产公约》（简称《公约》）的定义，非物质文化遗产是指“被各社区、群体，有时是个人，视为其文化遗产组成部分的各种社会实践……”[②] 在这里，社区、群体或个人是不是把它当成自己的文化遗产，是判定不同具体文化事项是否属于非遗的关键，可见社区对非遗而言是多么重要。那么，什么是社区呢？UNESCO非遗保护范畴的社区，主要指的是特定非遗项目传承人构成的共同体，它在本质上同“群体”或“传承人”具有同样的内涵。在《公约》及其衍生文件中，始终在强调社区在非遗保护工作中的中心地位，之所以如此，按UNESCO相关文件的解释，主要是为了保证非遗保护工作能够有效地、可持续地开展下去。[③]

但在具体实践中，又会出现跟这些要求不相吻合的情况。比如，前

① 杨利慧：《新文化等级化·传承与创新——中国非物质文化遗产保护的成就与挑战以及韩国在未来国际合作中的角色》，《民间文化论坛》2016年第2期。

② 《保护非物质文化遗产公约》，第一章第二条，联合国教科文组织创意处非物质文化遗产科：《基本文件·2003年〈保护非物质文化遗产公约〉》，2016年中文版，法国巴黎，网址：www.unesco.org/culture/ich。

③ 杨利慧：《以社区为中心——联合国教科文组织非遗保护政策中社区的地位及其界定》，《西北民族研究》2016年第4期。

面提到的中国非遗保护的工作原则，首先一条就是“政府主导”，这跟对社区中心地位的要求还是有一定差距的。而事实上，保护工作由政府主导和引领的情况十分常见，是许多国家现阶段普遍采取的一种工作模式。例如，我看到的不少申报书，都是由经济落后或处于动荡中的国家提交的。在这些国家，民众要过上正常的生活都很困难，要他们凭着自觉、自主地进行非遗项目的发掘和保护，几乎是不可能的；必须有相关权力机构，依靠足够的资金或权力支持来加以引领，才能够保证工作的顺利展开。可见，在特定社会历史条件下，要真正实现非遗保护的社区主导并不容易，政府主导还不得不存在一段时期①，这样，在理想化的要求与实践之间出现许多具体矛盾，也就在所难免。

然而，实践中的具体困难，并不应该成为忽略或背离《公约》要求的借口，相反，相关工作的参与各方，只有时刻以《公约》为指南，不断调整具体的保护措施和保护行动，才能够达到克服各种困难并保证工作有序展开的效果。我们高兴地看到，原文化部项兆伦副部长在他最新的一个关于我国非遗保护工作的报告里，提到了很多令人耳目一新的观点，特别是明确强调了非遗保护过程中传承人群的主体地位和社区的中心地位，② 这可以说是我国非遗工作以对《公约》精神的坚持为基础、在理论和实践层面取得巨大进步的重要体现。

事实上，从非遗保护工作开展以来，UNESCO 具体的工作思路和策略也是处在不断发展和修正，甚至类似不断“打补丁”的状况。在这个过程中，相关学术界发挥了重要的作用，来自学术研究领域的许多新成果，通过教科文咨询机构、有关非遗保护的 NGO 论坛等，对教科文在每年政府间委员会上出台新的文件发挥了重要参考作用。就国内学界来说，以民俗学者为主的许多研究者，通过参与非遗相关工作，既对民众生活文化进行了更充分的观察和思考，也更深入地探讨了非遗保护中存在的深层问题和解决思路。2014 年底，中国民俗学会在教科文保护非物质文化

---

① 参见安德明《非物质文化遗产保护中的社区：涵义、多样性及其与政府力量的关系》，《西北民族研究》2016 年第 4 期。

② 《项兆伦同志在全国非物质文化遗产保护工作会议上的讲话》，中华人民共和国文化部网站，http：//www. mcprc. gov. cn，2017 年 5 月 12 日。

遗产政府间委员会第九届常会上当选为联合国教科文组织非遗审查机构成员，任期3年（2015—2017年）。截至2017年6月，该会非遗评审工作团队圆满完成了三年的评审任务，一共负责评审了140多项不同国家向教科文提交的不同类型的申报材料。这是中国学者全面参与世界性工作的一个标志，它既提升了中国学界在国际机构和相关事务中的地位，又为学界和有关部门更有成效地进行研究与实践积累了经验。可以说，通过更加密切地观察和了解教科文与多个国家非遗保护相关的政策和实践，中国民俗学者正在越来越多地通过自己的努力，在UNESCO和中国政府之间，以及政府与社区之间，搭建相互理解的桥梁，来推动非遗保护工作的良性发展。

在多种力量不断推动之下，我国的非遗保护越来越强调从《公约》精神出发，并在理念上发生了以下三个方面的重大变化。它们在大大有益于我国相关实践的同时，对UNESCO范畴的有关讨论与思考也具有积极的参考价值。

第一，从“原生态保护”到“整体性保护”。过去，我们常常听到的说法，是要对非遗进行“原生态保护”，还经常看到一些“非遗专家”指责传承人没有“原汁原味地保护”某一非遗项目。实际上，非遗不是“遗留物”，也不是“活化石”，而是现实中的人鲜活地传承和使用的生活文化，它是在不断创造、变异和调适的过程中才得到绵延不绝的传承的，因此，非遗保护必须以承认和尊重文化的创造性为前提。经过多年来不断的讨论和纠正，现在，我们国内已经很少看到“原生态保护”的提法，取而代之的，则是“整体性保护”① 这种更有包容性和学理性的要求。

第二，从一开始强调自我文化的“杰出”或“独一无二”特征，变成了越来越注意避免类似的表述。这种转变是受UNESCO新的文件要求影响的结果，其原因是从概念表述的层面进一步强调文化间的平等，同时规避背离相互平等、相互尊重原则的做法。②

---

① 刘魁立：《非物质文化遗产及其保护的整体性原则》，《广西师范学院学报》（哲学社会科学版）2004年第4期。

② 杨利慧：《新文化等级化·传承与创新——中国非物质文化遗产保护的成就与挑战以及韩国在未来国际合作中的角色》，《民间文化论坛》2016年第2期。

第三，从过去注重保护专业传承人发展到提出“人人都是文化传承人”的概念。这个概念，是作为2013年举办的第四届成都国际非物质文化遗产节的主题语提出的。它是多年来学术界不断积累、不断探讨的结果，也是我国非遗保护主导机构、参与各方和学术界积极互动的结果。以前，非遗研究与保护的重点主要放在“文化专家”身上，注重的是那些大量掌握非遗专门知识的人士，对一般参与者在非遗项目传承过程中的作用却并不重视。经过长期的调查、研究和论争，人们越来越意识到，非遗知识是社区成员共享的实践知识，它的实践和传承，不仅要依靠“文化专家”的保存、生产或展示，更要依靠普通人的理解、接受和共同参与，缺少后一方面的因素，任何一种非遗项目都不可能有存在和传承的基础。

结　语

总的来说，非物质文化遗产保护之所以能够在中国发展成具有广泛影响的社会文化运动，是民族自觉意识不断加强，以及中国与国际社会的联系日益密切的结果。与UNESCO的相关原则和行动同步，中国在非遗保护方面采取了诸多积极措施，并在相关实践与学术研究领域取得了突出成就。作为一项旨在“提高对非物质文化遗产及其相互欣赏的重要性的意识”[①] 和“从尊重文化多样性的角度促进对话”[②] 的运动，非遗保护的迅速普及，也为中国社会重新认识自己传统的生活方式带来了重要启示和质的改变。但与此同时，通过仔细观察和分析国内外非遗保护的各种具体实践，我们又看到，这项工作已发展成多种力量展示和实现其特殊愿望的场域，远远超出了UNESCO发起这一活动的理想化初衷，其引发的负面结果也格外明显。在这样的背景下，要解决其中凸显的矛盾，

---

① 《保护非物质文化遗产公约》，第一章第一条，联合国教科文组织创意处非物质文化遗产科：《基本文件·2003年〈保护非物质文化遗产公约〉》，2016年中文版，法国巴黎，网址：www. unesco. org/culture/ich。

② 《保护非物质文化遗产公约》，第四章第十六条，联合国教科文组织创意处非物质文化遗产科：《基本文件·2003年〈保护非物质文化遗产公约〉》，2016年中文版，法国巴黎，网址：www. unesco. org/culture/ich。

最关键的还是要回到《保护非物质文化遗产公约》本身，一切的保护实践，都必须以《公约》为指南。也许有人会问，我们为什么一定要遵循一个来自国外的文件呢？实际上，《保护非物质文化遗产公约》是由UNESCO多个成员国经过多次协商议定的法律文件，中国在其协商、制定过程中是积极参与者，又是最早通过并加入《公约》的国家之一，因此，该《公约》实际上是我们国家在国际语境中参与和实施非遗保护的最高行动纲领，遵循《公约》，就是坚守我们自己所认可的最高理念。而只有坚持《公约》精神、特别是坚持以社区为中心的保护思路，坚持“人人都是文化传承者”的理念，我们才能更好地解决各种实际问题，并朝着一个更加伟大的目标迈进。这个目标就是：以非物质文化遗产保护为契机，更加有效地保障相对处在弱势地位的传承群体的权利，最终为实现马克思所强调的“人的全面而自由的发展”① 做出特殊的贡献。

① 马克思：《资本论》（第一卷），中共中央马克思、恩格斯、列宁、斯大林著作编译局译，人民出版社2004年版，第683页。